21 世纪高等院校素质教育系列教材

世界文化概论

曾长秋　　张金荣　编著

中南大学出版社
www.csupress.com.cn

内容简介

各国在几千年的文明发展史中，创造了世界上流派繁多、丰富多彩的文化。本书设九章，在对什么是"文化"进行阐释之后，分别介绍了各国的宗教、学术、教育、科技、文学、艺术、制度和民俗。本书的撰写，不在于全面系统地解读中外文化，而是作一般性的概述。它不是一本学术专著，而是一本高校学生的人文素质课教材，同时也可作为普通的社会读物。我们希冀读者不需要花费很多的时间和精力，就能浏览中外文化的梗概，并撷其精华。

图书在版编目(CIP)数据

世界文化概论/曾长秋,张金荣编著.—长沙:中南大学出版社,2012.10
ISBN 978 - 7 - 5487 - 0667 - 0

Ⅰ.世... Ⅱ.①曾...②张... Ⅲ.世界史 - 文化史 - 高等学校 - 教材
Ⅳ.K103

中国版本图书馆 CIP 数据核字(2012)第 229142 号

世界文化概论

曾长秋　张金荣　编著

□责任编辑	周兴武	
□责任印制	易建国	
□出版发行	中南大学出版社	
	社址:长沙市麓山南路	邮编:410083
	发行科电话:0731-88876770	传真:0731-88710482
□印　装	长沙印通印刷有限公司	

□开　本	850×1168　1/32 　□印张 15 　□字数 297 千字 □插页	
□版　次	2012 年 10 月第 1 版 　□2020 年 1 月第 4 次印刷	
□书　号	ISBN 978 - 7 - 5487 - 0667 - 0	
□定　价	38.00 元	

图书出现印装问题,请与经销商调换

前　言

　　人类文明发展史告诉我们，使整个世界不断地旧貌换新颜的，是人类智慧的巨大创造力。人的智慧的开发，表现为人类文化的形成和发展。文化是一定社会的政治和经济的反映，又给予巨大影响和作用于这一定社会的政治经济。它们是推动人类社会进入文明阶段，并向更高级的文明阶段进发的动力。进入 20 世纪以来，随着信息量的增长，科技知识的物化进程逐步加快。世界总产值每隔 20 年左右翻一番，产品普遍更新一次。世界各地每年重要的新发现、新发明至少有 40 万件，形成了"知识爆炸"的趋势。

　　在进入 21 世纪时，人类开始跨入以科技知识为基础的信息社会。人们崇尚科技，但在不自觉中容易忽略或丢失科学精神。唯科技主义容易导致重技术，轻劳动；重智力，轻德行；重理工，轻人文；重专业，轻基础；重功利，轻素质。面对多元价值的世界，一些人无视或否定千百年积淀下来的真善美的文化与文明的结晶。真善美的失落，集中体现在对物质、功利、享乐的崇拜。这种价值困惑表现在大学生身上，就是理想信念的疑惑、道德的迷失。跨进高等学府的每个学生，都渴望自己成才。如果只具备一定的专业素质，而欠缺人文素质，最终只能成为人们所说的"机器人""工具人"或"单面人"。一个健康、可持续发展的社会，所需要的人才绝不仅仅只是一个技术精良的专家，还是一个胸襟气度、价值取向、审美情趣向上的人；他不仅有完备的知识和谋生的技能，更重要的是有高尚的情操、健全的人格、强烈的社会责任感。

文化交流是世界文化进步的一个重要条件，也是推动文化全球化和多样性的内在要求。中国自春秋战国起，便开启了对外文化交流的进程，逐渐由近及远地与别国发生接触——包括人员的往来，物产的移植，衣食住行、婚丧嫁娶等风俗习惯的相互影响，思想、宗教、文学、艺术等的传播。交流的途径也多种多样，如政府使节、留学生、传教士、商人、工匠等，甚至战俘，都曾为文化交流提供过渠道。各国之间进行文化交流是历史的必然，总的来看是双方受益。

在现代——这个经济全球化和区域集团化日益加深的时代，文化软实力在国际竞争力上的作用日益凸显。中共十七届六中全会通过了《中共中央关于深化文化体制改革，推动社会主义文化大发展大繁荣若干重大问题的决定》，为我们更好地做好文化改革发展这篇大文章指明了方向，为推动社会主义文化大发展大繁荣吹响了进军号。实际上，这是一个与"科教兴国"战略相一致、相统一的"文化兴国"战略。任何国家的发展都要靠实力：一是物质硬实力，一是文化软实力。如果硬实力不行，可能一打就垮；如果软实力不行，则是不打自垮。文化代表着国家身份和民族形象，与政治和经济相比较，文化产生的吸引力和影响力更持久。一个文化创造力较强的民族，更容易赢得其他民族在观念上的尊重、在情感上的亲近、在行动上的支持，这就是文化软实力的作用。我们要走好文化兴国之路，就要根据文化的特点以及社会发展的实际情况，做出大文化、做出强文化、做出好文化、做出文明先进的文化，让文化成为中华民族复兴的精神支柱。

高等学府历来是人文精神的创造源和传播源，面对大学生价值困惑，我们应通过人文素质教育使学生正确地理解世界，理解动态发展的时代与社会，理解他人与自己的位置，不断在消除困惑中成长、在超越自我中成熟。加强人文素质教育，解决大学生的价值困惑，引导他们树立科学的价值观，是高等教育应有之义。高校要努力促进科学教育与人文教育的融合，因为科学精神和人文精神是人类精神中最珍贵的财富。为此，中南大学的曾长秋教授和张金荣教授合作撰写了这本《世界文化概论》。全书共九章，在对文化进行概说之后，分别介绍了各国的宗教、学术、教育、科技、文学、艺术、制度和民俗，以期对大学生们涵养性情、增长智慧、提升眼界、增进道德勇气有所裨益。囿于编著者的水平，本书的疏漏之处在所难免，恳请同行专家和广大读者批评指正。

目　　录

第一章　导　论

　　广义的文化，是人类在实践活动中所创造的物质财富和精神财富的总和。在结构上，我们可以将文化划分为物质文化、行为（制度）文化、精神文化三种形态。精神文化也就是狭义的文化，其中意识形态是整个精神形态文化的集中体现。在类型上，我们可以把文化划分为宗教学术、观念风俗、科学技术、教育培训、文学艺术、典章制度"六大家族"。在文化的发展阶段上，存在原始自然主义、传统农业文明、现代工业文明、后现代主义四种模式。在文化的社会意义上，具有认识、教化、审美、动力、信息五大功能。

一、文化的结构和内容

1. 文化的"三大形态"

　　文化是人类社会特有的现象，由人所创造，也为人所享用。有了人类社会才有文化，文化反映了人类群体的生活状态。那么，什么是文化呢？"文"和"化"在汉语中是由两个词素组成的，最早的"文"与"化"还不连用，如《易·贲卦·彖传》说："观乎天文，以察时变，观乎人文，以化成天下。"到了西汉以后，"文"与"化"方合成一个词。刘向在《说苑·指武》中写道："圣人之治天下也，先文德而后武力。凡武之兴，为不服也。文化不改，然后加诛。"晋人束晳的《文选·补亡诗》也写道："文化内辑，武功外悠。"在这里，"文化"一词的含义指与武力镇压相对应的文治教化，表示对人的性情的陶冶，品德的教养。古人把"文化"看成是文治教化功能和礼乐典章制度，即通过体现伦理道德的诗书礼乐等载体，来教育和感化世人。

我们现在使用的"文化"一词，是 19 世纪末由日文转译，从西方引进的。这个名词在西方有一个演变过程：拉丁文 cultura 是英、法、德、俄等国文字"文化"一词的词源，原为动词，含有耕种、居住、联系、留意、敬神等多重意思。英文的 culture、德文的 Kultur 等都保留了拉丁文的某些含义，并从耕种引申为对树木禾苗的培育，又进一步引申为对人类心灵、知识、情操、风尚的培育，便与中国古代"文化"的含义相近了。

19 世纪中叶，由于人们认识自然，思考自己，在西方兴起了人类学、社会学、民族学等新的人文学科，"文化"被作为重要的术语得到了广泛运用。文化是人的人格及其生态的反映，是人类生活活动的记录，是人类历史的沉积，是人们的高级精神生活状态，使人的精神得以承托。它包含了一定的思想和理论，是人们对伦理、道德和秩序的认定与遵循，是人们的生存方式与生活准则。随着民族的产生和发展，文化具有民族性。人类创造出的文化，不一定是为了丰富生活，也有扭曲的一面，这就是负面文化。

当人们在使用"文化"这一概念时，由于人们对"文化"的理解不同，其内涵、外延差异很大，国内外已有 200 多种关于"文化"的定义，归纳起来有广义与狭义之分。

广义的"文化"，着眼于人类与一般动物、人类社会与自然界的本质区别，着眼于人类卓立于自然的独特的生存方式，其涵盖面非常广泛，又被称作"大文化"。梁启超在《什么是文化》中说，"文化者，人类心能所开释出来之有价值的共业也"，这"共业"包含众多领域，诸如认识的(语言、哲学、科学、教育)、规范的(道德、法律、信仰)、艺术的(文学、美术、音乐、舞蹈、戏剧)、器用的(生产工具、日用器皿以及制造它们的技术)、社会的(制度、组织、风俗习惯），等等。广义的"文化"从人之所以为人的意义上立论，认为正是文化的出现"将动物的人变为创造的人、组织的人、思想的人、说话的人以及计划的人"，因而将人类社会——历史生活的全部内容统统摄入"文化"的定义域。一般来说，文化哲学、文化人类学等学科的研究者多持此说。

与广义"文化"相对的是狭义的"文化"，它排除人类生活中关于物质创造活动及其结果的部分，专注于精神创造活动及其结果，故被称为"小文化"。英国文化学家泰勒在 1871 年写了《原始文化》一书，提出文化"乃是包括知识、信仰、艺术、道德、法律、习俗和任何人作为一名社会成员而获得的能力和习惯在内的复杂整体"，成为狭义"文化"早期的经典界说。一般而言，凡涉及精神创造领域的文化现象，均属狭义文化的范畴。

目前学术界对文化的结构解剖，众说纷纭。有两分说，即分为物质文化和精神文化；有三层次说，即分为物质文化、行为（制度）文化、精神文化；有四层次说，即分为工艺物品、典章制度、风俗习惯（包括社会关系）、思想与学术（包括语言符号等）；也有将"文化"划分为精神食粮、价值观念、宗教信仰、道德规范四个层次的。本书赞同三层次说，将"文化"划分为以下三种形态。

物质文化。这是人类改造自然界以满足人类物质需要，如衣、食、住、行、用等那部分的文化产物，代表性的场所则为剧场、图书馆、博物馆，体现了人类物质文化最本质的内容。结绳、算盘、计算机，代表了人类物质文化发展的不同层次；西服、和服、中山服，从物质形态上反映出不同民族的文化差异；饮食文化、服饰文化、建筑文化、企业文化、器物文化等，从外在表层传递着物质文化的历史积淀水平和样式。物质文化体现了人类在物质改造活动中，在多大的程度上发挥了人的才能、创造性和可能性，是人在创造物质财富中使自己的知识、经验、理想客体化的过程。

　　行为(制度)文化。这是由社会交往活动所创造的、满足人类交往需要的那部分文化产物，是人类处理自己与他人、个体与群体之间关系的文化产物。它包括社会的经济制度、婚姻制度、家族制度、政治法律制度以及个人对社会事务的参与方式、人们的行为方式等。制度文化本质上是人们相互交往的行为规范的文化，因而也叫行为文化。行为文化是文化中极其重要的方面，判断一个人掌握文化的程度，往往依据他在社会生活中的礼仪和行为规范的程度。它处于物质文化与精神文化之间，既反映物质文化，又是精神文化的外在表现，同时给予两者以强烈的影响。自从有了政治才有文化，从社会形态和历史演变来看，文化是统治者用来降服被统治者的。不同时期的执政者所倡导的文化可视为"政化"，有什么样的政化，就有什么样的文化。

　　精神文化。这是人类的文化心态及在其观念形态上的对象化，由精神生产活动所创造的、满足人类精神需要的那部分文化产物。它包括观念形态方面的东西，如宗教信仰、价值观念、法律政治等意识形态，以及精神产品方面的东西，如文学艺术和一切知识成果。作为意识形态的文化，是一定社会的政治和经济的反映，又作用于一定社会的政治和经济。社会意识形态是指经过系统加工的社会意识，往往经由文化专家的理论归纳、逻辑整理、艺术完善，并以著作、艺术作品等物化形态固定下来。它以理论化、系统化的形式，即政治、法律、道德、艺术、宗教、科学、哲学的形式表现出来，并形成精神文化中富有理性色彩的部分，体现着人对世界、社会以及人自身的基本观点，反映人对外部世界认识和改造的广度和深度。

　　上述三种类型的文化所处的层次分别是：物质文化基本属于农耕文化——为了改变落后面貌，正加速从自然经济型的农耕文化向商品型综合产业文化过渡。行为(制度)文化基本属于宗法文化——正打破"家国定势"，建立以理性意志为基础的，民主、公正、和谐的人际关系和社会规范。精神文化基本属于礼仪、伦理文化——正在继承"礼仪之邦"的文化遗产，注意个体修养，重塑当代文明、礼貌、活泼、雄健的精神风貌，避免现代化过程中发生的科技进步与道德沦丧二律背反的历史重演，同时高扬科学意识，倡导理性思辨，将立德、立功、立言的传统与求真、求善、求美的理念结合起来，在推进科技进步与社会发展的过程中，完成民族价值标准、思维方式、文化心理的现代转换。

任何一个社会的物质文化、行为（制度）文化和精神文化都不是孤立的，它们相互渗透而形成一个"文化圈"或"文化场"。精神文化不仅受物质文化的制约，而且受行为（制度）文化的规定。行为（制度）文化具有双重性质：一方面行为（制度）文化由物质文化所规定，另一方面行为（制度）文化、特别是社会的政治制度文化，对精神文化起巨大的规范作用。随着现代科技革命的兴起，精神文化越来越具有物质文化的外壳，如电脑、知识工程等，而物质文化也越来越具有精神文化的特征，如生产美学、工艺美学等。

2. 文化的"六大家族"

文化是人类幸福的工具，涵盖着人类的一切创造、传承及其成果，体现在人类的创造物和人类的自身活动上。它没有时空的限制，更没有职业的限制，哪里有人类的活动，哪里就有文化。它有六个子系统，即宗教学术、观念风俗、科学技术、教育培训、文学艺术、典章制度。基于此，我们把文化分为"六大家族"。

宗教学术。"宗教"指的是人们的一种信仰，相信在现实世界之外还存在超自然、超人间的神秘境界和力量在左右着自然和社会，因而对它崇拜，导致内心的敬畏。有一个具体的神灵在操纵、主宰着自然界和人世间的一切，由此产生了"万物有灵"的观念，产生了"鬼""神"，认可了所谓"彼岸"世界和天堂、地狱。世界上的主要宗教，有基督教、伊斯兰教、佛教和道教。学术思想则蕴涵着历代思想家的理性认识和人文精神，如中国古代的儒家、道家、墨家和法家。西方传统中"学术"一词的指涉，最初与柏拉图的学院派的哲学辩论及其著述有关。随着学院制的改变、学术内容的扩大，"学术"的含义也从语言、知识、逻辑等逐渐向艺术、人文科学、自然科学等方面延伸。不管怎样延伸，学术仍然是学人专门的研究活动，即学人依特定对象而做的知识性、思辨性、创造性的活动。

观念风俗。社会风俗是历代相沿积久、约定俗成的风尚、礼仪、习惯的总和，是人们在衣食住行、婚丧生老、岁时节庆、生产娱乐、宗教信仰等方面的行为规范和文化心态。社会风俗绝不仅仅是裸露在生活表层的现象，它沟通着传统与现实、道德与法制、物质和观念，承接着雅文化层次规范化的引导，将其落实到世俗社会。观念和风俗是精神文化的重要组成部分，包括伦理、道德、审美、信仰、婚丧、礼仪、饮食等，都是一定时空的群体文化的产物。观念操动着风俗，风俗固化着观念，它们是维系群体行为同样化的链环。观念是人们的内隐文化，往往是通过风俗行为而显现。但观念风俗毕竟被历史文化的长期积淀所禁锢，不易改变或转化。因此，它与社会发展的进度比较，难免有其惰性。不论在何时何地，凡对经济发展和精神文明起促进作用的观念风俗都是进步的；对经济发展和精神文明不利和有害的观念风俗则是落后或反动的。

科学技术。"科学"一词从英文翻译过来，清末被译为"格致"。明治维新时期，日本学者把 science 译为"科学"，康有为首先从日文引入中文。严复翻译《天演论》和《原富》两本书时也把 science 译为"科学"，指有关研究客观事物及相关规律的学说。"技术"一词的希腊文词根是 tech，原意是个人的手艺和技巧，家庭世代相传的制作方法和配方。随着科学的不断发展，技术的涵盖力大增。科学技术是人类文化智慧的结晶，是社会经济发展的决定性因素。它生发于人类的生产实践，又带动人类的生产实践，如此循环，不断地推动着经济的发展和社会的进步。珍妮纺纱机使纺纱效率提高百倍，蒸汽机使整个工业结构发生了根本变化，电子计算机正在逐步取代人工操作和人工管理，这一切都是科学技术的伟大功绩。一个国家综合国力的强弱，归根结底由科学技术的高低来决定。科学技术的进步和普及，为人类提供了广播、电视、电影、录像、网络等传播思想文化的新手段，使精神文明建设有了新载体。同时，它对丰富人们的精神生活、更新人们的思想观念、破除迷信等具有重要意义。随着知识经济时代的到来，科学技术永无止境的发展及其无限的创造力，必定会继续为人类文明作出更加巨大的贡献。

教育培训。凡是增进人们的知识和技能、影响人们的思想品德的活动，都是广义的教育，狭义的教育主要指学校教育。在西方，教育一词源于拉丁文 educare，本义为"引出"或"导出"，意思就是通过一定的手段，把某种本来潜在于身体和心灵内部的东西引发出来。它作为培养新一代准备参与社会生活的过程，也是人类社会经验得以传承的关键环节。培训是一种有组织的知识传递、技能传递、标准传递、信息传递、信念传递，目前国内培训以技能传递为主，侧重于上岗之前。教育培训作为文化传承手段，既培养文化人才，也是文化行为，包括家庭、学校和社会三个层面。教育培训的目的，是为社会造就合格的劳动者或高层次人员，在我国则是培养德智体全面发展和有理想、有文化、有道德、有纪律之人。教育培训也包括体质培育和卫生保健在内，前者是通过体育运动而增强体质的活动，随着人们对不同体育形式的需要，体育项目不断增加，场馆、器具不断翻新和改善；后者是实行救死扶伤、保护人类生存的医疗活动，包括救治的、预防的、健身的、延寿的活动。在物质生活和精神生活的需要得到满足的情况下，一个国家国民的体质培育和卫生保健水平如何，是衡量这个国家经济和文明程度的重要标志。

　　文学艺术。文学艺术是精神文化中用语言、动作、线条、色彩、音响等手段创造形象和反映社会生活，并表达作家、艺术家思想感情的一种社会意识形态。它包括文学、音乐、舞蹈、绘画、戏剧、曲艺、摄影、工艺等多种门类，体现着人类对美的追求。文学艺术起源于古人的生产劳动，劳动推动人的思维和语言发展，使文学艺术的产生成为可能。人类丰富的生产和生活实践，是文学艺术取之不尽、用之不竭的源泉。社会生活的需要，又是文学艺术发展的动力。在阶级社会中，作家、艺术家总是站在一定的阶级立场上认识、反映和评价生活的，其作品也反映了一定阶级的利益和愿望，必然带有阶级的色彩。不同社会不同阶级的成员，由于具有某种相近的生活条件和共同的民族心理，会有一些共同的美感和艺术爱好。文学艺术来源于社会生活，又反过来作用于社会生活，成为最易被人们接受、影响面最广的社会意识形态。随着人们文化水平的提高，文学艺术不只为一部分人所欣赏，而吸引着越来越多的人参与，走进了各个行业和千家万户。文学艺术的繁荣是国家昌盛的反映，同时也直接和间接地为经济发展服务。

　　典章制度。典章制度是文化史发展演变数千年积淀下来，并为后人所认同、所接受的文化样式，成为一个国家的政府在一定时期内行为规范的基本准则。从很早开始，中国的统治者就十分重视典章制度的建设。《史记》中的"书"和后来各朝正史中的"志"、"录"中，就留下了大量有关典制的记载。典章主要指历史典籍，是文化传统的精粹。制度包括官制、兵制，以及政治制度、法律制度、宗法制度、赋税制度等，从狭窄的字面意义说，制度是要求社会上所有的成员都遵循的行为规范和准则；从其形成的历史渊源说，制度乃是一定历史条件下形成的政治、经济、文化等方面的体系。典章与制度是文化的重要组成部分，对国计民生有着重大影响。了解到一个国家的典章制度，也就等于掌握了这个国家统治者维护安全与稳定的全部经验。

从上面不难看出，文化的"六大家族"都与人的生存活动密不可分，都直接或间接地体现人类物质文明和精神文明的发展程度。文化是迈向人类更高文明的必由之路，我们必须从人类自身及其生态的上升与和谐入手，以实现文化复兴和文化繁荣。

二、文化的演进和作用

1. 文化演进的四个阶段

从人类已经和正在经历的发展阶段看，存在着四种各具特征的文化，即原始社会自然主义文化、农业社会经验主义的文化、工业社会理性主义的文化、后现代主义的文化。

第一阶段，原始社会自然主义的文化。

同 5000 年有文字记载的文明时代相比，人类的原始时代十分漫长，考古资料断定它至少延续了 300 万年。虽然我们对原始社会知之不多，但从人类学和文化学方面研究，人类有了朦胧的"类"的意识，凭借各种天然的血缘关系，形成了原始初民的生活世界。首先，先民们凭借天然的或简单的人造工具，进行日常生产活动。在石器时代，人类只能在森林里采果实充饥，或者与野兽赤手空拳地打斗，或者将兽皮做成保暖的衣服……在原始社会后期，人类逐步超越了纯粹的天然采集活动，开始将植物的果实加以播种、把野生动物驯服以供食用。农业与畜牧业的出现，使人类由逐水草而居变为定居，节省了更多的时间和精力，开始追求精神生活。其次，先民的交往局限在由血缘关系和天然情感所维系的狭隘圈子里，尚未发展起非日常的社会交往活动和非情感的精神交往活动。血缘关系是人类先天的与生俱来的关系，由婚姻或生育而产生，如父母与子女之间的关系、兄弟姐妹之间的关系，以及由此派生的其他亲属关系。它是最早形成的一种社会关系，在人类社会产生之初就存在。正如马克思所说："家庭起初是唯一的社会关系。"再次，先民们尚未建构起政治、经济管理等非日常的社会机构，氏族制度只是血缘家庭关系的自然放大。现代社会的特征之一是按地区划分和管理居民，而氏族制度则是按血缘和血统关系来管理自己的成员。氏族制度凭借巫术、图腾和各种仪式、禁忌自发地调整日常生活，还不是一个有效的社会组织。在古代图腾文化中，龙有着重要的地位和影响。从距今7000多年的新石器时代起，先民们就有对龙的图腾崇拜。上下数千年，"龙文化"成了中国文化的象征。对每一个炎黄子孙来说，龙的形象不仅是一种符号，而且是一种血肉相连的情感。

从上述几个方面分析，原始时代是一种典型的自然主义的文化。许多学者和思想家分析过原始时代人类意识的觉醒程度、文化精神的活动状况，基本上达成了一个共识：由原始巫术、图腾崇拜、原始神话和原始宗教交织构成的观念世界，是一个人类精神尚未达到自觉、人尚未形成明晰的自我意识和类意识、混沌而未分化的思维活动领域，这一精神表象世界的核心信念是"万物有灵""天人感应""物我不分"。如果同以科学、艺术、哲学所代表的自觉的、非日常的精神世界和创造性的思维相比，原始思维表现为一种无个性的、缺乏自我意识的集体意象或集体无意识。这种无意识也可以称之为"前意识"，即是说，原始人在进行观念活动时，并未自觉地意识到自己在进行思考。

第二阶段，农业社会经验主义的文化。

就迄今为止的人类发展史而言，农业文明占据了有文字记载历史的绝大部分时间。与原始时代相比，农业文明时代发生了巨大变化，在两个方面使人类告别了"史前"时代。其一是原始社会末期的三次社会大分工导致了私有制、阶级和国家的产生，进而导致了政治、经济、社会管理等有组织的社会活动领域的建构；其二是精神生产和物质生产的分工，导致了一些专职理论家和思想家从事的自觉的、非日常的、独立的精神生产，生成了文字、宗教、文学、艺术……这标志着无意识的、直觉的精神世界开始为一个有意识的、自觉的精神世界所取代。中国传统文化包括文学、艺术、宗教、武术、中医、饮食文化、民族风俗、建筑风格、餐饮服饰等，这些都是传统优秀文化的重要组成部分。由于社会在发展，文化也在发展。中国传统文化是中国人的根，人类历史上的四大文明古国，只有中国文化作为文化主体保留至今。从今天的人类精神世界所达到的境界来看，不能对农业文明时代人类精神活动和精神世界的发展水平估计过高。它作为人的基本生存方式和社会的内在机理，还是一种具有自在自发特征的文化。所不同的是，原始社会自然主义的文化由巫术、图腾、禁忌、戒律或集体意象等神秘的、无意识的直觉思维构成，而传统农业文明的文化是人们在生产和生活中积淀的。因此，我们应更确切地称之为经验主义的文化。

从以下方面观察，经验主义文化是如何支配农业文明时代的：首先，农业文明以自然经济为基础，小农家庭依据自然节律而自发地进行重复性的实践活动。小农经济的特点是分散，生产出来的产品基本上用来自己消费，而不是进行商品交换。在自给自足的经济条件下，人们一辈又一辈的经验习俗，潜移默化地使每一个生活主体熟悉自如地、无须思索地应付周而复始的日常生计：面朝黄土背朝天，在泥土中刨食；钻进茅房无师自通地男欢女娱、生男育女、传宗接代。由于以家庭为生产和生活单位，容易通过勤劳节俭实现生产和消费的平衡，使小农经济具有稳固性。其次，人们生存在宗法关系维系的自然秩序之中，尚未建立自觉的社会关联。虽然在农业文明中始终存在着阶级冲突，但人际关系和社会关系却更多地表现为宗法伦理关系。宗法制源于父权家长制家庭，进而推广到"家国同构"，王公贵族按血缘关系分配国家权力。"家国同构"是宗法社会最鲜明的结构特征，被中国封建社会长期保留下来。一方面，它通过世袭制、长子继承制左右着社会的政治活动和经济活动；另一方面则通过夫妻、父子、兄弟、朋友、君臣等伦理纲常左右着人际交往，形成了人身依附关系。再次，精神生产领域由少数人独占，绝大多数人没有机会和条件进入非日常的精神领域，更不可能参与精神生产的创造活动。只有极少数具有良好文化背景的学者、科学家、艺术家、文学家，才有条件参与精神生产的创造；精神成果的享用也往往是少数人——达官贵人、富有家庭的子女的特权。绝大多数人处于文盲或半文盲的状态，终生与科学、艺术、哲学等精神生产绝缘。他们沉沦于衣食住行等日常生活中，满足于神话、传说、故事、民间游艺、民间演出等简单的日常消遣。

第三阶段，工业社会理性主义的文化。

工业文明是指工业社会文明，亦即未来学家托夫勒所言的第二次浪潮文明，它贯穿着劳动方式最优化、劳动分工精细化、劳动节奏同步化、劳动组织集中化、生产规模化、经济集权化等六大基本原则。现代工业文明引起的显著变化，是生产社会化、政治和社会管理组织发达、世界性交往急剧扩大，以及科学、艺术、哲学为主要形态的精神生产领域的空前繁荣。这是一种理性主义的文化，同时也是一种真正体现人的精神自觉的文化，在某种意义上也是一种人本主义或人文主义的文化。

现代工业文明以一种强有力的方式，贯穿于人们的活动中：首先，以现代化生产和市场交换为基础的社会管理活动越来越依赖于理性、契约和法制的运行机制，展现人的理性精神和自由创造性的领域。它迅猛地开辟了日益向外拓展的市场，打破了传统农业文明的封闭王国。它的理性运行机制同人们生而平等的原则以及现代教育原则相结合，使现代经济、政治、社会公共管理等领域成为非特权化的、向一切人开放的领域。其次，在工业文明的条件下，交往的自由与空间不断拓宽，使绝大多数人走出了日常生活世界，普遍地建立了各种非日常交往。如社会化生产中的同事之间、上司和下属之间、雇主和雇工之间的交往，商品流通领域中的主顾之间、生意合伙人之间、经纪人之间的交往，政治活动中的同志之间、朋友之间、对手之间的交往，科学、艺术、哲学等创作活动中的学术交往。在陌生人之间需要共享一种无条件通用的标准语言——官方语言，通过对一种精心选择的方言进行改造而来。霍布斯鲍姆指出，欧洲各国语言的标准化过程，多半发生在 18 世纪末到 20 世纪初。汉语普通话、白话文和简化字的形成，从 19 世纪后期到 20 世纪中期经历了近一个世纪。再次，工业文明建构起一个越来越发达的非日常生活世界，相应地发展起一个多元和开放的价值体系。其中，技术理性和人本精神最重要，它们是工业文明的两大主导精神。人们不再满足于重复日常思维所关心的"是什么"，而是更多地借助于科学思维探寻"为什么"和"应如何"，由此开始超越传统的自然主义和经验主义文化，培养起人的创造本性和主体精神。农业社会要求相对静止的社会和稳定的分工，工业社会则要求永远的创新和变化。

第四阶段，后现代主义的文化。

典型意义上的工业文明在 20 世纪暴露出严重的弊端，在理论上招致了各种批判，在实践上也正经历着某种修正。严格地讲，目前尚未进入后现代主义文化的阶段。后现代主义绝非西方一种社会现实，也不是一种思想现实。我们这里不是具体地描述一种现实的文化，只能展示某些新的文化精神的要素或导向。具体说来，后现代主义思潮的缘起与西方现代工业文明的本质文化精神——技术理性主义的危机直接相关。技术理性主义强调人的主体性，倡导人对自然的技术征服，以及人类历史的完美结局和终极目标。后现代主义文化思潮并没有什么全新之处，所不同的在于：人类在高度发达的工业文明中面临的各种文化危机，并不是工业文化精神遭受破坏的产物，而是这种以人的主体性和技术理性至上为内涵的现代文化精神合乎逻辑的产物。

后现代主义反思现代科学技术这把"双刃剑"在为人类带来物质富裕的同时，也为人类的生存空间以及人本身带来了巨大威胁。针对现代主义对理性的过分张扬、过分迷恋权威，过分依赖自然科学，后现代主义是对传统思维模式的挑战和扬弃。后现代主义包含着很多积极因素，在人的演进历程中，的确同时有两个价值取向截然相反的进程：一方面是对自然的和自在的东西不断地超越，是人的理性和自由度不断地增强；另一方面属于人的东西、人的造物在一定条件下可能走向异化和自在化，重新变为制约人、统治人的异己力量，变成人在进一步的发展中必须重新超越的东西。实际上，未来的文化将在理性同价值之间、科学同人文之间真正的融合中产生，在主体性的平等化中产生。而信息化、网络化时代及全球化交往时代社会关系的进一步契约化和法制化，精神生产的进一步非神圣化和平民化，人的主体性交往的进一步平等化等，正预示着这样一种新文化的产生。

2. 文化的"五大功能"

波裔英籍人类学家马林诺夫斯基指出："文化是包括一套工具及一套风俗——人体的或心灵的习惯，它们都直接地或间接地满足人类的需要。"就文化的社会意义而言，文化具有认识（包括传承功能）、教化（包含教育和政治功能）、审美、动力（又称经济功能）、信息（又称媒介功能）五大功能，它们之间相互贯通，既有内在联系，又有相互制约。认识功能让人获得"真"，通过知识体系，掌握事物的规律性；教化功能使人从"善"，采取意志方式和行为规范，达到人的社会活动的目的性；审美功能赋予人以

"美"，以艺术形象，显现合规律性与合目的性的统一、真与善的统一；以上三大功能构成文化作用的精神内核。此外，动力功能着眼于人类社会实践最基本的生产活动，这是真、善、美所产生的物质文明的基础；信息功能则是连结精神文明和物质文明的纽带和桥梁。

关于认识功能。文化首先是一种知识体系和认知方式，提供了历史上积累下来的各种知识作为进一步认识事物的阶梯，并以特有的方式渗透在认识主体、中介系统和认识客体中，制约和规范着人类认识。不仅如此，文化还是一种解决问题的方法论，给人们提供了解决问题的思路。自然科学知识、社会科学知识、心理及思维知识，都是文化，都能起到这种作用。认识的任务和目的，就在于通过知识体系，让人类不断地获得真实和真理，掌握事物的规律。人们通过文化手段认识自然界、认识社会及人际关系，从而产生改造世界、改造社会的力量。文化的认识功能，不仅通过科学知识传播使人们认识世界，还为人们认识文化经济一体化的发展趋势提供了智力支持。"知识就是力量"，人们通过文化的认识功能赋予的科学技术知识越多越精深，其改造客观世界的能力就越大。

关于教化功能。文化的本质是人化，文化的最重要作用是化人。文化使人与动物告别，这是文化"化人"的最大的也是永恒的作用。说它是最大的作用，因为由动物转化为人是质变。说它是永恒的作用，因为"化人"是无止境的。人成其为人之后，"化人"便是素质的提高，而素质的提高也是没有止境的。文化的教育功能包含教育和政治两个方面，主要是通过"传道、授业、解惑"等教育活动来实现的，赋予人以知识和技能，传递生产经验和社会生活经验，推动着人类由低级向高级、由片面向全面发展。同时，使人从"善"的方面影响人们的思想道德和行为规范，达到整合人的社会活动的目的。文化能建构民族心理、塑造民族性格、形成民族传统，文化能调整社会中不同因素的矛盾和冲突，使社会成为统一的整体。教化功能的实现途径是多种的，既可以通过知识和技能的传授，也可以通过文学艺术的形象来影响人、塑造人，还可以通过道德行为规范人。承担教化功能的形式是多样的，既可以主要通过学校的专门教育来实现，也可以通过社会、家庭的教育来塑造时代新人。在我国现阶段，我们要发挥先进文化也就是社会主义精神文明的作用，以科学理论武装人，以正确舆论引导人，以高尚精神塑造人，以优秀作品鼓舞人，向劳动者进行诚实劳动的教育，让伟大的精神力量变为强大的物质力量，激励他们的创造性劳动。

关于信息功能。由于文化是人类创造的物质文明和精神文明的总和，文化的信息功能（又称媒介功能）则是物质文明和精神文明连接的纽带或桥梁。锄犁等铁器，把人类由采集文化领进了农耕文化；纺织机、火车头等机器，把人类由农耕文化领进了工业文化；电子计算机的出现，又把人类领进了控制和信息时代。自然科学如此，社会科学也是如此。如果没有《资本论》、《共产党宣言》和科学社会主义理论的传播并起导向作用，也就不会有社会主义革命的成功。文化的信息功能还表现在导向方面，通过对不同时空文化的积累和发现，引导了人们的优选取向。它的内容包括物质文化、行为文化和精神文化；它的手段包括广播、电视、书报、教育、电影、电信、艺术，也包括作为商品流通的制品含有的信息。由于科学技术的进步，包括卫星通信在内的现代信息传递，以及现代交通速度已如此之快，就好像整个世界缩小到一个地球村。这就大大地加速了人们的共识，提高了社会调控的效率。在传播过程中，不论是物质产品还是精神产品，通过传媒中介都能提高产品的知名度，刺激消费者的需求欲，把人类的生活方式引向最新档次。同时，通过信息导向，为生产经营者和消费者架起了桥梁，使企业在市场竞争中有了捷足先登的条件。

关于动力功能。文化作为人与自然、人与人之间关系的中介环节，具有推动社会尤其是经济向前发展的功能，尤其是今天文化经济一体化的趋势日益显现。在文化的"六大家族"中都包孕着一定量的经济因子，其中：宗教学术作为一种意识形态，把人类自己的力量、自然界的发展糅合在一起；观念风俗对劳动者则具有激励作用或消极作用，直接影响经济活动的效率和效益；科学技术是生产力的首要因素，是推动经济、社会发展的第一位变革力量，推动着社会生产力的智能化，使产品增加知识附加值；教育培训是高素质劳动力的再生产过程，劳动者通过教育培养的智能越高，所创造的经济价值就越大；文学艺术是生产过程和社会产品的美学基础，劳动产品艺术美的含量高，产品就增值大；典章制度以其反作用力，对国计民生有重大影响，直接地为经济发展服务。文化的经济作用有多种表现形式，近年来各地出现的"文化搭台，经济唱戏"就是突出的形式。艺术节发展成为了集经济、文化、旅游、商贸为一体，工、农、商、学、兵都参加，全社会齐动员，物质文明建设与精神文明建设相结合的多功能综合性的社交活动，形成一种特有的"文化与经济比翼齐飞"的现象。我国已成功地举办过亚运会、奥运会，其意义不仅在于提高体育竞技水平，而且在于联络五湖四海的朋友，宣传改革开放的形象，振奋中华民族的精神，其经济效益也十分巨大。

关于审美功能。审美亦称"审美活动"，指人感受、体验、判断、评价美和创造美的实践活动和心理活动。自然美虽是一种普遍而自在和谐的范式，但不过是美的客观场景和材料，而真正领略和反映美的存在却是人这一实在体。审美是人们从精神上把握世界、改造世界的方式之一，它以对真的认识和掌握为前提，又以善的社会功利目的为基础，是人类认识美、创造美的社会实践活动以及这种实践活动的内化。文化的审美功能指人们通过文化所赋予的审美意识，从自然美、社会美、艺术美、劳动美中获得

美的感受，产生共鸣。它既能使消费者从物质产品、精神产品的
美的含量中得到认同，又能从劳动者创造美的成果上予以体现。
文化的审美功能表现在：一是化人的潜在性，运用具体的形象感
染人，即所谓"润物细无声"。二是造物的艺术性，人们按照美的
规律，赋予劳动过程和劳动产品以美的形式，从而达到实用性与
艺术性的统一。造物的艺术性表现在社会生产和日常生活领域的
各个方面，如运载工具讲究流线型、衣着服饰讲究新颖亮丽等。
在当今社会，物质产品外形的艺术形式已成为关系销路的重要因
素。三是赏物的内动性，通过联想、想象、情感、思维等审美心
理活动，达到欣赏现实美和艺术美的目的。人们欣赏现实美和艺
术美的过程，实际上是一个感受、体现、判断、评价美和创造美
的过程。它要求调动欣赏者的各种审美要素，如生活经验、思想
修养、文化底蕴、艺术造诣等，驱使欣赏者加深对生活的理解及
对艺术规律的把握，从而培养人们感受美和创造美的能力。人们
生活积累越厚，思想修养越高，艺术造诣越深，感受美、鉴别美、
欣赏美的能力就越强，正如人们通常所说，艺术家首先是鉴
赏家。

　　总之，文化是人类社会的灵魂，经济、政治、军事及外交等
一切活动都包含着文化，通过文化来起作用。文化的本质在于
"自然的人化"：从上层建筑的相互关系上说，文化既是"精神之
父"，又是"体制之母"；从与经济基础的关系说，文化既是经济
发展之根，又是经济发展之果。文化的影响力有正逆之分，不同
的文化对社会发展的作用也不同。先进文化推动社会进步与发
展，落后文化则阻碍社会的进步与发展，无论在东方还是在西
方，概莫能外。下面，我们将东西方文化的主要内容——宗教、
学术、教育、科技、文学、艺术、制度和民俗，逐章进行概述。

第二章　宗　教

　　宗教是人类最古老的文化现象，它作为一种意识形态，为自己的信徒确立了一种价值观；在漫长的发展过程中，它形成了自己独特的教义、教规、经典、组织机构和仪式活动，演变为一种巨大的社会力量，对相应时期民族和国家的政治组织、法律制度、文化艺术、道德习俗产生了不同程度的影响。从宗教起源和演化阶段来看，有原始宗教、古代宗教、近现代宗教；从流传范围来看，有部族宗教、民族宗教、国家宗教、世界宗教等。在所谓"世界性宗教"中，最典型的是基督教、伊斯兰教、佛教，以及中国的道教。

一、宗教的产生和原始宗教

1. 宗教的起源和特征

　　考古学证明，宗教产生于公元前3万年到1万年的中石器时代后期。古人对自然界的支配力很差，常常受自然力的压迫，萌发对自然界的神秘感，产生对自然物的敬畏，进而对一些自然物顶礼膜拜，这些自然物就成为自然神。恩格斯把宗教划分为"自发的宗教"和"人为的宗教"，前者是指原始宗教，后者是指文明社会的宗教。

　　所有宗教都产生于人类的童年，是原始人群的最初信仰。当人类刚刚从自然状态脱离出来的时候，智力朦胧未开，对自然界的种种现象（如风雨雷电、植物生长、开花结果），甚至对人自身

（如出生、死亡）都无从认知。对未知事物的惧怕是早期宗教形成的首要因素，古人将支配自己的自然界人格化，相信大自然是一种完全异己的力量，而且不可征服。他们继而认为，有一个具体的神灵在主宰着自然界和人世间的一切。正如恩格斯所说："在原始人看来，自然力是某种异己的神秘的超越一切的东西，在所有文明民族经历的一定历史阶段上，他们用人格化的方法来同化自然力，从而创造了许多神。"旧石器时代的洞画、浮雕，以及神话中的自然神形象，就是古人自然崇拜的印证。

　　在自然崇拜的基础上，继而产生了灵魂崇拜。德国杜塞多夫的尼安德特河流域，有许多距今10万年至4万年之间的墓葬，所有尸骸摆放的方向都是头东脚西，跟日出东方、日落西方有关。不仅如此，尼安德特人还在尸骸周围撒上红色碎石，放着石制生产工具。这些随葬品说明，尼安德特人已有阳世和阴世之类的观念，希望人到冥世同样能够享受光明和温暖，同样可以从事物质生产活动。而生活在中国北京的山顶洞人距今有25万年，对"阳世"、"阴世"、"灵魂不死"之类的观念比尼安德特人更加明确。

　　有学者认为，"万物有灵"的观念起源于人类对自己梦的解释，对梦的理解导致了原始人灵魂不灭观念的诞生。梦中人身体不动，却可以作长途奔波，可以回忆起童年时几乎被忘却的事，还可以同仇人搏斗。那么，在人的身体里面，肯定还存在一种灵魂与生命同在；一旦人死去，灵魂便挣脱肉体，远逝而去，再行投胎。从人推及一切有生命的动植物，便产生了"万物有灵"这一重要的宗教观念。于是，导致了人类对肉身的忽略和对灵魂的崇拜，产生了"鬼"和"祖宗神"的观念，认可了所谓"彼岸"世界和天堂、地狱。

　　然而，最初的这些信仰并未构成宗教。只是等到人类为表达自己的信仰而有了相应的组织、有了相应的仪式祭祀神灵时，原始宗教才得以诞生。原始宗教是一种自然的宗教情感，大多出自原始氏族部落的图腾崇拜。

人类社会一般经历了蒙昧时代、野蛮时代、文明时代三个阶段，各个历史阶段所反映的宗教现象有各自的表现形式。在中国，宗教起源也经过了三个阶段：母系氏族前期的宗教产生于旧石器时代中期至中石器时代，距今约20万年至1万年，为蒙昧时代；母系氏族公社晚期和父系氏族公社时期的宗教产生于新石器时代早中期，距今约1万年至5000年，为野蛮时代；稳固性村社部落联盟时期的宗教产生于新石器时代晚期，距今约5000年，即向文明社会过渡的时代。原始宗教意识的出现，是继工具和火的使用之后史前文化中最重大的事件，为先民从蒙昧走向文明提供了最早的社会道德规范。

古人重视对自然物的祭祀，也许是他们在破坏了生态环境遭到自然力的无情报复后进行反思的结果。祭祀活动强化了禁忌观念，传播了人类的经验，对保护大自然、平衡生态起了积极作用。专门神职人员——祝巫的出现，成为最早的知识人和思想者。随着社会的发展，原始宗教变得更为系统和完备。世界各民族的宗教都经由了一条共同的演变轨迹：由最初的自然崇拜发展为图腾崇拜、祖先崇拜和神灵崇拜；由多神崇拜发展到对统驭众神的至上神崇拜，以至一神崇拜；由部落宗教演化为民族宗教，以至世界性宗教。与此同时，信教者组织、专职的教职人员和教阶制度日趋完备；各个宗教还根据自己的典籍整理成自己的教义信条、神学理论、清规戒律和祭祀制度。至此，正式意义的宗教便诞生了。

从词源的角度来看，汉语"宗教"与英文 religion 的含义并不能准确对应。许慎《说文解字》中对"宗"的解释是："宗，尊、祖庙也。从宀，从示。"李孝定的《甲骨文字集释》认为："示象神主，宀象宗庙，宗即藏主之地。"对"教"的诠释，《说文解字》认为："上所施下所效也。"《易经》曰："圣人以神道设教，而天下服矣。《礼记·祭义》说："合鬼与神，教之至也。"我国近代有些学者就根据这些从字面上解释宗教的含义，即"宗者本也；宗教者，有所本而以为教也"。英语的"religion"来源于拉丁文 religio，最早的语意是"再次聚会"、"组合"、"思考"、"深思"，后转义为"敬畏、虔敬"。至近现代，在社会科学领域中，宗教成为一门争论颇多的学科，各个社会集团及其所代表的学派、流派都对宗教下过五花八门的定义。詹·乔·弗雷泽提出，宗教是"向人们所认为高过于人的权力作出讨好和求和；这种权力被信奉为主宰大自然和人类生活"。赫·斯宾塞界定，宗教是对超越人类认识的某种力量的信仰。布雷德雷强调，宗教是人生对善的追求。迈克塔特宣称，宗教是人追求与宇宙和谐的一种感情。基督教某些神学家概括，宗教是"人与神的关系和交往"。历史唯物主义者认为，宗教是一种社会意识形态，带给人类的世界是扭曲和变形的。如马克思所说："宗教是颠倒了的世界观"，是麻痹"人民的鸦片"。

　　然而，人类初始之所以普遍地产生宗教信仰，毕竟存在着某种合理性。首先，宗教体现了人的精神需求。在真正意义的科学出现之前，宗教宣传的就是远离具体事物的终极真理，代表着人类精神最终的、也是最基本的需要。其次，宗教包含着人类的愿望。原始的巫术仪式，参加者在幻想中把模仿狩猎当成了现实中的狩猎活动，所体现的正是人类征服自然、改造自然而产生的某种意向。再次，宗教表现了人类共同的好与恶、崇拜与恐惧。例如，对自然和灵魂的态度，原始人既是依赖与崇拜的，又是害怕和恐惧的，宗教就恰恰表现了人类的这种好恶之情。可见，宗教承担了对世界的解释、司法审判、道德培养、心理安慰等功能。在现代社会，科学和司法虽然从宗教中分离出来，但道德培养和心理安慰的功能还继续存在。宗教是一种社会意识形态，在它漫长的发展过程中形成了自己独特的教义、教规、经典、组织机构和仪式活动,演变为一种巨大的社会力量,在某个历史阶段、在某些民族的政治生活中起过不可替代的作用。

宗教的功能和作用,解决的是人的精神问题而不是社会问题。宗教主要解决人的终极关怀问题,所谓终极关怀就是解决人如何做到平静地面对死亡的来临。把这个问题展开一点说,不同的宗教给出不同的解决方法,比如,基督教认为人生来就带有原罪,人活着是为了赎罪,死后经上帝审判,赎了罪就可以上天堂。佛教认为人生是苦,生死轮回是苦,只有实现涅槃、脱离生死轮回才是乐。道教认为人生是机会,通过修行可以不死,成为神仙。中西方的宗教既同为宗教,必有其共性,即承认有神圣的观念。中国人的神圣观念虽然较为淡漠,但不等于没有,远古之"帝""天"、儒教之"天""理"、道教之"道""三清"、佛教之"真如""佛性"皆是,这些正是宗教的本质和内核。至于各种宗教表面上的千差万别,即经典之不同、教义之互异、仪礼之驳杂、体制之悬殊,不过是外部形式和非本质因素。

宗教的特征体现在以下五种要素之中:一是任何宗教都怀有对超人间力量的信仰,崇拜的是脱离了物质实体的精神实体,人将自己的全部本质异化为一个神(上帝、真主、佛祖、玉皇),这些信仰体现在一整套的信条和神话之中。二是各种宗教都以具体的仪式来表达自己的信仰,例如献祭、祈祷、忏悔,以表达对神灵的崇仰、信赖、祈求、敬畏等感情。三是信徒都要加入特定的宗教组织,履行特定的手续,这种宗教组织被认为是已死的和活着的信徒的总体,并有专职人员主持组织的活动,以侍奉神祇。四是有神庙,象征着神的住所,是教徒表达信仰、进行膜拜的场所。五是每种宗教都制定了具体的戒律,教义与社会伦理道德密切结合,使宗教的善恶标准打上了统治阶级道德的烙印,要求每一个信徒去遵守。

2. 原始宗教及其类型

原始宗教的存在，我们不单在世界上一些早期先进地区的考古中可以发现，而且在当今澳洲、非洲、大洋洲等一些土著民族流行的原始信仰中也可以得到证实。在我国云南省 20 个少数民族中，也发现了图腾崇拜的痕迹。

原始宗教可分为：大自然崇拜、动物崇拜、植物崇拜、图腾崇拜和祖先崇拜五种。

大自然崇拜起源于农牧时期，原始人的生存多与自然界相联系，其劳作直接依赖于大自然的变化。原始人把日、月、星、辰、风、雨、雷、电、山、川、湖、海及大地等自然物和自然现象当做崇拜对象，相应地在各民族的宗教中产生了太阳崇拜、月亮崇拜、星辰崇拜、风雨雷电崇拜和土地山川湖海崇拜。如日本、埃及是太阳崇拜的主要国家；印度洋中的安达曼群岛的黑人、南美洲的某些土著民族、古代以色列人和埃及人皆崇拜月亮；星辰崇拜流行于美索不达米亚地区；古希腊人对风、雨、雷、电、土地、山川、湖海都予以崇拜；古埃及人将尼罗河当做神明来崇拜；古阿拉伯人由于惧怕沙漠，便对它顶礼崇拜；古希腊的德尔斐，供奉着一块名叫"奥姆法"的圣石，天天烧油，每逢节日以斑斓的兽皮覆盖其上。

动物崇拜常见于狩猎时期的部落，从自然界蜕变而进化为人的原始部落为什么会重新崇拜动物呢？原始人还没有把自己和动物完全区分开来，认为自己部族的祖先就是某种动物。他们长期的生存方式是狩猎，既不得不宰杀动物以谋求生存，又害怕动物报复，便借助崇拜乞求宽恕。原始人企图通过崇拜，使动物屈服于人类，这里潜藏着原始人的巫术观念，认为在图画中表现人类征服了某一动物，那么在现实生活中就必然会征服它。从历史文献和考古研究中，以及对现在仍处于原始部落的某些民族的考察中，我们大致能肯定，原始人的动物崇拜：一是崇拜昆虫，如埃及人崇拜甲虫神波塔，以弗所人崇拜蜂神。二是崇拜牲畜，如波斯人把乳牛当做神，印度、阿拉伯地区和非洲、美洲也存在对牛的崇拜。古埃及人崇拜神牛阿波斯，据说这种牛有 30 多种生理特征，人们将它供奉在神殿里膜拜，询问吉凶；神牛死后，尸体被涂上香料，制成木乃伊，放在大石棺里，其葬礼的隆重远胜过人类自己。三是崇拜野兽，如苏门答腊人崇拜老虎，埃及人崇拜狮子，波斯人崇拜狗，印度人崇拜猴子，印度和印第安人崇拜蛇。四是崇拜鸟类和鱼类，如秘鲁人崇拜鸟，太平洋某些岛屿和埃及临海的人崇拜龟、鳄和鲨鱼。

　　植物崇拜是自然崇拜中的一种，始于后期的自然崇拜，主要是进入农耕时期原始人意识的反映。崇拜的对象也是对部族生活方式起重大影响的植物，例如，古代中国人称牡丹花为"牡丹仙子"，秘鲁人钟情于玉蜀黍，欧亚各地崇拜"圣树"……不一而足。

　　氏族及部落以某个自然物作为本族的标志，称为图腾。"图腾"（totem）一词源于印第安人的阿尔昆琴部落，意思是"他的族类"或者"他的氏族标记"。图腾崇拜的意识基础在于万物有灵论，是自然崇拜和祖先崇拜相结合的一种原始宗教。原始人认为，人和动物的肉体，乃至于植物和一切自然物的外部形体，仅仅是相互区别的符号，而灵魂却是共同的。他们相信人牛互变、风虎相易。既然动物、植物或者自然现象可以变成人，人类也可能起源于某一种动物或植物。正是这一观念，构成了图腾崇拜观念的核心。动物图腾崇拜的特点，就是相信本氏族（血缘联合体）和动物的某一种类之间存在血缘关系。植物图腾崇拜的特点，就是相信本氏族和某些植物之间存在着相互关系。如古希腊米尔米东族的蚂蚁、英属哥伦比亚的水獭、非洲一些部落的牛、澳大利亚一些部族的袋鼠、萨摩亚群岛土著的龟、印第安人的熊等。图腾崇拜还有一种功能，即禁忌同一图腾崇拜者之间通婚，起到了维持族外婚、推行部落内不同图腾氏族之间的通婚的作用，对优化血缘传统起到了积极作用。

祖先崇拜是人类自我意识强化的标志，其实质是崇拜人类自身历久以来的劳动经验和生存经验，是在鬼魂崇拜的基础上产生的以祖先"灵魂"为崇拜对象的一种宗教形式。既然灵魂不随躯体而死，那它便是有力量的，可以帮助部族作战，抗拒自然灾害，也可以制造伤寒疾病、衰老死亡。人们对死者灵魂的畏惧，进而把人的生活和社会关系附加给鬼魂世界，从而产生了一系列对鬼魂的崇拜仪式。例如，每个部族都拥有共同的墓地，供死者的灵魂共同生活。由于相信死者的头向与灵魂识别归途有关，所以死者的头均向着居住处。既然灵魂活着，那么生活用品就是必需的。很多氏族在死者坟墓边生火，或宰杀牲畜，或摆放家具和武器，好让这些东西继续在灵魂世界中为死者服务。每逢部落遇到难以排解的困难，或每逢传统节日，都要举行祭祀活动，以获得灵魂的参与和帮助。人类之所以产生祖先崇拜，是需求与畏惧的结合。既然需求，死者生前必定有专门才能；既然畏惧，死者生前必定是强有力的。所以，受崇拜的祖先往往在世时强有力，而不是那些早夭、病死的人。祖先崇拜在宗教史上第一次形成了人格神，是后来人为宗教的重要来源。

原始宗教一般被认为是氏族的多神宗教，在由部落过渡到部落联盟而形成最初奴隶制国家时，在部落联盟中出现了主神和次神，主神被认为是至高无上、无所不能的。随着阶级和国家的出现，反映人间国王至高无上权威的系统宗教，包括"一神教"和"至高神教"也就相应地产生了。世界上最早的、全能的统一神，出现于公元前6000年东方最初的奴隶制国家。恩格斯指出："没有统一的君主就绝不会出现统一的神，至于神的统一性不过是统一的东方专制君主的反映。"由上可知，从宗教的起源和演化阶段来看，人类历史上先后出现了原始宗教、古代宗教、近现代宗教；

从流传的范围来看,人类历史上先后出现了氏族或部族宗教、民族或国家宗教、世界性宗教等。进入文明社会以后的宗教被称为"人为宗教",是因为在阶级社会里,宗教借助于有意识的人为力量而形成和发展起来。恩格斯说,基督教和伊斯兰教等之所以发展成世界性宗教,"多少是人工造成的"。人为宗教之所以形成也有其历史、经济基础的必然性,只是与原始的自发宗教相比,所受的阶级社会的影响更深、也更多些。人为宗教的典型形态是基督教、伊斯兰教、佛教和道教,都是在奴隶制瓦解之际或进入封建社会以后形成和发展的。

中国是一个多宗教的国家,主要有佛教、道教、伊斯兰教、天主教和基督教。据不完全统计,中国现有各种宗教信徒1亿多人,信教人数呈平稳增长态势。宗教活动场所约13万处,宗教教职人员约36万人,宗教团体5500个,宗教院校110余所。在新的历史条件下,我们要全面认识宗教在社会主义社会将长期存在的客观现实,全面认识宗教问题同政治、经济、文化、民族等方面因素相交织的复杂状况,不断提高开展宗教工作的水平。

二、基督教

1.基督教的产生和演化

基督是"基利斯督"的简称,意思是上帝差遣来的受膏者。基督教在起源问题上存在着不少争论,一般认为最初出现在巴勒斯坦地区。这个地区位于东起波斯湾、西至埃及边境的"新月形沃壤",从公元前20世纪起,先后遭到亚摩利人、喜克索人、埃及人、以色列人、亚述人、巴比伦人、波斯人、希腊人的占领。至公元1世纪时,罗马皇帝奥古斯都征服了地中海沿岸包括欧洲、西亚和北非的大部分地区,建立了庞大统一的罗马帝国。巴勒斯坦地区成为罗马帝国的一部分,犹太人由于经济、社会地位以及对罗马统治者的态度不同,逐渐形成了几个宗教—政治集团。其中重要的有:撒都该派,屈从于罗马的统治;法利赛派,以严守犹太教传统相标榜;艾赛尼派,反对罗马入侵,希望弥赛亚降临以解脱尘世苦难。有研究者认为,基督教可能脱胎于艾赛尼派。

在公元 1 世纪间,从巴勒斯坦北部加利利区的艾赛尼派中分化出一个新的反罗马派别,称作"拿撒勒派",创始人叫耶稣。据说,拿撒勒村的木匠约瑟得到神灵告知,他的未婚妻玛利亚受圣灵之意怀孕,生了一个男孩,取名耶稣。耶稣长大之后有很多神迹,如让瞎子复明、跛子行走、死人复活。因为犹太公会不满耶稣自称为上帝的独生子、人间的救世主,把他交给罗马帝国派驻犹太的总督彼拉多,钉死在十字架上。耶稣死后的第三天复活了,显现于诸位门徒前,复活第 40 天之后升天;他还会在世界的末日再度降临人间,拯救人类,审判世界。因为他是被 12 使徒中的叛徒犹大出卖的,受难日为星期五,最后的晚餐连耶稣在内有13 人,所以,13 是西方人忌讳的数字,并且与星期五一起视为凶日。耶稣死后,信徒们组成了彼此相爱、奉基督之名敬拜上帝的团体,这就是基督教会。耶稣复活的这一天,成为后世的复活节。罗马教皇之后以太阳神的生日制定了 12 月 25 日为耶稣的生日即圣诞节(耶稣出生的日子已不可考),耶稣出生的那一年被后世定为公元纪年的元年。

"拿撒勒派"发源于拿撒勒村,主要成员是农民、渔民和手工业者。他们实行财产公有、集体劳动、共餐聚居,形成了一个组织严密的宗教社团。加入者须"施洗",过着严格的禁欲生活,不结婚成家。拿撒勒派反对犹太教僵死的教条和烦琐的宗教仪式,提倡宗教改革,相信"末日"和"天国",主张忠顺、博爱、和平和公正。随着拿撒勒派同罗马统治当局和犹太教上层权贵之间的矛盾日益激化,许多人遭到钉十字架的酷刑,剩下的人被驱逐出犹太公会,逐渐形成了一个新教派,即公元 1 世纪末形成的基督教。

从公元 1 世纪到 4 世纪初,近 300 年的基督教被称之为早期基督教。早期基督教是作为群众运动产生的,相对于传统犹太教强调遵循律法,基督教则强调耶稣救赎的恩典,认为只要信奉耶稣基督这个旧约圣经里众先知所默示的救世主,并决意以上帝的心意为生活准则,让耶稣基督为自己承担所犯的过错,就被认为已悔改,可以借着洗礼被接纳成为教徒。由于教徒的财产共有,外界视其为黑社会组织。犹太人视基督教为离经叛道的异端,常常向罗马当局控告他们。罗马政府认为基督教只是犹太教的一支,起初并不如何逼迫。随着基督徒社团的发展,开始出现"主教制",基督徒不向罗马神庙献祭而被认为是对罗马帝国的蔑视,于是遭到了迫害。对基督教采取镇压的做法并没有扑灭它,反而促使它发展壮大。

到公元 4 世纪,基督教以统一的"公教会"的形式出现。随着富人、官吏和军人参加教会并进入领导集团,形成了以主教为中心的尊卑分明的教职、教阶制度和一整套教规礼仪。教会上层人士利用一切机会,努力争取官方的承认与保护,使教会与罗马帝国的关系发生了变化。罗马帝国的统治者由于内忧外患,已经没有力量对付这一蓬勃发展的新兴思想运动,由反对、镇压转为支持、利用这一宗教。公元 313 年,罗马帝国西部皇帝君士坦丁邀东部皇帝李锡尼,联合发布了著名的《米兰敕令》,宣布:"信仰各种宗教的人都享有同等自由,不受歧视。开启被封闭的基督教集会场所,发还教会被没收的一切财产。"《米兰敕令》成为基督教发展史上的一个转折点,在法律上第一次承认基督教会可以拥有财产。公元 325 年,已成为帝国统治者的君士坦丁主持召开了有 318 位主教参加的第一次世界性主教会议,制定了《尼西亚信条》,统一了教会内部关于教义的分歧,确定基督教只信一主一神。教会拥戴皇帝为自己的元首,作为基督教的俗世代表,形成了教会与帝国政权的联盟，罗马帝国在政治、组织和思想上全面控制了基督教。公元 392 年，皇帝狄奥多西一世诏令全国，要求臣民"遵守使徒彼得所交予罗马人的信仰"，正式承认基督教为罗马帝国国教。这位皇帝还下令关闭一切异教的神庙，基督教获得了帝国的精神统治地位。

中世纪是基督教取得至尊地位的时期，这不仅表现在政治上居于统治地位，经济上拥有大量的土地和财产，而且表现在它控制了整个意识形态领域，连哲学、科学都成了它的婢女。公元 7世纪，法兰克王国的宫相丕平夺取了王位。在此之前，教会号召教徒拥戴丕平为王，为他举行了特别的涂油仪式，奉他为"神命的君主"。为了报答教会，丕平把征战得来的意大利中部和北部一部分土地赠给教会。教皇拥有了自己的领土，出现了教皇国。公元 800 年，教皇为丕平之子查理大帝加冕。这一行动，开创了后来教皇声称对各国国王拥有批准与罢免之权的一个先例。查理大帝在 796 年致教皇的信中说："我的天职是用武力保卫教会，使它不受异教徒的攻击蹂躏，在教会内部确保教会的纯正信仰；而神圣的教父，您的职责则是用祈祷支持我的武力。"这段话，表明了中世纪教会与世俗君王的相互依赖关系。

在确立和完善基督教教义的过程中，形成了系统的神学，在哲学上表现为经院哲学，主要代表人物是天主教的"圣徒"、意大利人托马斯·阿奎那（公元 1225—1274）。他的著作《神学大全》论证基督教的教义是"教权高于一切"的思想，被视为基督教神学的"百科全书"。托马斯的神学体系，包括他的哲学、政治学、伦理学和心理学，继承、发展了奥古斯丁的神学以及亚里士多德哲学。不但基督教各派系都采纳了托马斯的学说，连罗马天主教会也将其作为自己的"官方哲学"。11 世纪初到 15 世纪末，是基督教经济、政治和思想统治的全盛时期，罗马教会成了神权统治的国际中心。

早在公元 4 世纪，随着罗马帝国一分为二，基督教会形成了以罗马为中心的西部教会和以君士坦丁堡为中心的东部教会。二者的地位之争愈演愈烈，东部教会以君士坦丁堡的大主教为首，于 1054 年宣布脱离罗马教皇的"领导"，自称正教。东部教会在希腊语地区，主要分布在巴尔干半岛、东欧、西亚和俄国。1453 年，东罗马帝国遭土耳其人进攻而覆灭，莫斯科大公趁机使俄罗斯教会摆脱君士坦丁堡大主教的控制，形成独立的教会——东正教。西部教会以罗马教皇为首，自称公教或旧教，也就是天主教，主要分布在西欧各国，即以拉丁语地区为主。在西罗马帝国灭亡后，罗马大主教逐渐成为整个西部教会的领袖，形成教皇体制。天主教认为，罗马大主教是教会在尘世的全权代理人；东正教却认为，皇帝才是教会的最高领袖。天主教于 13 世纪组成异教徒裁判所，对反对基督教思想的活动给予镇压。1542 年，在罗马建立了中央宗教裁判法庭。这时，教皇的权力已压倒了世俗君王的权力。16 世纪，天主教发生宗教改革运动，分化出脱离天主教的新宗派，成立耶稣会，称为"新教"（或称耶稣教，在中国仍称基督教）。至此，原先的基督教分解为多种宗派，东正教主要影响于俄罗斯；天主教仍影响意大利、波兰、西班牙；新教则影响于法国、德国。在英国，新教与天主教交替占据主导地位。

基督教成为世界性宗教是在资本主义时代，伴随着资本主义列强大炮的轰鸣，基督教由欧洲传遍世界各地。目前，基督教信徒有 20 亿人，约占世界总人口的 28%。其中，天主教会约 10 亿人、东正教会约 2 亿人、基督新教各教派约 4 亿人，还有独立教会（不隶属于任何主要的宗派，如非洲的科普特派）和边缘教会（如英国国教会）约 4 亿人。

基督教最早传入中国是在唐朝初期。据公元 781 年立于长安的《大秦景教流行中国碑》记载，公元 635 年（唐贞观九年），基督教的"异端"支派聂斯托里派（唐人称景教），从叙利亚经波斯传入我国。景教受到自太宗到德宗六代皇帝的尊重，以至于"法流十道，寺满百城"。景教却遭到儒学排挤，在中国只存在200年。公元1245年（宋理宗淳祐五年），罗马教皇英诺森四世派特使柏朗前来中国传教，当时成吉思汗率蒙古军队远征欧洲，许多天主教传教士被带到中国。之后，罗马教皇先后派罗柏鲁、马可·波罗、孟高维诺等到中国传教，元朝皇帝对天主教大开绿灯，仅北京一地就有6000名教徒。在南起广州、北到和林的中国广大地区，都有天主教士的踪迹，信徒大多是蒙古人。

从14世纪后半期起，明朝采取闭关政策，天主教会的活动一度停下来。在中国和葡萄牙有了往来之后，葡萄牙国王约翰三世于1540年要求罗马教皇保罗三世派遣传教士到中国。1541年，罗马教皇派耶稣会传教士圣方济各·沙勿略前来，未能允许进入中国。1557年，明朝嘉靖皇帝批准葡萄牙人在澳门缴纳地租建屋居住，西方传教士接踵而至。1581年，耶稣会又派遣意大利籍传教士罗明坚、利玛窦等到澳门学习中文，为进内地传教做准备。经过一番周折，利玛窦在1601年抵北京，受到明朝万历皇帝的召见，并在北京建立了天主教堂。到清康熙后期，天主教发展起来时，甚至连皇帝也进教堂瞻仰圣像，为教会题匾书联。当时，全国有28个城市建起了天主教堂，教徒达30万人。1720年，由于罗马教廷因"中国礼仪之争"禁止中国教徒祭祖祀孔，康熙帝恼怒教廷和传教士干预中国内政，遂行禁教。公元1723年雍正帝即位，礼部奏请在全国禁止天主教，获得批准。

东正教从俄罗斯传入中国是在《尼布楚条约》（1689年）签订之前，在黑龙江一带及北京等地已有东正教的活动。公元1715年，俄国沙皇政府向中国派出第一个东正教传教士团，即北京东正教总会。不久，它就变成俄国派驻中国的官方代表机构，名为教会，实为对华进行政治、经济和文化侵略的一个中心。

基督教（新教）进入中国，以1807年英国传教士马礼逊在广州传教为开端。马礼逊于 1818 年在马六甲创办英华书院，对当地华人教学，并于次年完成了《圣经》新、旧约全书的中文翻译。马礼逊去世后，在广州的西方人于 1836 年成立了"马礼逊教育会"。第二次鸦片战争之后，基督教传教士获得在内地传教的权利，在北京出现了教会学校。西方传教士除了进行传教、兴学的活动之外，还创办了医院、孤儿院、育婴堂以及从事其他社会救济活动。基督教把慈善事业"作为福音的婢女"，认为其功能主要是对中国人进行感化。

现在，中国境内有中国天主教爱国会、中国东正教会和中国基督教"三自"爱国运动委员会。"三自"爱国运动委员会的三个"自"是"自治、自传、自养"，旨在推动中国基督徒本土化发展，切断与国外基督教会的附属关系，保证中国基督教的独立性。

2. 基督教的经典和教义

基督教尽管有三大教派，但基本教义是相同的，即上帝创世说、原罪救赎说、天堂地狱说。《圣经》由《旧约全书》和《新约全书》两部分组成，是基督教的经典，十字架是基督教的标志。《旧约》原本是犹太教的经书，上帝与犹太民族在西奈山订立盟约，故称《约书》。基督教继承了这一说法，认为基督以他的流血受死而在上帝与人之间又建立了一种"新约"，于是把从犹太教继承下来的《圣经》称为《旧约》或《旧约全书》；把新订立的《圣经》称为《新约》或《新约全书》。此外，伊斯兰教接受了《旧约》的前五卷（摩西五经）、诗篇和《新约》的四福音书，作为《古兰经》的正典。

《旧约》用希伯莱文写成，是古代希伯莱人（北国称以色列、南国称犹太）文献的汇编。它写作的时间，由公元前 12 世纪的《士师记》、前 8 世纪的《先知书》、前 5 世纪的《摩西五经》以及前 3 至 2 世纪的杂著编辑而成。《旧约》有四个组成部分：一是律法书，又称"摩西五经"，包括《创世纪》、《出埃及记》、《利未记》、

《民数记》、《申命记》；二是历史书，包括《约书亚记》、《士师记》、《路得记》、《撒母耳记》（上下篇）、《列王记》（上下篇）、《历代志》（上下篇）、《以斯拉记》、《尼希米记》、《以斯帖记》；三是先知书，包括《耶利米书》、《以西结书》、《以赛亚书》、《但以理书》及其他12个小先知书；四是宗教文学著作，包括《诗篇》、《箴言》、《约伯记》、《雅歌》、《耶利米哀歌》、《传道书》等。

《新约》的原文为希腊文，写于公元1至2世纪早期基督教会形成之时。《新约》共27卷，包括四大部分：一是福音书，包括《马可福音》、《马太福音》、《路加福音》、《约翰福音》；二是历史书，即《使徒行传》，是基督教最早的一部教会史；三是使徒行书，包括《哥林多前书和后书》、《加拉太书》、《以弗所书》、《腓力比书》、《歌罗西书》、《帖撒罗尼迦前书和后书》、《提摩太前书和后书》、《提多书》、《腓力门书》、《希伯来书》、《彼得前书和后书》、《约翰一书、二书和三书》；四是启示录。从时间上看，启示录出现的时间最早，为公元68年，其他著作在2世纪末完成。

据考证，圣经的执笔者有40多位。他们有的是政治、军事领袖，有的是君王、宰相，有的是犹太律法家，有的是医生，还有渔夫、牧羊人和税吏。有的写于战争危难之中，有的写于太平盛世之时；有的完成于皇宫内，有的则在牢狱或流放的岛上……这些在时间上跨越了千年的作者们，并不知道这些书卷日后会被汇编成册，成为新、旧约正典。然而，当人们把这66卷书汇在一起时，这些跨越60代人写成的作品却前后呼应、浑然一体，仿佛有一只无形的手穿过千年时光，操控着每一位作者手中的笔，使这些作品超越了作者身为"人"的有限性，成为鸿篇巨制《圣经》中浑然天成的一部分。

基督教宣称，《圣经》是他们信仰的基础，是"上帝启示的记录"，是"绝对真理"。基督教信仰圣父、圣子、圣灵三位一体的上帝，其"上帝"或"天主"在本体上是独一的。人们对上帝的理解，只能根据上帝的有形形象来感知。关于魔鬼，基督教的教义认为，撒旦本来是上帝的一位天使长，管理着众多天使，他嫉妒上帝有那么大的权力，心生恶念，带领一些天使反抗上帝。上帝把他们赶出天堂，撒旦跌入地面做了魔鬼。基督教的基本教义存在于《圣经》之中，虽然各家说法不一致，但其主要内容可归结为四个方面：

一是"创世说"。与其他宗教相比，基督教完整地叙述了神创造世界万物的经过。《旧约·创世纪》说：神用五天时间造出了自然界万物，第六天造人，第七天休息。基督教为一神论，认为创造宇宙间万事万物的只有一个神，那就是上帝耶和华。上帝由圣父、圣子、圣灵组成，三位一体是基督教的根本教义。上帝是万有之源、造物之主，即圣父；耶稣是上帝的儿子，即圣子，由圣母玛利亚感受到圣灵，为神取得的人间形象，在人间传播福音，并通过自我牺牲，拯救世人。正是因为神创造了一切，它才被说成至高无上。神是创造者，是能动的，而人则是被创造者、是被动的，这就必然得出肯定神、否定人的结论。在至高无上的上帝面前，人越是谦卑，就越能等到上帝的恩宠。

二是"原罪说"。基督教认为人一出生便有罪，而且代代遗传。原罪说源于《旧约·创世纪》，据记载，上帝按照自己的形象，用泥土造出了男人——亚当，又从亚当身上抽出一根肋骨，造成了女人——夏娃，让他们住在伊甸园里。他们却在蛇的唆使下偷吃了禁果——智慧之果，懂得了情欲，因而违犯了上帝的禁令，被逐出伊甸园，"下放"到地上。从此，人类便世世代代都有了罪，人一生下来甚至在母腹中就有罪。原罪论是基督教禁欲主义的根据，人在尘世的最高职责就是向上帝赎罪，赎罪的重要内容就是禁欲。

三是"救赎说"。基督教认为，人的本性是有罪的，整个人类都具有与生俱来的"原罪"，而且无法自救。所以，人人都需要付出"赎价"进行补偿。于是，上帝派遣其子耶稣基督为人类代受死亡，流出宝血以赎信徒之罪。耶稣基督虽然被钉死于十字架上，但不久又复活升天了。到世界的末日，他将再一次降临人世，来拯救所有信仰基督教的人。

四是"天堂地狱说"。由于人类的祖先有"原罪"，致使人类世代难逃罪恶之网，只有信仰神和神的使者耶稣，从忍耐和顺从之路行走，才有可能不坠入地狱，而直接升上天堂。反之，则将被抛入地狱受惩罚。天堂与地狱是来世的两种境界，而现实世界只不过是一个过渡的时空而已。地狱是在现实世界之中不信神者的归宿，那里，到处是不灭之火，蛇蝎遍地，可怕到了极点；而天堂则是对信奉上帝的人的奖赏，他们描绘的天堂是"黄金铺地、宝石盖屋"，"眼看美景，耳听音乐，口尝美味，每一感官能都有相称的福乐"。

基督教有自己的组织系统，其中，天主教比基督教其他教派的组织系统更严密。梵蒂冈作为天主教的最高领导中枢，是一个以教皇为君主、具有政教合一的独立主权国家。基督教的基本教规，也称"上帝十诫"或"摩西十诫"。具体内容有：第一，除耶和华外不可敬拜别的神；第二，不可敬拜别的偶像；第三，不可妄称耶和华或上帝的名；第四，将纪念安息日为圣日；第五，应当孝敬父母；第六，不可杀人；第七，不可奸淫；第八，不可偷盗；第九，不可作假证陷害人；第十，不可贪恋别人的一切。

基督教的主张概括起来就是"博爱"，即指爱上帝和爱人如己，要求基督徒做到驯服、忍耐和爱。现实社会是卑微的，现实人生是虚幻的，只是修炼人性的熔炉而已。所有的信徒都应该驯服、忍耐，对任何强权都不要抗拒，对任何暴力都应该采取忍耐的态度。即使是对待自己的仇敌，也应以爱去化解和感化他。这是基督徒在尘世间自我实现的途径，遵循这一途径，便能萎缩自己的人性，节制自己作为人的种种欲念，以求灵魂升天。

3. 基督教的礼仪

关于教会组织，东正教和天主教都实行主教制。家庭是基督教社会的基本单位，个人祈祷和家庭崇拜受到重视。集体崇拜的形式和多寡因教派而异，天主教和东正教的礼仪主要有七项，习惯上称为"七圣事"（圣洗、坚振礼、圣餐、告解、终傅、婚姻和神品）。新教的仪式比较简单，一般只举行两种圣事：洗礼和圣餐，有些教徒甚至不举行任何仪式。

洗礼。是入教仪式，分注水礼和浸礼两种。所谓注水礼，就是主礼者给受洗人额上倾注少量的水。所谓浸礼，就是让受洗者全身浸入水池中片刻。圣洗之所以成为基督教的重要仪式之一，是因为在基督教看来，这样做可以赦免入教者的"原罪"和"本罪"，并施予"恩宠"，使其成为教徒。没有经过洗礼的人，不能算是正式的基督教徒。

坚振礼。也叫坚信礼，即由主教行按手礼和敷油礼。入教者在领受洗礼之后，再接受主教的"按手礼"和"敷油礼"。这样，可使"圣灵"降于其身，以坚定信仰，振奋心灵。

圣餐。天主教称"圣体"，东正教称"圣体血"，新教称圣餐。意思是"感谢祭"，其仪式称弥撒。具体仪式各派不相同，一般由主礼人对着面饼和葡萄酒进行祝祷，然后分发给教徒们领食。基督教声称，经过祝祷的面饼和葡萄酒就是耶稣的肉和血，教徒们领食后便认为洗净了自己身上的罪过，获得了耶稣的生命。

告解。也叫"办神工"或忏悔，与洗礼、圣餐同样神圣。凡是经过受洗参加教会的信徒，无论在思想上、言行上犯了什么罪，必须先有痛悔之心，并到神甫面前告明自己所犯的罪过，表示忏悔。神甫对教徒所告知的罪行应当保密，然后按罪情轻重，给犯罪者一定处分，作为对罪行的补赎，并指定今后应如何做，才能补赎所犯之罪过。

终傅。天主教和东正教的"终极关怀",一般指年迈或病危的教徒在临终时,由神甫用经过主教祝圣的"圣油"(即橄榄油),敷擦病人的耳、目、口、鼻、手、足,并诵念祈祷文。教徒们认为,这样可以赦免一生的罪过,升入天堂。

婚姻。又称"结婚降福祈祷仪式",是基督教徒在教堂举行的婚礼。婚礼由神甫主持,神甫问男女双方是否愿意结为夫妻,在得到双方肯定的回答之后,诵念规定的祈祷经文,宣布"天主所配合的人不能分开",并对双方祝福。

神品。也称"圣品"或"圣轶",即教会对神职人员的授职仪式。教会神职人员的任命要举行仪式,以此说明权力是上帝赋予的,使神职人员"神圣化",代表上帝在世俗社会行使权力,从而使他们在教徒们面前更具有权威。

基督教在形成、发展的历史中,产生了一些重要的传统节日:

圣诞节。也称"耶稣圣诞瞻礼"或"主降生节",纪念耶稣的降生,时间是每年的 12 月 25 日。东正教和东方诸教会由于历法不同,每年公历 1 月 6 日或者 7 日庆祝此节。这一天,教徒们在家里张灯结彩,置圣诞树,扮圣诞老人,亲友相互庆贺,给儿童赠送礼物。

复活节。也称"耶稣复活瞻礼"或"主复活节",纪念耶稣的复活。据说,耶稣在死后第三天"复活",并称:耶稣是犹太教逾越节开始期间被钉死在十字架的,于是尼西亚会议规定,每年春分月圆后第一个星期日(3 月 21 日至 4 月 25 日之间)为复活节。由于历法不同,东正教和其他东方教会的复活节比天主教和新教迟两个星期。每逢复活节,各教堂灯火辉煌,乐声悠扬,教徒们聚集教堂做弥撒,晚上全家人守节聚餐,向上帝祈祷。

降临节。也称将临节,基督教教历年的第一个节期,是为了迎接耶稣诞生和他将来的复活,时间在圣诞节前第四个星期的星期日起，延续 4 周。降临节产生于公元 5 世纪末，始于法国。7
世纪为西欧各教会所接受，沿袭至今，只是原定节期的大小斋
已免。

受难节。也称"耶稣受难瞻礼"，是纪念耶稣受难的节日。时
间是犹太教安息日的前一天，规定教徒们在复活节前的星期五守
此节。

感恩节。也称感谢节，源于北美的英国殖民地普利茅斯。
1621 年，当地居民在获得丰收之后，感谢上帝。后经美国总统华
盛顿、林肯的批准，定为全国性节日。在 1941 年，规定感恩节的
时间为每年 11 月的第四个星期四。

谢肉节。也称狂欢节或"嘉年华会"，原是中世纪欧洲民间的
一个节期，一般在天主教大斋节前三天(2 月份)举行。因为封斋
期间禁止肉食和娱乐，人们便在此节期举行各种饮宴，尽情地跳
舞和欢乐。甚至各出奇招，将热闹气氛发挥得淋漓尽致。

另外，东正教还规定以下 12 个节日为大节日，它们是：主降
生节(圣诞节)、主领洗节(显观节)、主进堂节(圣母行洁净礼
日)、圣母领报节、主进圣城节(棕枝主日)、主升天节(耶稣升天
节)、圣三主日(三一主日)、主显圣容节、圣母安息节(圣母升天
节)、圣母圣诞节、兴荣圣架节、圣母进堂节(圣母进殿节)。

三、伊斯兰教

1. 伊斯兰教的创立和发展

伊斯兰教在中国旧称大食教、天方教、清真教或回教，信奉
伊斯兰教的人统称为"穆斯林"(muslim，意为"顺从者")。主要
流行于北非、中东的阿拉伯地区，以及东南亚和中国西北部。
"伊斯兰"系阿拉伯文 Islám 的音译，原意为"顺服"，要求顺服该

教唯一的神——安拉。在伊斯兰的名义下，先后建立了倭马亚、阿拔斯、印度莫卧儿、土耳其奥斯曼帝国等封建王朝，经历了1300 多年的历史沧桑。

在伊斯兰教兴起之前，阿拉伯人主要信仰原始宗教，其中拉特（即太阳神）、乌扎（即万能神）和默那（即命运神）三大女神尤受崇拜。人们通过祭祀仪式，使本部族奉祀的神祇成为部族守护神。麦加城中心的克尔白是座石头建筑物，里面供奉着 300 多尊部族神偶像。公元 1 世纪，信奉一神的犹太教部落移居到阿拉伯半岛上，一部分阿拉伯人受此影响改奉犹太教。公元 6 世纪，半岛上的阿拉伯人出现了具有一神论倾向的哈尼夫派，他们根据犹太教和基督教的教义，把古莱氏人的部落主神"安拉"尊为世间独一无二的神主。他们信仰"天命"、"复活"、"惩罚"与"报应"，反对巫术活动。哈尼夫教徒的"正统"宗教活动，对伊斯兰教的产生起到催化作用。与阿拉伯半岛北部相邻的拜占庭与波斯两大帝国，为争夺阿拉伯商道，时断时续地进行了长达数百年的战争。公元 525 年，埃塞俄比亚人在拜占庭支持下，派兵侵占了也门，统治了半个世纪，加上山洪暴发，灌溉工程被毁，使当地的经济遭受到严重破坏。摆脱困境、抵御外族入侵、实现各部族建立统一国家，成了阿拉伯人共同的愿望。伊斯兰教的产生，适应了各阶层寻找出路的要求。

伊斯兰教起源于 7 世纪，创始人是穆罕默德（570—632），中国穆斯林称其为"穆圣"。他出生在麦加，属于古莱氏部落的哈希姆家族。由于父母早丧，他早年跟随伯父经商，25 岁时与一富媚结婚。在 25 到 40 岁这 15 年间，是穆罕默德创立伊斯兰教的准备期。他对麦加人的荒诞行为感到不安，决定奉行苦行主义，开始在麦加附近的希拉山上的一个僻静之处居住，思考与寻求自己灵魂的解救之道。穆罕默德代表阿拉伯社会新兴封建阶级的政治利益，附会犹太教和基督教的教义，在妻子赫底彻和堂兄瓦尔格的帮助下，通过"接受真主启示"的神秘方式，以"先知"自命，创立了伊斯兰教。

公元610年，40岁的穆罕默德开始秘密传教。他感到在多神教统治中心的麦加城，宗教事业不会有多大发展。麦地那的人们听说了他的困境，便邀请他去。位于麦加西北约400公里的麦地那绿洲，面积约30平方公里，一连串的村舍寨堡散在枣椰林和谷物耕地之中。那里的农业由家族分散经营，渴望掠夺致富的动机，使仇杀和战争延续了50年。人们在伊斯兰的教义中看到了结束仇杀的希望，请穆罕默德来这里不是把他作为"安拉的使者"，而是作为一位能替他们排难解纷的仲裁者。他面临的首要任务是尽快地将成分庞杂的各类居民联合起来，便于公元622年将宗教活动中心由麦加迁至麦地那，用伊斯兰教的"博爱"、"平等"、"宽容"的精神处理同异教徒之间的关系，消除了各部落不同信仰者之间的隔阂与分歧。他在麦地那建立了统一的封建神权国家，成为统一阿拉伯民族国家的开国领袖。

穆罕默德与艾布·伯克尔、欧麦尔、奥斯曼及部分圣门弟子组成上层领导集团，以安拉"启示"的名义，完成了伊斯兰教义体系及各项制度的创建，并完整地确立了以信奉安拉为核心的五大信仰纲领，规定了穆斯林必须履行的五项天命功课及仪则，制定了包括教规、民事、刑事、商事、军事等方面的法律制度，确定了以止恶扬善为核心的一系列行为规范和社会道德准则。为了巩固麦地那政权，穆罕默德组织了穆斯林武装，在"为安拉之道而战"的号召下，于624—627年间同麦加贵族进行了著名的白德尔之战、吴侯德之战、壕沟之战三大战役。631年，阿拉伯各部落相继归顺伊斯兰教，基本上实现了半岛的政治统一。

穆罕默德病逝以后，伊斯兰教选举的继承人称"哈里发"（意为安拉使者的继承者）。穆斯林内部展开了争夺哈里发的激烈斗争，其中迁士派、辅士派、合法主义者三派的争斗最为激烈。最后，迁士派获胜，艾布·伯克尔、欧麦尔、奥斯曼和阿里相继担任哈里发，史称四大哈里发时期（632—661 年）。他们相继发动了大规模的宗教战争，利用"为真主作战而死，死后可升天堂"及战胜的士兵可分得战利品鼓动信徒，用 30 年的时间统一了西亚和中亚，并向南欧和北非扩张，建立了地跨三大洲的国家，伊斯兰教遂成世界性宗教。在阿拔斯王朝，伊斯兰教被尊为国教。到了 8 世纪，伊斯兰教徒将多神教的神殿改为伊斯兰教的清真寺，麦地那成了伊斯兰教的圣地。此后，麦加成为世界穆斯林礼拜的朝向和朝觐的中心。

2. 伊斯兰教的派系

在 7 世纪，那些效忠阿里并尊认他是先知的人，形成了"什叶派"；那些承认从艾布·伯克尔到阿里这四位哈里发为"正统继承人"并拥戴穆阿维叶的信徒们，形成了"逊尼派"。在哈里发帝国两大政治势力争夺统治权的斗争中，什叶派失败了。什叶派处于受压抑的无权地位，产生了"隐遁伊玛目返世"的信仰。公元661 年阿里遇刺以后，倭马亚族的叙利亚总督穆阿维叶被阿拉伯贵族拥立为哈里发，建立倭马亚王朝，将首都从麦地那迁往大马士革。穆阿维叶临终前任命他的儿子叶基德一世为他的继承人，哈里发从此改为世袭。新王朝的统治者为了稳定局势，扩大势力，一方面残酷镇压异己力量；另一方面发动更大规模的对外征战。在进行军事扩张的过程中，伊斯兰教起了很大作用，并在亚、非、欧三大洲广为传播。穆罕默德去世整整 100 年时，阿拉伯帝国已是一个东起印度河、西临大西洋、北至黑海、南到尼罗河流域的庞大帝国。

在 10 世纪之后，伊斯兰教通过商业和贸易活动、文化交流和人员迁徙，沿苏丹和尼罗河传入到东非；穆斯林商人、学者和教士穿越撒哈拉沙漠，把伊斯兰教传入西非和中非。在 14 世纪之后，苏非派教士把伊斯兰教传到了中亚的哈萨克和南亚次大陆的孟加拉、巴基斯坦地区。经过西印度古吉拉特的穆斯林商人传教，至17世纪，伊斯兰教在印尼和马来半岛上取得优势。在西班牙人入侵菲律宾之前，苏禄和棉兰老也建立过政教合一的伊斯兰教苏丹国。伊斯兰教在亚、非两洲传播的进展较快，比较顺利。而在欧洲遇到了武力反抗，将阿拉伯势力逐出，恢复了对基督教的信仰。20世纪以后，伊斯兰教通过穆斯林移民、劳工、商人传入了西欧和北美，也取得了较大进展。

7世纪中期，波斯商人及学者通过海上"丝绸之路"，将伊斯兰教传入中国。据《闽书》记载，"（穆罕默德）有门徒大贤四人，唐武德中来朝，遂传教中国。一贤传教广州，二贤传教扬州，三贤、四贤传教泉州"。一般公认的说法，唐高宗永徽二年（公元651年）为伊斯兰教传入中国之年。《旧唐书·西戎传》记载：阿拉伯使者奉第三任哈里发奥斯曼之命来唐朝的首都长安，晋见唐高宗。他是阿拉伯第一位来中国的使者，介绍了大食国的情况和伊斯兰的教义。从公元651至789年的138年间，大食国遣使到中国通好达39次，波斯使节到中国有20余次。唐朝杜环的《经行记》是中国介绍伊斯兰教最早的记录："大食，一名亚俱罗，其大食王号暮门。""女子出门必拥蔽其面，无问贵贱。""每七日，王出礼拜，登高座为众说法。曰：'……凡有征战，为敌所戮，必得生天……'。"其俗为"法唯从宽，葬唯从俭，不食猪狗驴马等肉。"据考证，"亚俱罗"是阿拔斯王朝的首都（今伊拉克的库法城），"暮门"是历代哈里发使用的尊称。

伊斯兰教除了逊尼和什叶两个大的派系以外，也有其他一些小派系，如马赫迪派、哈瓦里吉派、瓦哈比派、伊斯玛仪派、巴布派等。逊尼派被认为是主流派别，又称正统派，分布在印度尼西亚、巴基斯坦、孟加拉国、印度、土耳其、叙利亚、阿富汗、埃及、尼日利亚、阿尔及利亚等大多数伊斯兰国家，中国穆斯林基本上属逊尼派；什叶派信徒主要分布在伊朗、伊拉克、巴林等国。尽管穆斯林们分布在世界各地，其国籍、民族、肤色和语言不相同，却共同恪守着那古老而纯洁的信仰，信仰同一部《古兰经》、承认穆圣是真主派给人类的最后一位使者。他们都认同真主的独一、全知、全能、本然自立、无始无终、无重量、无动静、无匹敌、不占据时空、无形无象、公正，是宇宙最高的完美实在。

近代以来，伴随着西方的政治法律思想、科学文化及生活方式的渗透，以及资本主义生产关系在伊斯兰国家不同程度的发展，伊斯兰社会发生了重大变革和危机。为寻求伊斯兰世界发展的出路，捍卫国家独立和摆脱经济文化落后的状况，相继出现了复古主义、泛伊斯兰主义、现代主义、伊斯兰社会主义等不同色彩的思潮或运动。在当代，伊斯兰国家为加强国际合作，建立了三个国际性的泛伊斯兰组织：伊斯兰会议组织、世界伊斯兰大会和伊斯兰世界联盟，它们以促进各成员国之间的团结与合作、弘扬伊斯兰文化、反对殖民主义、消除种族隔离和歧视为宗旨。另外，还成立了伊斯兰发展银行、伊斯兰国际通讯社、国际伊斯兰发展基金会等组织，经常举行伊斯兰国际学术讨论会。

截至 2011 年底，世界总人口约 70 亿，其中穆斯林的人数是 16 亿，教徒人数仅次于基督教，他们分布在 204 个国家及地区，占全世界人口的 23%。在亚非的 30 多个国家中，伊斯兰教被定为国教。在中国的许多少数民族，如回、维吾尔、塔塔尔、柯尔克孜、哈萨克、乌孜别克、塔吉克、东乡、撒拉、保安等族的 2000 多万人口中，绝大多数信仰伊斯兰教，主要聚居在宁夏回族自治区、新疆维吾尔自治区和甘肃、青海、河南、云南等省。

3. 伊斯兰教的经典和教规

伊斯兰教的经典，最重要的是《古兰经》（亦称《可兰经》），包含着伊斯兰教完整的神学体系，是伊斯兰国家立法的理论基础。可以说，《古兰经》是穆斯林的一部"永久宪法"，穆斯林生活的最高准则。"古兰"是阿拉伯语里"诵读"、"讲道"的意思，"古兰经"意为"安拉说的话"。《古兰经》的内容，为穆罕默德晓谕"天启"的汇编。

《古兰经》共 30 卷，计 114 章、6236 节。各章的长短不一，最长的有 286 节，最短的仅几节，记载着穆罕默德及其传教活动、伊斯兰教的教义、宗教制度、社会主张，以及阿拉伯人的历史故事、寓言和神话，包含有阿拉伯半岛原始宗教信仰和外来一神教信仰的因素。其中，一部分章节论题是真主的"独一无二"权威及其仁慈德性，人的本分和将来的报应。还有一半是关于立法的题材，即制定了信条以及关于礼拜、斋戒、朝觐、斋月等典礼和规章；也包含着戒饮酒，戒赌博，戒食自死物、血液、猪肉等不洁之物的教律；关于天课和圣战等财政和军事法令；关于杀人、报仇、偷窃、高利贷、婚姻、继承等刑事和民事法律。总之，《古兰经》是解决伊斯兰国家中一切精神问题和伦理问题的最后理论根据。伊斯兰教的另一重要经典是《圣训》，其内容包括穆罕默德的言论，穆罕默德的事业和行为，及其弟子所言所行而得到穆罕默德许可和默认的种种事实。最初主要由弟子们口头传述，凡是《古兰经》未做出具体规定的事情，就依照《圣训》去解决，因而《圣训》是对《古兰经》的注解，起着补充《古兰经》的作用。

伊斯兰教的基本教义概括起来就是："安拉是唯一真神，穆罕默德是安拉的使者"。具体来说，有以下三个部分：

一是基本信仰，即"六大信仰"。一是尊安拉为唯一的神，信真主则心存敬畏，能敬畏者，必能戒慎恐惧；二是信穆罕默德为安拉的使者，信使者则有所遵循，能遵圣者，行必笃敬；三是相信天使的存在，信天使则不敢自欺，能不欺者，必遇事忠诚；四是信《古兰经》是安拉"启示"的经典，信经典，则有所依据，能依经者，言必忠信；五是相信世上的一切事物均由安拉安排，信前定则知其命数，能知定分者，必能尽人事以待天命；六是坚信死后复活，有末日审判，信后世则知其果报，能知后果者，必不敢为非作歹。

二是宗教义务，有"五项功课"。即：念功、拜功（礼拜）、斋功（斋戒）、课功（纳天课）和朝功（朝觐）。念功须口诵"安拉是唯一真神，穆罕默德是安拉的使者"；拜功是一天做五次礼拜：破晓时的晨礼、中午的晌礼、下午的晡礼、日落后的昏礼、入夜后的宵礼；斋功在伊斯兰历的每年九月进行斋戒，从日出到日落，不许吃喝，并戒除房事；课功是向教会捐款；朝功是信徒在一生之中，必须在伊斯兰历每年十二月上旬去麦加朝圣一次。

三是穆斯林必须遵守的行为规范，即戒律。穆斯林的行为禁区：不说假话、不混淆是非、不听信谗言、不沽名钓誉、不夸夸其谈、不好大喜功、不狂妄自大、不强词夺理、不口蜜腹剑、不近邪恶、不懒惰、不贪财、不赌博、不怨恨、不吝啬、不挥霍浪费、不急躁、不做恶事、不霸道、不淫视异性、不显露色相。在日常生活方面有严格禁食的规定，如戒食自死物、血液和猪肉，禁止饮酒，实行土葬等。

在伊斯兰教的传统节日中，最重要的是开斋节和宰牲节。

开斋节，也称"肉孜节"。穆斯林在希吉拉历（教历）九月进行斋戒，斋月的最后一天寻看新月（月牙），见月的次日即行开斋，并举行欢庆活动。如果没见到月亮，则继续斋戒，顺延不超过三天。在开斋之前，富裕家庭要向穷人发放"开斋捐"。

宰牲节，也称古尔邦节。在希吉拉历十二月十日举行，是朝觐者在麦加活动的最后一天。相传，易卜拉欣接受了安拉的启示，命他宰杀儿子易司玛仪献祭，以考验他对安拉的忠诚。当易卜拉欣准备遵命执行时，安拉又命以羊代替。古代阿拉伯人依此传说，每年宰牲献祭；每逢这一天，穆斯林都沐浴盛装，举行会礼，互相拜会，互相馈赠礼物。

圣会（包括圣纪和圣忌），圣纪是穆罕默德的诞生日，圣忌是穆罕默德的逝世日。相传穆罕默德诞生于公元 571 年 4 月 20 日，逝世于公元 632 年的 4 月 20 日。因为在同一天，穆斯林习惯将"圣纪"与"圣忌"合并纪念，俗称"圣会"。信徒们一般是到清真寺举行纪念聚会，歌颂穆罕默德的高尚品德与丰功伟绩，并举行聚餐。

登霄节，阿拉伯语 Id al – Mi'raj 的意译，原意为"阶梯"。传说穆罕默德在 52 岁时，在教历七月二十七日的夜晚，为了躲避一些反对派的谋害，到他妹妹温母哈尼家中躲避，真主命令哲布勒伊天使牵仙马来接穆罕默德，在耶路撒冷"登霄"，遨游七重天，见到了古代先知和天国、火狱等，黎明时返回麦加。从此，耶路撒冷与麦加、麦地那一起成为伊斯兰教三大圣地。穆斯林在登霄节的夜晚，要举行礼拜和祈祷，以示纪念。

盖德尔夜，也称"平安夜"。传说安拉于教历九月二十七日之夜，通过哲布勒伊天使颁发《古兰经》。据《古兰经》载：该夜做一件善功胜过平时一千个月的善功。穆斯林对盖德尔夜非常重视，许多人于该夜礼拜祈祷，出散"乜贴"，捐赠财物。有的家庭还制作美食佳肴，馈赠亲友。很多穆斯林往往彻夜不眠，因此盖德尔夜也称"坐夜"。

白拉提节，阿拉伯语意为赦免。传说凡是在教历八月十五日夜晚诚心悔罪求饶者，均可受到赦免。记录人类善恶的天仙，这一晚将换用新文卷来书写，此夜又称"换文卷夜"。从八月一日起，各家开始准备糖果和点心，半月之间择日请阿訇到家中念诵白拉提经。新疆回民称之为"念夜"，内地称之为"走节"。这时，每家都有人出来施舍财物，借此博取安拉的好感，以使自己及家人多受福泽。

四、佛 教

1. 佛教的创立和传播

佛教产生于公元前 6—5 世纪的印度。当时恒河流域建立了 16 个国家，恒河中下游出现了人工灌溉设施，农业使用铁器耕种，普遍地种植水稻、棉花、豆类等作物；手工业出现了冶金、纺织、木材、制陶等细致的分工；对外贸易也十分活跃，商队东到缅甸，西抵波斯和阿拉伯。佛教创始人释迦牟尼出生在迦毗罗卫国，这是印度东北方一个奴隶制国家。当时，不仅印度创立了佛教，而且中国有孔子（前 551—前 479）创立的儒家学派，波斯有琐罗亚斯德（前 628—前 551）创立的祆教，希腊有赫拉克利特（前540—前 480）最早奠定了唯物辩证法的基础，因而有人把公元前 6 世纪概括为"人类思想的大繁衍时代"。

佛教创始人姓乔达摩（前 565—前 485），因是印度释迦族人，故称释迦牟尼。"牟尼"，是明珠，喻为圣人，释迦牟尼是一种尊称。他出身于刹帝利种姓，是迦毗罗卫国净饭王的太子。他少年时接受了婆罗门教，学习吠陀经典；17 岁时娶觉善王女耶输陀罗为妻，生有一子。净饭王为释迦牟尼建造了华丽的"寒、暑、温"三时宫殿，并提供尽情享乐的物质条件，希望他能继承王位。然而，奢华的生活并未能打消他出世修行的意向，在公元前 537 年的一个深夜，他悄然离开了宫殿，时年 29 岁。对释迦牟尼出家的动机，有人说是因为看到了人体的丑恶；也有人说是因为他看到了生老病死的痛苦。据说有一次出游，他在东、南、西三个城门看到了老人、病人和送葬的人，在北门则看到了沙门修道者。对比之下，他痛感人生无常，决计出家。他先从乞食开始，逐渐减少饮食，每七天进一餐，吃种子和草，穿鹿皮、树皮等刺激皮肤的衣服，还常到墓地与尸体睡在一起。六年后，他身体消瘦，形同枯木，依然没有发现真理。于是，他到尼连禅河洗净积垢，接受牧女奉献的鹿奶。经过调养，他恢复了身力，就在荜钵罗树（后称菩提树）下向东双足交盘而坐，发大誓愿，宁愿血液干涸，身体腐烂，如不成佛，决不起座。经过七天七夜的冥思苦想，终于观见三世实相、洞见三世因果，真正觉悟成佛了，因而被称为"佛陀"，或简称"佛"。

释迦牟尼成道时 35 岁，此后一心转向传教活动。据记载，释迦牟尼的五位侍从成为首批弟子。他与弟子们在鹿野苑造茅舍，聚集信徒 60 多人，建立起一个类似佛学院的组织。他最初讲道说法的内容即"初转法轮"，包含了四圣谛、八正道和十二因缘。鹿野苑的活动，使得佛教的佛（指释迦牟尼，以后泛指一切佛）、法（即"初转法轮"，以后泛指佛教的基本教义）、僧（指释迦牟尼的首批弟子，以后泛指一切僧众）三宝俱备。他 80 岁时寂灭于印度北方希拉尼耶伐底河边的娑罗林中，遗骨被分成 8 份，建"舍利塔"（舍利即释迦牟尼遗骨火化后结成的珠状物，后来包括德行较高的僧侣死后烧剩的骨头）加以收藏，成为信徒们顶礼膜拜的圣物。佛陀死后，他的弟子摩诃迦叶和阿难等人主持教团，继续传教。

早期佛教没有庙宇，没有献祭和仪式，也没有祭司的圣职。早期佛教不拜偶像，认为宇宙中没有最高主宰，释迦牟尼也只是教主而不是神；主张众生自救，佛只指出途径；修行能入涅槃，却不能人人成佛。随着奴隶制在印度广大地区的发展，佛教社会地位变化并受到各地经济、政治和风俗习惯的影响，内部在对教义、戒律的理解上发生了分歧。到公元前 4 世纪，即佛陀死后100 年时，佛教发生第一次分裂：一派称为"上座部"，主张维持现状，主要由一些长老组成；另一派称为"大众部"，主张改革，拥有广大僧侣。据佛经记载，佛陀死后 400 年（公元前 1 世纪）

时，上座部系统共有 11 个部派，大众部系统共有 20 个部派（即佛教史上讲的"小乘二十部"）。这些部派逐渐归为四大系统：上座部、正量部、大众部和说一切有部。

公元 1 世纪前后，又分化出一个自称"摩诃衍那"的新部派，"摩诃"意为"大"，"衍那"意为"乘载"或"道路"，所以汉语称之为"大乘"。大乘佛教贬抑原教派为"小乘"，而后者并不接受这个称号，仍自称上座部佛教。大乘佛教因受婆罗门教影响而宣扬神异，崇拜偶像，开始神化释迦牟尼，称其为"如来佛"；同时宣扬佛有许多化身，三世十方有无数佛；还宣扬只要虔诚信仰，众生皆可成佛。一般来说，小乘佛教只追求个人的自我解脱，进入不再轮回的涅槃，追求的最高果位是阿罗汉。而大乘佛教主张救渡一切众生，宣扬大慈大悲，将建立佛国净土作为最高目标。可见，大乘佛教的普度众生比小乘佛教的追求个人自我解脱更有利他主义色彩，其西方极乐世界也比不再轮回更具诱惑性。传说龙树是大乘佛教的祖师，他不仅创立了大乘空宗，而且把佛教和婆罗门教的某些教义、仪式相结合，创立了"密宗"（后称密宗以外的教派为"显宗"）。密宗与显宗的区别主要有两点：一是智慧不同，二是证悟空性方法各异。

佛教原来只流行于印度恒河流域一带，在孔雀王朝时期，阿育王奉佛教为国教，广建佛塔，刻敕令和教谕于摩崖和石柱上，宣称征服不在于战争，而应当依靠佛法。公元前 253 年，阿育王召集佛教僧侣在华氏城举行佛教史上第三次"结集"，编纂整理经、律、论三藏经典，解决各派之间的争论，并派人到周边国家传教。之后，大月氏人建立的贵霜帝国将印度作为佛教中心。公元 2 世纪初期，贵霜帝国的迦腻色迦王在迦湿弥尔（今克什米尔地区）召开佛教史上第四次"结集"，著名佛学家马鸣推广大乘理论，从此印度佛教便以大乘为主。

大乘佛教的发展，在印度经历了三个阶段。

公元 1 世纪至 4 世纪为初期阶段，基本经典有《般若经》、《法华经》、《无量寿经》、《华严经》等。《般若经》主张"诸法性空"，中道实相，构成大乘佛教的理论基础；《法华经》会通小乘和大乘，主张人人都可以成佛；《无量寿经》宣传西方阿弥陀佛极乐世界的信仰；《华严经》讲大乘修行者应遵循的宗旨、方法和可达到的阶位。大乘论师龙树及其弟子提婆以解释《般若经》来建立自己的理论基础，创立了中观学派。

公元 4 世纪至 6 世纪为中期阶段，基本经典有《涅槃经》、《胜鬘经》、《楞伽经》，称"如来藏自性清净心"，后者还宣传三界唯自心所现。《解深密经》提出一切外界皆唯识所变的思想和八识学说，以阿赖耶识（相当于灵魂）作为精神主体。无著和世新兄弟奉弥勒为先师，创立了唯识学派，也称瑜伽行派。在这一时期，中观学派的著名论师有佛护和清辨。

公元 7 世纪至 13 世纪初为后期阶段。公元 6、7 世纪，印度处于分裂状态，一度衰落的婆罗门教吸收了大量的民间信仰，融合了佛教、耆那教甚至希腊、罗马宗教的思想，演化成新婆罗门教即印度教。佛教中的密教派别则吸收了中观学派和唯识学派的观点，又吸收了印度民间的宗教信仰及印度教的宗教仪式。密教的主要经典有"六经三论"之称，其中主要是《大日经》与《金刚顶经》。8 世纪以后，密教在印度佛教中取得了主导地位，恒河南岸的超行寺（又称"超戒寺"）是密教的学术中心。从 9 世纪起，由于外族不断入侵，佛教在印度开始走向式微。从 11 世纪起，伊斯兰教的势力进入了东印度各地，佛教的许多圣地遭到严重破坏，促使佛教进一步与印度教联合起来，共同对敌，密教也就越来越同化于印度教。到 13 世纪，超戒寺等许多重要寺院被毁，僧徒星散，佛教在印度及南亚次大陆上几乎消失。直到 600 多年以后的 19 世纪，佛教才由斯里兰卡传回印度，开始艰难复兴，信仰人数不足印度人口的 1%。

　　就在印度佛教日渐灭绝的时候，在东南亚、中国、日本和朝鲜半岛却如日中天，一派昌盛兴旺景象。公元前3世纪，印度佛教开始向次大陆毗邻的地区传播，一跃而成为世界性的宗教。在贵霜王朝时期，佛教经丝绸之路传入中国，并由中国传入朝鲜、日本等国。佛教向亚洲各地传播，大致可分为南北两条路线：南传以小乘佛教为主，北传以大乘佛教为主。南传从印度到斯里兰卡，又由斯里兰卡传入缅甸、泰国、柬埔寨、老挝等国，复经上缅甸传入我国云南省的傣、崩龙（现称德昂）、布朗等少数民族地区，确立了上座部教义的完整体系，大寺派被认为是南传佛教的正统。以后缅甸的历代王朝都保护佛教，建筑了许多雄伟华丽的佛塔，如18世纪所建的仰光大金塔。佛教由斯里兰卡传入泰国在12世纪，可泰王朝奉佛教为国教。14世纪中叶后，柬埔寨沦为泰国的属国，上座部佛教随之传入。此后，上座部佛教又从柬埔寨传入老挝。

　　北传佛教主要有两条途径：一是从印度西北部的乾陀罗开始，经阿富汗中部的兴都库什山、阿姆河，过帕米尔高原进入中国新疆，再由河西走廊到达长安、洛阳。约在公历纪元前后，佛教传入中国。据说，在东汉明帝永平十年，郎中令蔡愔赴西域访求佛法返国，邀得大月氏的迦叶摩腾、竺法兰来华，并以白马驮回佛像及经卷。其后，明帝在洛阳兴建了中国早期的佛寺白马寺，作供奉佛像及佛法之用。佛教传入中国后，即受部分皇室及贵族子弟所信仰。其时，东汉皇帝信奉黄老之学及神仙方术，而佛教教理也被视为"清静无为"，与道家"黄老之学"相提并论，佛像亦与老子像、神仙像一同供奉，以祈求多福长寿。此时佛教尚未普及民间，到了魏晋南北朝，佛教才得到较大的发展，并由中国本土传入朝鲜、日本和越南。其中，朝鲜半岛高句丽王国的太祖是有名的佛教护法仁王，深信建国凭借了佛力，把信佛护教、祈求国泰民安，作为高丽王室的一大传统。另一路径是由中印度直接北传入尼泊尔，越喜马拉雅山麓，进入中国的西藏，再由西藏传入中国内地和蒙古、西伯利亚。

由于佛教传入中国的时间和区域不同，形成了以汉族地区为主的汉地佛教（大乘佛教），以藏蒙地区为主的藏传佛教（喇嘛教），以云南傣族地区为主的上座部佛教（小乘佛教）。其中，汉地佛教影响最大，并在唐代形成了天台宗、三论宗、法相宗、律宗、净土宗、华严宗、禅宗、密宗等教派。其中，禅宗是中国佛教的重要宗派。印度佛教只有禅而没有禅宗，禅宗是纯粹中国佛教的产物。它因主张用禅定概括佛教的全部修习而得名，又因自称"传佛心印"，以觉悟所谓众生心性的本源（佛性）为主旨，所以也称"佛心宗"。藏传佛教源于佛教中的密教派别，是公元7世纪传入西藏的。它一度为西藏当地的苯教所不容，与苯教进行了长期斗争。它不但战胜了苯教，而且融合了苯教的一些教义、神祇和仪式。这种带有地方特色的藏传佛教被外地人俗称为"喇嘛教"，并发展到青海、甘肃、蒙古等地。

约在公元10世纪末和20世纪初，佛教先后传入欧洲和北美。1906年"英国佛教协会"成立，欧洲佛教徒开始有了自己的组织。以后，法、德、瑞士、瑞典、捷克斯洛伐克、匈牙利等国陆续有了佛教团体和研究机构。佛教传入美国之后，又北传加拿大，南传巴西、秘鲁、阿根廷等国。目前，佛教传播到世界各大洲，与基督教、伊斯兰教并列为世界三大宗教。全世界有佛教信众3.6亿人，约占世界人口的5%。

2. 佛教的教义和戒律

与其他世界宗教相比，佛教的一个显著特点，就是典籍浩瀚，教义庞杂，文化色彩浓重。这些文献统称为大藏经或三藏经，分为经（释迦牟尼所说的教义）、律（为僧侣和教徒所制定的行为规则）、论（对教理的阐述、论说）三类。释迦牟尼所说的教义和所制定的戒律最初没有文字记载，只是口头相传和靠记忆背诵，在他圆寂之后，弟子们感到口授容易产生误解和歧义，开始编辑"律藏"和"经藏"，以后又编辑了"论藏"，并对三藏进行了注解。目前留存下来的藏经中，只有南传上座部的巴利文三藏可看到全貌，其余派别所编辑的经典大部分遗失。佛教向南北传播以后，很多地方的佛教徒使用当地语言文字翻译或编写了佛教典籍，并汇辑成佛经。目前，大藏经中有巴利语、汉语、藏语、蒙语、满语、西夏语、日语等版本，另有用梵语、吐火罗语、粟特语、于阗语、突厥语等译写的佛典。佛典指释迦牟尼的弟子们传述的释迦牟尼在世时的说教，主要有：《楞严经》、《法华经》、《华严经》、《大般涅槃经》、《圆觉经》、《金刚经》、《般若经》、《无量寿经》等。佛教在不同地区和民族的流传过程中，经典逐渐增加，教义不断丰富，许多学说发生了变化。对于绝大多数佛教派别普遍接受，没有发生太大改变的一些学说，就成了佛教的基本教义。

　　佛教的基本教义可分为两类内容：一是关于善恶因果与修行方面的。佛教的善恶因果观与修行法门，既与其他宗教、道德说教有共通之处，又自有其特殊之处。二是关于生命和宇宙的真相方面的。佛教关于生命和宇宙的理论，是建立在佛教修行（主要是禅悟）基础上的成果。释迦牟尼创教时最关心的，是解决人生的苦难问题，而不是抽象的理论问题。因此，佛教的基本教义围绕解决现实人生痛苦的主题而展开，主要包括：四谛说、八正道、缘起论、三法印说、因果报应论和六道轮回论。

　　四谛说。指四种佛教真理或实在，即苦谛、集谛、灭谛、道谛。苦谛是说现实生活中充满着种种痛苦的现象，佛教对苦有种种不同的分析，如生、老、病、死之苦。集谛讲造成种种苦的原因和根据，集是积聚感召的意思，佛教认为芸芸众生由于对佛教真理的愚昧无知，招来生死苦果。灭谛讲灭尽诸苦，从根本上消

除烦恼，达到清净自觉、摆脱生死轮回的境界（涅槃境界）。道谛
讲灭除痛苦的方法和道路，实现这样的道路有八种，即八正道。

八正道。佛教认为有八种正确方法可达到灭除人生的痛苦，
这就是正见、正思维、正语、正业、正命、正精进、正念、正定。
正见，即坚持佛教四谛的正确见解；正思维，即根据四谛的真理
进行思维和分辨；正语，即说话要符合佛陀的教导，不说妄语、
绮语、恶语；正业，即一切行为都要符合佛陀的教导，不杀生，不
偷窃，不做邪淫等恶行；正命，即过符合佛陀教导的正当生活；
正精进，即毫不懈怠地修行佛法，以达到涅槃的理想境地；正念，
即念念不忘四谛的真理；正定，即专心致志地修习佛教禅定，以
进入清净无为的境界。八正道中最根本的一道是正见，即坚定不
移地信奉佛教的教义。四谛和八正道注重在思想上认识人生价值
问题，明确摆脱生死苦恼、达到觉悟的修行目标。

缘起论。又叫缘生论，是"因缘生起"的简称。佛教认为宇宙
间的一切事物和现象的产生、发展和变化都有其原因，都有相对
的互存关系或条件，全都处在"此有则彼有，此生则彼生，此无则
彼无，此灭则彼灭"的因果关系中。最早的缘起论是"业感缘
起"，即十二因缘说，主要用以解释人生痛苦的原因。认为人生
由十二个环节（十二因缘）构成，即无明、行、识、名色、六处、
触、受、爱、取、有、生、老死。它的中心内容是说，人生的痛苦
是由无明引起的，无明（愚昧无知）是造成生死的根本原因，只有
消除了无知才能获得解脱。十二因缘当中，没有一个因缘可以单
独作用，必须依靠其他的因缘。后来，小乘佛教又把十二因缘与
轮回说教结合起来，提出所谓"三世两重因果说"。

三法印说。这是三种印证佛教学说的标准，即诸行无常、诸
法无我、涅槃寂静。诸行无常是说宇宙万物都是变化无常的，如
梦幻泡影。诸法无我是说一切事物、各种现象皆由缘而生，没有
独立的永恒不变的实体作为自己的主宰。涅槃寂静是指超脱生死

轮回，进入熄灭一切烦恼、内心寂然不动的境界。涅槃翻译成中文为不生不灭之意，即修行人得到了正果，涅槃境界是佛教徒追求的最高境界。

因果报应论。佛教认为：凡事有因必有果，无因必无果。人们的任何言行，都必然会引起相应的果报。善的行为产生善的果报，恶的行为产生恶的果报。任何原因在未得到果报之前，不会自行消失。人们在今生今世的贫穷富贵，取决于自己上辈子的善行或恶行。佛教以此来教导人们去恶从善、积德行善。

六道轮回论。佛教认为，人们由于活动的不同而产生六种不同的报应，即地狱、饿鬼、畜生、阿修罗、人、天。人们在六道中流转，如同车轮旋转、循环不已，以至无穷。这是因果报应论的进一步说明，强调恶有恶报，善有善报。因此，轮回贯通三世（现在、过去、未来），包摄四生（胎生、卵生、化生、湿生），有情的生命依缘而起，并且处于经常不息的演变之中，永远不能出离六道，只有皈依佛教，努力修行，才能超越轮回。

佛教教规是为教徒所制定的行为规范，分戒和律两种。戒是出家僧侣和在家信徒应共同遵守的，作为防非制恶、归向善道正法的戒规；律是专为出家僧侣制定的，是用以制伏恶行恶念的禁戒，执行得更为严格。

佛教的戒律，又分为小乘戒和大乘戒两种。小乘戒主要指五戒，为在家的男女信徒制定，即不杀生、不偷盗、不邪淫、不妄语、不饮酒。"五戒"中有不准饮酒，没有不准吃肉，因为佛教原来并不禁荤，中国佛教禁止吃荤是梁武帝定下来的。对出家僧侣再加上不以香油涂身、不歌舞、不坐卧大床三条，即"八戒"。佛教对尼姑的要求，比对和尚的约束严格得多。大乘戒又称菩萨戒，分重戒和轻戒。重戒有 10 条：杀戒、盗戒、淫戒、妄语戒、酤酒戒、说四众过戒、自赞毁他戒、悭惜加毁戒（即吝啬财物，不肯施舍，甚至诽谤诋毁）、心不受悔戒（即仇恨他人，不受对方忏谢)、谤三宝戒(即毁谤佛、法、僧三宝)。犯十重戒者，要受到开除僧籍的处分。轻戒有48条，分为摄善法戒和饶益有情戒两种。前者按照布施、持戒、忍辱、精进、禅定、智慧的菩萨六度设立，这六戒旨在引导僧众行善。后者是帮助他人的戒律，对别人的违规行为不能视而不见。犯48轻戒者应忏悔，但不开除僧籍。

3. 佛教的礼仪和节日

佛教在长期发展过程中，逐渐形成了一整套的礼仪制度，主要包括丛林清规、丛林制度、殿堂设置、佛事仪式和佛教节日。

丛林，意为森林，印度用以称僧众住处。清规即僧众日常应遵行的规定，印度佛教原规定"三衣一钵，日中一食，树下一宿"的简朴生活。佛教传入中国后，认为不事生产的乞食制度不适应中国社会生活，逐渐建立了一套符合我国经济与习俗的修持、日课、劳动等制度。汉地最早的清规为东晋道安时创设，提倡僧人一律在寺庙中修行，以释氏为姓；至梁武帝时又禁止僧侣肉食，实行茹素制度。唐代的马祖道一及弟子百丈怀海创设了丛林清规，即著名的《百丈清规》，规定僧侣在修道之余必须自食其力，"一日不作，一日不食"，过农禅生活。丛林制度改变了过去僧人云游乞化的生活，为寺院的发展打下了经济基础。元代的德辉禅师奉敕重修清规，依托百丈之名修订了《敕修百丈清规》，主要内容有结夏、结冬、挂单和普请。结夏是印度的夏季雨期，不许僧人外出托钵乞食，改为坐禅修道，接受供养。中国佛教继承了这一制度，从农历四月十六日到七月十五日坐夏。中国僧人又仿照结夏而独创结冬制度，集合江湖僧众在冬季专修禅法，也称江湖会，时间为农历十月十六日到第二年的正月十五日。近代佛教寺院一般实行冬禅夏讲制，即在结冬时坐禅，结夏时讲道。挂单又称挂搭或挂锡，单是指僧众的名单，搭是布袋，锡是锡杖(一种法器)。将衣物或锡杖挂于写着名单的挂钩上，叫挂单。如云游四方的行脚僧人投宿寺院暂住几日，到达某个寺庙时就可以挂单。如果挂单的时间较长，可以与该院僧众一起进行佛事活动，称为安单。普请即普遍邀请僧众参加劳动，印度佛教实行乞食制度，中国佛教则根据实际情况制定了农禅制度，一边修道，一边生产，不过限于一些轻微劳动。

丛林制度源于印度，是佛教内部设立的僧务管理系统。唐代以前，寺院僧官一般设上座、寺主和维那，上座为全寺之长，寺主管理一寺事务，维那管理寺院的人事，并协调僧众关系。唐代以后，禅宗寺院以方丈为全寺首脑，亦称主持。方丈以下，仿照朝廷文武两班而设东西两序。居于方丈东侧的为东序，设都寺、监寺、维那、副寺、典座、真岁，为六知事；居于方丈西侧的为西序，设首座、节记、知藏、知客、知浴、知殿，为六头首。

殿堂设置指佛殿佛堂的基本设施，"殿"为佛殿和天王殿，是供菩萨塑像进行礼拜的场所；"堂"为法堂和禅堂，是供僧众设法、修道以及生活起居的场所。正殿供奉佛像，又叫大雄宝殿。宋代佛殿中佛像的布置一般采取一佛四弟子的设施，一佛为释迦牟尼佛，四弟子是文殊、普贤、阿难、迦叶。明代统一规定：凡佛殿一律供奉三尊佛，中间为释迦佛，带有迦叶和阿难左右两个协侍，左为药师佛，右为阿弥陀佛，两侧供 18 罗汉像。佛坛背面设观音菩萨，观音周围塑有善财童子和龙女，以及 58 参问中的人物或救八难的情景。天王殿正面供笑容可掬的弥勒佛，背后供勇猛无比的韦驮金刚，两侧塑有四大天王像，即东方持国天王、南方增长天王、西方广目天王和北方多闻天王。法堂又称讲堂，是演说佛法、叙戒集合的场所，其重要性仅次于佛殿。东晋道安时开始兴建法堂，内设佛像、法座（法师讲道的专座）和法器（做法事的器物）。禅堂是僧众坐禅修道的场所，中间置一个圆龛，安放圣僧像，还布置了宝盖、幢、幡等装饰物。僧众无论地位高下，都按受戒先后，安排在禅堂修道。

佛事仪式即为举行法事而制定的行法、仪轨和仪制，可分三类：（1）个人行事。包括个人从吟诵礼赞、三皈五戒到葬仪的种种仪礼。（2）年中行事。包括一年中例行的各种仪式，如布萨、传召以及为佛教徒祈福、荐亡等所做的法事。（3）相关习俗。信徒一生中的重要经历，如出生、成人、结婚、丧葬；僧侣的剃度、灌顶、传法、涅槃等，都必须举行仪式。剃度，指佛教徒剃发受戒的一种仪式。释迦牟尼亲手为迦叶等 5 人剃去头发，表示接受他们做弟子。和尚剃发有三重含义：一是头发代表人间的无数烦恼和错误习气，必须削掉；二是削掉头发就等于去掉人间的一切牵挂，一心向佛；三是为了区别印度其他的教派教徒。布萨为梵语，汉译为净化自心之意。僧众每半月集会一次，在布萨堂（即说戒堂）请精熟律法的和尚说戒本，并反省自己过去半月内的行为是否合乎戒本。若有犯戒者，即于僧众前忏悔。另外，居家信徒于六斋日受持八斋戒，亦称布萨，认为此举能增长善法。忏法源于东晋，是佛教徒忏除罪孽的一种仪式。梁武帝亲制《六道慈忏》，后经元代智松重订，为近世通行的《慈悲道场忏法》。水陆法会，一种隆重而盛大的佛事仪制，相传由梁武帝创立。现行水陆佛事分内外坛，以内坛为主，悬挂毗卢遮那佛、释迦佛、阿弥陀佛等像，陈设香火灯烛等供品。外坛有"梁皇忏"（24 人），包括华严（2 人）、法华、诸经、净土（以上三坛各 7 人）、施食（晚夜进行，人由各坛调配）等坛，全部法事七昼夜。放焰口，又叫焰口施食，是依照密教的《救拨焰口饿鬼陀罗尼经》而举行的佛事仪式。目的是救度饿鬼，表达对死者的追荐。传说释迦佛的弟子阿难在修禅时，饿鬼警告他三日后必死，阿难请求佛陀解救，佛陀就教阿难施食。

佛教节日包括：盂兰盆会，为超度历代祖先而举行的法事，每年农历七月十五日举行，又称中元节、盂兰盆节或鬼节。盂兰盆为梵文 ullambana 的音译，意为"救倒悬"，即救度亡灵的倒悬

之苦，依据《盂兰盆经》的"目连救母"而缘起。据说，释迦佛弟子
目连看到母亲死后在地狱受苦，求佛救度，佛陀要目连在七月十
五日备百味饭放在盂兰盆中，供养僧众，就能使母亲解脱。中国
自宋代起，民间形成放焰口施饿鬼的习俗，以超度亡灵。佛诞节
（也称"浴佛节"），是纪念佛祖释迦牟尼诞生的节日，时间为汉族
地区的农历四月初八。佛教根据"佛生时，龙喷香雨浴佛身"的传
说，规定在这一天要举行法会，用香水灌洗佛像，并贡献各种花
卉，还要举行拜佛祭祖，对僧侣布施、赛龙舟以及相互泼水祝福
等庆祝活动。涅槃节，纪念佛祖释迦牟尼去世。南传和北传佛教
对释迦牟尼去世的日子说法不一，纪念日也不同。中国、朝鲜、
日本等国的大乘佛教的涅槃日为每年农历二月十五日（日本在近
代已改用公历）。这一天，寺院都要举行佛涅槃法会，挂释迦牟
尼涅槃图像，朗诵《遗教经》，还要准备香花灯烛和茶果珍馐，以
供养佛祖。成道节（也称"成道会"），时间是每年农历十二月初
八。传说释迦牟尼成佛之前，在山林里苦修多年，虽饿得骨瘦如
柴，却未能悟出人生真谛，决定放弃苦修。出得山来，遇见一个
牧女送他乳糜，食后体力恢复，端坐在菩提树下沉思良久，终于
在十二月初八悟出真谛。这一天被佛教徒们奉为"成道节"，僧尼
要在这一天准备花烛、茶果珍馐，恭敬供奉。中国的佛教徒则将
米和果品煮粥供佛，俗称"腊八粥"。

五、道　教

1. 道教的产生和发展

道教从东汉张道陵（34—156 年）创五斗米道以来，迄今有
1800 多年的历史。道教文化是古代中华文化的产物，集中国士大
夫雅文化和民间俗文化于一体、融上层正统思想与下层异端意识

为一炉，成为华夏母体上土生土长的血脉文化。它与中国的传统文化、传统思维和传统生活贴得最近，能充分反映中国人的宗教生活和精神世界。要研究中国宗教文化，要弄清古往今来中国各阶层人士的思想、道德、伦理、情操、素养、愿望和感情，就应当了解道教文化。揭开道教文化之谜，不啻于洞开中国传统文化的宝藏之门。

道教主要有三个来源：鬼神崇拜、方仙之说和老庄道家哲学。鬼神崇拜可以上溯到远古，人们不但认为鬼神主宰自然界和人类社会，而且相信人死后灵魂不灭。鬼神在冥冥之中能够加害于人，也能庇护于人。与天帝、鬼神观念相联系，殷商巫术盛行，巫觋被看成能与天帝、鬼神相通的人，可以判断吉凶、预卜未来。周代形成了包罗天神、人鬼、地祇的一整套系统。战国时期出现了神仙家，在秦汉年间被称为方士。秦始皇时的徐福、韩当、侯公，汉武帝时的李少君、栾大等，都宣称在渤海之中有蓬莱、方丈、瀛洲三座神山，上面住着众多神仙。山上的禽兽全是白色的，宫殿楼阁用黄金白银砌成。没有到达时，望之如云。到达时，三座神山沉在水下面，风云将船吹走，使人始终不能踏入。神山上有不死之药，如能得到它而服用，便可永列仙班。方士们还鼓吹，如果听从他们的指导，认真地修炼方术，能够长生不老。西汉初期，统治者以黄老清静之术驭天下。黄老学说中有许多神秘因素，神仙方士利用这些因素，对它加以宗教性的解释，使黄老之学与神仙方术相结合，向宗教神学的方向发展。道教正式诞生是在东汉之末，一方面，本来就偏重说玄理、讲养生的道家，不可避免地被方士所利用，导致道家、道教界线模糊，道家的老子变成道教的太上老君，《老子》、《庄子》等道家著作成了道教经典。另一方面，东汉末年天下大乱，早期道教的主张颇能给走投无路的穷苦民众带来一线希望。它作为下层群众的一种自救组织，便应运而生了。

　　《太平经》和《周易参同契》是早期道教的理论著作，当时只在个别道坛间师徒授受，有组织的教团尚未出现。最早的道教组织是张角创立的太平道和张陵创立的五斗米道，前者由民间巫术发展而来，主要从事符箓禁咒、祈福禳灾之类的活动，可称做符箓派；后者从神仙方术一流发展而来，与黄老崇拜相结合，可称做丹鼎派。太平道与五斗米道虽然同为下层民间的宗教组织，同样起了组织民众进行政治斗争的作用，但他们活动的侧重点有所不同，结局更有天壤之别。公元 184 年，张角率太平道徒 10 万人起义，因起义者均头扎黄巾，故称黄巾起义。这次起义一度打击了东汉政权，在起义失败之后太平道衰落。几乎同时，江西龙虎山人张陵利用《老子》和《太平经》在四川青城山创教，因入道者须交五斗米，故称五斗米道。张陵撰《老子想尔注》，对《老子》进行了神学改造，把老子的哲学概念"道"改造为神，把养生术改造为神仙方术。五斗米道和太平道同源，教规教义几乎相同，都奉老子为教祖（尊称太上老君）。因道徒尊称张陵为天师，故五斗米道也称天师道。该教经其子张衡、孙张鲁下传，形成了家族嗣教的体制。五斗米道至张鲁时大盛，成为一个有严整组织体系的宗教实体，被毛泽东赞之为"中国原始的社会主义组织形式"。以后，其领导集团与魏晋统治者合流，呈现出从下层民间宗教向上层官方宗教转化的趋势。

　　唐朝建立以后，封建皇权政治与道教神权思想的结合进入了全盛时期。唐朝名义上奉行儒释道三教并行的政策，实际上偏心道教。李世民在贞观八年颁布《道士女冠在僧尼之上诏》，欣然认可太上老君与唐皇李氏同宗同祖。开元九年（721 年），唐玄宗遣使迎接陶弘景的四传弟子司马承祯入京，亲自接受他的道教法箓，正式成了道士皇帝。

　　宋代道教的发展也与朝廷高度重视分不开，宋真宗召见龙虎山天师道第 24 代天师张天随，赐号为"真静先生"，立授箓院，建上清宫，免其田租，封号世袭。宋徽宗崇道比宋真宗有过之而无不及，亲作《天真降临示现记》颁示天下，于京师建迎真馆以迎天神降临。道士在宫中讲道，徽宗设帐听讲，道士们称徽宗为教主道君皇帝。徽宗还根据道士的建议，汇集古今道教事，编为"道史"和"仙史"；又搜访道书，编成我国第一部道教经书总辑《政和万寿道藏》，共 540 函、5481 卷，全部雕版刊行。这部《道藏》分"道经"（包括经、图、记、录、法、律）和"符"两大类，三洞四辅十二部为其分类方法。徽宗还依科举制设立道学，道士考试作道官，领取俸禄；为抬高道士的社会地位，命各州县官吏与宫观道士以客礼相见。经过宋代的发展，道教在中国南北方形成"正一"和"全真"两大教派。两派同为内丹派，以人体为炉，以体内的精、气、神为材料进行修炼。其区别在于：南宗主张先修命，北宗主张先修性。北方的全真道，创始人王重阳，集大成者邱处机，主张道士出家，不能结婚，以武术强身；南方的正一道（原天师道），道士们擅长道场、符箓，戒律比较宽松。

纵观唐宋时期道教发展史，可以看出，道教的兴盛与皇权政治密不可分。统治者的大力倡导，使得道教的发展日盛一日，道教的兴盛又给统治者带来了一层神秘的光环，二者紧密结合，相互利用，构成了道教文化史上斑斓绚丽的一页。明清时期，道教在停滞中走向衰落。虽然官方扬佛抑道，但民众却没有因此而失去对道教的信仰。因为这种信仰已根深蒂固，成为民众生活乃至民族文化心理的一部分。在民间，许多原来没有道教神庙的地方有了神庙，而原来有神庙的地方又新增了不少菩萨；祀神、祭鬼、扶乩等气氛越来越浓，道教观念也大量渗入俗文学之中。民间道教的再兴，说明道教来自民间，千年之后又回到了民间。

2. 道教的教义和教规

道教之所以称道教，在于其基本信仰是"道"，这也是道教的本义。道教在东汉张陵创教之初，便推崇老子为教祖，以《道德经》为圣典。其实，老子的"道"仅仅是哲学概念，道教信仰的"道"与老子的"道"有一定联系，又有重大区别。经过道教加工和改造过的"道"，不仅包含有道家哲学的内容，而且更多的包含了神学内容。道教宣称"道"为宇宙的本原和主宰，无所不包，又无所不在，是万事万物的演化者；同时，"道"又是神灵，是"灵而有性"的神异之物。道与神相通，道无所不在，神亦无所不在，故万物皆呈现出神性，这就是道教泛神论特色的理论根据。与"道"并提的是"德"，道教认为，道具有永恒生命，获得它和保持它便可得到长生，这也叫做"德"。"德即得，即得道"。"德"是道之在我者，即取得"道"所体现的非物质性的本原。道与德并重，才能驾驭宇宙的一切，维系天、地、人三者的统一。这种非物质性的本原，凝聚起来便是最高的天神。

道教教义的核心是神仙信仰，而且是多神宗教。如道教初期之最尊者为老君，至晋代又捧出"元始天尊"，置于老君之上。至南北朝又捧出"太上道君"，置于诸尊之上。隋唐有三清之说，使老君、天尊、道君三位一体。道教奉老子为教主，玉皇大帝为最高神。道教认为，在万物中，除了人居住的世界外，还有神仙居住的所谓十大洞天、三十六小洞天和七十二福地。还说天外有天，共三十六重，最高一层是大罗天，为玉皇大帝居所。大罗天之下是三清天，即清微天——玉清境，禹余天——上清境，灵宝火赤天——太清境，三清境的神为元始天尊、灵宝天尊和道德天尊。三清天之下还有三十二重天，各有名称。每一洞天福地和天外天，都有天神管辖。道教引进佛教的轮回善恶报应、儒学的封建伦理道德，编著了大批道教经典，制作了乐章诵戒，规范了斋戒仪范，把地上的封建等级制度搬到天上。

"道"的另一个重要内容是相信人可以长生不死，得道成仙。道教重生，追求安乐和长生，相信人通过求神或修炼可以得道，不仅可以享受人间的幸福，而且可以返本还元，与道同体，肉体永生，长存仙界。所以，道教徒把死称为羽化，将道士称作羽客，羽就是能飞升的意思。道教的这种"不死观"和"长生久视之道"，是道教区别于其他宗教显著的特点，因而有人干脆将道教称为"不死教"或"不老道"。道教主张清静无为，重视养生（练内丹和外丹），争取生存和安乐。

道教追求长生不死的方术很多，其中符箓派的方法主要是通过服符、念咒、敬神、诵经、祈禳、斋醮等驱鬼去病，求神保佑；外丹派认为可以通过服食仙丹，以求长生。所谓外丹，是以原砂、雄黄、云母、空青、硫磺、戎盐、硝石、雌黄等药物作原料，放在炉火中烧炼而成。内丹派则希望通过练气功，以求长生。所谓内丹，不以原砂等药物和泥炉铁鼎等工具，而以自己的身体为鼎炉，以身体内部的精神为药物，吸纳（呼吸）天地之气去烧炼，使精气神凝结为"丹"。事实上，不论外丹还是内丹，都不能使人成仙。道士在炼外丹时无意中对化学、冶金术进行探索，积累了一些科学知识，这是应该值得我们重视的。道士通过炼内丹时的吐纳、导引、服气、胎息等方法，发明了我国古代的气功。

道教的戒律，分为上品戒、中品戒和下品戒。道教传授戒法，是从金元时代在天长观（北京白云观）开始的。道教的五戒和佛教相同，即不杀生、不偷盗、不邪淫、不妄语、不饮酒。八戒也与佛教相同，在五戒之外又三戒，即不得杂卧大床，不得香油华饰，不得耽著歌舞。十戒是不得违戾父母师长反逆不孝，不得杀生屠害割截物命，不得叛逆君王谋害家国，不得淫乱姑姨姊妹及其他妇女，不得毁谤道法轻蔑经文，不得污漫净坛单衣裸露，不得欺凌孤贫夺人财物，不得裸露三光厌弃老病，不得耽酒任性两舌恶口，不得凶豪自任自作威利。

道教的宗教仪式，有斋醮祈祷、诵经礼忏等。

"斋醮"是道教对其崇拜仪式的传统称呼，俗称"道场"。

"斋"也是道教的修身方法，分供斋、节食斋、心斋三种。供斋是为了积德去罪，节食斋是为了养神保寿，心斋是为了无思无虑、无嗜无欲以修道。在三斋中，以心斋最重要。有人将斋法分为粗食、蔬食、节食、服精、服牙、服光、服气、服元气、胎食九种，将气功包括在内。修斋日期是六斋月（六个单月）、三元日（正月十五、七月十五和十月十五）、八节日（即立春、春分、立夏、夏至等八大节气）、甲子日、本命日（自己的生日）。"斋"与"醮"相连，前者指祭祀祈祝活动前的洁身心口，后者即祭祀祷祝活动的本身，又称"坛醮"，这是道教做法事或道场的主要场所。坛醮按其内容可分三部分：第一部分，醮事、清事、延生、亡事、放戒；第二部分，法事，包括升仙灯、延生灯等七八十项内容；第三部分，小型法事，经忏法事。这些五花八门、细冗繁复的斋醮祈祷活动，从头至尾贯穿着一个宗旨，即祈求人事吉祥、肉身不死和灵魂安驻。诵经礼忏是入道的根本，举行仪式时道乐伴奏，唱颂舞蹈，法器罗列，供奉花果，上奏词章，叩拜祈祷。在大的宫观所在地举行仪式，往往伴随着庙会集市。

　　道教在宗教活动和日常行为中有许多禁忌条文，例如在举行迎真祈福道场时，不可有吊丧、问病、畜产进入道场。道士沐浴时忌俗人，须在密室中进行，忌用不洁之水。烧香敬神是道教的一种信仰行为，烧香禁忌主要有：忌戊日烧香，忌双香祀神，一般以三炷香为准；忌用嘴叼香，须左手持香，右手护香；忌用灶火燃香，烧香时忌回顾，要心神专一。见了道士不得问寿，同道士打招呼不能用佛教的"合十"礼，而要抱拳行"拱手"礼。参加道教醮仪，主祭道士行传统的三跪九叩礼，其他人可以在神坛前行鞠躬礼。其中的许多禁忌，后来演变成了民间习俗。

　　道教的主要节日有：玉皇圣诞，道经称玉皇大帝生于丙午岁正月九日，道观每年此日举行祭祀。老君圣诞，老子生卒年不可考，按道教的说法，老子生于殷武丁九年二月十五日，道观于每年此日作道场，诵《道德真经》纪念。蟠桃会，依据西王母掌不死之药的神话，说她把三千年结一次果的蟠桃赐给武帝，以延年益寿。据说农历三月初三为西王母诞辰，她开蟠桃寿宴，诸仙都来上寿，道教每年此日举行盛会。吕祖诞辰，道教尊吕洞宾为八仙之一，并说四月十日为吕洞宾诞辰，遂于每年此日举办斋醮以志纪念。其他还有正月十九日燕九节，即邱长春(邱处机)真人圣诞；二月初六东华帝君圣诞；三月十五日张天师圣诞；六月二十四日关圣帝君圣诞；九月十七日财神圣诞；十一月冬至日元始天尊圣诞；十二月二十二日王重阳祖师圣诞等。

3. 道教与养生

大千世界，芸芸众生，其事虽然取向不一，但有一个共同的追求，就是生存。自古以来，人们探讨养生之道的论述虽多，但最早最具价值的却在道教中。在道教看来，人的生命是一个奥妙无穷、潜能无限的机体，采取一定的方式加以锻炼，便可出现各种意想不到的神奇效果。例如：行气导引可以强健筋骨，对延缓衰老有其神奇功效；静坐存思对获得心灵的宁静，甚至对一些常见病诸如失眠、高血压、心脏病有特殊疗效。主要修炼方法有行气、导引、内观、存想、服食、辟谷、外丹术、内丹术等，其要旨在于动静结合、少思寡欲。

"养生"一词，首先见于道家经典《庄子》一书，这也是后人认为养生学源于道家思想的缘由。道教的养生之法，起源于黄老。道教养生的操作，首先要用大道"无为"与"自然"的运动法则，给自身创造一个和缓、宽松自如的环境。其次要扫除诸妄念，给自身的天真本性建立一个常清常静的境地。"清静"既是道教重要的教义思想，也是道教重要的养生方法，还是生发智慧的源泉。道教还有一部专门论述清静的经典，就是《清静经》。该经写道："清者浊之源，动者静之基。人能常清静，天地悉皆归。"如果能保持清静的心态对待周围一切，就能体悟天地之道。

　　道家的养生之学，从病痛老死问题引出人们在机体生理和起居心理方面如何自我调理，以适应天地（大自然）变化。道教文化认为人和地球天体一样，都是有生命的机体，因而从天文地理、地球物理等方面研究人生规律，建立了一整套养生的原则和方法。有的做物理或生理研究，有的做化学或药物研究，有的做锻炼精神、颐养精气研究，有的做祭祀祈祷、净化思想研究，各专一端，都与《黄帝内经》天人合一的养生观相通。《黄帝内经》写道："余闻上古真人者，提挈天地，把握阴阳，呼吸精气，独立守神，肌肉若一，故能寿敝天地，无有终时，此其道生。"可以看出，道家的养生观与中医养生观是一致的。

　　一般人认为，道教既然是宗教，就与科学沾不上边。宗教的本质虽属迷信，但作为一种文化现象，在一定的历史时期和条件下，宗教可以兼容科学。道教的本义之一就是追求长生不老，炼制外丹是道家求长生的具体方法，它用炉鼎烧炼铅、汞等矿石或草木，以制成供服食的仙丹。炼制外丹的过程就是各种无机化合物之间重新组合，发生化学变化的过程。当道教徒们郑重其事、满面灰垢地在深山里挖灶安鼎，在毒烟笼罩、酷热难当的丹房里炼金烧丹，在一次次地试验中沮丧、狂喜时，他们自己并没有意识到是在从事化学工作。他们在大量的实验中，逐步积累了对物质的化学性能的认识，成为实验化学的先驱。

　　炼丹使用的基本原料是丹砂，故俗称炼丹术。炼丹术除了为古代化学的发展开辟道路之外，在科技史上的最大贡献便是道士们不自觉地发明了火药。火药由硝石、硫磺与炭粉配成，合在一起就是黑火药。道士们在炼汞时，不仅把汞与众金属合炼，制成多种汞合金以供服用，还把它应用于工业上，如以铅汞剂给铜镜抛光，以金、银汞剂镀器物，以银、锡汞剂作牙齿填充剂，用金汞剂制金粉等。在追求长生不死愿望的推动下，炼丹者在广泛的范围内进行实践，发现了新的药物以及药物的新药性，丰富了医药学的内容。

养生在老庄那里就非常受重视了，到了东晋时期，道教理论家葛洪明确地提出，一个人只要注意自身修炼，就可向死神索回生命而长生不老。他的《抱朴子》体现了这一思想，在其《论仙》篇中说："若夫仙人，以药物养生，以术数延命，使内疾不生，外患不入，虽久视不死，而旧身不改，苟其有道，无以为难也。"他还在《黄白》篇里写道："我命在我不在天，还丹成金亿万年。"道教长生思想的意义，不仅在于提出了重视生命、热爱生活、把握自我这种带强烈人文精神的哲学命题，还在于确立了以精、气、神来解释生命和长寿的本质。众所周知，中华长寿文化是一个源远流长而又神奇玄妙的巨大系统，而其间最撩人心魄的即是关于生命"三华"——精、气、神的学问。早期道教思想家们都认为，精为构成人体的物质基础，其来源有二：一是先天，即禀受于父母，称元精，是人体生长、发育之本；二是后天，由空气中的清气和饮食水谷中的精微所化生，借以供养与满足人体生长、发育及其他全部生理活动之需，称后天之精。那么，气又是什么呢？在道教的宇宙观里，道为本原，道生气，气生天地、阴阳、五行、万物。人身便是一个小宇宙，由气来贯穿、推动、运作。显然，在人体内，气属于生理的功能，主要指人体真气，也称元气、正气，包括脏腑之气、经络之气、营卫之气等。神指精神，即一切意识、知觉、思维等生命活动的集中表现。在精、气、神这三华中，精为生命之根本，气为生命之动力，神为生命之主宰。

自从道教思想家们提出了"道—气"观后，许许多多的医学家、养生家以毕生精力，在为精、气、神三者的协调统一，各尽所长地奋斗不已，创造了如望闻切诊、形神相即、清心寡欲、以性胜情、移精变气、静里乾坤、四时颐养、起居有常、寒温衣服、择室而安的观点和方法。在道教生命哲学的指导下，既采用常规药物疗法，也采用心理疗法、信仰疗法，将生理治疗与心理治疗、社会治疗结合起来，治疗与养生预防相结合，从而形成综合性、多元化的道教医学模式。这种医学模式与现代医学发展的趋势不谋而合，具有潜科学价值。这些成果，在今天仍然被广泛地用于世界医学、人体生命学、生物工程学等领域。

道教养生观的贡献还在于：它不仅主张静养，而且主张动静相兼。唐代的道教理论家孙思邈在《道林养性第二》里说："养性之道，莫久行、久立、久坐、久卧、久视、久听……仍莫强食，莫强酒，莫强举重，莫忧思，莫大怒，莫悲愁，莫小惧，莫跳踉，莫多言，莫大笑，勿汲汲于所欲，勿涓涓怀忿恨，皆损寿命。莫能犯者，则得长生也。"孙思邈的动静相兼论，为唐以后的医学保健与养生体育注入了新鲜活力。张三丰所创的太极拳，就架构于寓动于静、寓静于动、动静相兼的理论之上，使得太极拳呈现出一种以静带动、以柔克刚、绵绵如行云流水、疾疾如追云赶月的神异魅力。除此之外，道教导引按摩、道教气功、道教武术等，实际也是动静相兼养生论的产物。道教对中国养生文化、体育文化以及医药文化的贡献，是有口皆碑的。

第三章　学　术

　　在古代中国，学术指追寻学问的方法与水平；在现代社会，泛指高等教育和研究，包括各种专门的学问。学术常以学科和领域来划分，是对存在物及其规律的学科化论证。欧洲学术发展随着文艺复兴出现而改变，到了工业革命之后出现了现代化的过程，使其他国家的学术朝着西方化发展，由专注人文范畴转移到科学范畴。从整体上看，现代学术架构以欧美模式为基础。随着时日变迁，人类不断修订及开创研究领域，使学术变得越来越专门，研究的范围划分得越来越细，而跨领域的研究则成了学术新的发展空间。

一、古代西方的学术思想

1. 古希腊的哲学

　　欧洲文化起源于地中海沿岸，特别是地中海东部的爱琴海诸岛屿和希腊半岛。公元前 7—前 6 世纪是希腊奴隶制形成时期，出现了伊奥尼亚唯物主义。在希腊西西里和意大利南部，流行着毕达哥拉斯派和爱利亚派的唯心主义。

　　伊奥尼亚是希腊哲学的诞生地，在伊奥尼亚诸城市中，以米利都最著名。该城市孕育了希腊哲学的第一个唯物主义派别：米利都学派，其代表人物都在探讨世界的本原。泰勒斯认为，"水是万物的始基"；阿那克西曼德提出，"无限是一切存在物的始基和元素"无限的永恒运动分离出对立物，由此衍生出万物；阿那克西美尼则说，"万物的始基是气"，气借稀薄和浓聚而形成不同的物体，"使物质集合和凝聚的是冷，使它稀薄和松弛的则是热"。稍后，另一位伊奥尼亚唯物主义哲学家赫拉克利特（前530—前470）认为，世界的本原是"火"："世界不是由任何神创造的，也不是任何人创造的，它过去、现在和将来永远是一团永恒的活火。"他指出，这团"永恒的活火"是按一定的规律燃烧着，按一定的规律熄灭着的。他提出了著名的"一切皆流，一切皆变"的观点，认为"人不能两次踏入同一条河流"。他还阐述了对立统一的道理："自然界也追求对立的东西，总是从对立的东西产生和谐，而不是从相同的东西产生和谐。"事物运动、变化的根本原因，在于一个统一体内部存在着对立面的斗争。他断言："一切都是通过斗争和必然性而产生"。他把这个普遍的辩证规律称之为"统治一切的逻辑"，或"驾驭一切的思想"。

毕达哥拉斯（前572—前497）是萨莫斯岛人，古希腊数学家、哲学家，与米利都学派或赫拉克利特相反，认为世界的本原不是物质，而是抽象的"数"。他宣称："从数目产生出点；从点产生出线；从线产生出平面；从平面产生出立体；从立体产生出感觉所及的一切物体，产生出四种元素：水、火、土、空气。这四种元素以不同的方式互相转化，于是创造出有生命的、精神的、球形的世界。"他还把数和形的概念比附到社会问题上，"二"是"意见"，"四"（或"九"）是"正义"，"五"是"结婚"，"十"是"完满"……数的关系既支配自然界，也支配人类社会。他认为，社会秩序与直角三角形各边的比例关系一样，在不平等中存在着一种永恒的"平等"。此外，毕达哥拉斯鼓吹"灵魂不死"、"灵魂转世"。

爱利亚学派的创始人是克塞诺芬尼，代表人物还有巴门尼德和芝诺。他们攻击赫拉克利特的朴素辩证法，说他的存在与非存在统一的思想即对立面相互转化的思想，是由于"两头彷徨"、"无计可施"而产生的，是一种"无判断力的群氓"的观点。爱利亚学派提出：(1)存在是"唯一的"，不变不动的，它与思维是"同一的"；(2)运动和变化是不可能的。前者主要是由巴门尼德提出的，后者主要是由芝诺提出的。

到公元前400年，希腊哲学从内容到形式更趋成熟。其主要派别有：继承了伊奥尼亚唯物主义的阿那克萨戈拉和恩培多克勒的多元论，作为古希腊唯物主义最高成就的留基伯和德谟克里特的原子论，集古希腊唯心主义之大成的苏格拉底和柏拉图的理念论，以及综合各家、企图调和两派学说的亚里士多德哲学。

多元论继承了伊奥尼亚唯物主义的传统，却不赞成用某一种具体的感性的物质来说明宇宙万物，构成宇宙万物的物质元素（粒子）是多样的。阿那克萨戈拉认为，宇宙万物由一种称之为"种子"的物质微粒构成，"种子"具有不同的性质，数目是无限多的，体积是无限小的。在太初之时，宇宙是无数无穷小的种子的混合体，每一事物既是"一"同时又是"多"，说明宇宙万物具有统一性和多样性。恩培多克勒提出了"四根说"，认为世界的本原是土、水、火、气四种元素。万物都是由这四种元素按不同的比例"混合而成"的，"爱"使不同的元素结合，"恨"使它们分离。

原子论派认为，事物的本原是"原子"和"虚空"。"原子"是一种不可见的、不能再分的物质微粒，特点是坚实、没有空隙，不能毁坏。留基伯说，原子在性质上完全相同，在形状（如 A. N）、次序（如 AN. NA）和方位（如 N. Z）上有区别。"虚空"是原子运动的场所，虚空并不等于虚无，它和原子一样，也是一种存在。德谟克里特认为，一切事物都是由原子构成的，这些原子一旦分散，事物也就消失了。甚至灵魂也是由原子构成的，只不过这种原子更精细，更圆滑一些罢了。

苏格拉底（前469—前399）和毕达哥拉派一样相信灵魂不死，认为身体是灵魂的坟墓，死后灵魂超生转世。他反对研究自然界，认为自然界是神创造的，由神支配，受神管理的。人们如果去研究自然界，那是渎神的行为。人们应该去研究神的智慧和意志，神的智慧和意志体现在事物的目的之中。他意识到自己没有达到那种绝对的、永恒的、真正的认知境界，自己是无知的。这就是说，人们的认识不应停留在个别、具体上，而应提高到一般。他认为人们应当研究"自己的心灵"，只有灵魂或理智才能使人明辨是非。一个把自己的灵魂或理智看做至高无上的人，自然能知道什么是"善"、什么是"恶"，并且能够做一个有道德的人。苏格拉底把他的伦理学建立在一种知识论上，"美德就是知识"，而不道德便是无知。最高的知识，就是对"善"的把握。把道德和知识合二为一，认为道德行为必须奠基于知识、产生于知识，这是苏格拉底伦理学的根本之点。

　　柏拉图(约前427—前347)是苏格拉底的得意门徒，认为真实的存在就是苏格拉底讲的对"善"的把握。这一概念并不限于道德的领域，也并不仅仅是思想的范畴，只存在于人的心中，而独立存在于事物和人心之外。柏拉图把这种一般概念称之为"理念"，所有的理念构成了一个客观独立存在的世界，这是唯一真实的世界。至于我们的感官所接触到的具体事物所构成的世界，是不真实的虚幻的世界。也就是说，个别的、具体的事物总是变化的、不完善的、虚假的和相对的，只有理念才是不变的、完善的、真实的和绝对的，这个观点贯穿于柏拉图的整个理论体系之中。柏拉图的理念论在自然观方面的具体表现，即是他的宇宙生成说。他认为，巨匠或造物主以理念世界为蓝图或模型，以善的理念为指导，将各种理念的模样加上原始混沌的"物质"，使之成为一个有秩序的世界。

　　亚里士多德(前384—前322)在知识领域根据研究的对象和目的，将科学分类：一是逻辑学，二是理论科学或哲学(包括数学、物理、天文、气象、生物、生理、心理学等)，三是实践科学，四是制作(生产)科学。我们称之为"形而上学"的，便是亚里士多德所指的哲学。在他看来，哲学与其他科学不同，所研究的是客观事物的产生、灭亡、运动、变化的原因，也就是"第一因"。他认为，只有具体事物才是"第一性实体"，是"所有其他一切东西的基础和主体"。至于感觉、概念等，都是从"第一性实体"派生出来的，是第二性的东西。关于事物形成、运动、变化和灭亡的原因，他认为，任何事物都必须具有四种原因才能成立，即质料因、形式因、动力因和目的因。质料和形式不能分离，凡存在的个体，必定是质料和形式的结合；质料和形式的区别不是绝对的，而是相对的。这种质料和形式不可分以及质料和形式相对性的观点，显然是唯物主义的，而且包含辩证法的因素。可是，他又将原料和形式对立起来，实际上走了柏拉图理念论的老路，动摇于唯物主义与唯心主义之间。他认为感觉是认识的基础，而感觉必须从客观存在的具体事物出发，并以是否与之相符为准。他又说："感觉就是感受被感觉的形式，而不是感受物质"；"物质本身，是不可认识的"。亚里士多德是古典逻辑的奠基者，从形式逻辑的角度研究了概念、判断、推理及其思维规律。他系统地研究了三段论这种演绎推理形式，提出了初级思维的基本规律。

公元前 4 世纪至公元 5 世纪，希腊为马其顿征服，尔后又被罗马吞并。这一时期的主要哲学派别有：继承了原子论的伊壁鸠鲁和卢克莱修的唯物主义哲学，宣扬唯心主义和宿命论的斯多亚派，以及各种怀疑主义、神秘主义派别。

伊壁鸠鲁（前341—前270）生于萨莫斯岛，于公元前307年在雅典设立了名为"伊壁鸠鲁花园"的学校，这是当时唯物论和无神论的中心。贯穿其哲学各部分的中心思想是原子论，原子有形状、大小、重量的不同，在虚空中必然往下降落。他认为原子不仅有直线运动，而且由于内部的原因，会产生偏离直线的运动。正是由于这种偏离，引起原子的互相碰撞而结合成万物，形成无数的宇宙。他关于原子自动倾斜或偏离说，是对德谟克里特的原子运动进行的重要修正和补充。在认识论上，他认为神并不是什么神秘的东西，神和一般的事物一样，都是由原子构成的，而且神只住在九霄云外的地方，从来不过问人间的事。而灵魂也是物质，由极精细的原子构成；灵魂是产生感觉的原因，感觉完全依赖于灵魂，灵魂一分解就失去感觉；灵魂依存于身体中，一旦身体毁灭，灵魂随之消散。

　　卢克莱修的作品，仅保存一部用诗体写成的著作《物性论》。他提出，事物由较小的物质单元构成，这种物质单元称做"原始胚种"、"原初胚种"和"种子"，实际上就是德谟克里特和伊壁鸠鲁说的"原子"。他重视原子向下运动时发生的偏离，认为这是形成世界万物的原因。出现在希腊被罗马征服的前后的斯多亚派即罗马斯多亚派，在认识论方面，认为只有个体才能真实存在，一切知识都必须从个别事物的感觉出发。知识来自感觉，或者说感觉是知识的基础。斯多亚派不但把感觉本身当做检验真理的标准，而且在自然哲学方面的折中主义表现明显。他们承认自然的客观性，认为自然万物是有组织、有系统、不断运动的活生生的东西；他们接受了亚里士多德关于个别物体为"第一实体"的思想，宣称世界上一切东西——不仅个别物体，就是神和人类灵魂——都是有形体的，因此神和灵魂也是真实存在的。斯多亚派在说明宇宙万物的产生时，像赫拉克利特一样把火看做原始基质，但加以发挥，认为上帝就是原始的火，是宇宙的原动力，因而使宇宙成为一个活生生的、合目的、有秩序的和谐体系。斯多亚派注重伦理学，其基本概念是"自然"（或"本性"），格言或准则是"顺从自然（或本性）而生活"。他们认为，人是宇宙体系的一部分，人的本性就是宇宙的普遍本性的一部分，两者是同一的。宇宙的本性是理性，作为小宇宙的人，其本性也是理性。人应当按本性即理性而生活，人的美德就是"顺应自然"，也就是"顺应本性"或"顺应理性"。

2. 中世纪罗马的神学

　　从奴隶制帝国西罗马帝国灭亡的公元 476 年到新航路开辟的
1500 年之间，是西欧封建社会形成、发展和繁荣时期，历史上一
般称为"中世纪"。西欧封建制在罗马帝国的废墟上建立，日耳曼
人"把古代文明、古代哲学、政治和法律一扫而光"，唯一保存下
来的几乎只有基督教，成为占统治地位的意识形态。中世纪被神
权笼罩着，思想界绝对不会出现"百家争鸣、百花齐放"的景象。
神权的中心位于基督教皇的驻地——罗马，基督教会支配了世俗
权力和精神生活，哲学不过是神学的婢女，用理性解释信仰的
工具。

　　约公元 400—1000 年，以奥古斯丁为代表的教父哲学占统治
地位。教父哲学吸收了新柏拉图学派的有神论和斯多阿学派的哲
学思想，把哲学与神学结合起来，以神为核心，以信仰为前提，
系统地论证了基督教的基本教义。奥古斯丁（354—430）出生于
北非塔加斯特（迦太基附近），曾任希波主教，宣传"教权至上"。
他的神学著作有：《论宿命和神恩》、《论三位一体》、《上帝之城》
等，后来的教会都把他的著作与"圣经"一起奉为经典。他认为世
界是全能的上帝从"无"创造的，时间、空间在上帝创造世界之后
才有，上帝本身不在时间、空间之内。他极力宣扬"原罪"说，认
为人类从其始祖那里继承了"罪性"，人只有犯罪的自由，而没有
解脱罪恶的自由，人们解脱罪恶只有靠上帝预定的恩典。人要想
得救，就得蔑视尘世，爱慕上帝，接受基督教的洗礼。否则，未
受洗的婴儿也会因为有罪而入地狱。奥古斯丁竭尽全力论证"上
帝之城"和"尘世之城"，前者以上帝为王，是选民居住的极乐世
界；后者则是由上帝的弃民所组成的罪恶王国，与魔鬼一起永远
受苦。人类的历史就是这两种王国斗争的历史，最终将以上帝之
城的胜利而告终。奥古斯丁的体系达到了教父哲学的顶峰，是整

个基督教文化的典型，对以后的宗教哲学具有深刻影响。

　　12至13世纪，罗马教廷与皇帝、国王的冲突愈演愈烈，最终教廷取得了胜利。西欧各教会的统一，有利于神学系统化。面对这一时期盛行的各种异端，教廷强化了对内部的控制。弗兰西斯教团和多米尼克教团应运而生，并成为教会镇压异端的别动队，它们把持的宗教裁判所更成了镇压异端的工具。宗教裁判所处死了一批怀疑上帝存在的科学家，扼杀了科学精神和对自然界的探索。在学术上，这两个教团也促进了教会内部对经院哲学的研究，中世纪晚期著名的经院哲学家大多数出自这两个教团。自12世纪开始，在欧洲还出现了一批高等学府，成为经院哲学家进行研究、讲学、争论的场所，为经院哲学的繁荣提供了条件。

　　经院哲学认为，一切真理都由"圣经"提出来了，自己的任务是运用思维和逻辑手段去论证、解说教义。经院哲学用哲学的形式为宗教神学作论证，为封建统治作辩护，成为一种更加理论化、系统化的神学。公元1000—1300年，经院哲学进入了全盛时期。经院哲学以基督教的思想为主导，同时吸收亚里士多德的哲学著作。这样，经院哲学不仅有柏拉图哲学和新柏拉图学派的因素，还增加了亚里士多德哲学的因素。

　　早期经院哲学的代表人物是坎特伯雷大主教安瑟伦，被称为"最后一位教父和第一个经院哲学家"。他由于在著作《论道篇》中提出了关于上帝存在的本体论的证明而闻名，而且一生致力于所谓"上帝存在"的论证，其理论标志着中世纪封建教会官方神学的正式确立。到了13世纪，西欧社会封建化达到了很高的程度，罗马教会的统治也达到了极盛时期。托马斯·阿奎那（公元1225—1274）是这个时期把正统的经院哲学加以系统化的最大代表，他的《神学大全》一书成为基督教神学的经典和权威。托马斯认为，哲学和神学可以并存，理性和信仰也可以并存，但两者是有区别的。哲学通过自然的理性之光，可以得到证明，但是它会发生错误；神学的确实性来源于上帝的光照，是不会犯任何错误的。因此，神学高于哲学和科学。阿奎那从五个方面对上帝的存在作全面的论证，即著名的五大论证：（1）不动的推动者之论证；（2）最终因的论证；（3）自身必然性的论证；（4）从事物中发现的真实性的等级存在，论证上帝的存在；（5）从目的因来论证上帝的存在。

公元 1300—1500 年，是西欧经院哲学的衰落时期。14 世纪初，由于城市手工业、商业进一步发展，市民阶级兴起，使罗马公教逐渐衰落，怀疑主义和人本主义的思潮逐渐抬头。哲学家探讨的问题发生了变化，转向神与世界和人的关系：神的一体三位之间的关系，人的灵魂的功能，神的地位及其与人的善行、自由意志的关系，神是否预知人的意志选择，等等。对这些问题的探讨，反映出人们在神学体系中力求扩大人的地位，出现了罗吉尔·培根、邓斯·司各脱、威廉·奥卡姆等思想家，他们从内部促使经院哲学的瓦解。这一时期哲学理论的变化，为 14 世纪下半叶以后文艺复兴时期人本主义思潮的兴起作了思想准备。

二、近现代西方的学术思想

1.近代德国的哲学

德意志联邦原来由无数小邦组成，于 1813 年战胜拿破仑之后成立了统一国家。在德国古典哲学的发展过程中，康德继承了欧洲近代哲学经验论与唯理论的理论成果，费希特吸收了贝克莱的主观唯心论，提出一个主观唯心主义体系；谢林则借助于斯宾诺莎的哲学、浪漫主义文学的素材以及包括布鲁诺和柏麦在内的神秘主义资料，提出一个客观唯心主义体系。黑格尔总结了以前各派的思想成果，把它们融合为一个庞大的理论体系；费尔巴哈则把机械唯物主义哲学特别是法国唯物主义哲学提升到新水平。

康德(1724—1894)出生于普鲁士的可尼斯堡，在 1770 年以前注重研究自然科学。在认识论上，他虽有一些怀疑论的因素，但主要方面是唯物主义的反映论。他关于天体起源的理论，即"星云假说"，是对科学史的重大贡献。他以物质所固有的引力和斥力之间的矛盾来说明天体演变，描绘了一幅处于永恒运动变化中的自然图景。康德提出比较完整的先验唯心主义、二元论和不可知论的哲学观点，是 1770 年接受教授职务时在论文《感觉界和精神界的形式和原理》中提出来的。此后陆续出版了三本著作：《纯粹理性批判》(1781)讲述了知识的来源："先于经验我们没有知识，我们的一切知识都以经验开始。"他看到了经验提供的只是一些零散的、不全面的知识，只有加以综合整理，才能使它们带上普遍性和必然性，构成科学知识。追求理性有赖于三个因素，即"灵魂"(所有的精神现象)、"世界"(所有的物理现象)、"上帝"(它统管精神现象和物理现象)。当人们用知性阶段的概念、范畴去认识和说明"灵魂"、"世界"、"上帝"时，就会出现矛盾，有两种对立的答案，康德把它称为"二律背反"。他割裂现象和本质，把人的认识能力限制在现象世界，宣扬了不可知论。《实践理性批判》(1788)是用他的先验唯心主义去研究人的道德行为的原则，说明道德原则为什么是先天的。《判断力批判》(1790)是用先验论去研究"美"的问题，说明为什么"美"是先天的，并且认为"美的艺术"必须要有天然禀赋的人才能创造出来。《判断力批判》的后一部分讲目的论，认为有机体和自然界具有内在的目的性。康德三本著作论述的三个批判，构成了其理论的完整体系。

费希特(1762—1814)生于萨克森，从康德哲学的追随者而成为康德哲学的批判者。代表他主观唯心主义理论的著作有：《知识学基础》、《论学者的使命》、《知识学导言》和《人的使命》。他从三个方面批判了康德哲学：一是否认康德主张的"自在之物"这个客观事物存在，认为客体也是主观的；二是否认康德主张的"自在之物"对人的感官的刺激作用，认为感觉也是主观的；三是否认康德主张的知识一方面来源于"自在之物"的刺激而引起的感性材料，另一方面来源于先天形式，认为感性内容就是先天形式。可见，费希特从三个方面取消了康德哲学的唯物主义因素，克服了康德的二元论，片面地发展了康德先验唯心主义的成分，形成了自己的唯心主义体系，即他所谓的"知识学"。"知识学"以三个原理为中心内容：（1）自我建立自我；（2）自我建立非我；（3）自我与非我的统一。这是辩证发展过程中的三个阶段：自我在不断地创造非我时就不断地丰富自己，自我的创造过程也是自我的认识过程。费希特的知识学是主观唯心主义与唯我论，正如他自己所说，人的任务不在于求知，而在于在实际活动中实现自己、丰富自己，自我的实现、自我的丰富就是道德。

谢林（1775—1854）生于符腾堡附近的小镇莱翁伯格，追随过费希特，其主要哲学著作有：《自然哲学体系初稿》、《先验唯心主义的体系》等。在自然哲学方面，他认为自然界是有生命、有精神性、有目的性的，包含着一种主动的创造力量，这种力量被谢林称做"宇宙精神"。他从宇宙精神的发展来说明"自然界"与"意识"，否认两者有任何区别。他说，主观精神逐渐认识了自己，也就认识了客体，客观与主观原来是一致的。这种"同一"存在于自我意识之内，他因此说："自我意识"是"一切知识的绝对原则"。他描写了"绝对的自我意识"的发展阶段，这些阶段就是"自我"认识自己的过程，也就是逐渐认识了客体、发现了主体与客体的统一的过程。谢林的"同一哲学"是从他的自然哲学与先验唯心主义发展来的，认为自然与人、物质与心灵都是"绝对"的产物，绝对是物我的同一。在绝对之中，主体与客体、意识与存在、理想与现实都统一起来了。这个绝对叫做"太一"或"无差异"，在绝对中，对立的"两极"玄妙地不可思议地调和了起来。

这种"同一哲学",为黑格尔的唯心辩证法的出现作了直接准备。谢林晚年由客观唯心主义走向了神秘主义,宣扬"天启哲学",认为"天启哲学"所发挥出来的积极宗教是一种人格的上帝,一切存在物都是这个人格神的启示。因此,他的"天启哲学"实际上是用信仰代替理性,是神学的翻版。

黑格尔(1770—1831)生于德国符腾堡省斯图加特城,主要哲学著作有:《精神现象学》、《逻辑学》、《自然哲学》、《精神哲学》、《历史哲学》、《法哲学原理》、《哲学史讲演录》和《哲学全书》。"绝对精神"或"绝对观念"是黑格尔哲学的基本概念,实体只是作为"绝对精神"实现自身过程中的一个环节。他发挥了费希特的"自我意识",认为"自我"、主体应抛弃自己的主观性、抽象性,把自己外化,使之回复到它自身,成为具有内容的实在的存在。他把这种经过改变过的实体,与变成独立主体的自我意识强制联合起来,成为所谓的"绝对精神"。"绝对精神"是先于自然界和人类社会永恒存在着,是整个世界的基础和本原,是构成宇宙万物及其一切现象的内在核心和灵魂。"绝对精神"不是静止的,而是积极、能动的,自然界、人类社会和人的思维只不过是"绝对精神"的外在表现,是"绝对精神"在实现自己发展过程中的一个阶段和环节。"绝对精神"运动的最初阶段作为纯粹思维、纯粹概念的存在,然后它把自己"外在化"为自然界,建立自己的对象,最后又扬弃自然界回到自身,作为精神、思维而存在。可见,精神的整个辩证运动过程,始终都在精神自身的范围之内进行。黑格尔在哲学史上的巨大历史功绩,是在批判中提出了辩证的思维方法。他说,一切事物之所以是具体的、真实的,就在于包含着内在矛盾。"矛盾是一切运动和生命力的根源;事物只有在本身之中包含着矛盾,所以它才运动,才具有趋向和活动。"他猜测到了客观事物本身的辩证法,不自觉地反映了客观事物本身的辩证法,这就是黑格尔哲学的"合理内核"。但是,他的辩证法与唯心主义体系紧密地结合在一起，从属于体系的需要。

费尔巴哈（1804—1872）生于兰斯休特，主要哲学著作有：《黑格尔哲学批判》、《基督教的本质》、《未来哲学原理》和《宗教的本质》。他在反宗教、反封建的斗争中，从唯心主义逐渐走上了唯物主义的道路。第一，他批判了神学和黑格尔哲学的唯心主义，坚持了物质第一性的唯物主义原则。费尔巴哈认为，宗教与唯心主义都不是从感官认识来的，宗教就是谎言，人类社会中第一个说谎者就是神学家，宗教和神学是一切不道德行为的根源。关于上帝观念的来源，他认为，这是由于人的本质的异化。他针对黑格尔关于思维先于存在、思维转化为存在的观点，明确宣布："物质先于精神"，"存在先于思维"。因此，自然界是不依人的意志为转移的客观世界，是人类生存的基础。第二，他批判了康德的不可知论，认为人的认识能力是有限的，也是无限的，还从人的五官的产生及其同自然界之间关系的角度，认为人有足够的器官去认识世界。他指出，客观事物是我们认识的对象，"事物和本质怎样，就必须怎样来思考、来认识它"。他强调感觉在认识中的作用，认为感觉是我们认识的基础和出发点，是感觉把我们同外部世界联系了起来，并反对把感觉看成是纯主观的产物。他说："我的感觉是主观的，它的基础或原因是客观的。"可见，费尔巴哈在批判康德、黑格尔的唯心主义哲学中，明确地阐述了物质第一性、意识第二性的唯物主义原理，坚持了思维能够反映存在的唯物主义反映论，这就是费尔巴哈哲学的"基本内核"。但是，他的唯物论不彻底，有学者将其局限性概括为：人本主义、形而上学和历史观上的唯心主义。

德国古典哲学的两大贡献：一是从康德到黑格尔都批判了形而上学，发展了唯心主义辩证法，把人类对自然界、社会和思维中的辩证发展的认识推到马克思主义以前的最高点，总结了以前辩证法所取得的一切成果；二是以费尔巴哈为代表的德国古典唯物主义批判了宗教和神学，反对了唯心主义，发展了唯物主义，总结了以前唯物主义的理论成果。

2. 近代英国的经济学

近代英国的经济学的创始人是威廉·配第，而最主要的代表人物是亚当·斯密和大卫·李嘉图。英国工业革命时期，正是资本主义生产方式逐步确立的时期，他们适应新兴资产阶级发展资本主义生产的要求，研究了资本主义生产关系的内部联系。他们的主要成果有：奠定了劳动价值理论的基础；在地租、利润、利息的形式上研究了剩余价值的来源；分析了资本主义社会的阶级结构和阶级对立；研究了社会资本再生产过程。这些理论成果，在一定程度上分析了资本主义经济的运动规律。

威廉·配第（1623—1687）是英国古典政治经济学的创始人、统计学家，一生著作颇丰，主要有《赋税论》（全名《关于税收与捐献的论文》）、《献给英明人士》、《政治算术》、《爱尔兰政治剖析》和《货币略论》。他的成就在于开创了不同于前人的研究方法，使之成为"英国经济学之父"。他认为，国家的国民经济好比人体，工农业好比国家的血液，商业犹如血管，经济运动与人体生理活动一样有其内在联系，并把数字、重量、尺度等自然科学的方法运用到经济学研究之中，从而发现了经济运行的一些本质规律，他把这门学术叫"政治算术"。他最先提出了劳动决定价值的基本原理，在劳动价值论的基础上考察了工资、地租、利息等范畴，并把地租看做是剩余价值的基本形态。配第区分了自然价格和市场价格，自然价格相当于价值，认为生产商品所耗费的劳动时间决定商品的价值，还提出商品的价值和劳动生产率成反比例。但是，他没有把价值、交换价值和价格明确区分开来，把生产白银的具体劳动当做创造价值的劳动，不懂得创造价值的是抽象劳动。他提出了"劳动是财富之父"、"土地是财富之母"的观点，认为劳动和土地共同创造价值。显然，这些观点和他的劳动价值论是矛盾的，混淆了使用价值的生产和价值的创造。

　　亚当·斯密（1723—1790）是古典经济学最杰出的代表，出生在苏格兰法夫郡的寇克卡迪。从配第到斯密刚好 100 年时间，其间英国经济学一直在不断发展，出现了比较有影响的经济学家洛克、诺思、马西、休谟、斯图亚特等。斯密正是在吸取前人研究成果的基础之上，创立了英国古典经济学的体系。在斯密之前，几乎所有的经济学家们都着眼于经济政策，不大注意市场经济是如何运行的，而急于对市场进行干预。斯密最大的贡献在于他从弄清市场经济是如何运行的这个复杂问题入手，并对那只"无形的手"获得了重大发现，即自行调节的自然秩序（也叫自由市场机制）。

　　斯密的经济思想主要集中在《国民财富的性质和原因的研究》（简译《国富论》）中，从书名可见，主要研究了财富的来源和如何增加财富，寻找促进和阻碍财富增长的原因。他既否定了重商主义只有外贸才是财富唯一源泉的观点，也抛弃了重农主义只有农业才创造财富的偏见，指出各部门的劳动都是财富的源泉。斯密提出了一般社会劳动决定商品价值的观点，说明了商品价值的实体。他明确区分了商品的使用价值和交换价值，区分了简单劳动和复杂劳动，研究了价值（即自然价格）和市场价格的关系。但是，他并未把劳动价值论贯彻始终，却提出了相反的论点，即把工资、利润和地租说成是价值的三个根本源泉和三个组成部分。斯密在劳动价值理论的基础上分析了利润的来源，认为"劳动者对原材料增加的价值"分为工人的工资和雇主的利润两部分。马克思说，这一观点"把利润归结为对无酬的别人劳动的占有"，实际上"认识到了剩余价值的真正起源"。斯密又从三种收入构成价值的错误观点出发，说利润是资本的"自然报酬"，利润的多少同资本的数量成正比，否则资本家就没有"兴趣"增加投资。在政治经济学说史上，他第一次提出了工人阶级、资产阶级、土地所有者阶级是资本主义社会的三大主要阶级，与此相适应，他区分了三种基本收入，即工资、利润和地租。斯密的分析，在一定程度上说明了资本主义生产关系的内部联系。

大卫·李嘉图（1772—1823）出生于伦敦一个犹太移民家庭，代表作是1817年完成的《政治经济学及赋税原理》，在很多方面发展了斯密的理论，标志着英国古典经济学的完成。他的贡献主要在两个方面：劳动价值论和比较优势理论。李嘉图批评了斯密的"收入构成论"，认为商品的价值取决于获得此商品所需的劳动数量，所需的劳动数量越大，商品的价值就越大。他研究了资本主义经济的各个范畴，比斯密更进一步说明了利润和地租的来源，认为产品的全部价值都由工人的劳动创造，社会各阶级的一切收入都来源于此。工资只是产品价值的一部分，这部分归工人所有；利润是产品价值扣除工资之后的余额，被资本家占有；地租是产品价值扣除工资和利润之后的余额，由土地所有者占有。他在斯密的基础上进一步研究了工资与利润的对立、利润同地租的对立，指出利润的高低同工资的多少成反比，地租的增加会使农产品价格上涨，导致利润下降，由此产生了工人阶级、资产阶级、土地所有者阶级之间的阶级矛盾，马克思对这些分析给予了极高的评价。比较优势是交易的基础，没有交易就没有经济学。同比较优势相提并论的是绝对优势，谁从事某项工作的效率高，谁就在这项工作上有绝对优势。比较优势是针对某个人、企业或国家自身而言，不涉及对其他人的比较。只要每个人从事自己占比较优势的工作，用这些工作赚来的钱去购买自己不占比较优势的商品和服务，就会带来个人和整体福利的最大化。

李嘉图继承和发展了斯密的理论，并主要在劳动价值论和分配理论的丰富和完善上取得了成功。他也是一个成功的商人、金融投机家，积累了大量的财产。奇妙之处在于，他的理论同时得到了资产阶级和无产阶级经济学者的共同赞赏。尤其是马克思给予他高度评价：李嘉图的研究方法具有科学的合理性和巨大的历史价值。

3. 近代法国的政治学

随着资本主义的发展，18 世纪法国的封建制度出现了深刻危机。首先在文化思想上掀起了延续了一个世纪之久的启蒙运动，形成了反映不同阶层利益的派别和思想。以让·布丹、孟德斯鸠、伏尔泰为代表的早期启蒙思想家政治态度比较温和，反映了上层资产阶级的利益和要求；以德尼·狄德罗为首的百科全书派，在理论上丰富和推进了早期启蒙学者的学说；卢梭等激进民主主义思想家，则反映了小资产阶级的愿望和要求。法国学术思想的特征是：各种政治思想的纷繁多样、变化频频，彼此之间的斗争复杂。让·布丹出生于法国安吉尔省，1576 年发表了《国家六论》，第一个系统地论述了国家主权学说，成为文艺复兴时期近代西方国家主权理论的创始人。布丹将国家定义为"拥有最高权力，由许多家庭及其附属之物构成的合法政府"。他认为主权是"超乎公民和臣民之上，不受法律限制的最高权力"，是一切稳固的政体不可或缺的本质特征。

孟德斯鸠(1689—1755)出生在波尔多附近的拉布雷特庄园，是法国启蒙时代的著名思想家，也是近代欧洲较早研究古代东方社会与法律文化的学者，主要著作有：《波斯人信札》、《罗马盛衰原因论》、《论法的精神》等。其中，《论法的精神》奠定了近代西方政治与法律理论发展的基础。他按照统治权的归属将政体分为三种：共和政体、君主政体和专制政体，而共和政体又包括民主政体和贵族政体。三种政体各有独特的性质："共和政体是全体人民或仅仅一部分人民握有最高权力的政体；君主政体是由单独一个人执政，不过得遵照固定的和确定了的法律；专制政体是既无法律又无规章，由单独一个人按照一己的意志与反复无常的性情领导一切。"他认为，不同政体不仅有着属于自己的法律，而且有着特定的政体原则，即那种使该政体运行的人类情感：共和政体需要品德；君主政体需要荣誉；专制政体需要恐怖。他的卓越贡献是第一次系统地提出了三权分立与制衡学说，并指出：为了防止政府权力被滥用，保护人们的自由，有必要在政府内部建立权力制约机制。立法、行政和司法各种权力中只要有任何两项或三项权力集中于一个人或一个机构手里，必然走向虐政，导致自由消失。他提倡资产阶级的自由和平等，又强调自由的实现要受法律制约。孟德斯鸠的分权思想成为后来美国立宪运动的理论来源，并在那里被落实为制度实践。

卢梭(1712—1778)出生于瑞士日内瓦一个钟表匠家庭，是法国伟大的启蒙思想家和法国大革命的思想先驱，主要著作有《论人类不平等的起源和基础》、《社会契约论》、《民约论》、《爱弥儿》和《忏悔录》。卢梭继承了洛克的"人民主权"思想并将其激进化，认为主权就是"公意"的运用。公意是在人民缔结社会契约时就形成，是社会契约的精神所在。人们服从公意就是服从他们自己的意志，任何人都不得违反。主权是不可转让、不可分割的和绝对的，政府、官吏不过是执行主权者托付给他们的权力——行政权，即实现公意的工具，主权者可以根据自己的需要，限制、改变甚至收回这一权力。为了保证"主权在民"，立法权——这一主权者所能掌握的唯一力量——必须牢牢掌握在人民手里。他按照政府成员的人数将政体划分为：民主制、贵族制和国君制。贵族制又可区分为三：自然的贵族制、选举的贵族制和世袭的贵族制。按照卢梭的观点，世袭贵族制是最坏的一种，而选举贵族制(实际上是贵族共和制)才是严格意义上的贵族制，是很好的政府形式。

法国启蒙思想家有关政体的学说，对法国资产阶级政体形式的形成与发展产生了重大影响，大革命期间及以后出现的君主政体与共和政体之争，无不从他们的理论中寻找依据。法国大革命之后政局动荡，社会矛盾加剧，出现了各种政治思想流派：波那尔、麦斯特的正统主义，孔斯坦、托克维尔的自由主义，圣西门、傅立叶的空想社会主义，卡贝、布朗基的空想共产主义，蒲鲁东的无政府主义，孔德的实证主义等。

　　孔斯坦出身贵族家庭，著有《立宪政治教程》，认为个人自由与政治自由是自由的两种形式：个人自由包括个人的思想、言论、信仰、经营、财产等，政治自由是公民参与行使权力。个人自由是基础，国家不能干涉，相反应提供保护。个人自由与专制或人民民主都不相容，都对个人自由有侵害。他主张建立君主立宪制国家，认为国家有五种权力：王权、行政权、上院的经常代表权、下院的立法权、审判权。王权高于其他四权，其作用在于节制和协调其他四权，避免相互冲突，国王有权解散下院和任命上院议员。行政权由大臣行使，对议会负责。上院由贵族世袭，下院由选举产生。他认为这种政体有利于保障个人自由，鼓励竞争，反映了法国革命以后资产阶级对自由的追求。实证主义哲学家孔德是西方社会学的创始人，著有《实证哲学教程》、《实证政治体系》和《主观的综合》。他认为，一切科学知识必须建立在观察和实验的基础上，经验是知识的唯一来源和基础。他依据"人类智力发展的规律"，从秩序、进步的原则出发，鼓励社会改良，把重整法国革命之后社会动荡的希望寄托在工业社会自身的秩序上，以建立普遍人性的新宗教作为社会学任务。他认为，群体、社会、科学甚至个人思想都经历了神学、形而上学、科学三个阶段，相应的社会组织形式分别为神权政体、王权政体和共和政体。在实证阶段的社会政体之下，资本家掌握政治和经济权力，领导和管理社会生活；无产阶级服从资本家阶级的领导和管理。社会的精神生活由科学家来领导，他们用社会团结精神教育资产阶级和无产阶级,大家各尽职守,共尽义务,实现社会合作,而政府的目标是把各种力量联合在一起。

圣西门(1760—1825)生于巴黎一个贵族家庭,成为著名的空想社会主义者。他认为,人类社会发展是有规律的,经济发展决定着历史发展。每一个趋于灭亡的旧制度都是新社会产生的前提,新陈代谢是历史的进步过程。他第一次提出所有制是社会大厦的基础,而政府只是它的形式;他肯定了阶级的存在,并试图进行划分。他对资本主义制度进行了严厉批判,认为无政府状态是一切灾难中最严重的灾难,而经济自由是造成无政府状态的原因。他把法国社会的矛盾概括为劳动者和游手好闲者之间的对立,劳动者指工人、农民、工厂主、商人和银行家,游手好闲者指封建贵族、僧侣和资产阶级中专靠租息为生的人。统治者对内吞噬穷人的劳动果实,对外疯狂侵略,奴役其他民族。实业制度是圣西门理想的社会制度,设计了一种使"生产者"即实业家和学者成为统治阶级,掌握政治、经济、文化等权力的社会制度。他认为,实业制度是一个平等的、消灭一切特权的社会制度,其目的是满足人数最多的、最贫穷的阶级的物质生活和精神生活的需要,促进无产者福利的提高。他主张在实业制度下保留旧的国家机关,并将工厂主、商人、银行家划入实业家阶级。人民领袖由人民民主选举产生,没有高薪厚禄。国家政权机关的性质和作用将完全改变,社会权力将由对人的统治变为对物的管理和对生产过程的领导。另外,圣西门最早提出了国家消亡的思想。

傅立叶(1772—1837)出生于法国东部的贝桑松镇,当过店员、推销员和经纪人。法国大革命以后日益暴露的新的社会矛盾,促使他由商人转变为空想社会主义者,其代表作有《全世界和谐》、《四种运动论》、《论家务—农业协作社》、《新世界》等。对资本主义制度进行无情地批判,是傅立叶学说中最精彩、最有生命力的部分。他指出,被称为文明制度的资本主义是少数富人掠夺穷人的制度，虽然创造了大规模的工业生产和发达的科学技术，却不能保证给予人民的劳动和面包，完全"是颠倒世界，是社会地狱"。傅立叶没有停留在对资本主义的批判上，认为人类社会是有规律地从低级到高级不断运动和发展的过程。他的理想社会是和谐制度：其一，和谐制度的基层社会组织是法朗吉，建立在大生产和科学艺术交流充分发展的基础上，是以自愿参加为原则的生产和消费型的协作组织。"法朗吉"来源于希腊语，指严整的步兵队伍的意思。傅立叶用它表示和谐制度下有组织的生产，以改变资本主义生产无政府状态。凡自愿以资金入股的人都可以参加"法朗吉"，其理想规模约1600人，分成若干个劳动队，基本上消灭了城乡差别和工农差别。其二，和谐制度是人类情欲共同作用的结果，按照他的设想，这将是摆脱贫困、灾难和不幸，保证人类的情欲能够得到充分满足的幸福社会。恩格斯对此评价："在傅立叶的著作中，几乎每一页都放射出对备受称颂的文明造成的贫困所作的讽刺和批判的火花。"

4. 现代美国的学术思潮

现代西方流行着各种学术思潮，有社会建构主义、心理分析或精神分析、后现代主义、后殖民主义、东方学或东方主义、西方马克思主义、女性主义、解构主义等。在此，我们仅介绍在美国影响较大的后现代主义和解构主义思潮。

后现代主义于20世纪60年代首先在法国、美国兴起，80年代风靡西方，并向全世界蔓延，反映了人类在现代社会中的感受和反思。现代社会是一个物质和技术至上的时代，人的自由和自主受到了压抑；尽管取得了前所未有的物质成就，但这一切是以破坏人类的生存环境与和平理想为代价的。作为一种哲学流派，后现代哲学是对17世纪以来西方启蒙哲学的批判。西方的现代性是由启蒙精神培植起来的，以理性为旗帜。在后现代哲学看来，现代性片面地理解了人的理性——将其归结为一种纯粹理性，相信人具有获取永恒真理的能力；滥用了人的理性，使知识等级化，也使人等级化。后现代哲学的特征就是反体系，即反对任何人为设定的理论前提和推论。人们一般把海德格尔、杜威、维特根斯坦看做后现代哲学的来源，这一思潮得到法国文论家利奥塔的《后现代状况：关于知识的报告》（1979）推介，它将"后现代"定义为"对元叙事的怀疑"。所谓"元叙事"，是指那些能够为科学立法的哲学话语，亦即挑战知识的合法性与规范模式。20世纪50年代，美国学者丹尼尔·贝尔提出后工业社会理论，并被西方社会普遍接受。在后工业社会理论的基础上形成的各种人文学科、理论主张，被统称为后现代主义。

今日后现代主义的大本营在美国，代表人物是斯坦福大学比较文学和哲学教授理查德·罗蒂。经罗蒂对解构主义和其他欧洲哲学进行的通俗化解释和综合，后现代主义理论成为西方共享的精神资产。罗蒂的主要著作有：《哲学与自然之境》（1979）、《实用主义的后果》（1982）、《偶然、反讽与团结》（1989）、《客观性、相对主义与真理：哲学论文第一集》（1991）、《论海德格尔及其他哲学家：哲学论文第二集》（1991）、《真理与进步：哲学论文第三集》（1998）、《立国论》（1998）和《哲学与社会希望》（2001）。他在三个维度批判了传统哲学：（1）在本体论上反对实在论；（2）在认识论上反对基础论；（3）在心理学上反对自我论。他不仅对现代哲学进行解构、对现代社会进行批判，而且在批判与解构中进行重建。他提出的"后哲学文化"包含以下内容：哲学充当了各学科的法官，获得了与中世纪神学一样的至尊地位。这种哲学追求大写的"真理"、"善"和"理性"，与神学一样是一种大写的"哲学"。罗蒂还提出了"后哲学文化观"：不论是哲学、科学还是政治，都是平权的文化，不存在"文化之王"和"最后法官"。他反对真理符合论，认为真理没有本质，只是用来表示人们对事物的态度，不表示对事物的说明。因此，真理是我们最好加以相信的东西。

　　解构主义诞生于1968年在巴黎的一次学术会议，其核心理论"迪菲昂斯"出自法国哲学家雅克·德里达的主题报告。他认为无形、无法以语言描述的解构运动，却是这个宇宙中万物之所以会自我解构又再结构的原动力。会场上几乎无人意识到这古怪的"迪菲昂斯"正在揭开思想史全新的一页，走进了当代的多元时代。多元时代的灵魂，正是"歧异"和由歧异推动的"变"。巴黎虽为第一个听到解构宣言的城市，美国耶鲁却是第一个向学术界传播解构理论的大学。在耶鲁大学著名学者保罗·迪曼的支持下，德里达被邀请讲学。迪曼的同事们对解构理论并没有全面掌握，只强调其语言学及文本解读部分。20世纪70年代，解构主义开始在美国的康奈尔、哈佛、耶鲁等大学展开了它的整体：迪菲昂斯论、踪迹说、擦抹文本、无定解、总书写，等等。它为传统文学理论所不容，却强烈地吸引了许多中青年学者。正是美国人的热议，使解构理论获得了"后结构主义"的另一名称。由于耶鲁派的解构学者们兴趣太狭窄，对德里达有关政治、伦理、教育、社会特别是哲学思维方面的解构理论极少涉及，有待于20世纪90年代再起的卡布托教授与他的学生班宁顿的阐释，才得到知识界重视。卡布托著的《一揽子解构主义》介绍了一次圆桌座谈会上德里达的讲话以及与一些学者的对话，涉及到传统与创新、哲学教育的普及、解构与建构并非不可兼容、"分"与"合"的辩证关系、公正与法律的区别等问题，终于在劫后以更强大的生命力复活了。

　　德里达在建立了他的基础理论之后，在20世纪80—90年代致力于将"迪菲昂斯"论运用到对人类文化、政治、经济等方面，作出他对世界大事、人类前途、民主理想等的多元观判断。与解构主义诱发的其他学科相比，解构主义本身却成为一个不那么为人们熟悉的学科。这种令人困惑的现象，似乎有一些原因。德里达解构理论的核心部分"迪菲昂斯"有一些非西方传统的特点，即无形、无定、无声、无言，与西方文化习惯的具体、清晰、有逻辑性、可剖析性相反，使得推广德里达的著作遇到了很大困难。20世纪90年代以后，德里达和研究他的一些学者以更清晰的语言重申解构主义的积极意义、它的多元化观点、它对政治民主的追求等。德里达新著的《马克思的幽灵》和《友谊中的政治》两本书，正在被人们仔细研读。

三、中国传统文化的主干——儒家

1. 先秦儒学

在向封建社会过渡的春秋战国（即先秦）时期，学术界出现了百家争鸣的局面。儒、墨、道、法、农、医、杂、兵、商、阴阳、纵横、名家等学派异彩纷呈，奠定了中国传统文化的基本格局。以孔子为代表的儒学堪称显学。

孔子（前551—前479）是春秋鲁国人，30岁时开办私塾。孔门四科，分为德行、言语、政事、文学。他依照"有教无类"的办学原则，把社会上不同阶层的人吸收到自己门下，在几十年中形成了一个很有影响的学派——儒家学派。孔子的思想主要集中在由他的弟子编辑的《论语》中。

孔子教导学生，最重德行修养。孔子说："弟子入则孝，出则悌，谨而信，泛爱众而亲仁。行有余力，则以学文。"由此可知在孔子心目中，德行是本，文艺是末，最高的道是"仁"，而"忠恕"是通向"仁"的门径。虽然整部《论语》有59章提到"仁"字、共用了109个"仁"字，但没有一章明确地为"仁"下定义。因为仁是诸德圆融的最高境界，而每一个人的才性气质不同，成德的方向也不一样。如颜渊问仁。子曰："克己复礼为仁。一日克己复礼，天下归仁焉。"仲弓问仁，子曰："出门如见大宾，使民如承大祭。己所不欲，勿施于人。在邦无怨，在家无怨。"子张问仁，孔子曰："能行五者于天下，为仁矣。"请问之，曰："恭、宽、信、敏、惠。"子贡问仁，子曰："工欲善其事，必先利其器。居是邦也，事其大夫之贤者，友其士之仁者。"樊迟问仁。子曰："爱人。"孔子道德修养的终极目的，是在于"安人"、"安百姓"，如《宪问》中的"修己以安人"，"修己以安百姓"。修己是手段，爱人是目的，可见孔子仁学思想的基本内涵为：修己、爱人。

　　孔子一生，栖栖惶惶，周游列国，主要目的即在推展政治理念，故《论语》中有不少论及政治的篇章。其一，为政首须繁庶人口，改善民生；继之以教育人民，增强国力；其二，为政之道在于以身作则，为民表率，举用贤才，按部就班，以收风行草偃效；其三，为政应以诚信为本；其四，为政必须正名，名正然后言顺，事成，然后君臣各尽其职；其五，为政应以礼让为国，应具备温、良、恭、俭、让等美德，应奉行"五美"，摒除"四恶"，应体恤人民，而以"聚敛"为戒。至于近悦远来，赢得民心，也是为政的要务。至于礼乐，乃教化之事，礼以铄外，乐以和内。孔子说："恭而无礼则劳，慎而无礼则葸，勇而无礼则乱，直而无礼则绞。"故孔子特别重视礼教，认为为政者要能"道之以德，齐之以礼"，人民才能"有耻且格"。简而言之，礼追求的是秩序，乐追求的是和谐，进而达到仁爱、敦厚、祥和的社会。其中，礼和乐只是工具、形式，和谐、仁爱才是根本。

　　继孔子之后，儒学有两大主要派别——孟子之儒和荀子之儒，分别从人性"性善论"和"性恶论"的角度，探讨了"人学"的本质，成为先秦儒学人情化的代表。

　　孟子（前372—前289）是战国邹（今山东邹县）人，孔子的第四代弟子，在儒家学派中地位仅次于孔"圣人"，被尊为"亚圣"。

他游说齐、梁、鲁、邹、宋等国，做过齐宣王的客卿。但是，他的学说却被认为"迂远而阔于事情"，得不到当政者采纳。晚年，他与弟子万章等人埋头著述，有《孟子》七篇传世。孟子受业于孔门，以孔子的继承人自居。他的仁政主张、性善学说、民本思想，以及"万物皆备于我"的观点，都与孔子思想有渊源关系，并对孔子思想有新的发展。

孟子认为人"性本善"，性善说便是孟子学说的核心。其行为哲学、教育哲学及仁政学说，都是据此推衍而来的。孟子的性善说立论于人具有四种善端，他说："恻隐之心，仁之端也；羞恶之心，义之端也；辞让之心，礼之端也；是非之心，智之端也。人之有是四端也，犹其有四体也。"在孟子看来，仁、义、礼、智这四端犹如人的四肢，是与生俱有的，不是后天外加的，即人本心所固有。然而，人之所以不能纯然为善，甚至变恶，往往因后天物欲所致或受到不良环境的影响，而丧失了本心。因此，孟子提出"养心莫善于寡欲"，即人必须存养本心，扩充善端，这样才能挽救人心的陷溺，形成王道政治。

从孔子主张"德治"到孟子提出"仁政"，是儒家政治学说的重大发展。孔子主张的"德治"和"仁"，基本内容属于道德伦理的范畴，还不是政治学说。曾子主张以哀怜之心执行刑罚，开始将"仁"扩展到政治领域。孟子进而将"仁"的思想发展为系统的"仁政"学说，提出仁政说和性善论，为后来封建社会儒家的政治思想奠定了理论基础。孟子的"仁政"学说，在经济关系方面主张"制民之产"，反对横征暴敛，使百姓能够生活下去，以保持小生产的相对稳定性。在政治关系方面倡导"以德服人"的王道，反对"以力服人"的霸道。他认为"诸侯之宝三：土地、人民、政事"，劝诸侯君主"以德王天下"，着眼于争取民心，"保民而王"。孟子提出了民为邦本、民贵君轻的观点，即"民为贵，社稷次之，君为轻"。并举例：一个地方百里的小国，只要施仁政于民，教之以忠信，便可以用棍棒打败秦楚的坚甲利兵。在孟子看来，依靠道德使人民服从，人民就会心悦诚服，像"七十子归服孔子"一样。他如此强调仁义，原因是认为"未有仁而遗其亲者也，未有义而后其君者也"。与孔子的伦理思想相比，孟子将仁义并称，明显地提高了义的重要性。他明确地把礼作为仁义的形式，而不像孔子那样讲"克己复礼为仁"，反映了时代进步。

孟子还建构了一个"天人合一"的思维模式，以及与之相应的尽心、知性、知天的认识路线。他把心、性与天命联系起来，沿着孔子的思路，改造殷周传统的天命思想，形成一套伦理化的世界观。他说："尽其心者，知其性也。知其性者，则知天矣。存其心，养其性，所以事天也。夭寿不贰，修身以俟之，所以立命也。"在他看来，良心、人性、天命三者是相互联系的。从认识上讲，一个人如能充分发挥自己理性的作用，向内思索，"尽其心"，就能认识固有的本性。从修养上讲，只要能保存本心，涵养善性，就事奉天了。由此，天和人融通为一，成为带神秘色彩的主观主义的天人合一论。

荀子（约前298—前238）是战国末期赵国人，早年游学于齐，三度为稷下学宫祭酒。公元前255年，他被楚相春申君用为兰陵（今山东峄县）令，晚年居兰陵授徒著书终生，其著作由后人辑为《荀子》32篇。他广泛吸取诸子学说的精华，其思想学说以儒家为本，兼采道、法、名、墨家之长，成为先秦百家之学的总结者，却没有能够完成思想统一的历史重任，其名声也没有孟子显赫。

在天与人的关系问题上，与孟子"天人合一"的思路不同，荀子主张"天人相分"。他把"天"解释为自然界，认为自然界有它自己的规律："天有常道矣，地有常数矣。"在承认自然界的客观性、规律性的前提下，荀子提出："治乱非天"，"治乱非时"。这就是说，社会治乱的根源与天无关，只能从社会中去寻找。"强本而节用，则天不能贫……本荒而用侈，则天不能使之富……受时与治世同，而殃祸与治世异。不可以怨天，其道然也。故明于天人之分，则可谓至人矣。"在主张尊重自然规律的基础上，荀子提出了"人定胜天"，即发挥人的主观能动性，"制天命而用之"。他肯定人的价值，相信人的力量，去征服和改造自然，因而比较彻底地否定了传统的天命思想。荀子在承认客观事物独立于人的意识之外的前提下，承认世界的可知性。他说："凡以知，人之性也；可以知，物之理也。"这是说，人有认识客观事物的能力，客观事物是可以被认识的。他认为主观必须与客观相接触，才能构成认识。认识的过程是通过"天官"（感知）接触外界事物，再由"天君"（思维器官）进行理性的加工（"征知"），即主客体相结合，这与孟子单纯在主体的精神领域凭意念融通天人的认识迥异其趣。在"知"与"行"的关系上，荀子认为"行"高于"知"。在"名"与"实"的关系上，荀子强调"实"是"名"的客观基础，提出了"制名以指实"的观点。

在人性论方面，荀子与孟子"性善"论截然相反，提出了"性恶"论的著名观点，分别代表了战国时代两种人性学说。在荀子看来，人的本性是恶的，如果"从人之性，顺人之情，必出于争夺，合于犯分乱理而归于暴"。因此，必须"化性起伪"，通过人为努力而获得"善"的品质。从"性本恶"出发，他认为经过学习和教化，"人皆可以为尧舜"，从而实现矛盾的转化。荀子与孟子的差异在于："性恶"论强调"性伪之分"，是以"天人相分"思想为基础的；"性善"论强调天赋"四端"，是以"天人合一"思想为基础的。"性恶"论否认天赋道德观点的存在，以人类物质生活作为研究人性的出发点，认为社会纷争动乱是人们追求物质利益的必然结果；"性善"论承认天赋道德观点的存在，以先天道德观念作为研究人性的出发点，把社会纷争动乱的原因归结于道德观点的丧失。可见，"性恶"论较之"性善"论包含了更深刻的内容。这两种人性学说的共同点在于：都是先天具有的人类本性，而不是现实社会关系中的具体人性，因而都是抽象的人性论。

"礼"是荀子社会政治思想的核心观念，认为"礼"是"先王"为了调节人们的欲望、避免战乱而制定的。"礼者，养也"，"礼者，节之准也"。把礼看做人们言行的标准，"人无礼则不生，事无礼则不成，国家无礼则不宁"。他要求不同社会地位的人都要循礼：君要"以礼分施，均遍而不偏"，臣要"以礼待君，忠顺而不懈"，父要"宽惠而有礼"，子要"敬爱而致恭"，兄要"慈爱而见友"，弟要"敬诎而不苟"，夫要"致功而不流，致临而有辨"，妻要"夫有礼则柔从听侍，夫无礼则恐惧而自竦也"。荀子还提出了"礼法"并重，认为礼和法同时产生，作用相同，密不可分。"礼义者，治之始也"，"法者，治之端也"，把礼法都看做治理国家的根本。二者的关系是："礼者，法之大分，类之纲纪也"；礼是法的根据、法的总纲，而法是礼的体现、礼的确认。如果只讲礼义、不讲法度，只重教化、不重刑罚，就不足以维护统治。他改造了孔孟儒家重德轻刑的思想，主张礼义、法度并举，教化、刑罚兼施，为后世提供了一套维护封建专制统治的理论，成为"德刑并举"统治方法的先驱。

2. 两汉经学

两汉兴起的经学(即阐释儒家经典的学问)，是儒学新的理论形态，其名始见于《汉书·儿宽传》。儒学由民间学术变为官方意识，经过了董仲舒的改造。董仲舒(前179—前104)是西汉经学大师，完成了经学巨著《春秋繁露》。他应诏进献了《天人三策》，在第三次对汉武帝的策问中提出了"罢黜百家，独尊儒术"的主张。汉初，道家的"黄老之学"曾被确定为安定社会的统治思想。汉武帝为了进一步强化中央集权，采纳了董仲舒的建议，以儒学为统治思想，其目的是统一思想，而非消除百家争鸣。

董仲舒以奉天法古为旗号，以先王之道为楷模，吸收阴阳五

行说，纳韩非思想，"推天道以明人事"，宣扬王权神授，论证纲
常名教，为儒家的伦理道德披上神学外衣。他对商周以来传统的
王权神授作了发挥："唯天子受命于天，天下受命于天子"；"道
之大原出于天，天不变，道亦不变"。人和社会都不能有违天意，
如果社会太平，天降各种"符瑞"表示赞许；否则，大自然的灾异
就是天对人事的"谴告"。他建构了一个以天人感应为核心、以阴
阳五行为骨架的神学体系，认为"天"的意志主宰人类社会，天人
可以互相感应，感应的根据是天人皆有阴阳。他预先设定"天道
之常，一阴一阳"，将人的情感心理与自然现象联系起来。他又
将五行(木、火、土、金、水)与阴阳相配，说阴阳消长的原因在
于五行的"相生"和"相胜"。他把木、火、土、金、水五行分别与
春、夏、季夏、秋、冬相配置，与东、南、中、西、北相对应。这
样，阴阳、五行、四时、四方在董仲舒那里已结为一个整体，构成
一个动态的平衡系统。由于这个系统中的各个子系统(天、人、
社会)分别具有阴阳五行，故可以"同类相动"，天人在阴阳五行
的框架内得以"合一"。天人感应理论的确立，使社会运动离不开
天的运行和天的意志。

　　董仲舒是"三纲五常"理论的始作俑者，"三纲"即君为臣纲、
父为子纲、夫为妻纲，"五常"即仁、义、礼、智、信。他以父子夫
妻的家庭关系为依据，以封建宗法制为基础，以君亲、忠孝为纽
带，以移孝作忠为目的，试图实现家族政治化和国家家族化。把
孝和忠绝对化，其实质在于强化宗法统治和封建君权。他通过神
秘化的阴阳五行学说来说明三纲五常"出于天"，断定阴阳关系为
"阳尊阴卑"，即"天为君而覆露之，地为臣而持载之；阳为夫而
生之，阴为妇而助之；春为父而生之，夏为子而养之，秋为事而
棺之，冬为痛而丧之。王道之三纲，可求于天"。这里讲君臣是
天地关系、夫妇是阴阳关系、父子是四季关系，而天地关系和四
季关系也是阴阳关系。"君臣、父子、夫妇之义，皆取诸阴阳之

道。"阳居主导地位，阴居辅助地位，阴只能配合阳，不能与阳分享成功，这是永恒不变的"天意"。因而，君为臣纲、父为子纲、夫为妻纲也是永恒不变的"天意"。他还以天有阴阳之气论证人具有善恶两重性，把人性分为天生能善的"圣人之性"、贪欲难改的"斗筲之性"和可善可恶的"中民之性"，形成人性三个等级的"性三品"理论。在义利问题上，董仲舒主张道义高于功利，即"正其谊不谋其利，明其道不计其功"。他还鼓吹"杀身成仁"和安贫乐道，以此规范人心和维护统治阶级的整体利益。他反复强调"仁政"和"德治"，提出以教化为主、以刑罚为辅的"阳德阴刑"理论。这一套道德规范，成为建立法度、化民成俗的根本，为"以儒为宗"的文化模式提供了蓝本。

经董仲舒的改造，儒学已非先秦正统，杂以燕齐方士和黄老刑名思想，形成了一个新体系。这对儒学来说是一次大的变化，虽然使儒家思想发展到了新高度，但对禁锢人们的思想也产生了不良作用，导致经学思维方式的产生和唯上唯书心理的蔓延。

正当西汉经学兴起并走上谶纬神学道路之时，朴素唯物主义也在与唯心主义的斗争中发展壮大起来。它反对神学迷信、反对虚妄邪说，构成了汉代哲学思想发展中的一个优良传统。王充（27—97）任过州县小吏，后罢职居家，从事著述，留下著作《论衡》85篇，20余万字。该书吸取了汉代自然科学的成果，在与谶纬神学的激烈斗争中建立了朴素唯物主义的思想体系。在自然观方面，他根据古代关于"气"的学说，提出了元气自然论。他认为"天与地，皆体也"，都是客观存在的物质实体，而元气又是构成万物的物质基础。在形神问题上，王充主张神灭、无鬼。他从人的精神必须依赖形体才能发生作用这一观点出发，认为"精气者，血脉也"。"精神本以血气为主，血气常附形体。"即精气是形体中的血脉部分，形体死亡，血脉亦枯竭，精气随之消灭。他把精神说成是物质性的精气，是不科学的；而他肯定了形体的第一性、精神的第二性，则是合理的。他继承和发挥了桓谭用烛火之喻说明精神不能脱离形体的唯物主义思想，提出"天下无烛燃之火，世间安得有无体独知之精"的命题，说明世界上不可能有离开烛的火，社会上也不可能有离开人体的精神存在，否定了神学家们所谓精神可以脱离形体而存在的"灵魂不灭"观点，进而提出"人死，血脉竭，竭而精气灭，灭而形体朽，朽而成灰土，何用为鬼？"以及"物死不能为鬼，人死何故独能为鬼？"等无神论的观点。

3. 宋明理学

两宋时期儒、道、释三教合流，产生了儒家新的理论形态——理学。理学奠基者是濂溪学派的周敦颐（1017—1073），他把《老子》的"无极"、《易传》的"太极"、《中庸》的"诚"以及阴阳五行融为一体，对宇宙万物的生成变化及封建人伦道德作了系统说明。其著作流传至今的有：《太极图说》、《易通》（又名《通书》）、《爱莲说》、《拙赋》等。

关中学派是理学开创阶段的重要派别，其创始人张载（1020—1077）重视自然科学，对天文、地理、历算、生物有深入研究。他运用这些知识认识宇宙，解说自然现象，其天体论是在吸取古代浑天说与宣夜说的基础上产生的。在《易说》中，他阐述了以"气"为本体的宇宙结构。把"气"引入本体论，在张载之前就已出现。他的贡献是以"气"作为最高哲学范畴，对气象万千的宇宙进行分析，用"太虚"表明"气"的消散状态，把一切有形的物体都看做从太虚这一本体中派生的易变形态。太虚与天的外延完全重叠，"天包载万物于内"；"地纯阴凝聚于中，天浮阳运旋于外，此天地之常位也"。太虚清通，万物混浊，无形有形截然分明，恰与天地的区分相吻合。他的《正蒙》一书提出了地球能够运动的"地动说"，比天动地静的传统观点有了进步，构成了唯物主义自然观的重要内容。他还从世界观的高度对人性起源、善恶归属作了论证,把人性区分为"天地之性"和"气质之性"。

程颢(1032—1085)被称为明道先生,程颐(1033—1107)被称为伊川先生,兄弟俩同受业于周敦颐,后一度为官,因反对王安石推行新法被贬,居洛阳龙门的伊皋书院讲学。洛阳学派弟子众多,是北宋影响最大的理学派别。二人的著作有:《河南程氏遗书》25卷,《外书》和《文集》各12卷及《伊川易传》、《经说》、《粹言》,后人把以上六书合刊为《二程全书》。二程的人性论是转述孟子性善论的,进一步回答了性为什么至善、为什么会产生恶的因素等问题。对这些问题的回答,是在承袭张载关于"天地之性"与"气质之性"理论基础上展开的,只是把"天地之性"改为"天命之性",认为人性有"天命之性"和"气质之性"的区别。前者是天理在人性中的体现,未受任何损害和扭曲,因而至善无疵;后者是气化而生的,不可避免地使"理"受到"气"的侵蚀,产生弊端,因而具有恶的因素。人性中的善自然是其天理的本质特征,恶则表现为人的不合节度的欲望、情感,二程称之为"人欲"或"私欲"。"人欲"与"天理"对立,二者不相容,"天理盛则人欲灭,人欲盛则天理衰"。二程提倡"存天理,去人欲",认为三纲五常是天理,是至善的天地之性,与之对立的七情(喜、怒、哀、惧、爱、恶、欲)六欲,则在扫除之列。

二程形成了以"理"为本的宇宙观,在天人合一问题上基本一致,都对"理"作了唯心主义的解释,并以此作为哲学的最高范畴。在如何认识天理的方法步骤上两人有些分歧:大程较多地强调内心静养的快速方法,把"穷理、尽性、以至于命,三事一时并了",不大重视外知。以后的陆九渊以及明代的王守仁,沿着大程的说法,发展成为主观唯心主义的心学。小程较多地强调由外知以体验内知,也即由外界的格物,以达到致知的过程。以后的朱熹沿着小程的说法,发展成为客观唯心主义。所谓程朱理学,一般指小程和朱熹的思想。

南宋时期朱熹（1130—1200）为代表的闽学派，又称朱学或考亭学派，以伦理观为核心，融儒、道、释为一体，给儒学赋予了哲理性和思辨性，从形式到内容都比较精致，实现了对儒家"有功于圣门，有补于后学"的第二次改造。朱熹一生著作甚丰，主要有：《四书集注》、《大学章句》、《中庸或问》、《论语精义》、《孟子要略》、《困学恐闻》、《八朝名臣言行录》、《西铭解义》、《太极图说解》、《伊洛渊源录》、《近思录》（与吕祖谦合著）、《阴符经考异》、《周易本义》、《孝经刊误》、《仪礼经传通解》、《楚辞辨证》等。他的书信、题跋、奏章、杂文等被儿子朱在编为文集100卷，又有续集10卷、别集10卷，合称《朱子大全》；他的语录则被黎靖德编为《朱子语类》140卷。

在朱熹的理学体系中，"理"与"道"、"理"与"太极"属于相同范畴。关于"理生万物"，是吸取了周敦颐《太极图说》的理论，太极即理的最初、也是终极的状态。他认为天理是存在于自然和社会之先的精神本体，万事万物由此派生；同样，作为道德规范与原则的理也先于各种社会道德关系而存在，"未有君臣，已先有君臣之理，未有父子，已先有父子之理"。对格物致知的解释，朱熹比二程更缜密，即："格，至也；物，犹事也。穷至事物之理，欲其极处无不到也。"格物即接近、接触和直接了解社会事务和自然万物，穷尽事物中的天理。他又说："致，推极也；知，犹识也。推极吾之知识，欲其所知无不尽也。"致知即充分运用自我认知能力，达到认识天理奥秘的目的。如果朱熹的格物致知具有哲学认识论的意义，那么克己复礼则在讲道德修养论。他解说《论语》中的"颜渊问仁"，认为克己就是灭除私欲，复礼就是使自身的言行合乎"礼"的规则。"礼"是沟通主观自我与客观天理的媒介，天理虽寓于人心，并转化为人性，但任何人无法使自我意识直接认知内心之理，只有借助天理的外在表现形式——礼，才能达到这一目的，道德实践——对礼仪规则的自觉遵奉——便成了通达天理的唯一途径。因此，克己灭欲、回归天理的关键在于自我，恪守礼教的道德践履完全是自觉自愿的事。

朱熹对周敦颐、张载、程颢、程颐等的学说作了总结和改造，从他们的学说中吸吮了许多思想养料，又用佛教与道教的思辨哲学充实自己的理论，成为宋明理学的集大成者，其理论和观点代表了理学的典型和成熟形态。其著作《四书集注》成为封建社会知识启蒙和开科取士的必读书，具有与五经同等重要的地位；其社会地位随着封建统治者的捧扬而步步上升，达到了仅次于孔孟的高度。朱熹的阐释把孔学弄得面目全非，致使后世学子知《四书集注》而不知"四书"本文，重朱学超过重孔学了。

南宋陆九渊及其明代的继承者王守仁提出"心外无物"（也无事、无理、无学），将程朱理学的心物（知行）观发展为体系完备的主观唯心主义。陆九渊（1139—1193）在国子监讲授《春秋》，与理学代表人物朱熹的学术有严重分歧。淳熙十三年（1187），他回江西故里，次年到贵溪应天山建立"精舍"作为讲学场所。陆九渊一生叙而不作，著述很少，这也是心学不同于程朱理学的特点。"或问先生何不著书？"他以"六经注我，我注六经"对答。《象山先生全集》包括了他的所有著述，都是其书信、杂著、讲义、语录和诗作，没有一部注经的书。

陆九渊"心本论"的创立，使理学发生了重大分化。陆学与朱学的对立，根源是对"理"的认识有所区别。朱熹认为理是一个客观的、精神性的绝对实体，其观点可用"性即理"来概括。性是心中之理，不等于"心"。陆九渊则把心与理绝对等同起来，认为"心即理"，使主观的自我本心与客观的天理不可分离。本体论上的不同观点，必然导致方法论的分歧。朱陆之间的第一次论争是淳熙二年（1175），理学家吕祖谦为调和朱陆的分歧，约请陆九渊与其五兄陆九龄，会朱熹于信州铅山鹅湖寺，双方就治学方法问题进行了辩论。此后，他们又围绕"无极"与"太极"等本体论问题，再度进行辩论。争论虽然"仁者见仁，智者见智"，但陆九渊始终处于主动地位。这表明，心学正是在程朱理学出现疏漏的条件下产生的，它一出现就有一种取而代之的潜在力量。心学与程朱理学的交锋，一方面深化了各自的思辨程度，另一方面也使双方在对立中交融，促进了理论思维的发展。

王守仁（1472—1528）一生经历了明代成化、弘治、正德、嘉靖四个时期，由于经济上、政治上的矛盾激化，迫使人民走上了反抗的道路。同时，统治阶级内部也存在"宗室称兵"以及宦官专权的严重问题，加上西北"边患"严重，明朝危机四起。王守仁企图为明朝寻找一种药方，用他的话说，要使天下事势"起死回生"。王守仁早年主要学习朱学，书读多了就开始怀疑朱学。因朱学不论在理与气、理与心，还是在知与行方面，都存在逻辑上的矛盾。就拿"格物致知"来说，王守仁按照朱熹所教的"半日读书，半日静坐"的方法，连续七天"格物"（静坐屋外观察竹子），直至病倒也未"致知"（悟出道理）。他回到卧室内，躺在床上倒悟出了一番关于竹子的道理。由此引起了王守仁学术思想的转变，提出了"致良知"、"知行合一"等新概念。

把握住了"致良知"与"知行合一"，就抓住了王学的关键。"致良知"是对朱熹"致知"命题的修正，他通过对孟子"良知"说及陆九渊"心即理"说的吸收和改造，显示了两个特点：第一，作为"天理"的"良知"就在人的心中，不需要向外探求；第二，"良知"人人皆有，圣愚皆同，如他所说："良知之在人心，不但圣贤，虽常人亦无不如此。"王守仁既然强调人有意识有目的的活动，那么这种活动如何将人的主体与被认识的客体联系起来？朱熹对这个哲学问题探讨过，提出了"格物致知"。王守仁不同意此说，认为"心外无物"，不能心外求理，必须"求理于吾心"，并把这种统一叫做"知行合一"。既然知与行是合一的，人的认识主体和被认

识的客体自然也是合一的了。王守仁"知行合一"的命题，仍是从
"心"与"理"的关系出发的。在这个问题上，他继承了陆九渊"心
即理"之说，用主体取消了客体。可是，王学具有二重性：一方
面，他竭力维护封建主义的天理，抨击违反理的行为和思想（即
"破山中贼"和"破心中贼"）。另一方面，他反对"此亦一述朱，
彼亦一述朱"的思想僵化，认为"破心中贼"比"破山中贼"更重
要。这种二重性适合当时社会的两种需要：一方面，统治者要用
"天理"作为维护封建社会的思想工具，因而赞赏王守仁学说为
"有用道学"；另一方面，封建士大夫不满朱学在学术上的呆滞局
面，加上明中期以后封建社会衰落和资本主义萌芽，个体意识开
始抬头，需要寻找新的理论根据，因而欢迎王学的出现。其实，
陆王心学悖离孔学更远，把古代的主观唯心主义推向了极端。

4. 清代实学和近现代新儒家

中国文化具有丰富的内容和悠久的历史，有清一代更是光彩
夺目，不仅鸿儒迭兴，硕果累累，而且历史上出现过的各种流派，
几乎无不具备。清代儒学的著名代表是清初三先生（黄宗羲、顾
炎武、王夫之）和晚清二大儒（龚自珍、魏源）以及曾国藩，他们
面向现实，以"经世致用"为宗旨，提倡实学，开一代新风。

黄宗羲（1610—1695）生活在明清之际，这是一个"天崩地
裂"的时代。他参与抗清斗争近十年，失败后在四明山"证人书
院"致力于著述和讲学。他一生的著作分两大类：一类是亲自撰
写的，另一类是编辑他人的，二者达2000万字。其中专著和诗文
有300多卷、200万字，内容涉及哲学、史学、文学、天文、历法、
地理、数学。重要著作有：《明夷待访录》、《孟子师说》、《破邪
论》、《思旧录》、《易学象数论》以及学术史专著《明儒学案》、
《宋元学案》等，今存《黄梨洲全集》12册。其中，最能反映他的
进步思想的是《明夷待访录》，对封建君主专制进行了猛烈抨击，

具有社会政治方面的启蒙作用。他认为，人类的本性是私和利，即使是圣人也不例外。在每个人"私利"的基础上产生了公众的"私利"，需要有人出来为公众的"私利"工作，这个人就是君主。君权并非神授，在远古三代时，君主只是公仆。他由此提出"天下为主，君为客"，这个命题不同于古代儒家的"天下大公"与"民贵君轻"，含有新意。第一，出发点是"天下之利"。由此，他痛斥君主专制"以天下之利尽归于己，以天下之害尽归于人"，"使天下之人不敢自私，不敢自利，以我的大私为天下之大公。"第二，对君主制度提出怀疑。他说："为天下之大害者，君而已矣。"这种大胆的质疑，是传统儒家所不敢的。黄宗羲提倡学术要"经世致用"，经济上主张授田于民，余剩土地则听任"富民"即市民占用。尤其值得注意的是，他提出"工商为本"，要求统一货币，开设"宝钞库"（即银行），供通货流转。在军事上主张实行义务兵制度，取消募兵制。虽然他还主张保留君主，但其权力已转到内阁"政事堂"和议会了；他设想的内容虽然很模糊，却属于尚在萌芽状态中的市民阶级愿望，是近代人权思想的起点，比西方这方面最初的著作《民约论》还早一个世纪。

　　顾炎武（1613—1682）注重学术的社会价值，反对高谈阔论，认为理学是空疏无用的学问，是导致明朝覆亡的重要原因。他将宋明理学与魏晋玄学作了比较，认为二者大相径庭。他对理学的批评是从大处——关系到国家的安危处着眼，表现出强烈的重经验与重现实相结合的倾向。他提倡"修己治人"之学，就是"研六经之旨"、"习六艺之文"、"考百王之典"、"综当代之务"。这些经验之谈，在他的著作中有很好的体现。他所进行的学术建设，以讲求实际有用为出发点，这就是他一再提到的"实学"。所谓实学，一是筹划国计民生，一是踏踏实实做学问。从这两个方面出发，他取得了开创性的研究成果。这些成果主要表现在小学（语言文字学）、经学、史学方面。最有代表性的著作有三部，即《音学五书》、《日知录》与《天下郡国利病书》。顾炎武的学术作风有两个特点：一是高度的学术责任感，另一个是锲而不舍的顽强治学精神。他的写作态度十分审慎，不爱发表玄虚的"高论"，认为书是写给天下人读的，如不慎重就会贻误天下人。他严格按照这样的原则去写作，《日知录》一书经过了几十年的积累、推敲，才逐步完成；其《音学五书》修订了五次，誊写了三次。由于他深知学术研究的甘苦，因此很尊重前人的成果。他宁肯抄书，也不愿意去发空议论，如果要著书，"必古人所未及就，后世之所必不可无者，而后为之。"顾炎武认为只有这样做，学术才有开创性。

　　王夫之（1619—1692）是近代儒家思想之集大成者，自小随父兄读四书五经、诸子百家、汉赋唐诗，文名重于乡里，科举却一再落第。顺治五年（1648），他在衡阳举兵抗清，战败回到老家，为躲避清军"剃发令"，在船山的"湘西草堂"过隐居著述的生活。"六经责我开生面"，他成为我国著述最宏富的学者，一方面得力于家学和早年功底，另一方面也由于民族气节所产生的历史责任感。他一生著书100余种，400多卷，300多万字，主要著作为《周易外传》、《尚书引义》、《读四书大全说》、《张子正蒙注》、《思问录》、《俟解》、《搔首问》、《噩梦》、《黄书》、《老子衍》、《庄子通》、《读通鉴论》和《宋论》。这些著作，把古代的唯物论、辩证法和认识论都推向了最高水平。

　　在唯物论方面，王夫之发展了宋代张载"气"的唯物主义思想，对朱熹理学和老庄、佛学以及古代典籍，也能吸取其中有用的东西。关于"气"的概念，朱熹承认是具体事物的本源，却极力用思维抽象的方法，使"气"成为超现实的"理"、"太极"之类的东西。王夫之也从哲学高度对"气"进行抽象，却利用了当时的自然科学成就，多方面论证气为世界的唯一实体，只有形态的变化而不能生灭，趋近了"物质不灭"的科学原理。王夫之从理与气的关系出发，进一步推论道与器的关系，认为道与器统一于具体事物之中，是先有其器而后有其道，而不能相反。他否定理学"道在器外"、"道在器先"的说法，指出"道在器中"，器变道也随之变，这就有力地反驳了"天不变、道亦不变"的形而上学观点。对气与理的关系，他认为是"理在气中"、"理依于气"，从而完成了理气之辩的总结。在辩证法方面，王夫之研究自《周易》以来许多关于"运动"的论述，总结了有无(动静)之辩，认为宇宙万物的运动，在于既矛盾又统一的阴阳二气，"摩之荡之，而变化无穷"。他强调运动是物质的运动，是"皆本物理之固然"。动与静都本于物，"今有物于此，运而用之则曰动，置而安处之则曰静"。运动也不是乱动，"动静各有其时，一动一静各有其纪，于是者乃谓之道"，动静要守规律，守规律就叫守"道"。万物既相互对立，又包含转化，遵循着"推移吐纳"、"变化日新"的规律变化。在认识论方面，王夫之发展了唯物主义的反映论，提出形(感官功能)、神(心的思维)、物(客观对象)是认识发生的必备条件，格物、致知只是两种既区别又联系的认识方法，前者是感性认识阶段，后者为抽象思维、揭示本质的理性认识阶段。据此，他以"行可兼知，而知不可兼行"、"知行相资"、"并进而有功"来总结知行之辩，从而彻底否定了程朱知先行后、陆王知行合一的唯心主义知行观。

鸦片战争之后，严酷的现实促使人们去思考中国的未来，去寻求救世之方。反映在学术方面，得出的结论就是变革现实。这种变的思潮，对顽固观念是强烈的冲击。近代进步思想家们为了寻找"变"的理论依据，力图从哲学高度论证这一主题。

龚自珍(1792—1841)的传世著作有《龚定庵全集》，其哲学思想驳杂而又矛盾，但其中有些观点明显地表现出唯物主义倾向，与程朱理学的唯心主义观点相对立，尤其在历史观方面表现出某些变异和进化的思想。因为，理学家向来把奴隶制的夏商周三代美化为"黄金时代"，龚自珍却对那种颂古非今的传统思想予以否定，指出：历史是不断进化的，"自古及今，法无不改，势无不积，事例无不变迁"。从这种进化的历史观出发，他在一定程度上批驳了理学家那种复古、倒退的观点，并对封建专制主义持批判态度。他以饱满的爱国热情，呼吁"不拘一格降人才"，极力主张严禁鸦片，以武力抵抗外国侵略，曾上书提出平银价、禁烟害、重防御三对策，要求作政治革新和经济改革。

统观龚自珍的整个思想，其可贵处在于他能在阶级矛盾和民族矛盾尖锐化的刺激下，以具有唯物论倾向和辩证法因素的哲学思想为指导，从封建统治阶级中站出来，毫不留情地揭露黑暗的现实，抨击专制，讽刺不均，昌言更法，开创了一种新的风气。龚自珍的思想具有一定的启蒙意义，对后来的改良主义思潮产生了极大的影响。梁启超曾说："光绪间所谓新学家者，大半人人皆经过崇拜龚氏之一时期"，"初读定庵文集，若受电然"。但是，在龚自珍的社会改革思想中，落后的封建伦理的宗法思想仍占着优势。其思想并没有超出封建主义的范围，仍属于地主阶级革新派而不是一个资产阶级改良主义者。晚年，他笃信佛教的因果报应、生死轮回说。

魏源（1794—1857）一生著述极丰，达 700 万字，主要有《魏源集》、《古微堂四书》、《书古微》、《诗古微》、《默觚》、《老子本义》、《皇朝经世文编》、《圣武记》、《道光洋艘征抚记》、《元史新编》等。其中，最著盛名者当推《海国图志》，这是一部记载各国政治、历史、地理和科技的百科全书，集中地反映了他学习西方、"师夷长技以制夷"的思想倾向中已带有某些资产阶级改良主义的色彩。

《海国图志》的内容分六个部分：第一部分为《筹海篇》4 卷，系全书重点，从议守、议战、议款三个方面总结了鸦片战争失败的教训，提出了战败后应采取的措施和"师夷长技以制夷"的主张，并对严禁鸦片、广开贸易、开办厂矿等问题发表了见解。第二部分为世界和各国地图,均有古今地名对照,在图序安排上已突破"中国中心论"的陈腐观念,先排东西两个半球图,再排各洲图,最后是各国图(重要国家另有部位放大图),成为当时中国最科学的地图。第三部分介绍各国地理位置、历史沿革、政治制度、物产矿藏、风景民俗、宗教信仰、中西历法和纪年对照,共72卷,为全书主体,其中对英、法、美、俄的介绍更详。第四部分为林则徐等办理广东战事的奏牍和道光帝的谕旨,以及从港澳报刊上摘译的情报资料,分别编成《筹海总论》4卷和《夷情备采》3卷。第五部分为西洋兵船、火炮、枪械、水雷等武器的制造和使用方法,共12卷,并附有设计样式图和分解立体图。第六部分为《地球天文合论》,共5卷,介绍地球形状、运行规律、四季变化原理以及太阳、太阳系行星、日食、月食、彗星、地震等方面的知识,宣传了近代自然科学。

曾国藩(1811—1872)是岳麓书院生徒,道光进士,历任礼、兵、工、刑、吏部侍郎,官至两江和直隶总督、大学士一等毅勇侯。他对传统文化鼎力继承,择长而用,终成一代儒宗。虽然在他的一生中,几乎无学术著作传世,但其儒学思想却富含在家书、奏章、日记之中。他治学的成功之处在于学以致用,解决面临的各种社会矛盾和重大政治问题,因而在治学、镇压太平天国和办洋务方面,建立了"三不朽"事业。他背负几千年的文化传统,铸造了封建社会的最后一尊偶像;他又用实际行动第一个打开了学习西方的窗口,成为洋务运动的奠基人,以致后人对他的评价毁誉参半。

曾国藩从地主阶级的政治需要出发,对传统文化不分学术门派,皆兼蓄并包。在问学唐鉴之前,他已倾心于桐城派大师姚鼐,对诗词作文下过一番苦功;同时受到古文经学派刘传莹的影响,对考据学也有深厚造诣。在他一生的61年中,除其中19年主要参与镇压太平天国和围剿捻军以外,有三分之二的时间是读经治学。他为学甚勤，不仅在京宦期间严于律己，刻苦钻研，即于其后的行军、作战、政务繁忙之中，亦未尝废学。在文学上，他提出了汉宋相容、骈散并兼、道文皆俱的主张，由此登上"桐城—湘乡派"盟主的宝座。曾国藩思想的核心是理学，理学的精神在于极端地强调内心的修养，以达到封建纲常秩序所要求的人格。湖湘文化提倡经世致用的风气，对曾国藩有着很深的影响。嘉、道年间，经世致用思潮已经形成风气，治今文而倡经世的如龚自珍、魏源，理学与经世并兼者如陶澍、林则徐、贺长龄，继起者即为曾国藩、胡林翼、李鸿章、左宗棠等，他们中以湖南人士最多。曾国藩先治理学，再治汉学，对古文嗜好最深、探索最苦，后来才转到"经世致用"上来。由于提倡经世致用，他治理学又绝不仅限于理学，也不像正统理学家那样排斥其他派别，而是对传统学问兼收并蓄。他说："为学术有四，曰义理，曰考据，曰词章，曰经济"，缺一不可；四科的地位不是平行的，以"义理之学最大"。他为四科学术付出了巨大代价，尤以经济之学花费了他较多的功夫，也得到了很大收获，并开洋务运动的先河。

　　步入近代，欧风美雨袭来，中国社会步履艰难。伴随封建制度走向衰落和西方列强入侵，西学东渐，从清代到五四时期的文化，呈现出新旧杂陈，"死的要拖住活的，新的要突破旧的"的特征。在中西文化冲突的背景下，新儒家产生于20世纪20年代。可以把新儒家划分为三代：梁漱溟、熊十力、张君劢、钱穆、冯友兰、贺麟等为第一代，主要活动在20世纪前期的大陆；牟宗三、唐君毅、方东美、徐复观等为第二代，主要活动于港台；20世纪70年代以后，在美国、东亚、东南亚等地的华裔学者杜维明、余英时、成中英、刘述先、蔡仁原等人是其后继者，可以划作第三代。他们推崇中国传统文化的基本精神和价值观念，以接续儒家"道统"、复兴儒学为己任，以服膺宋明理学（特别是陆王心学）为旗号，力图以儒家学说为本位来融合、改造西学，在中西文化冲突和传统与现代的冲突中，保持中国文化的主导地位，并以此为基础抵制西方文化和马列主义。

从学脉传承来说，新儒家"以儒为宗"。他们有感于儒学在近代的衰落，怀着"为往圣继绝学，为万世开太平"的使命感，力图上承先秦儒学和宋明理学，使儒学在当今的"第三期"得到新的发扬。尽管新儒家的代表人物在思想趋向和哲学观念上也有某些差别，但作为"卫道士"，他们在尊孔崇儒这一点上是共同的。以儒家圣贤自命是新儒家的精神取向，他们强调以"内圣"驭"外王"，通过提高道德修养以追求"天人合一"的精神境界。他们宣称自己继承程朱，来营造"尽己性以尽物性"的"圣学血脉"，并非简单地复归儒学。港台新儒家融合佛道、会通西学，提出了"返本开新"的思想纲领。"返本"就是返传统儒学之本，"开新"就是开当代科学、民主之新，"援西学入儒"、"儒化西洋文化"是他们共同致力的工作。近现代新儒家是一个重要的学术流派，十分活跃，在海外有相当影响。他们奔波于世界各地宣传中国儒学，并用西方哲学的方法解析中国文化。特别是日本和亚洲"四小龙"运用儒学使工业振兴，已向世界展示出一个"儒家资本主义"的模式，这将为现代新儒学的发展提供某些客观的背景。

四、道家的嬗变和墨家、法家的兴衰

1. 道家的形成和嬗变

道家是春秋时期"百家争鸣"中的一个学派，其创始人是春秋时期的老子。由于老子以及后来的庄子，都认为"道"是哲学的最高范畴，所以他们被称为道家。

老子(约前580—前500)是春秋时期楚国人，主要思想保存于《老子》(又称《道德经》)中。他把"道"看成客观存在和不断运动的物质实体，那么什么是道呢？"道可道，非常道。"道是"先天地生"的，即"天地之宗"，万物之本。道统万物，天、地、人都以"道"为法则，大德元人的行动也要"唯道是从"。老子利用先秦时期阴阳交合产生万物的说法，提出了世界的生成模式和"道生万物"的程序："道生一，一生二，二生三，三生万物。"即"道"产生元气，元气生成阴阳二气，阴阳交合而生万物。老子还提出了"人法地，地法天，天法道，道法自然"，即人伦效法自然、天道自然无为的观点。

　　在中国哲学史上，老子首次提出"有"和"无"这对哲学范畴。他认为，"天下万物生有，有生于无"，"有"、"无"是在对立中产生的，即"有无相生"。老子在《道德经》中揭示了宇宙起源于"无"，"无"生"有"，"有"生万物。老子的辩证法思想很丰富，认为世上没有孤立的事物，美丑、难易、长短、高下、损益、刚柔、强弱、福祸、荣辱、生死、进退、轻重等，都是互相依存、互相转化的。例如"祸兮福所倚，福兮祸所伏"；又如"贵以贱为本，高以下为基"，这些对立统一的观念，是当时人们对客观世界认识深化的表现。

　　老子的政治主张是小国、寡民、轻税、无为而治，"鸡犬之声相闻，老死不相往来"；他提倡少私寡欲，认为物质和精神文明都腐蚀人心、败坏风气。总结处世有"三宝"：一是慈，二是俭，三是"不敢为天下先"。他认为，如果天下不以"慈"使下属勇敢，不以"俭"扩展和保持财富，如果不先人后己，必定会走向败落或灭亡。看来，老子提倡管理者或社会成员，要把自身利益放在民众利益之后，这就是老子"不敢为天下先"的真实含意。

　　庄子（前369—前286）是战国中期的宋国人，主要思想保存于《庄子》（又称《南华经》）中。他认为"道"是看不见、摸不着的，在没有天地之前就存在。"道"产生天地，天地合"气"产生万物，上帝、鬼神都靠着它显示作用。甚至人也是"气"的产物，生是"气"的聚，灭是"气"的散。

　　庄子继承老子的哲学思想，对"道"的描述却采用了相对主义的方法。在《齐物论》中系统地阐述了他的相对主义，所谓"齐物"就是"万物皆一"，事物的性质和存在都是相对的，没有确定的质的区别。例如，丑女人和美西施、宽大和狡诈、奇怪和妖异，从"道"的角度看都是一样的。物质也无所谓"成"与"毁"的区别，因为"成"也是"毁"，"毁"也是"成"，结果都一样。庄子还认为事物的性质、特点都是人们主观加上去的，所谓贵贱、大小、有无、是非，都不是事物本身固有的，而是认识者观察问题的角度不同而赋予的。

　　从"万物皆一"的观点出发，庄子不仅把认识对象说成相对的，而且把人的认识能力也说成相对的。在宇宙观上，如果认为世界从有开始，那么在开始之前还有没有开始呢？如果认为世界上存在着"有"和"无"，那么在此之前还有"未始有无"呢？庄子从时空观上抹杀了先和后、有和无的区别，得出了"天地与我并生，万物与我为一"的结论，陷入了"物我合一"的主观唯心主义中。为了贯彻这种"齐物我"的观念，他提出了一套追求个人精神自由的内心修养方法，认为要做到与"道"同体，不仅要"无待"，而且要做到"无己"。庄子所说的"无己"，是要人们修身养性，忘掉外界一切事物，也忘掉自己的存在，做到内心绝对虚寂，达到与"道"合一的精神境界。庄子把仁义看做万恶之源，认为儒家讲仁义违反了人的自然本性，因而主张恬淡虚静，不为名利所惑。他看破红尘，心如死灰，想遁于外世，作"逍遥游"。他治学严谨，主张"吾生有涯而学无涯"。庄子写的寓言故事有很高的美学价值，而社会观和人生观则是消极的。

　　老庄的养生之道有两个要旨：一个要旨是清静无为，另一要旨是养静。

　　老子认为："为无为，则无不治"；提出要："致虚极，守静

笃。"庄子继承老子的养生之道，提出了"必静必清"。老庄认为
养生的关键是把生死看破，薄名利，淡宠辱，保持心地纯朴专一。
看破红尘，把世事丢开，无心于生死得失，则心性纯正平和，精
神就不会消耗，身体就会健康，形体和精神都会与天地合为一
体。人们若出于私欲而追名逐利，患得患失，并因其得失而惊
恐，必然危及自己的身体。人一旦失去了身体，名利宠辱又有什
么用处？只有减少对名利和物质的欲望，才可减轻不必要的思
想负担，才会有助于神气的清静内守，达到养生和长寿的目的。
老子进而提出处理人际关系的"不争"思想："不自见，故明；不
自是，自彰；不自伐，故有功；不自矜，故长。夫唯不争，故天下
莫能与之争。"这些话后来被人们发展为"随遇而安"、"知足常
乐"的处世观，符合自然法则的养生之道。

关于养静。《老子》第十章说："载营魄抱一，能无离乎？专
气至柔，能婴儿乎？涤除玄览，能无疵乎？"就是说，要做到精神
与身体合一，不要魂不守舍；专心集中于练精气，放松形体为柔，
心地像纯朴的婴儿一样；清除杂念，深入静里，没有任何瑕疵。
只有这样，才会体验到真气充足后，其在人体内不同部位的运行
路线与感觉。《庄子》提出了"心斋"和"坐忘"的修养方法，要人
们心如死灰，忘却一切，使自己与大自然融为一体。老庄的养生
之道讲究呼吸修炼，这是静坐与呼吸吐纳相结合的一种养生术。

老庄的养生之道为后来的道教长生观提供了最初的蓝本，从
某种意义上说，它代表了中国人在追求延续生命历程中的现实和
理性的进取精神。在这种精神指导下的中华养生理论和实践，构
成了绚丽多姿、博大精深的中华养生文化。

2. 由显而绝的墨家

墨子（约前468—前376）是战国初期宋国人，早年受过儒家
文化熏陶，成年以后另立新说，以"士"的身份游说列国诸侯，始

终未被统治者重视。他一生行事以"止楚攻宋"而扬名，做过短期的宋国大夫，晚年讲学授徒，借以推行自己的理想。他身边聚集了一批有才华的弟子，形成一个有实力的墨家学派，与先秦儒家一起被并称为"当世之显学"。

墨学的代表作《墨子》，共53篇可分五组：第一组自《亲士》到《三辩》，凡7篇，皆后人假造，前3篇无墨家口气，后4篇根据墨学余论所作；第二组包括《尚贤》、《尚同》、《兼爱》、《非攻》、《天志》、《非命》各3篇，《节用》两篇，《节葬》、《明鬼》、《非乐》、《非濡》各1篇，凡24篇，可能系墨子所作，也有后人加入的材料；第三组有《经·上下》、《经说·上下》、《大取》、《小取》6篇，不是墨家的书，而是战国时期"别墨"所写；第四组有《耕柱》、《贵义》、《公孟》、《鲁问》、《公输》5篇，乃墨门弟子及后学编辑的墨子言论，如同儒家的《论语》；第五组自《备城门》到《杂守》，凡11篇，记述墨家守城御敌的方法。

墨子提出了十个命题：尚贤、尚同、兼爱、非攻、节用、节葬、天志、明鬼、非乐、非命。墨子回答弟子魏越："凡入国，必择务而从事焉。国家昏乱，则语之尚贤尚同；国家贫，则语之节用节葬；国家喜音湛湎，则语之非乐非命；国家淫僻无礼，则语之尊天事鬼；国家务夺侵凌，即语之兼爱非攻。"他针对现实有感而发，要求兼爱是现实中充满着自私和冷酷，要求尚贤是统治者大多蠢笨暴虐，主张非攻是战争太频繁太残酷，主张节用是王公贵族太奢侈浪费。墨子专注于现实，其思想带有很强的功利性。他的十大主张可分三组：兼爱、尚贤为一组，矛头指向周礼，兼爱对亲亲而言，尚贤对尊尊而发，兼爱和尚贤最能代表墨子理想社会中的伦理和政治原则。尚同、非攻、节用、节葬、非乐为一组，尚同讲政治制度，非攻讲国家交往原则，节用、节葬、非乐讲生产和消费问题，体现了墨子的社会改革计划。天志、明鬼、非命为一组，主要是理顺天人关系，使墨子那些本来极重经验的学说蒙上了一层宗教色彩。在这三组中，第一组为墨子立说的基础，第二组代表了具体的治国方案，第三组为各原则制定了外在标准，共同服务于"兴天下之利，除天下之害"的总目标。

在墨子的思想体系中，伦理问题占突出地位。他生活在一个"礼崩乐坏"的时代，社会变革中通常伴随着灾难、罪恶和痛苦，战争、暴力、苛政、腐败、饥荒、欺诈等几乎无所不有。如何协调人与人的关系，如何重建伦理原则，以便恢复社会的稳定与和平，就成为思想家关注的问题。墨子发现产生社会大乱有两个主要原因：一是人与人不相爱，"强必执弱，富必侮贫，贵必敖贱，诈必欺愚，凡天下祸篡怨恨其所以起者，以不相爱生也"。二是统治者腐败无能，"今王公大人，其所富，其所贵，皆王公大人骨肉之亲。无故富贵，面目美好者，焉故必知哉？若不知，使治其国家，则其国家之乱，可得而知也"。墨子找到了造成人们不相爱、统治者"无能"的原因，就是"亲亲"、"尊尊"等宗法伦理，成为引发各种混乱和腐败的温床。为了实现"天下之治"，必须以崭新的伦理和政治原则替代它。

兼爱，墨子把它概括为四个字："视人如己"。只有把别人的身体当成自己的身体，把别人的家室当成自己的家室，把别人的祖国当成自己的祖国，就彻底地取消了人我之间的界限。墨子借助伦理意义上的极限境况来论证"兼爱"，假设有士二人，一士执别（即差爱），一士执兼（即兼爱），别士遇到朋友遭受饥饿、寒冷、疾病、死亡，均不予理睬，兼士则相反，兼士在遇到与前面相同的情况时，会给朋友饭吃、衣穿，而且还乐于侍养他、埋葬他。假设这两个人均能做到言必信、行必果，那么当人们不得已必须托付妻子给朋友时，究竟是愿意选择别士，还是愿意选择兼士呢？墨子肯定地说，即使是愚夫愚妇，也愿意选择兼士。

尚贤，《周礼》的原则就是"亲亲"和"尊尊"。在西周实行宗法制，国是家的扩展，家国一体，族权与政权合一，治理国家的官员即是这个国家的宗族成员。在这种背景下，墨子提出了"尚贤使能"的口号，要求打破血缘关系，任用有德有才的人治理国家。"以德就列，以官服事，以劳殿赏，量功而分禄，故官无常贵而民无终贱，有能则举之，无能则下之，举公义，僻私怨。此若言之谓也。""故古者圣王甚尊尚贤而任使能，不党父兄，不偏富贵，不嬖颜色。贤者举而上之，富而贵之，以为官长，不肖者抑而废之，贫而贱之，以为徒役。"这两段话，道出了平民要求参政的呼声。决定一个人是否应当富贵，不是血统、身份和地位，而是他的才能和德行。儒家也主张"用人唯贤"，却限于在贵族中挑选。墨子提出，无论农夫还是百工、商人，只要德才兼备，都能出仕。这一点，正是墨学最富于革命性的地方。

尚同，意为人们关于善恶是非的意见必须统一。凡是听到或看到好的事情，或者不好的事情，都要报告上级；上级认为对的或者认为错的，都要服从。自己有善，就献给上面；上面有过，就加以规谏。墨子之所以提出尚同的主张，是因为他认为意见不统一容易导致社会的混乱。为了避免无政府状态，人类必须建立国家秩序，选举各级"政长"。除了天子之外，下级由高一级的长官任命。所有的"政长"都是"仁人"，里长为一里之"仁人"，乡长为一乡之"仁人"，国君则为一国之"仁人"。"仁"和"贤"的标准由天意来确定，尊天意者即为仁为贤，反天意者即为恶为暴。为了实现"兴天下之利，除天下之害"这个目标，墨子希望建立一个由贤人组成的政府。他不相信贵族阶层一定都是贤人，要打破血缘关系，使普通民众中的优秀分子有机会参政。

非攻，反对侵略是墨子处理国家关系的一条原则。他认为，侵略别人的国家，与"入人园圃，窃其桃李"、"入人栏厩，取人牛马"的性质一样，属于不义行为，不过程度更严重。他指出，攻伐对双方来说都不利，经过战争的蹂躏之后，景况惨不忍睹。"入其国家边境，芟刈其禾稼，斩其树木，堕其城郊，以湮其沟池，攘杀其牲畜，燔溃其祖庙，劲杀其万民，覆其老弱，迁其重器。"侵略者兴师动众的结果，农夫没有时间劳作，饥荒随之而至；用于生产和生活的基本资料因为战争而被征用，能够存留下来的极少；战争导致大批战士死亡，付出了很大代价，"杀人多必数于万，寡必数于千，然后三里之城，七里之廓，且可得也"。对那些有能力发动战争的国家来说，有余的是土地，不足的是人民，弃其不足而争所有余，是为不智，"计其所胜，无所可用也；计其所得，反不如所丧者之多"。也就是说，侵略者和被侵略者，同样饱受战争之苦，侵略战争永远都是一种既损人又损己的行为。墨子并不一概地反对战争，他同情弱者，认为自卫战争是正当的。他本人就用实际行动制止过侵略战争，如著名的止楚攻宋。墨学弟子把修习兵法、掌握军事技能，作为训练科目。除了自卫战争以外，墨子还赞成另一种正义的战争即"诛"。"诛"是出于道义讨伐暴君、安定社会，像"禹征有苗"、"汤伐桀"、"武王伐纣"等古代圣王发动的战争，就是"诛"的范例。

节用，节葬和非乐，这是墨子的生产和消费原则。这三条之中，以节用为本，节葬和非乐辅之。他要求人人劳作，各尽所能，依靠自己的"力"获得衣食，"赖其力者生，不赖其力者不生"。他主张分工协作，"凡天下群百工：轮车、鞼匏、陶冶、梓匠，使各从事其所能"。他注重农业生产的季节性，适时播种和收获。墨子认为，减少浪费比扩大生产更重要。当时的生产力水平低，不管怎样发挥劳动效率，人们最多只能维持温饱。如果用于无用之举，如战争、厚葬、繁乐、奢侈，必然使一部分人失去生活必需品。他强调节俭，替宫室、衣饰、丧葬订立了制度。宫室之法："室高足以避润湿，边足以圉风寒，上足以待雪霜雨露，宫墙之高足以别男女之礼，谨此则止"。即地基的高度能避湿气，四周能御风寒，屋顶能御风雪雨露，墙壁的高度能使男女有别，就行了。衣饰之法："冬服绀缅之衣轻且暖，夏服绤绤之衣轻且清，则止。"即冬天穿青色衣服保暖，夏天穿葛布衣服清凉，就够了。丧葬之法："衣三领，足以朽肉；棺三寸，足以朽骸。掘穴，深不通于泉，流不发泄，则止。"即三件衣裳，足以包裹死者的朽肉；三寸厚的棺材，足够装殓死者的骸骨；所掘墓穴，下不通泉水，上不发散臭气，就可以了。至于音乐，他主张干脆取消，"圣王不为乐"，"为乐非也"。

非命，有"命"论是墨子生活年代盛行的一种世界观。这种世界观可分两类：一类是天命论，一类是定命论。天命论是说天有赏善罚暴的能力，它根据统治者行为的善恶来决定赏罚，统治者必须修德以配天命，这是西周以来形成的传统思想。定命论是说在人力之外有一种不可抗拒的力量，人的吉凶祸福、寿夭贵贱，社会的安危治乱，均由这种外力决定。以上说法以儒家最卖力，而墨子并不反对天命论，却厌恶定命论，攻击"执'有命'者不仁，此天下之厚害也"。他反对定命论有两个原因：其一，如果使人相信命运，就会使赏罚失去作用。墨子不相信"执有命者之言：命富则富，命贫则贫，命众则众，命寡则寡，命治则治，命乱则乱，命寿则寿，命夭则夭，虽强劲何益哉？"其二，如果承认天鬼之外还有另一种必然性，就与天鬼的绝对权威相矛盾。墨子认为天鬼是宇宙的主宰，有人格，也有意志，可以赏善罚恶，一旦承认有命，不但人力无法发挥作用，就连天鬼的权威也会动摇。

天志和明鬼，天命论另外的表达形式。墨子讲天的意志和传统的天命论没有多大区别：首先，天为万物的主宰，"今人皆处天下而事天，得罪于天，将无所避逃之者矣"。其次，天全知全能，"夫天不可为林谷幽间无人，明必见之"。再次，天对人能够赏赐和惩罚。"当若天降寒热不节，雪霜雨露不时，五谷不熟，六畜不遂，疾灾戾疫，飘风苦雨，荐臻而至者，此天之降罚也。"那么，天的意志究竟是什么呢？墨子回答："天之意，不欲大国之攻小国也，大家之乱小家也，强之暴寡，诈之谋愚，贵之傲贱，此天之所不欲也,不止此而已,欲人之有力相营,有道相教,有财相分也。"由此看来,天意就是墨子之意,即他反复宣传的兼爱、非攻、尚贤、尚同等主张。他还说:"我有天志,譬若轮人之有规,匠人之有矩。"墨子把天志当做轮匠的规矩一样,作为判定人们言行的标准,符合这个标准的即为善,反之即为恶。除了尊天之外,墨子还承认有鬼神存在。在《明鬼》篇中,他根据三表法,从古代的传闻、圣王的行事,以及古籍的记述,反复论证了鬼神有灵。他说,鬼神有许多种:"古今之为鬼非他也,有天鬼,亦有山水鬼神者,亦有人死而为鬼者。"这些鬼神的特征和作用与天大致相同,有意欲有目的,全知全能,可以赏善罚暴。天是最高的主宰,鬼神则是天的辅佐,天、鬼一起承担劝善惩恶的作用。

3. 由显而隐的法家

法家源起很早,可以追溯到春秋时期的管仲、子产等早期法家人物。公元前536年,子产在郑国作刑书,把刑法铸在铜鼎上告知民众,这是我国最早公布的成文法。堪称法家理论开创者的是战国早期的李悝,不仅因为他在魏国推行变法改革,作"尽地力之教"来发展农业,又实行"平籴法"防止农民流亡;而且他著有《法经》,强调以法治国。李悝的《法经》有盗律、赋律、囚律、捕律、杂律、具律六篇,是我国第一部成文法,对封建社会的法律思想和法制建设产生了深远影响。之后,法家代表人物商鞅、慎到、申不害的法治思想各有侧重:商鞅重"法",慎到重"势",申不害重"术",分别为重法派、重势派、重术派的代表。韩非子(约前280—前233)是战国末期韩国人,集先秦法家思想之大成,将法、术、势有机结合,主张以法为教、以吏作师,严格贯彻吏治,强调"法不阿贵","刑多少赏",代表了当时谋求统一的新兴地主阶级的利益,形成了以加强君主专制为核心的封建法制。

韩非子认为,在古代,男人不用耕种,妇人不用纺织,靠草木之实，禽兽之皮，已足够吃穿。人与人之间没有争夺，就不靠赏罚手段治理社会，社会秩序也自然安定。后来人口增多，财物相对减少，尽管人们努力从事劳动，最基本的生活需要也得不到满足，于是发生了争夺。由于人的本性是自私自利，人多物少是造成争夺的根源。与孟子的"性善论"相反，先秦法家主张"性恶论"。商鞅在《商君书·算地》篇写道："民之性，饥而求食，劳而求佚，苦则索乐，辱则求荣，此民之情也"；"民之性，度而取长，称而取重，权而索利"。好逸恶劳，好吃懒做，这样的品性决定每个人都像市场上做买卖，认钱不认人。管子也说："民利之则来，害之则去，民之从利也，如水之走下。""凡人之性得所欲则乐，逢所恶则忧，此贵贱之所同也。"因此，社会迫切需要的不是道德说教，而需立法。先秦法家都以"百人追野兔"为事例：一只野兔跑到大街上，百人追逐，想据为己有。由于野兔属于谁的"名分"没有确定，人人可以争夺。如果在街上卖兔子，即使兔子摆满街市，连盗贼也不敢随便夺取。因此，"法"的作用就是确定名分。《管子·七臣七主》篇说："夫法者，所以兴功惧暴也；律者，所以定分止争也。令者，所以令人知也。法律政令者，吏民规矩绳墨也。"法律像规矩绳墨，可以使人诚信，防止各种纷争。

　　先秦法家都认为人性是自私自利的，韩非子更是把这种人性作了深刻揭露，即使亲如父子和夫妻也不例外。《韩非子·外储》篇说："人之为婴儿也，父母养之简，子长而怨。子盛壮成人，其供养薄，父母怒而消之。"父母生了儿子则祝贺，生了女儿则溺杀，是因为儿子长大以后是家里的劳动力，可以供养自己，而女儿要赔钱嫁出去。夫妻之间也是自私自利的，《韩非子·内储》篇就讲了卫国一对夫妻祷告的故事。妻子对神说："诸神让我无缘无故捡到百钱。"丈夫不解："为什么只要这么一点钱？"妻子回答："钱多了，你要去买小老婆。"普通人之间的关系是利益关系，"舆人成舆，则欲人之富贵，匠人成棺，则欲人之夭死。非舆人仁而匠人贼也，人不贵则舆不售，人不死则棺不买，情非憎人也，利在人之死也。"意思是，做车的人愿意人富贵，卖棺材的人愿意人死亡，不是因为做车的人仁爱而卖棺材的人狠毒，而是切身利益所致。雇主与雇农之间的关系也如此，雇农用力耕种，不是出于对主人感恩；主人对雇农招待得好，也不是爱护雇农，都是希望得到更多回报。

法、势、术是法家思想的基本内核，首先要立法。法家主张，"法"必须是公布法，使人尽知。韩非子说："法者，编著之图籍，设之于官府，而布之于百姓者也，故法莫如显，是以明主言法，则境内卑贱莫不闻知也。"如郑国子产铸成的《刑书》、李悝在魏国制定的《法经》，都是公布法。此前的"礼不下庶人，刑不上大夫"，法藏在官府，百姓不能获知，只有受处罚的权利。"法"必须具有最大的权威性和客观性，使人信服。韩非子说："令者，言最贵者也；法者，事最适者也。言无二贵，法不两适，故言行不执于法者必禁。"法如同尺秤，长短有度，轻重有衡，必有一定之规。同时，"法不徇私，绳不挠曲。法之所加，智者弗能辞，勇者弗能争"，即使巧舌如簧、勇冠三军的人，在法令面前也不能用巧智和勇力，可见法令的无形威力。法家还强调法令的客观公正性，商鞅说："自卿相将军以至大夫庶人，有不从王令，犯国禁，乱上制者，罪死不赦。"管子认为，国君立法既是为了治民，也是为了"自治"和"自正"，所以"君臣、上下、贵贱皆从法"。韩非子也说，法令是君臣和百姓都知晓的，如果国君或官吏不依法行事，老百姓就会认为法令更改而不守法了。

慎到的哲学思想接近道家，政治思想归于法家。战国中期他在齐国的稷下学宫讲学，名气很大。《汉书·艺文志》录有《慎子》42篇，现存7篇全文及部分残篇。慎到提倡"尚法重势"，认为君主治国的奥秘在于"势"，势即权势、势位。君主高高在上，德才不见得比众人强，但可以"抱法处势"，使天下的贤才畏服；

他不需要各方面都胜过臣，但可以自如地驾驭下属。《慎子·威德》篇说，"势"对人对事，均至关重要。例如，毛嫱和西施是天下最美的女人，如果穿上麻布烂衣，看到她们的人也会逃走；如果穿上彩色的丝绸服装，行人会停下来观看。腾蛇能在云天游弋，飞龙能在天空翱翔，一旦云消雾散，它们会掉到地上，和可怜的蚯蚓一样。慎到用这种类比推理的方法，说明国君未必是杰出人物，他们之所以能发号施令，无非借助其"势"。如果让尧做平民百姓，恐怕连自己的邻居也指挥不动，他做了君王，就能做到令行禁止。可见，贤德无法让不肖之徒屈服，而权势却足以让贤德之人俯首帖耳。慎到在论述"势"的范畴时，将势与法、术并重，当做政治权力来理解。对国君而言，这个"势"就是国家政权。商鞅借比喻来说明"势"的意义："夫知道者，势，数也。故先王不恃其强而恃其势……今夫飞蓬遇飘风而行千里，乘风之势也。"管仲也明确地指出，君之所以为君，"势也"，臣下屈服于国君，并不是亲爱君主，而是因为"畏主之威势也"。君主要尽量少跟臣民亲近，让臣民害怕君主的权势。

韩非与慎到、商鞅等早期法家人物一样重视"势"，《韩非子·五蠹》篇以孔子为例，孔子游说天下，喜好他那套仁义并追随他的只有 72 人。与孔子同时的鲁哀公，不过是位平庸君主，鲁国人谁敢不向他称臣呢？他不仅自觉地将"势"当成君主专制政治来理解，而且还将权力划分为"自然之势"和"人为之势"。二者的区别在于：自然之势指客观条件，人为之势指在可能条件下能动地运用权力。对君主而言，自然之势不是主要的，真正的"势"应该是人为之势。早期法家强调的主要是自然之势，对君主来说虽然重要，但有缺陷，它与"法"、"术"结合得不够，不能充分地发挥功效。"势"作为君主控制的最高政治权力，不是供国君观赏的摆设，而是通过能动地使用，以显示威力。"君执柄以处势，故令行禁止。柄者，杀生之制也；势者，胜众之资也，废置无度则权渎,赏罚不共则威分。"所谓"君执柄以处势",是说国君既要重"法",又要"任势"。"柄"作为"杀死之制",表现为法律和政令。"势"为"胜众之资",既包括国君手中拥有的政治权力——自然之势,也包括怎样运用这一政治权力——人为之势。韩非子还把法、术、势并用比作驾车,"法"好比君主的车,"势"好比君主的马,如果没有"术"来驾驭马车,难免人仰马翻,如果君主有"术"驾车,就可以悠闲自在,稳坐天下。

在先秦法家中,对"术"最重视的是申不害。《申子》说:"圣君任法不任智,任数(术)而不任说。"申不害从国君的立场来谈"术",阐述国君如何防范和左右大臣,也就是"权术"。他告诫国君不要只修筑高墙深池,实际上弑君窃国的强盗并不需要越墙攻城,他们是君主身边的臣和妾。君主御臣的法宝除了"法"之外,就是"术",这种"术"是"贵静",示天下无为,即把自己深藏起来,对任何事情在未决断之前都不要有半点倾向性的表示,并留有余地。这样,君主进行统治就会得心应手。商鞅和管子也讲"术",《商君书·禁使》说,先王役使臣民时,"不恃其信,而恃其数";"守其数者,虽深必得。"他认为,设置监察官员并不是禁止官吏谋私,因为监察官员本身也可能营私。最好的办法有两条:一是君主要明确划分官吏的职权;二是让职务相联系而利益相冲突的人互相监察和告发,还可以利用"连坐法"。管子进一步指出,"术"有两种,即抓生杀予夺大权的君主御臣之术,以及一点一滴地腐蚀君主的臣下弄君之术。韩非子对先秦法家的术治主张做了全面总结,强调君主要善于操纵臣下,用各种手段监督他们,把臣下的升降甚至生死都牢牢地掌握着,君主行使统治权就得心应手了。韩非子认为,对君主来说,"法"和"术"不可偏废。他批评申不害没有完善统一的法令与"术"相配合,虽然费了很大的功夫为韩昭侯设计防范大臣,仍然奸臣不止,霸业难成。像商鞅那样"徒法而无术"也不可取,商鞅没有让秦王用"术"来考察奸邪，结果国家富强帮了奸臣的忙。国家打了胜仗，大臣尊贵起来，国家扩大了疆土，私人的封地就建立起来，这是君主不能用"术"去破解奸邪的缘故。

在法家看来，"术"指君主独操的"御臣之术"，是为了察知臣下的"奸情"。《管子·九守》中提到"主位"、"主明"、"主听"、"主赏"、"主问"、"主因"、"主周"、"主参"、"督名"九种"御臣之术"，要求君主处静、顺势，赏罚要贵诚，要广置耳目，修名督实。关键的有两条：一条是循名以责实的"参验之术"，另一条是"禁藏于胸肋之内，而祸避于万里之外，能以此制彼者，唯能以己知人者也"。如何"参验""知奸"？一方面要求官吏"臣不兼官，事不越位"，每个人严格按照职权行事，君主用严明的赏罚来考核官吏；另一方面要求官吏言行一致，"听其言必责其用，观其行必求其功"。韩非子专门谈到"知奸之术"，意思是君主听臣下的话，要察看用意、考核功效。对说大话而浮夸的人要追根究底，欺骗就要叛臣下的罪。法家为君主设计的"心术"属于阴谋和权术，《韩非子·内储》篇将这些阴谋诡计归纳为"七术"："一曰众端参观，二曰必罚明威，三曰信赏尽能，四曰一听责下，五曰疑诏诡使，六曰挟知而问，七曰倒言反事。"他还提到其他的权术，如君主可装聋作哑，即使开口讲话也要模棱两可，让臣下猜不准意图。又如韩非子提出"事在四方，要在中央；圣人执要，四方来效"、"爱臣太亲，必危其身；人臣太贵，必易其位"，以及"万乘之患，大臣太重；千乘之患，左右太信"。他劝君主要深藏不露，对左右臣妾都要留心，甚至"独寝"；对付奸臣可以用"派密探"甚至暗杀的手段。法家设计权术的目的，是想以"术"弥补"法"的不足，使官吏对君主尽忠，客观上加强了君主的独裁专制。

第四章 教 育

教育的产生取决于两个因素:一是维持生命和延续群体的需要;二是交流思想、传递信息的手段。教育作为文化传承手段而发展,既培养文化人才,也是文化行为。它包括家庭教育、学校教育和社会教育三部分。这三部分有不同时序阶段的重点,又有不可分割的联系。人类社会不管怎样简单都需要教育,教育程度的高低决定人类社会的文明和发展程度。劳动者通过教育的智能越高,所创造的价值就越大。教育的目的是为社会造就合格的劳动者和高层次的成员,以此推动物质生产和人的再生产,促进人类社会的发展。

一、国外古代教育的兴起

1. 古代非洲和亚洲的教育

一个民族要生存和发展,必须使自己的成员具备与自然竞争和社会竞争必备的素质。在氏族社会,需要培养狩猎、采集、农耕等劳动技能,各部落视教育为生存条件。奴隶社会出现了生产部门的分工,开办了人类最早的学校,形成了最初的教育制度和教育思想。

在埃及,公元前3000年就有了图形文字,包括宗教所需的象形文字、政府办公所用的简体字、经商所用的草体字。掌握这些文字的人,大多数为僧侣和文士,他们是奴隶主教育中的关键人物。与中国"以吏为师"不同,埃及古代教育的特色是"以僧为师"。僧侣的地位仅次于法老，具有天文、水利、工程、医学等方面的知识，也承载着教育的使命。"文士"指一些擅长文墨的人，包括官吏在内，多在政府供职，享有较多特权，不少奴隶主热衷于培养自己的子弟成为"文士"。在学校出现之前，儿童教育由家庭承担，僧侣、文士、技师、木乃伊师均由这种方式培养。宫廷学校则培养法老的子孙和贵族的子弟，学生除了学习书写和计算，还到政府部门实习，然后分别充任官吏。由于政务繁重，官吏的需求量增加，学校开始分类，设置了培养司马官员、司档官员、司库官员的学校，都以现职官吏担任教师，以现行法律为教学内容。寺庙学校设在寺庙内，是专门培养僧侣的学校。文士学校是文士在家中招收学生，属于私立性质。文士不是世袭的，充任职官的文士由于地位高和待遇优，众多奴隶主子弟和出身平民的子弟都希望"学为文士"，于是文士学校大量涌现。

古代埃及的教育内容大致分为初、高两个等级，两个等级之间没有明显界限。初级阶段首推书写能力的训练，书写内容大多是伦理规范和宗教教义，此后则练习撰写公文、函札、契约、记事。出于特殊需要，也教外国文字、计算等技能。高级阶段为专业教育，最受重视的是建筑学以及天文学、数学、几何学、水利学和医学。教育目标可以归纳为：宗教目标、世俗政治目标和伦常目标，教育青年人要敬畏神灵、忠于国君、服从上级和孝敬父母长辈，这种目标也是以后所有德育的原型。

巴比伦是历史悠久的东方国家，位于幼发拉底河与底格里斯河流域。约在公元前4000年，居住在这一带的苏美尔人不仅发明了文字，而且发明了用于书写文字的"泥板书"。两河流域的学校以培养文士为目的，文士有高级和低级之分，前者充任官员，后者从事公证人、掌印员、土地测量及登记员、军情记录员、缮写员、计算人员、秘书等职业。公元前2000年一篇用苏美尔文写的文章，描述了文士学校的生活。此文夹着一些阿得语，估计是由一名阿得族的学生所写。学生早上来到学校，自带午饭。校长是"学校之父"，还有一名教苏美尔文的教师和一名教算术的教师。上课要抄写泥板书，学习科目有苏美尔文、算术和簿记。如果违反校规（包括早上迟到、上课讲话、未经许可离开学校等），执行纪律的人是一名勤杂工，学生要遭受鞭打。晚上，疲惫不堪的学生回家，向父亲汇报自己一天的情况。

在伊斯兰教产生以前，阿拉伯半岛上没有学校。阿拉伯人的文化教育与伊斯兰教的兴起密切相关，学习的场所在清真寺，教学内容是诵读、背记《古兰经》和相关的宗教知识，学习礼仪。阿拉伯—伊斯兰文化虽然发轫于倭马亚时期（661—750），但重大成就却出现在阿拔斯王朝（750—1258）。阿拔斯王朝属于阿拉伯帝国的封建化时代，最初对教育采取自由化政策。由于国家没有拨专门经费，哈里发麦蒙看到捐赠难以保证学校的经济来源，创设固定的教育基金。场所还在清真寺，一座清真寺便是一座学校。公元 9 世纪时，仅巴格达一地的清真寺就达万座。教学形式是"学习圈"，即教师坐在坐垫上，学生在他面前围坐成半圆形，学生的座次依资历或学识排列。为了便于进行学术交流，"学习圈"为外地来访的学者设有专座。学者如果要设座讲学，必须经过严格的答辩考核。讲学的气氛十分自由，没有统一的教学标准和要求，各行其是。每个清真寺"学习圈"的数目不等，视清真寺的知名度及讲学的学者多少而定，少则几个，多则数十个。

阿拉伯初等教育的目标主要是陶冶性情，再向上侧重于传授知识。在阿拔斯王朝前期，社会上还设有私人学馆，教育未划分明显的阶段。公立的"昆它卜"式小学遍及帝国各地，儿童一般 6 岁开始接受教育，男孩进学校学习，有钱人的女孩请家庭教师在家中施教。课程以《古兰经》为主，学生一面跟老师学习诵读，一面学习教规以及穆罕默德的言行事迹。此外，学生们学习书法、语法、文学、诗歌、数学等科目。文法科目备受重视，认为正确地运用文字是有教养人的标志。当学习到了一定程度之后，部分学生会转到较大的清真寺里择师进行高层次的研究。学生毕业之后，可设座讲学或按所学科目从政、行医、经商。按照阿拉伯人崇尚学问的传统，能设座讲学的智者是最受社会尊敬的。

公元 830 年，哈里发麦蒙耗资 20 万狄那尔（阿拉伯古币），在巴格达创办了一所集研究、教学于一体的官办机构——"智慧宫"，史书称其为拜伊特·勒·赫克迈大学，这是一座有图书馆、翻译局、研究院、高等教育功能的综合性学术机构。"智慧宫"设有两座观象台，进行天文观测；图书馆藏有从君士坦丁堡、塞浦路斯搜寻到的书籍。柏拉图、亚里士多德、伽林、托勒密等学者以及古希腊名医波克拉底的著作，被翻译成阿拉伯文收藏在此。从公元 8 世纪到 11 世纪，除了中国唐代之外，没有任何地方比阿拉伯拥有更多的书籍。在"智慧宫"的影响下，阿拉伯境内各独立的王朝相继建立了类似的研究机构。阿拉伯的图书馆不仅收藏图书，还担负着出版、教学、研究等多重任务，实际上这类图书馆承担了大学的功能。"智慧宫"培养出了大批精通数学、天文学、哲学、逻辑学和语言学的科学家、哲学家和翻译家，使阿拔斯王朝的文化、教育及学术活动达到了前所未有的繁荣。

古代印度的土著居民是达罗毗荼人，他们创造的哈帕拉文化已经有文字符号。公元前 2000 年，雅利安部落侵入印度，建立了奴隶制王国。王国的宗教信仰极盛，有多神论、图腾崇拜、万物有灵论、蛇的神性、拜生殖力偶像等。婆罗门教认为，梵天是世界万物的创造者，是宇宙的最高主宰，奉梵天、毗湿奴和湿婆为三大主神，主张吠陀天启、祭祀万能、婆罗门至上这三大纲领，把人分成婆罗门、刹帝利、吠舍、首陀罗四个种姓。婆罗门教的圣典是吠陀，意即"知识"、"智慧"或"学问"。吠陀共有四部：《梨俱吠陀》、《娑摩吠陀》、《耶柔吠陀》和《阿闼婆吠陀》。《梨俱吠陀》收赞颂诸神的赞歌 1028 首，加上祭司的注解《梵书》，哲学附录《奥义书》，法定的经，以及后来的《摩奴法典》、《摩诃婆罗多》、《薄伽梵歌》、《罗摩衍那》、《往世书》等，一起构成了吠陀文学。

印度人 7 岁以前在家庭接受启蒙教育，8 到 16 岁在学校学习知识。父母教儿童背诵《梨俱吠陀》，吠陀被看做神说的话，是不能写的，因此印度的书写不像古代埃及和两河流域那样流行。净行期是学生生活时期，创设了种种仪式和典礼。雅利安人到了年届入法的时候，要选择吉祥日子，穿上新衣，带 12 束干柴作学费。参加入法仪式的男孩与母亲共一个盘子吃早餐，然后剃度，以示出家接受戒条。男孩沐浴出来，身披一块布，用表示三吠陀的三根带子系腰，向夜摩天（佛教六欲天之一）和娑维德利（太阳）做祷告，接受教师的祝福。学生在净行期衣着简单，饮食淡泊，一人独居，睡在地上，直到修业完毕。并不是所有学生都能修完整个学程，很多人因纪律太严，或因违犯规则，或因本领不够，或因贪图舒服，就中途辍学了。净行期的训练不仅在于传授吠陀，而且在于培养性格和砥砺品行，使学生对家庭、社会和祖先负责任。当然，宗教教育在其中占支配地位。解除了净行期苦行僧式的生活，学生就能回去过家庭生活。正常的修业年限为 12 年，学习内容有礼仪、语音学、文法、语源学、韵律学、天文学，有时还教体育、军事、医学和政治，教学方法是记诵、演示、复述、记忆、讨论、实习。

到公元前 5 世纪末，开始出现专门学校——高等学识中心。孔雀王朝的学者波尼尼把吠陀语言系统化为梵文，对建立文法这门学科卓有贡献。到笈多王朝，出现高等学识中心：一种是单个教师办的，把学生招到他的宅中。印度西北部的坦叉始罗镇就有一个这样的中心，从公元前 7 到 3 世纪享有国际声誉。贝拿勒斯有一个学习婆罗门教教义和梵文的中心，学生来这里学习需缴费 500 到 1000 卡哈帕纳（印度古币），清寒学生用帮助教师做家务来代替。另一种中心叫帕利沙德，是婆罗门学者集会的地方，通常由国王召集，邀请思想家参加，讨论婆罗门宗教和学术问题。大的高等学识中心有许多部门，分别讨论军事学、植物学、经济学、运输问题。与高等学识中心相联的还有两所医学校，修业年限为7年。古代印度教育与国家没有联系，学校是私立的。教育方法以口授为主，实用知识靠艺徒制方式传授。印度的佛教寺院很多，而且财力充裕，藏书丰富，学者集中，佛教学府以纳烂陀寺最著名。除了印度人以外，一些外籍青年也在寺内学习，中国唐代僧人玄奘就在纳烂陀寺住寺达5年之久。纳烂陀寺最盛时有僧徒1万人，僧师1510人，恰似一所万人大学。该寺每天举行学术讨论和讲演达100场，阐述教义和讨论哲学、科学、艺术等世俗课题。为显示学术自由，该寺招收非佛教徒，奖励不同流派。在此留学的外国学生把印度宗教文化带回本国，促进了国际间的文化交流和佛学传播。

2. 古代欧洲的教育

在公元前6—4世纪希腊诸城邦中，雅典、斯巴达的教育最富代表性。

雅典式教育旨在培养学生心灵和身体的和谐发展，有明确的目标、完整的学校制度。培养目标的最高境界是智者，兼通文法、修辞学、辩证法。古希腊三贤苏格拉底、柏拉图、亚里士多德，被公认是雅典式教育的代表人物。苏格拉底（前469—前399）终生从事教育，他没有创办学校，也不收学费，在广场、庙宇、街头、商店、作坊施教，青年人、老年人、有钱人、穷人、农民、手艺人、贵族、平民都是施教对象。苏格拉底自始至终以师生问答的形式进行教学，其教学方法又称"问答法"。柏拉图（前427—前347）在阿卡德米体育馆附近设立了一所学园，在此执教40年。他的教学体系是金字塔形，以学生的心理特点为依据，划分几个年龄阶段，分别授以不同的科目。在教育史上，他第一次提出了"四科"（算术、几何、天文、音乐），此后成为古希腊课程体系的主干，支配了欧洲的中等与高等教育1500年之久。柏拉图师承苏格拉底的问答法，把回忆已有知识的过程视为教学的启发过程。亚里士多德（前384—前322）师承柏拉图，一生勤奋治学，学术领域涉及逻辑学、修辞学、物理学、生物学、教育学、心理学、政治学、经济学、美学，写下了数百部著作。他主张教育是国家的职能，学校由国家管理。他首先提出儿童身心教育，主张把天然素质、养成习惯、发展理性看做道德教育的三个源泉。

斯巴达把教育作为治国工具，国家统一管理教育机构。国家规定：如果斯巴达人没有受过法定的教育，不能享有公民权。斯巴达式教育偏重于实用，以军事训练为中心内容，以培养体格健美、勇猛善战、维护奴隶主统治的军人为目标，把每个城邦变成一个大军营，使每个斯巴达人通过严格训练而成为士兵。除了军事体育训练之外，音乐和舞蹈也是斯巴达人的教育内容。他们认为音乐可以陶冶敬神尚武的情操，舞蹈可以协调身体活动的节奏。由于接受奴隶主的道德教育，文化知识则不被重视。此后，古罗马的教育延续了这一模式。

雅典式教育和斯巴达式教育有以下差别：从培养目标看，斯巴达以训练勇敢善战的士兵为主，即便是女子也要求习武强身，使其生育健康子女，战时能保卫国家；雅典则旨在培养参与政治活动和经营贸易的人，竭力使受教育者品德优良、多才善辩，并具有多方面文化素养。就教育机构而言，斯巴达设立两类训练所，培养学生的尚武精神。对7至18岁的青少年设立教练所，旨在训练他们的体魄和毅力；对18岁以上的青年设立军训团，教他们行军、编制、作战等技能。雅典设置的文法学校、音乐学校、修辞学校等，都是私人兴办的，如柏拉图、亚里士多德等著名哲学家都拥有自己的学园，老师与学生自由地谈论宇宙、人生等抽象问题。在教学内容上，斯巴达以军事化训练为主，对传授文化知识则次之；雅典式教育恰恰相反，主要进行文化知识，尤其是对论辩修辞知识的传授。在师资构成方面，斯巴达以本国奴隶主承担教学任务，由执政官对学生给予训诫；雅典的各类学校主要是学者任教，还有众多来自国外的智者当老师。对教育经费而言，斯巴达的学校经费全部由政府支出，青少年免费接受强制性的教育；雅典的教育相对开放，学校是私立的，家长把子女接受教育看做家庭的职责，把交纳学费看做家庭的义务。

共和时期的罗马教育主要是农民—军人教育，教育形式以家庭为主。1～7岁的儿童由母亲抚养和教育；从7岁起，女孩在家跟母亲学习跟主妇有关的内容，男孩跟父亲进行作为农民—军人的实际训练，同时学习读、写、算，16岁即成为罗马公民。西塞罗（前106—前43）是罗马共和时期著名的演说家和教育家，代表作是《论雄辩家》。书中阐述了作为一个演说家所必需的学问和应具备的品质：应脱离讲稿，伴以恰当的姿势，得体而谨慎地进行讲演。帝国时期的罗马教育，实行国家监督学校，把部分私立文法学校和修辞学校改为国立；国家采取提高教师地位和待遇的措施，把教师由原来的私人聘用改为由国家委派，以加强对教师的控制。昆体良（35—95）是罗马帝国时期著名的修辞学家和教育家，代表作是《雄辩术原理》。该书认为学校教育优于家庭教育，可以激励学生的学习，为儿童提供多方面的知识，还能养成儿童适应公共生活、参加社会活动的能力。他对教师提出了许多要求，如德才兼备、宽严相济、因材施教等。

随着罗马帝国分裂为东西两个部分，更随着公元476年西罗马帝国的灭亡，西欧和北非进入了封建社会。古希腊的优秀文化传统湮灭了，中世纪的一切事物都打上了基督教的烙印，教育也是如此。基督徒的早期教育在家中进行，并不排斥世俗文化知识。随着基督教取得了官方地位，基督教义逐步系统化，开始抹杀人的个性和自由，对异教文化采取了隔离和排斥政策。公元398 年，基督教会下令禁止教徒阅读古典作品，一方面派遣僧侣牧师到学校任教，改变学校的课程内容；另一方面大量兴建教会学校，世俗学校渐趋消失。基督教会垄断西欧教育达 1000 年之久，教育机构是僧院学校、大主教学校和教区学校，教育内容渗透了神学性质。于是，哲学这一古代文化的精华成了神学的婢女，科学成了宗教的仆人，逻辑学成了教会战胜异端的工具，几何学用于建筑教堂，语文课用来翻译圣经，音乐则用于做礼拜时唱圣诗。在这种氛围下，世俗教育被压缩到有限的范围，只有培养政府文官的宫廷贵族学校，以及培养"骑士"的学校。可以说，中世纪西欧的教育处于十分落后的状态。

东罗马帝国(即拜占庭帝国)迁都君士坦丁堡以后，皇帝君士坦丁鼓励学者到帝国讲学，并采取了一些尊师重教的政策。在西欧高等教育几乎绝迹之时，拜占庭的大学讲学风气盛行。学者们用希腊语讲授修辞学、哲学等科目，甚至基督教的教育家们也采用柏拉图、亚里士多德、昆体良等人的观点来阐述教义。雅典学院、亚历山大里亚的医学院和哲学学校、贝鲁特的法律学校，以及其他城市著名的修辞学校，都是帝国教育的中心。公元 529年，雅典学院关闭之后，影响最大的是君士坦丁堡大学。该大学成立 425 年，由政府设置，任务是为拜占庭帝国培养具有较高文化水平的官员。学校有 30 多位教授执教，由国家支付教师薪俸。学生修业五年，七艺为基础科目。公元 7 世纪时，君士坦丁堡大学的教学活动一度中断，于 863 年重建，任命著名哲学家利奥担任校长。学校开设哲学、几何学、天文学、语言学、数学、音乐、语法、法律、医药等课程，慕名来求学的不仅有拜占庭青年，还有来自阿拉伯地区和西欧各国的青年。拜占庭帝国的私立学校注重传授古典科学文化知识，在教学内容上与基督教的教会学校对峙，为繁荣世俗科学文化做出了贡献。拜占庭教会也重视教育，通过修道制度提倡祈祷、读经和生产劳动，不像西欧教会那样实行极端的苦行主义。教会教育有一个显著特征，就是继续保持用希腊哲学的观点和论证方法来探讨神学问题。当然，一旦希腊文化与基督教神学理论相悖，教会便会采取一切手段对古典文化进行摧毁，如焚烧亚历山大的里亚图书馆和封闭希腊的雅典学院就是明证。

　　到了公元 9 世纪以后，随着东西方贸易的扩大，西欧教育日趋世俗化，新型的学校随着市民阶层的产生而诞生。这类学校主要是行会学校和城市学校，它们运用本民族的语言进行教学，抛弃了宗教教会所指定的拉丁语；它们传授世俗实用的知识和技能，不再把神学作为基本知识。随着十字军东征，阿拉伯地区的文化(如数学、天文学、地理学和医学)也随之传入欧洲，成为欧洲近代教育的主要内容。

　　教育史上产生巨大影响的一件事，就是 12 世纪出现了大学。12 世纪初，在意大利和法国设立了世界上最早的几所大学。当时，一位深谙罗马法的学者在波伦亚讲授《查士丁尼法典》和《法学总纲》，许多青年前来听课。1158 年，波伦亚大学得到了意大利政府的承认。13 世纪初，波伦亚大学的学生达 5000 人，教学内容日渐丰富和分化，除了研究和传授法律知识之外，增设了医学和神学。11 世纪初，犹太医生阿非利加诺在这里开办了萨莱诺医学校，讲授希腊和阿拉伯的医学著作，传授医术。12 世纪中期，萨莱诺医学校发展为大学，于 1231 年得到了政府的承认。波伦亚大学和萨莱诺大学是西欧中世纪最早的大学，都是先由学者和学生们自己组织起来才得到政府承认的，对世俗政权和教会保持着较大的独立性。波伦亚大学习惯上称为"学生大学"，因为学生年龄较大，较有主见，学校的校长由教师和学生共同推选产生，学生也有可能担任校长。学校中的规章制度、教师的聘用、学费的征收、教学时间的安排，都根据学生的意见来决定。巴黎大学是西欧中世纪一所较早成立的大学，属于另外一种类型——在天主教学校的基础上发展起来，以研究神学著称，后来增加了医学和法学，再加上以传授"七艺"为主的文科，共计四科。12 世纪 80 年代，法国国王和教皇竞相承认巴黎大学。它的校务是校长和教授们共同决定的，因而有"先生大学"之称。它最盛时有 5 万学生，成为当时西欧大学的典范。

13 世纪至 14 世纪，西欧各国大兴办学之风，政府和教会或将已存在的学府升格为大学，或新设立大学。在英国，牛津大学于 1168 年得到认可；1209 年从牛津大学分出去一部分，设立了剑桥大学；在 15 世纪，又增加了 3 所。在意大利，1224 年由政府和教会创办了那不勒斯大学。13 世纪至 14 世纪，意大利已有 18 所大学，法国有 9 所，西班牙和葡萄牙共有 8 所。到 1600 年，欧洲的大学总数为 105 所，从此高等教育被纳入了正规建设和发展的轨道。14 世纪至 16 世纪欧洲的人文主义学者，大都是大学的教育者和受教育者，如卜伽丘、大学才子派等。这个时期的大学教育继承了古希腊的"身心既美且善"的传统，提倡身心健康与和谐发展。意大利的人文主义教育家维多里诺创建了新型学校——"快乐之家"，实施"博雅教育"。这个阶段是欧洲古代教育的昌盛时期，也是教育思想、教育制度、受教育者三方面因素均衡发展的时期，打下了近代教育的坚实基础。

二、古代中国教育的繁荣

1. 古代中国的官学

据史书记载，夏代就有了萌芽状态的官学。有确切记载的中央官学，起始于汉代。魏晋南北朝时期政局纷乱，官学时兴时废，及至唐朝，官学繁盛，制度完备。南宋以后，官学逐渐走下坡路。封建社会后期，官学实际上成为科举制度的附庸。清朝末年，官学被学堂和学校所代替。根据官学所定的教育对象和教学内容的不同，整个封建社会的中央官学主要分为三大类，即最高学府(太学和国子监)、专科学校和贵族学校。

太学是封建王朝培养人才的主要场所，始于西汉元朔五年(公元前124年)，汉武帝接受董仲舒、公孙弘等人的建议，在长安开办。太学在汉武帝时规模较小，正式学生只有50人，以后逐渐扩大，至东汉顺帝达1850间房，学生有3万多人。太学的领导人西汉时称仆射，东汉时叫祭酒；教师称"博士"，学生称"博士弟子"或太学生，学生的入学年龄和资格有明确的规定。魏晋南北朝时期，政局纷乱，太学时兴时废。唐代的教育走向繁荣，建立了完备的教育体系。中央官学包括国子学、太学、四门学、律学、书学、算学，其中的国子学、太学、四门学属大学，律学、书学、算学属专科学校，这六学都由国子监领导。国子学只招收三品以上官员及国公的子孙，太学学生限于五品以上官员及郡县公的子孙，四门学招收对象为七品以上官员的子孙；律学、书学、算学放宽招生条件，庶族地主子弟均可入学。北宋熙宁、元丰年间，在太学创立三舍法，将学生分成外舍、内舍、上舍三部分，外舍生成绩优良者升内舍，内舍生成绩优良者升上舍，上舍生学行卓越者由主判推荐给中书省，得免乡试和省试，直接补官。唐宋两代，太学与国子监并存，元明清时期不设太学。

国子监亦称"国学"、"国子学"，是为皇亲国戚、官僚子弟兴办的高等学府。西晋时创设，这是太学之外另外设立的传授同样内容的中央官学。北齐改为国子寺，隋代改称国子学，以后改称国子监。唐宋时，国子监为国家教育管理机构；明清时，国子监具国家教育管理机构和最高学府两重性质。国子监的领导人称祭酒，学生称监生。至清光绪三十一年(1905年)设学部，国子监遂废。太学和国子监在办学育才、繁荣学术、发展古代文化教育方面，积累了许多经验，在中国和世界教育史上占有重要的地位。

中央官学除了建立学习儒家经典的学校以外，还设立各种专科学校。建立于东汉时期的"鸿都门学"，因校址设在洛阳的鸿都门而得名，成为世界上最早的专科学校。它招收的学生和教学内容与太学相反，学生大多数是平民子弟，课程学习辞赋、小说、尺牍、字画。在"独尊儒术"的汉代，对改变以儒家经学为唯一教育内容的旧观念，对提倡应用研究具有重大作用。以后各类专科学校逐渐发展，南朝创设了史学馆和玄学馆；元代创设了武学、阴阳学、蒙古字学、回回学馆；唐、宋、明三代创设了律学、医学、算学、书学、画学和音乐学校；清代创设了算学馆和俄罗斯学馆，培养了不少专业人才。

地方官学创设于西汉，汉代的行政区划以郡和国为单位，郡以下设置了若干县（或道或邑）。汉景帝时，蜀郡太守文翁选小吏十余人至京师做博士弟子，学成后回成都予以重任，依其学习成绩分派官职。汉武帝重视文翁兴办地方官学的做法，下令"天下郡国皆立学校官"。自"文翁兴学"以后，至公元 3 年，地方学校制度逐步建立，并规定：郡国曰学，县、道、邑、侯国曰校，乡曰庠，聚曰序。学、校置经师一人，庠、序置孝经师一人，主要教习内容为儒家"五经"。各地还设有郡文学、郡文学史、郡文学卒史、五经百石卒史，以及乡三老等官职。地方官学的办学目的主要是培养本郡的属吏，同时向朝廷推荐优秀学生；通过学校定期举行的"乡饮酒"、"乡射"等活动，向社会推行道德教化。到东汉时，地方官学发展极盛，形成了"四海之内，学校如林，庠序盈门"的景象。

魏晋南北朝时期由于战乱，国家分裂，官学或兴或废。隋代国家统一，学校教育有所恢复，从中央到地方都设立了官学。唐代是封建教育的黄金时代，地方官学有三种类型：在府、州、县设由长史管辖的"经学"，有直辖于太医署的府、州"医学"，有直

辖于礼部的府、州"崇玄学"。唐代的地方学校制度较前代更周
详，按府、州、县的人口多少分等级，规定教师和学生名额，如京
都学生经学 80 人，医学 20 人；都督府学生经学 60 人，医学 15
人；州学学生经学 50 人，医学 12 人。唐代的地方学校深入到乡
里，有里学的设置。另一特点是中外教育交流，周边国家先后派
留学生学习经史、法律、礼制、文学和科技，在京城长安的外国
留学生甚众，以日本人最多。中日教育的交流，对日本产生了重
要影响，日本在教学制度、教育内容、教育方法上都模仿唐朝。

宋代地方行政区划为路、州(府、军、监)、县三级，地方官
学有州(府、军、监)学和县学两级，在各路设置提举学事司，掌
管州、县的学政。提举学事每年前往各州、县巡视一次，考察教
师之优劣及学生之勤惰。南宋或设专员，或明文规定由地方长官
兼任提举学事。宋哲宗令诸州"依太学例实行'三舍法'，考选、
升补悉如太学"。元朝的地方官学制度仍然比较完备，在路、府、
州、县均有相应的儒学系统，还开设了诸路蒙古字学、医学、阴
阳学等专门学校。元朝的创新之举是在农村设置社学，利用农闲
空隙时间、以农家子弟为对象进行教学，对发展乡村教育有积极
意义。元朝不但创办了各级地方学校，而且设置学田，使教育经
费有一定保障。元朝还在边远地区设学校，促进了边疆的开发和
开化。

明代的地方官学是府学、州学、县学，包括各行政机构所在
地设置的都尉司儒学、宣尉司儒学、按抚司儒学、诸土司儒学，
以及边疆各卫设立的卫学和乡村设立的社学。最盛时，全国有学
校 1700 余所。洪武初年规定学校课程，学生除了专治一经以外，
礼、乐、射、御、书、数设科分教，后裁乐、御两科。明朝的社学
比元朝普遍，教学环节更趋成熟。清朝的地方官学基本上沿袭明
制，按地方行政区划设立了府、州、县学，统称"儒学"，与科举
考试密切联系，童生参加入学考试，取得秀才资格才是府、州、

县学的生员。生员有名额规定，额内生员领取廪饩银，称为廪生；在增补名额之内的为增生，无廪饩银，可补廪生缺额。此外，还有为孤寒儿童及少数民族子弟设立的义学、在云南设立的井学。各地均设专职学官，管理学政事务。教学内容不外儒家经典和体现官方统治思想的理学著作，以及科举考试的"时文"之类。由于清代专制空前酷烈，因而学规严苛。

2. 古代中国的私学和书院

私学源于春秋时期，这是奴隶社会解体和封建社会形成的时代。掌握在奴隶主手中的"官学"日趋没落，形成"天子失官，学在四夷"的局面。当时，"学校不修"，只有部分诸侯国的执政者还注意教育，如鲁僖公立"泮宫"，郑子产"不毁乡校"，为当时少有之事。官学废弛，典籍扩散，私学便在各地发育起来。诸侯国各自为教，形成不同学风。如《管子·大匡篇》记载："卫国之教，危傅以利……鲁邑之教，好迩而于礼……楚国之教，巧文以利。"私学的出现，与"士"阶层的形成密切相连。"士"是自由民，大部分学武，小部分学文，也有能文能武之士，成了各诸侯国竞相争取的对象。"养士"之风盛行，"士"的培养成为迫切要求，各国开办"私学"，形成了春秋战国时期学术上"百家争鸣"的局面。

私学打破了"学在官府"的传统，使文化知识传播于民间。私学讲学自由，促进了各学派的形成。《史记》称："孔子以诗、书、礼、乐教弟子，盖三千焉，身通六艺者七十有二人。"孔子被尊为"至圣先师"，是因为他一生重视教育，开私人学校，打破了"学在官府"的局面。他不仅自己"学不厌、教不倦"，还提出许多教育理念和教学方法。孔子施教，《礼》、《乐》、《诗》、《书》之文，是其教学科目；文、行、忠、信、道、德、仁、艺，是其教育内容。孔子尤重道德实践，陶铸完美人格，教人以孝悌为本，行有余力再学习六艺，使学生成为君子，兼善天下。治学方法主要有，学思并重，学行结合，时习温故，博学于文，一以贯之等。在学习过程中，他非常注重态度，认为这是学习成败的关键，而"好学"则是这关键的枢纽。教学精神是"有教无类"和"诲人不倦"，并贯彻因材施教和"不愤不启"的启发式教学。孔子扩大了受教育者的范围，从此文化教育下移到平民。他提出"学而优则仕"的观点，意在由平民培养德才兼备的从政君子。其弟子学成之后，"大者为师、傅、卿、相，小者为士大夫"。他订正《六经》作教材，为保存和传播古代文化做出了巨大贡献。

继孔子之后，其门生弟子和再传弟子有不少人都讲学授徒，成就最大者为孟子和荀子。孟子所办私学盛况空前，"后车数十乘，从者数百人，以传食于诸侯"。墨家是具有严密组织纪律和近乎宗教集团的私学教育团体，相传墨子早年"学儒者之业，受孔子之术"，后创立墨家学派。据《墨子·公输》记载，墨子自称有弟子300人。由于墨家代表"农与工肆之人"的利益，所以非常重视科学知识和技能的传授。墨子死后，"墨离为三"，分别是相（柏）夫氏、相里氏和邓陵氏。除儒、墨两家之外，道、名、法等"九流十家"均以自己所长立学设教。齐国的威王和宣王重教兴学，使"稷下"成为各派学者荟萃的中心。所谓"稷"，指齐国国都临淄的稷门，在此所设的学校称"稷下之学"，囊括了儒家、阴阳家、道家在内的各派学者。齐王对他们礼遇甚厚，封为上大夫者达76人。他们不担任任何职务，专门从事学术研究和教授弟子。荀况在稷下学宫三次为祭酒，孟轲、邹衍、淳于髡、慎到等人都率弟子游学于此。先秦的学术在稷下形成了高峰，这是中国乃至世界教育史上罕见的现象。

秦代实行"禁私学，以吏为师"的政策，忽视学校教育，不设官学，但私学没有禁绝。汉代由于官学招生人数有限且兴废无常，太学所立五经博士都是今文经学，而古文经学仍由私人传授，加之官学中缺乏蒙学这一类机构，因而儿童或青年多入私学。汉代私学有由经师大儒自立的"精舍"、"精庐",有教儿童的"学馆"、"书馆"或"书舍"。至东汉末期,私学在数量上超过官学,其中"蒙学"占多数。汉代经师大儒若得不到从政或担任博士的机会,即从事私人讲学。有很多名儒一面做官一面招收弟子,罢官还家也以讲学授徒为业。如西汉的董仲舒晚年就在家著书讲学;东汉的王充一生大部分时间在乡间教学。汉代私学学生分"著录弟子"与"及门受教"两种:"著录弟子"即在名儒门下著其名,不必亲来受业,能多至万人,这便是后世"拜门"的开始;及门受教的弟子,往往也有数百人。东汉传习经典的私学空前发达,产生了不少大师,学术成就远远超过官学。贯通古今的经学家马融、郑玄、李膺等人,被称为"通儒",他们有弟子千人,教授方法是高业弟子转相传授。

魏晋南北朝时期时局多变,战争频繁,私学稍有衰落,比起官学来仍然显得兴盛。私学讲授以儒家经典为主,玄学、道学的兴起,丰富了私学的教学内容。隋唐官学极盛,与私学并行。隋代大儒王通为著名的私学大师,弟子遍及全国,唐初的开国名臣魏征、房玄龄、李靖、姚文均出其门下。宋、元、明、清时期的官学制度虽然比较完备,但基本上是科举的预备机关,加上蒙童阶段的教学并非官学承担,开设私塾更为普遍。私学大体分为两类:一类是识字和传授基本知识的蒙学,或由宗族设立的义学,或富有之家的塾学;另一类是书馆或书院,为年龄较长、程度较高的学生从事学问或预习科举之所,如宋代的朱熹、张栻、陆九渊、李士真,元代的刘静修、金履祥、程端礼、许谦,明代的薛敬轩、吴康斋、胡敬斋、陈白沙,清代的黄宗羲、顾炎武、王夫之、颜元等设馆授徒,均属此类。

古代的私学与官学相比较,其特点非常明显。它依靠自由办学、自由就学、自由讲学、自由竞争来发展教育事业,适应了社会对培养人才的需要。尤其是儒家私学,总结了其教育思想和教育经验，撰写了《学记》、《大学》、《中庸》等著作，阐述了教育的作用、学制和道德教育体系、教学的原则和方法、教师的地位等，奠定了古代教育的理论基础。虽然官学对儒家经学的传授起了很大作用，但对学术发展功劳最大的还是私学；特别是儒家以外的各派学术，在官学中没有什么地位，它们的保存和流传全靠私学。

　　书院是私学的一个重要方面，始于五代。在五代十国时期，社会动乱，官学荒芜，学生读书主要靠私学维持。许多名儒"相与择胜地立精舍，以为群居讲习之所"，便是宋初书院的起源。"书院"之名始于唐代，有两类功能：一类由朝廷设立，主要用做收藏、校勘经籍和整理图书；另一类由民间设立，主要供个人读书治学，这是真正意义的书院。唐玄宗开元十一年在洛阳设丽正书院，聚文学之士修书院侍讲，即是我国历史上书院之始。书院萌芽于唐末，兴盛于宋代。早期书院多为私人设置，后来有些是私人设立政府补助。宋代出现了嵩阳、石鼓、白鹿洞、岳麓、应天、茅山六大著名书院，在我国教育史上占重要地位。

　　嵩阳书院在河南登封县太室山下，初建于北魏孝文帝太和八年（484年），名为嵩阳寺，为佛教活动场所，僧待多达数百人。隋炀帝大业年间更名为嵩阳观，为道教活动场所。宋至道三年（997年）赐名太室书院，并赐匾额和印本九经。宋景祐二年（1035年）改名为嵩阳书院，以后一直是历代名人讲授经典的教育场所，明末毁于兵火。鼎盛时期，学田1750亩，生徒达数百人，藏书2000余册。据记载，先后在嵩阳书院讲学的有范仲淹、司马光、程颢、程颐、杨时、朱熹、李纲、范纯仁等24人，其中程颐、程颢在嵩阳书院讲学10余年。司马光的巨著《资治通鉴》第9卷至21卷，也是在嵩阳书院和崇福宫完成的。

　　石鼓书院在湖南衡阳石鼓山，始建于唐元和五年（810年），为唐时李宽读书之地。宋代太平兴国二年（978年），宋太宗赵匡义为赐"石鼓书院"匾额和学田；宋至道三年(公元997年)，衡州郡人李士真在石鼓书院内开堂讲学、广招弟子。宋仁宗景祐二年(公元1035年)，宋仁宗又赐额"石鼓书院"。由于石鼓书院"独享"两度被宋朝皇帝"赐额"的殊荣，而步入"鼎盛"时期，成为当时与应天、白鹿洞、岳麓齐名的四大书院之首。

白鹿洞书院在江西庐山五老峰下，始建于南唐升元年间(公元940年)，洛阳人李渤和李涉兄弟隐居于此读书，养一白鹿相随，故称为白鹿洞。此后，朝廷在这里建学馆，置田产，招收学生，并以李善道为洞主，掌教授，称庐山国学。宋太宗太平兴国二年，江州知府周述上表陈述该处有学生数千人，请赐九经肄习，诏从其请。南宋时朱熹又加以重建，并订立学规。朱熹制定的白鹿洞学规对后人有许多可取之处，如博学、审问、慎思、明辨、笃行等，教育人要多读书、多请教、多研究、多思考、多实践，从此闻名全国。

岳麓书院在湖南长沙岳麓山下，据南宋时期的山长欧阳守道记载，书院是在唐末僧人智璇办学的基础上"因袭"增拓而成的。北宋开宝九年(976年)，潭州太守(今长沙)朱洞建讲堂5间，书斋52间，招收四方读书人。北宋咸平二年，潭州太守李允加以扩建，由国子监颁赐经书。1015年，宋真宗亲书"岳麓书院"匾额，于是名扬天下。朱熹任潭州太守时，仿白鹿洞书院设立学规，学生日众。书院在张栻主教期间，以反对科举利禄之学、培养传道济民之才为办学宗旨，培养出吴猎、赵方、游九功、陈琦等经世人才。书院始终把品德培养放在首位，造就了大批勇于践行、关心民生的人才，仅正史立传者便有26人，如王夫之、魏源、陶澍、贺长龄、曾国藩、左宗棠、郭嵩焘、黄兴、蔡锷等。

应天书院又名睢阳书院、南京书院，位于河南商丘县城南。商丘在唐朝称睢阳，北宋景德三年(1006年)升为应天府，大中祥符七年(1014年)又升格为南京。其前身是五代后晋时杨悫所办的私学，后经戚同文的努力得以发展。宋真宗时，应天府人曹诚在此修建学舍150间，收集诗书数千卷，博延生徒，讲习甚盛。因人称戚同文为睢阳先生，故该书院又称"睢阳书院"。宋真宗下诏赐匾为"应天府书院"，宋仁宗时于1043年将书院改为南京国子监，使之成为北宋的最高学府。宋仁宗初年，著名文学家晏殊出任应天知府，聘请著名学者王洙为书院"说书"。王洙博学多才，应天书院在他主持下"其名声著天下"。仁宗景祐二年（1035年），应天府书院改为府学，晏殊聘请因服丧而退居睢阳的范仲淹执教，范仲淹在任教期间撰写了《南京书院提名记》。

茅山书院又名金山书院，位于现在的江苏句容的茅山，由宋初处士侯遗创建。他隐居茅山时，一面自耕，自食其力，一面创书院，教授生徒达10余年。宋仁宗天圣二年（1024年），经江宁知府王随奏请，朝廷赐给田亩三顷，充书院经费。侯遗去世以后，居空徒散，书院渐废。至南宋咸淳七年（1271年），书院迁至金坛县顾龙山之麓重建。宋代开立的"茅山书院"是第一批正规学府，王安石、苏东坡都曾来此讲学。

北宋初期书院较盛，后期则衰落。南宋时书院重新兴盛，单是皇帝赐匾额的书院就有23所，加上未赐匾额的，共计150所。其中，著名的书院还有万松、丽泽、象山、鹅湖等处。书院办学有两个特点，一是与理学家讲学发生密切关系，如为张栻和朱熹在岳麓书院、朱熹在白鹿洞书院、吕伯恭在丽泽书院、陆九渊在象山书院讲学，各派主张不尽一致，书院均是学术中心。二是书院除了讲习之外，亦成为纪念理学大师的场所，如徽州的紫阳书院、建阳的考亭书院是纪念朱熹的，丹徒的濂溪书院是纪念周敦颐的。

在元朝，一些不愿做官的学者，退而设书院，从事私人讲学。元代书院受官方控制甚严，由朝廷委派山长主持，几乎成为官学，缺乏论辩争鸣的气氛。明代初年尽管明太祖设立了洙泗、尼山等书院，而书院不甚发达。到嘉靖、隆庆年间，书院发展到1200多所，其中以东林书院最著名。东林书院坐落在江苏无锡城东南，原为北宋理学家杨时讲学之所。杨时人称龟山先生，故亦称龟山书院。东林书院是当时的文化学术中心，形成了一套完整的讲会制度，《东林会约》规定讲会定期举行，每年一大会，每月一小会，并且对讲会的仪式、内容、组织等都有具体规定。学者密切关注社会政治，将讲学活动与政治活动紧密结合起来。顾宪成题写了一副著名对联："风声雨声读书声，声声入耳；家事国事天下事，事事关心。"也因为政治上的原因，书院在明代被毁废达四次之多，集中反映了封建统治集团的内部矛盾。

清代书院经历了顺治年间的沉寂，在康熙年间复苏，至雍正以后勃兴，其数量达2000余所，"远过前代"，连一些边远省份也有。在朝廷的控制下，书院的官学化日趋严重，大部分书院成为准备科举考试的场所。独具特色的是诂经精舍和学海堂书院，前者于嘉庆五年（1800年）在杭州孤山创立，后者于道光四年（1824年）在广州越秀山创立，均为阮元创建。这两所书院继承和发扬了古代书院教育的优良传统，重视发挥教师的学术专长，因材施教；强调教学与研究相结合，刊刻学生的研究成果，培养了众多人才。光绪二十七年（1901年），清政府采纳了张之洞、刘坤一的建议，下诏将全国的书院改为学堂，我国存在近千年的书院制度至此结束。

一般地说，书院是理学家的讲学场所，能够自由研究学问，讲求身心修养。书院虽不反对科举，却不重视科举。政治上倾向于"清议"，批评朝政，成为地主阶级内部反对派的学术基地。书院蕴藏着丰富的文化遗产和良好的学术传统，山长由办院人聘请或自任，须是名重一时的学者。学术研究与教育相结合是书院的突出特点，大师主讲多有学术宗旨。书院教学主要是自学，教师注重对个人的指导启发。教师以"人师"自勉自任，学生亦重视道德修养。师生之间重视学术讨论，采取问难论辩式，各抒己见。书院订立学规，师生共同遵守。书院在长期的发展过程中积累的宝贵经验，是古代教育文化史上的一份珍贵遗产。

三、国外近现代教育的发展

1. 近现代欧美的教育

1640 年，英国爆发了资产阶级革命。当时，从乡村学校到大学的教育机构普遍衰落，除了苏格兰和德国的某些地区以外，大多数平民不能入学，就是家境较好的人也在较差的条件下受教育。西欧的许多大学从智慧中心的崇高地位落下来，像基础较好的巴黎大学、牛津大学、剑桥大学也长时期无甚作为，后来兴办的大学更缺少生气。富于理想的人们希望做出改革规划，为近代欧洲教育的发展铺平道路。

英国教育家约翰·洛克（1632—1704）写了《教育漫话》一书，该书围绕培养青年绅士这个目的，讨论了教育在人的发展中的作用。他把儿童的天性比喻为没有痕迹的白板或柔软的蜡块，可以供人随心所欲地涂写或塑造。基于教育在人的发展中能够起决定作用，他要求英国政府必须使青少年受良好的教育，培养高贵、健康、有学识的人。这一理论将教育从宗教、实用性方面解脱出来，发展成人格教育。当然，绅士教育也带有明显偏见。

18 世纪，启蒙思想家让·雅克·卢梭（1712—1778）从反对封建教育扭曲人性、毒害心灵出发，提出了"以天性为师而不以人为师"的自然主义教育思想，主张教育应"归于自然，发展个性"。他在代表作《爱弥儿》中提出，教育的目的是培养能适应时代发展要求的新人，还提出在不同年龄阶段对儿童和青少年应进行体育教育、感官教育、智育教育、德育教育和爱情教育。第一阶段即初生至两岁半的婴儿期，教育应以培养身体为主；第二阶段即两岁半至 12 岁的儿童期，教育应以身体锻炼和感官训练为主；第三阶段即 12 岁至 15 岁的青年期，宜以知识教育为主；第四阶段即 15 岁至 20 岁的青春期，是实施性教育、道德教育和宗教教育的时期。自然主义教育理论的核心是：教育必须顺应孩子的天性，必须遵循他们身心发展的规律。如果打乱了年龄次序，拔苗助长，就会造成严重后果。卢梭认为，以往的教育都使自然发展的人性变得畸形，使纯真的心灵变得龌龊。如何改革封建教育的内容和方法，他反对将身体锻炼和智慧修养对立起来，反对娇生惯养，溺爱放纵。他强调受教育者的感觉训练，感觉是知识的门户，教育应当使感觉日趋发达。卢梭也有偏颇之处，如对妇女的天赋评价过低，对妇女教育目标的设定比较低。因为卢梭提出了自然主义教育的思想，《爱弥儿》一书遭到欧洲各封建王国的禁止，他本人也被通缉，到处流浪。

　　1789 年，法国资产阶级大革命爆发，随即建立了包括教育体制在内的资产阶级制度。一些教育界的代表人物如康多塞、雷佩尔提等，相继提出了国民教育方案，体现了普及义务教育、学校与教会分离、传授实科知识等原则。德国的席勒（1759—1805）还提出了审美教育的思想，他是现代美育的开创者。这些资产阶级教育思想的先驱，虽未立即实施自己的教育方案，却奠定了后来许多资本主义国家的教育基础。到了 19 世纪下半期，许多资本主义国家都有教育立法。例如，英国 1870 年颁布的法律，创立了国立初等学校制度，德国也于 1872 年颁布了初等教育法。现代欧美教育的格局，在 18、19 世纪被建立起来。

　　影响欧美近代教育发展格局的思想家除了卢梭之外，还有裴斯泰洛奇、赫尔巴特和杜威。

　　裴斯泰洛奇（1746—1827）是近代瑞士的著名教育家，深受卢梭《爱弥儿》的影响。1774 年，他在诺伊霍夫创办了一个孤儿院，收容了 50 多个贫苦儿童，使儿童一面从事农业和纺织劳动，一面学习读、写、算并接受道德教育。1781—1787 年，裴斯泰洛奇出版了四卷教育小说《林哈德和葛笃德》，提出了生产劳动与儿童教育相结合思想。此后，他接受瑞士政府的邀请，对初等教育进行了三次改革。其中，在伊韦尔东学校进行的第三次教育试验，还包括中学和师范学院，欧洲各国都有学生来此学习。他在任布格多夫城堡师范专科学校主任期间，于 1801 年出版了《葛笃德怎样教育她的子女》，两年之后又出版了一套父母和教师丛书。他发展了前人关于国民学校的思想，提出要使教育心理化的奋斗目标。他认为，教育的目的要依照自然法则全面地、和谐地发展人的一切天赋，而天赋和潜能是多方面的，教育应做到德育、智育和体育三方面均衡发展，依此塑造完整的人。在教育方法上，他认为一切教学的基础是直观，强调儿童教育不应刻板，应适合儿童的本性。他还认为，教育的中心问题在于形成人的道德，必须使人的动物性受到道德支配。儿童的道德是在家庭环境中形成的，受家庭道德水准的影响极大。他特别强调家庭教育，认为家庭是自然教育的原型。

赫尔巴特（1776—1841）是近代德国教育家，曾任哥尼斯堡大学哲学和教育学教授。在其所著《教育学讲授纲要》（1835）的序言中，他说：教育作为一门科学以实践哲学（即伦理学）和心理学为基础，前者规定教育目的，后者指明达到目的之手段和方法。他认为教育的目的是培养德性，反映知识与道德、智育与德育之间的内在联系。他把教育分成三个部分：管理、教学和训育（即德育）。通过管理建立外部条件，维持外在秩序，才能使教学工作顺利进行。加强纪律是学校管理的关键，他提出了威吓、监督、命令、惩罚等方法。培养兴趣是教育的基本方法，他把兴趣分为经验的、思辨的、审美的、同情的、社会的、宗教的等六种。教学要使学生在接受新观念的同时，唤起心中的旧观念，再将二者融会贯通。教学过程有四个阶段：一是明了（给学生明确地讲授新知识）；二是联想（新旧知识相联系）；三是系统化（在掌握新旧知识的基础上进行概括和总结）；四是实践（把所学过的知识用于实际）。与这四个阶段相应的心理状态，是注意、期待、探究和行动。在教育观念上，赫尔巴特有一些偏颇：一是注重宗教教育，要尽早培养儿童对宗教的兴趣和对上帝的服从；二是注重古典精神，对学生采取严酷的态度，很少注意培养其创造性和主动性。他写了《普通教育学》、《学校与生活的关系》和《教育学讲授纲要》，被称为"科学教育学的奠基人"。他首次明确地提出把心理学作为教学理论的基础，并构造了颇具教育意义的心理学体系。

美国学术界在接受德国的理想主义、先验主义和绝对哲学之后，开始由理性探索转向现实。在教育界，薛尔顿的奥斯威格运动、帕克的昆西运动掀起了一个个教育改革的高潮，约翰·杜威（1859—1952）接受了时代思想的洗礼，从而建树起他的哲学和教育学理论，其实验主义是19世纪末期美国教育进入现代阶段的产物。霍尔是美国第一位心理学博士，创办了《教育研究》杂志，用以发表儿童研究与教育心理方面的研究成果。杜威与霍尔在教育思想上有共同点，即教育思想的起点都是用进化的理论研究儿童，坚持实践目的胜于理智。杜威的教育贡献体现在以下三个方面：一是创设了芝加哥大学实验学校（简称"杜威学校"）；二是系统地提出并实施了实验主义教育理论，出版了《我的教育信条》、《学校与社会》、《儿童和课程》、《民主主义与教育》等专著，对传统学校的改造提出了一整套设想：主张学校应与社会生活相联系，教育就是生活，学校就是社会，把教育的重心从教科书、教师或别的地方转移到儿童身上；三是将教育上升到哲学的高度进行阐述，并由他的弟子们推广。他的支持者和后继者，在实际的教育活动中产生了轰动一时的进步教育运动。因此，有人将南北战争后到第二次世界大战前美国的教育称为"杜威世纪"。

20 世纪的前半叶，知识和经验的巨大发展以及高速的交通和通信联络手段，使每十年（有时是每一年之内）所发生的变化，比工业革命前的整个历史时期还要快，教育经验的整体结构也在不断地、迅速地变化着。所有发达国家都把教育作为社会义务和一项国家投资向公民提供，尤其是美国和苏联既重视发展文化，也追求技术和军事目标，在教育方面大踏步前进。欧美兴起了教育革新运动，延长孩子们的就学年限。美国的每个州，直到第一次世界大战结束时所进行的学校教育都是强制性的。在魁北克，这种情况一直延续到第二次世界大战结束。在 1930 年，这种强制义务教育被介绍到苏联，苏联农村从 7 岁到 12 岁、城镇则从 7 岁到 15 岁进行强制义务教育，这也成了斯堪的那维亚国家、南斯拉夫和荷兰实行强制义务教育的年龄。英国和法国在 1972 年把强制义务教育延长到 16 岁，那时可接受全日制教育到 16 岁的孩子，在英国只有 30％，在法国也只有 42％。瑞典、日本、美国的情形要好得多，达到 85％。在 1939 年以后，一些国家废除了中等学校的学费，意味着更多来自社会底层的孩子靠资助就能继续升学。

学校附属于宗教组织是大部分西方国家的传统，负责教育的政府内阁同时负责宗教事务。许多国家的牧师，负有视察学校、训练及委任教师的责任。随着公共积累的增长，一些国家如苏格兰于 1918 年把教会学校移交给了政府，爱尔兰和芬兰用税收维持着由两个或更多的宗教派系组成的教会学校，也维持着非宗教的学校。美国、澳大利亚、新西兰以及加拿大的不列颠哥伦比亚省，不允许用税收兴办宗教学校，这些国家兴办的公众教育都是非宗教性的。尽管宗教起初对教育的创立有过功劳，但宗教与教育分离是一种趋势。西欧在教育改革中形成了共同观念：坚定对民主形式的信念、扩大教育的自由度。首先，各国奉行的思想是："教育是一项人权"和"在教育面前人人平等"。二战以前，西欧是普及初等教育；战后，则倾向于普及中等教育，延长义务教育的年限。其次，多数西欧国家实行助学金制，帮助那些有才华而贫困的学生完成学业；使更多的孩子享受学前教育；扩大和改进师资培训。再次，成年人继续受教育的问题也摆上议事日程。人们开始从反思中清楚认识到：教育应更注重公民、社会和道德方面的功能，克服拘泥于书本知识、太抽象和学究气。上述观念的变化，形成了20世纪现代教育的新格局，诞生了种种关于教育的派别、试验学校。

在法国，1944年成立了"教育改革委员会"，由著名物理学家郎之万和心理学家瓦隆担任正副主席，并于1947年提交了教育改革报告。报告的要点有六：一是教育机会均等，不论男女、家庭、出身、种族如何，都享受接受教育的机会；二是各种类型的教育和训练方式，一律居于同等地位；三是发展普通教育，作为一切专门教育和职业教育的基础；四是因材施教，使学生适应社会需要；五是规定6～18岁为义务教育期，实行免费教育；六是提高教师待遇，把学校办成传播文化的中心。这就是教育史上著名的《郎之万—瓦隆方案》，是法国历次初等教育和中等教育进行改革的基础。1968年，法国爆发了大规模的学生运动，政府又对现行的高等教育体制进行调整。调整的宗旨是：自治、民主参与和多科性结构，形成了当代法国高等教育体制的新模式。

在英国，1943年发表了《教育改革白皮书》；1944年，通过了由教育大臣巴特勒向议会提出的教育法案，确立了从初等教育、中等教育以至继续教育的公共教育体系。但是，它仍未解决历史上遗留的公立学校和教会学校并存的局面。之后的30年间，英国大约颁布了20个教育改革法案。其间，在三个方面发生了重大变化：第一，中学结构的变化，原来的文法中学、现代中学和技术中学逐渐为双科中学（文法和现代）、多科中学和综合中学所取代。在 20 世纪 60 年代以后，综合中学的数量大增。第二，高等教育的大幅度发展，从 1971 年起建立了开放式大学，目前达到 45 所。第三，师范教育的改革，人们对高等教育的经济潜力开始动摇，受到冲击的首先是师范院校，政府将其经费削减了。

在美国，教育革新运动在内容上强调现代社会的个人发展需要，养成民主和合作的观念；在方法上，使每一个人注重于解决问题和获得实际经验。在组织上，促进学生的自我管理和适应社区生活。学校按财政来源的渠道不同和管理方法的差异，被分为公立学校和私立学校。公立学校由地方政府管理、不受宗教影响、男女同校、经费由政府税收来支付。每个州选举或任命一个教育管理委员会，制订教育政策。私立学校分为两类：一类是教区附属学校，主要由罗马天主教会管理；一类是非教派学校，主要是中学和学院。目前，美国约 6000 万人受教育，占人口总数的28％；还有 900 万人接受职业学校教育，1300 万人接受成人教育。许多中学、学院也开设了快速阅读、缝纫、烹饪、保育、柔道、摄影等技术性课程，白天晚上均可授课。美国教育也有两个弱点：一是语言技能落后于欧洲国家，进入专科、学院的大学生有 50％的人需要补课；二是城市学校的教学质量落后于郊区学校，郊区学校是富人学校，城市学校则是穷人学校。人们要求学校重新加强基础教学，学习语法、数学、古典文学、历史。美国国会 1950 年创立了旨在"发展基础研究和科学教育"的科学基金会，1956 年又成立了基础教育委员会，任务是明确"学校的职责主要是确保语言、算术和思维逻辑的学习，还要合理而又协调地传授显示文明人特征的、在智力、道德和美学上的宝贵财富"。

二战以来，美国改善了黑人、印第安人、残疾人、贫苦青少年的教育状况。1954 年联邦最高法院宣布了布朗案裁决：所谓"隔离而平等"的原则是骗人的，违背了宪法。1964 年国会通过了《民权法案》，规定"不能因为种族、肤色和国籍，拒绝在美国的任何以参加接受联邦经费赞助的计划和活动,不能否认他们享受这些计划和活动的利益的权利"。1965 年的《初等教育和中等教育法》,政府拨款奖励黑人和白人的合校工作。1972 年制定的《初等学校补助法》,规定凡认真执行黑白合校者可领取政府补助。1975 年的《国内税法则》规定,招生实行种族歧视的私立学校不能豁免教育税。据统计,1976 年适龄黑人青年入高等学校者约 20%,而白人青年约 25%,适龄黑人青年完成中等教育者约 72%,而白人青年约 85%。此外,1944 年通过《退伍军人重新适应法》,由联邦供给退役人员入学者以学费及生活费。到 1951 年止,共补助 800 万人,支出经费 140 亿美元。1958 年通过《国防教育法》,对高校贫困学生给予贷款和奖学金。1964 年联邦政府颁布了《教育机会法案》,规定每年拨款 3 亿美元充作贫困学生的贷款,并为毕业生安排部分就业。1972 年颁布了《基本教育机会补助法》,对中等以上学校的贫困学生给予补助;许多高校也对贫困学生给予贷款和赊免学费,从 1967 年以来每年开支约 10 亿美元;一般公立学校免收学费,免费供应教科书、学习用具和来往学校的交通车辆,还对贫困学生免费供应午餐。1975 年,国会通过了《残疾儿童教育法》,规定对全国 800 万 3～21 岁的身心有缺陷者,一律施行免费的优良教育。

2. 现代苏联和亚洲的教育

在第二次世界大战之后,现代教育史上有两个现象值得注意:一是形成了苏联等国的社会主义教育模式,从内容、制度方面区别于传统教育;二是东方、阿拉伯地区等前殖民地国家的教育复兴,逐渐接近西方国家的水平,从而形成了世界现代教育的新格局。

十月革命以前,俄国的教育十分落后,等级性、宗教性、民族歧视等现象十分严重。苏联共产党和政府进行教育改革的首要措施是使教育民主化和世俗化，将各种类型的教会学校改组为普通学校，移交教育人民委员会管理。1918 年，政府取缔官僚的学校管理机构——学区，各地中小学由工农代表苏维埃领导。教育人民委员会发布了《关于信仰自由、教会和宗教团体的法令》，规定学校必须与教会分离，在学校里禁止讲授宗教教义和举行宗教仪式，教会不干涉学校事务；又决定男女合校，消除男女受教育不平等的状况。1919 年，人民委员会颁发了扫除文盲的命令，规定 8～50 岁的居民都有用俄文或本民族文字学习的义务。高等教育在最初的 10 年中，改革的主要方向是改变学生成分，推行优待工农及其子女的方针，高等学校取消入学考试，入学也免交中学毕业证书，并对工农及其子女提供助学金，从而增加了大学生中的工农成分比例。

　　社会主义建设需要大批技术干部，20 世纪 30 年代，苏联教育改革的重点在：提高教育质量，稳定教学秩序，培养能为经济发展服务的人才。联共（布）中央颁布了一系列有关教学大纲、教科书和教学组织形式、教学方法、中小学结构问题的决定，注重发挥教师作用，提高了教育质量。随着苏联国民经济的根本好转，为实施普及初等义务教育提供了有利条件。到 1934 年，苏联农村基本上完成了小学（4 年）的普及义务教育工作，在工业城市及工业区（镇）完成了 7 年制学校的普及义务教育工作。到 1936 年，苏联扩大了 7 年制和 10 年制学校网，学习年限延长为 10 年。为了加速培养工人阶级的技术干部队伍，苏联共产党派遣大批党、团员和入党积极分子到高等学校学习。1930 年对各院系进行了调整，实行校长负责制，形成了综合大学、多科性工学院和各种专门学院三种类型的高等学校。高等学校由 1929—1930 学年的 190 所发展到 1940—1941 学年的 817 所，在校学生达 81 万人。采用了新的招生办法，实行部分自由报考与推荐制相结合。1932 年，规定凡报考高等学校的考生，需进行数学、化学、物理、语文和社会学的入学考试，考试成绩合格者才能录取。1936年又规定，高校入学考试科目一般为语文、政治常识、数理化和外语。1934年，苏联恢复了学位学衔制度。1938年，苏联人民委员会批准了《高等学校标准规程》，这是第一个全面论述高等学校的宗旨、任务、工作内容和要求的文件。进入20世纪60年代以来，苏联建立了旨在促进国民教育和教育科学发展以及进行终身教育的体系。

东欧是地缘政治的概念，包括南斯拉夫、阿尔巴尼亚、波兰、捷克斯洛伐克、罗马尼亚、保加利亚、匈牙利、民主德国等八个社会主义国家，也仿照苏联建立了适应于自己国情的教育体制。学校的教育目的是使学生掌握文化知识，学习政治常识以及多方面的生产技能。普通教育以10年制综合技术普及教育学校为基本形式，在中高年级强调学生的多科性与实际操作能力的培养。学生在校期间必须掌握生产劳动方面的实际技能，每周有4小时到工厂或农业生产合作社上课。毕业生一部分进入高级中学学习两年，毕业后经过一年实践锻炼，再取得上大学的资格；另一部分进入专科学校学习两年，毕业后参加工作。东欧各国民族教育蓬勃发展，构成了当代教育的一个重要环节。

苏联和东欧社会主义国家教育的特色，是在学校德育中开展思想政治教育。从苏维埃政权建立时列宁提出的共产主义世界观、爱国主义和国际主义、劳动道德等内容之外，以后又逐步增加了法制教育、经济教育、美育、体育、环保教育等内容，形成了比较完整的体系。在各高等学校，普遍地开设了辩证唯物主义与历史唯物主义、政治经济学、科学社会主义等必修课，授课时间占总学时的10%。重视社会实践教育，是苏联和东欧各国对青少年进行思想政治教育一个突出的特点。他们认为，让青年一代在社会实践、特别是在劳动锻炼中接受教育，是培养全面发展的人的重要手段。同时，注意通过各种丰富多彩的形式进行思想政治教育。这些形式除了比较严肃的党课、团课的训练，舆论传播中的理论和大政方针的宣传，以及演讲比赛、研讨会之外，还结合人们日常的工作、学习和生活，寓教于乐，在不知不觉中使受众的情操得到陶冶、能力得到培养、觉悟得到提高。

第二次世界大战结束之后，东南亚、印度、阿拉伯地区以及复兴的日本，都在教育方面投入了巨额资金，把复兴教育放在提高国民素质的首位。

日本战后的教育，以1946年美国教育使节团抵达提出全面改革的报告书为起点。日本成立教育制度改革委员会，草拟了《教育基本法》和《学校教育法》，于1947年由国会公布。这两个法律以及稍后公布的其他教育法令，实施了日本教育史上第二次全面的改革（第一次在明治维新时期）。大约经过三年时间，新的教育制度、学制和教育管理体制被确立下来。这一时期奉行的实用主义教育在20世纪50年代遭到了教育界的反对，而结构主义的教育理论开始受到重视。70年代日本进行了教育的第三次改革，不仅使高等院校具有多样性和开放性，而且使中小学教育面向德、智、体全面发展。这次改革，既保持注重了基础知识的划一性，又有适应地区与个性特征的灵活性，力图使教育适应产业结构，向知识密集型转变，形成了目前日本教育的基本格局。

韩国非常重视教育，认为建设一个物质和精神相互和谐的合理社会，教育的力量是绝对重要的，因而把教育作为立国兴国之本、复国强国之根。韩国要求教育灌注民族独立教育和民主主义，以树立民族自豪感。韩国教育宪章列举应使韩国人获得的精神中，一要弘益人间，二要民族自尊。同时，由于朝鲜半岛南北分裂和对峙，韩国加入了以美国为中心的资本主义阵营。其教育在吸取西方民主、自由、个性内容的同时，大力弘扬本国、本民族的特色，把爱国主义与国家兴盛发达结合起来。

在东南亚国家中，现代化程度最高的是新加坡。新加坡人密地少、资源缺乏，为了使人力资源得到有效开发，必须发展教育事业。政府全面考察了新加坡教育的历史与现状，制定了一揽子改革教育结构与制度的政策。例如，普及小学教育，加强中等学校的职业技术教育，改革高等教育，以求推动教育事业的迅速发展。新加坡教育的重点放在培养职业技术人才上，着重进行技术教育。不仅高等教育以理、工科为主，就连中等教育和初等教育中的自然科学课程也占了相当比重。职业技术教育受到青睐，政府还专门设立了职业训练局进行指导和管理。马来西亚在1957年获得独立以后，政府为了使教育适应国家发展的需要，花大力气对殖民地式的教育体制、教育政策进行改革。但是，直至今天，还有很多开设"双联"课程、发外国文凭的学校。印度尼西亚宪法明确规定，每个印尼公民享有受教育的权利，国家为此实施了国民教育，以增强民族意义，并把建国五原则(信仰上帝、人道主义、民族主义、民主主义和社会主义)的"潘查希拉精神"，作为教育的基本精神和理论基础。

在印度和阿拉伯地区各国，发展教育所走过的道路几乎相同：先是借用西方的教育模式、引入西方的教育机制，然后使现存的教育机制中拥有更多民族主义因素。例如，印度的高等教育与科学研究密不可分，教师大部分与国外的学校和研究机构共同合作科研项目。不仅教师要进行科学研究，而且学生也必须这样做。从一年级开始，学生们便着手做一些实验室课题研究。每年的五、六月是假期，印度大部分地区气候炎热，这是学生泡在实验室和图书馆的大好时光，还有一些学生不定期地被派到欧美国家去。在阿拉伯地区，西化教育引起了泛阿拉伯主义教育思潮的诞生。埃及建立了一套职业教育体系，并于1908年建立了埃及大学。在阿尔及利亚和突尼斯，开办了一些法语—阿拉伯语学校。西化教育的主要目的是传播西方文化，法语取代意大利语成为阿拉伯国家运用广泛的语言。第二次世界大战结束，宣告阿拉伯世界开始了第二次文化复兴，其核心内容是发展教育。埃及、伊拉克、黎巴嫩和叙利亚四国较早获得独立，都把消灭文盲、发展教育作为迫切任务。学生数量的急剧增多、现代化建设人才的匮乏，突出了阿拉伯区域教育合作的紧迫性。1960 年在贝鲁特召开了第一届阿拉伯国家教育部长和经济计划负责人会议，讨论了教育计划问题。1966 年在的黎波里举行的第二届会议上，提高教育质量、加强国际合作提上了议事日程。1970 年成立了"阿盟教科文组织"，1973 年联合国教科文组织又创建了"阿拉伯国家地区教育局"，这些机构对促进阿拉伯教育发挥了重大作用。

四、近现代中国教育的转型

1. 近代中国的教会学校和留学教育

1818 年，英国传教士在马六甲创办英华书院，由米怜任院长，罗伯特·马礼逊（1782—1834）任校监。中英《南京条约》签订以后，英华书院迁香港，更名为英华神学院（1856 年停办）。英华书院尽管没有设在中国本土，办学目的也只"为宣传基督教而学习英文和中文"，但它是第一所面向华人的新式学校，毕业的学生成为近代中国第一批西学的传播者。例如：梁发是第一个华人传教士，编有布道书《劝世良言》；袁德辉成为林则徐对外交涉和研究外国国情的主要助手；何进善是华人牧师，由于布道方面的口才受到各国传教士的称赞。

最早在中国本土设立的教会学校是马礼逊学堂，1835 年在澳门开办，因纪念马礼逊而得名，初期附属于伦敦会女传教士郭士立夫人的女塾内。1839 年，马礼逊学堂独立开办，由美国人布朗主持。1842 年，马礼逊学堂迁往香港，成为香港开埠后的第一所学校。该校课程包括中文和英文，英文科设天文学、历史、地理、算术、代数、几何、初等机械学、生理学、化学、音乐、作文等课目，由英美人任教；中文科设《易经》、《诗经》、《书经》等课目，由华人任教。1847 年，布朗离港回美国，学校于 1850 年停办。该校学生日后知名的有容闳、黄宽、黄胜等，他们于 1847 年在教会资助下随布朗至美国留学，成为中国第一批留美学生。之后，黄胜是国内第一个洋务学堂的教师；黄宽是第一位受过严格训练的西医；容闳的影响最大，成为第一个"毕业于美国第一等大学"的中国人，中国留学生的先驱。

近代第一批不平等条约签订后，西方传教士纷纷来华传教、行医、办学。到 1860 年，天主教小学有 90 所；设于"五口"（广州、厦门、福州、宁波、上海）的基督教新教小学就达 50 所，学生1000 余人。早期教会学校集中在五个通商口岸和香港，大多附设在教堂内，办学规模一般不满 10 人，相当于小学程度。办学目的是为"传播福音开辟门路"，在中国培植传教助手。招生对象以贫苦人家的孩子为主，以及一些无家可归的难童。为了吸引学生，早期教会学校免收学费和膳食费，甚至提供衣服和路费。教会女学堪称近代中国女子教育的先声，至 1860 年确切可考的女子学校 16 所。教会女学在招生时相当困难，在传教士的种种努力下，人数呈增长趋势，如爱尔德赛于 1844 年创办的宁波女塾，1845年只有学生 15 人，到 1852 年学生增至 40 名。这些学校的毕业生常在中外交往活动中充当通事（译员）的角色，在中国官办新式学堂尚未设立的情况下，弥补了这方面人才的空缺。

第二次鸦片战争之后，教会学校由原来的五个通商口岸发展到内地。到 1876 年，教会学校数量由 200 所发展到 800 所，学生人数达 2 万人。其中基督教传教士开办的有 350 所，学生 5975人，其余为天主教所设。1877 年，在上海举行第一次在华基督教传教士大会，规范了教会学校的教学内容。大会决定成立"学校与教科书委员会"，以丁韪良为主席，这是近代第一个在华基督教的联合组织。大会之后，教会学校改变了过去零星分散的状态，加强了相互之间的联系，并着手讨论和解决教育中的具体问题，如教科书、课程设置、师资培训、考试制度及教学方法等。1890 年 5 月，第二次"在华基督教传教士大会"在上海召开，将"学校与教科书委员会"改组为"中华教育会"，标榜"以提高对中国教育之兴趣，促进教学人员友好合作为宗旨"，成为中国基督教教会教育的领导机构。经过两次基督教传教士大会，教会学校的课程逐步由各自为政走向统一，包括宗教、外语、西学和儒家经典。到 19 世纪末，教会学校总数增加到 2000 所左右，学生数增加到 4 万人以上。增加的数量不算多，层次却提高了，中等学校占 10%，还有在中学基础上开办了大学班。大学生总数虽不到 200 人，但表明教会大学在逐渐形成。教会学校以美国基督徒开办得最多，据李林的《拳祸记》记载：1898 年，美国传教士在中国拥有 155 个教会和 849 个分会，开办初等学校 1032 所，学生 16310 人，中等以上学校 74 所，学生 3819 人。洋务运动中期，多数教会学校特别是位于沿海通商口岸的教会学校已不再免费招收穷孩子，而是吸收富家子弟，收取较高的学费。这样做，不仅可以提高教会教育的影响，还能在进行文化渗透中获取经济利益。

　　西方传教士兴办高等学校始于"庚款兴学"，即将列强退还部分"庚子赔款"用于在中国兴办教育。这是由英国传教士李提摩太提议的，他在山西处理庚子事件善后事宜，提议将山西省应摊派的赔款银元 50 万两用于设立学堂，目的在于"教导有用之学，使官商士庶子弟肄习，不再受迷惑"。1902 年设立山西大学堂，经费由赔款开支，学校大权由李提摩太掌管（直到辛亥革命收回）。美国政府于 1908 年决定将应得赔款的一半，即 1078 万美元"退还"中国，作为派遣留学生赴美之用，并在北京创办了一所留学预备学校，即清华学堂（清华大学的前身），经费使用由美国派员监督。

在洋务运动时期，教会学校由自发状态向制度化转变。教会学校也是中国传统教育向近代教育过渡的促进因素，加速了西学在中国的传播进程。到19世纪末，基督教传播受到义和团运动的强烈冲击，遂于20世纪初将重心向学校教育转移，建立起一个从初等教育到高等教育，包括各种专门教育相互衔接的教会教育系统。据统计，1920年，全国基督教学校学生为24万人，比1912年翻了一番，天主教学校学生也有11万人。到1926年，全国已有基督教小学5000余所，中学200所，大学16所，学生30万名；天主教小学和神学约9000所，中学200余所，大学3所，学生50万名。两者合计，共有学生约80万名。尤其是教会大学发展迅速，如1900年教会大学的学生总数不到200人，到1926年达到8400多人。基督教会开办了苏州的博习书院（1901年改为东吴大学），上海的圣约翰书院（1905年改为圣约翰大学），广州的格致书院（1916年改为岭南大学），还有南京金陵大学（1910年）和金陵女子大学（1915年）、武昌华中大学（1910年）、杭州之江大学（1914年）、北京燕京大学（1916年）等。天主教会办的著名大学，有上海的震旦大学（1903年）和北京的辅仁大学（1925年）。此外，还有北京的协和医学院、武汉和上海的同济医学院、长沙的湘雅医学院等。1921年全国公立大学仅北京大学、山西大学、北洋大学3所，私立大学也只有5所，而教会却有16所，可见当时中国高层次教育的优势为外国人掌握。

教会学校是近代中国教育的一个特殊组成部分，对中国教育、文化、医疗、科技、政治、经济等影响较深。它形成了一个完整独立的办学体系，在教育制度上与中国政府制定的学制迥然不同。由于清朝对教会学堂采取排斥态度，不承认其毕业生的资历，在科举制被废止之前，教会学堂对士子童生的吸引力有限。于是，许多教会学校精心发展附属学校和预备学校，自我吸收和提供生源，形成了封闭式的学制系统。另外，教会学校不在中国政府备案，侵犯了中国的教育主权。20世纪20年代中期，以广州"圣三一"学校的学生运动为起点，在全国掀起了"收回教育权运动"。虽然没有达到取缔教会学校的目的，但运动前后的教会学校发生了一些变化：之前被看成是中国教育系统以外的外国学校，之后大部分传教士承认中国政府有权监管境内一切学校，大多数教会学校向中国政府申请注册；教会学校重新设计课程，向中国政府教育部规定的课程标准靠拢；在学校管理上吸收中国人为行政管理人员。可以说，收回教育权运动是教会学校走向本土化和世俗化必不可少的前奏。

19世纪70年代的洋务运动时期，清朝向国外派遣留学生纳入了洋务计划。其留学教育，主要是派遣留美和留欧学生两个方面。

派遣留美学生始于1872年，当时清政府在上海、宁波、福州、广州等地挑选12～16岁之间读过数年书的儿童，作为清朝派出的首批留学生。原计划每年30名，分四年共120名，学习年限为15年，他们的成行得力于容闳先期赴美做准备。1872年8月，詹天佑等第一期30人经上海预备学校培训合格之后，在监督陈兰彬带领下从上海出发赴美。1873年6月、1874年11月、1875年10月，第二、三、四期各30名留学生也按计划出发。为了尽快提高外语水平和适应美国的生活，他们被分散到美国教师家中，英文基础较好的直接住学校。根据留学生各自的情况，先入小学的不同年级，后由中学而至大学。除了学习西学以外，兼习《孝经》、四书五经及清朝律例。由于守旧派阻挠，这些留学生并没有按计划完成学业。1881年，清朝做出全数撤回的决定。当初派出的120名留学生，除先期遣回、执意不归、病故者26人之外，其余94人于1881年下半年分三批返回。其中只有詹天佑、欧阳赓两人获学士学位，60人进入专业学习阶段，其他还在中、小学。即使未完成学业，他们仍然成为近代中国科技、实业或管理领域的重要骨干。如铁路工程师詹天佑、开滦煤矿工程师吴仰曾、北洋大学校长蔡绍基、清华学校校长唐国安、第一位美国华裔律师张广仁、清末交通总长梁敦彦、民初国务总理唐绍仪,中法战争殉国的薛友福……都是中国近代的知名人物。

派遣留欧学生始于船政大臣沈葆桢的建议。因法国工程师日意格回国为船政局购买设备,沈葆桢奏请派福建船政学堂学生魏瀚、刘步蟾等5人同行。1877年1月,李鸿章奏请继续派船政学堂学生留欧,朝廷照准。这批学生在监督李凤苞、日意格的带领下赴欧,包括前学堂学生郑清濂等12人,艺徒裴国安等4人,赴法国学习制造;后学堂学生林泰曾、严宗光(严复)等12人,赴英国、西班牙学习驾驶。他们连同前后赴欧的学生共35名,通称为第一届留欧生,经过三年的学习于1880年回国。1881年,又派遣了第二届留欧生18人赴英、法、德三国,学习营造、枪炮、火药、轮机、驾驶、鱼雷,年限为三年。1886年派遣第三届留欧生,从福建船政学堂前学堂挑选郑守箴等14人学习制造,年限六年;从后学堂挑选黄鸣球等10人及天津北洋水师学堂的刘冠雄学习驾驶,年限三年;这三届留欧生从1879年起陆续归国,为近代中国海军建设发挥了重要作用。如造船专业学生魏瀚、郑清濂、吴德章,轮机专业学生陈兆翱、李寿田、杨廉臣归国之后,派往工程处替代外国工程人员,先后制造了开济、横海、镜清、寰泰、广甲、龙威等舰船。有些成为近代海军将领的人选,如北洋舰队镇远号和定远号的管带是林泰曾和刘步蟾,靖远、超勇、济远号的管带也是留欧生。民国成立以后,留欧生刘冠雄、萨镇冰、李鼎新先后出任海军总长。严复则在海军教育事业上大显身手,担任北洋水师学堂总教习和总办达20年,其他担任各水师学堂总办、教习者比比皆是。当然,他们的影响不限于海军,在外交、实业、科技领域均有建树。严复通过翻译世界名著,宣传了进化论和天赋人权思想,对近代思想解放的影响更为深远。

　　以上留美与留欧的学生约 200 人，是甲午战争之前留学生的主体。洋务留学教育虽然规模小、人数少，但却是中国教育走向世界过程中名副其实的一步。就引进"西学"而言，不再有比留学更彻底的途径。官费留学改变着人们的科举正途观念，此后在清末新政的激励下，自费留学于 20 世纪初骤然勃兴，首先是 1906 年前后形成了规模盛大的留日高潮，其次是 1909 年之后留美人数逐年增加。从此，中国留学生的流向和结构发生了重大变化。

2. 晚清学堂与民国时期的新式教育

　　晚清时期，"学堂"一词的含义几经演变，由讲授西学的教育机构发展为一切新式教育机构。从 19 世纪 60 年代至 90 年代，洋务派创办的学堂约 30 余所，大致分为外国语学堂、军事武备学堂和技术实业学堂三类，教学内容以"西文""西艺"为主，为洋务活动培养翻译、外交、工程技术、水陆军事等方面的人才。在洋务学堂中，京师同文馆为其开端，而福建船政学堂的成效最大。

　　京师同文馆是近代中国被动开放的产物，于 1862 年 6 月开课，最初只设英文馆，第二年添设俄文馆和法文馆，1871 年添设德文馆。1869 年 11 月，美国人丁韪良受聘担任总教习，上海广方言馆和广东同文馆也陆续选送一些优秀学生来京学习。1876 年，馆中规定除了外语以外，学生还兼习数学、物理、化学、天文测算、万国公法、各国历史、地理等课程，使其成为一所综合性学校。同年，建立了中国最早的化学实验室和博物馆。1888 年添设翻译处、天文台、格致馆，1895 年又添设东文（日文）馆。至 1898 年底，同文馆聘请了 86 名中外教习，其中外国人 50 余名，中国学者 30 余名。1898 年实行维新变法，同文馆的科技教育划归新成立的京师大学堂（北京大学的前身）。1902 年 1 月，同文馆并入京师大学堂。京师同文馆为洋务活动培养了大量人才，是中国新教育的开端。

福建船政局附属的船政学堂由前学堂和后学堂两部分组成，学制五年，于1867年1月正式上课。前学堂专习制造技术，又称造船学堂。因认为法国的造船技术先进，多以法国人担任教习，学习法文。基本课程包括法文、算术、代数、画法几何和解析几何、三角、微积分、物理以及机械学；实践课程包括船体建造、机器制造和操作。后学堂学习驾驶和轮机技术，因认为英国的航海技术先进，多以英国人担任教习，学习英文。其基本课程：驾驶专业设算术、几何、代数、平面三角、球体三角、航海天文学、航行理论、地理等；轮机专业设算术、几何、制图、发动机绘制、海上操纵轮机规则及指示计、盐重计和其他仪表应用。其实践课程：驾驶专业上船实习（"练船"）；轮机专业在岸上装配发动机或为本厂所造船只安装发动机。福建船政学堂从1867年开办到1913年改组，历时半个世纪，是洋务学堂中持续时间最久的一所。其间毕业学生510名，无愧于近代中国"海军人才摇篮"的称誉。

洋务学堂与封建官学、书院、私塾等传统学校有显著差异，因此被称为新式学堂。洋务学堂属于专科性学校，培养目标是造就各项洋务事业需要的人才。大多数带有部门办学的性质，与传统学校培养科举入仕人才有所不同。在教学内容上，洋务学堂以学习"西文""西艺"为主，课程包括外语、数学、格致、化学等通用课程以及与各自专业相关的技术课程，注意学以致用，区别于传统学校的经史义理和八股文章。在教学方法上，洋务学堂能按照知识的接受规律由浅入深、循序渐进地安排教学内容，重视理解，一定程度上改变了偏重死记硬背的传统学风。洋务学堂注意教学中的理论与实践结合，多安排实践课程，有的还建立了实习制度，不似传统学校完全把学生禁锢在书斋之中。在教学组织形式上，洋务学堂普遍制定了分年课程计划，确定了学制年限，采用班级授课，突破了传统的进度不一的个别教学形式。当然，洋务学堂植根于半殖民地半封建社会的土壤，又表现出新旧杂糅的特点。由于初步具备了近代教育的特征，在一定程度上启动了教育改革的进程。

甲午战争之后，早期改良主义思想迅速转化为维新运动。维新派开设的学堂包括两类：第一类学堂，为培养维新骨干、传播维新思想而设立，著名者有：①万木草堂：1893 年冬，康有为选定广州仰高祠为讲舍，弟子有陈千秋、梁启超等 100 余人，课程有政治学、群学等，成为酝酿、研究、宣传维新理论的场所。②湖南时务学堂：1897 年在谭嗣同的推动下，设长沙岳麓书院内，聘梁启超为中文总教习，推动了维新运动在湖南的开展。第二类学堂，在办学模式、招生对象、教学内容上突破了洋务办学观念。著名者有：①北洋西学堂与南洋公学：1895 年，天津海关道盛宣怀呈请在天津开办北洋西学堂。1896 年，盛宣怀又奏请在上海设立南洋公学，以后逐年开办了师范院、外院（小学程度）、中院（中学程度）、上院（大学程度）和特班，民国后发展为交通大学。这两所学校最早采取西方近代学校体系的形式，分初、中、高等级，相互衔接，按年级逐年递升，具有三级学制的雏形。虽为洋务派人物创办，但维新观念已寓于其中。②经正女学：又称"中国女学堂"，是梁启超、经元善于 1897 年倡议，在上海设立的。经正女学作为第一所国人自办的正规女子学校，起到了开风气之先的作用。其他如北京通艺学堂、绍兴中西学堂、浏阳算学馆等，在当时较为著名。

百日维新期间，教育改革是一个重要方面。1896 年 6 月，刑部侍郎李端棻在《请推广学校折》中首次向朝廷提出设立京师大学堂的建议，因奕䜣和大学士刚毅等人反对而搁置。1898 年 6 月 11 日，光绪帝颁布《明定国是诏》，宣布废除八股考试，设立京师大学堂，将各省府厅州县之大小书院一律改为新式学堂，鼓励绅民捐资兴学，中小学所用课本由官府设书局统一编译印行。京师大学堂以吏部尚书、协办大学士孙家鼐为管学大臣，总理衙门委托梁启超草拟《京师大学堂章程》，共八章，对学堂性质、办学宗旨、课程、入学条件、学成出身、教习聘用、机构设置、经费筹措及使用都有详细规定。"戊戌政变"发生之后，京师大学堂由于"萌芽早，得不废"，于当年 11 月开学。1900 年，京师大学堂毁于八国联军战火，1902 年恢复开办，并纳入清末学制系统，成为北京大学的前身。

1901 年清朝推行新政，各地设立了不少新式学堂。制定全国统一的学制系统来确立标准，加强规范，已成为清廷和办学者的共同愿望。1902 年，管学大臣张百熙主持拟订了关于学制和课程的 6 份文件，统称《钦定学堂章程》。因该年为阴历壬寅年，又称"壬寅学制"。这是中国第一个以中央政府名义制定的学制系统，规定了各级各类学堂的性质、培养目标、入学条件、在学年限、课程设置和相互衔接关系。由于张百熙被批评偏护新学，"壬寅学制"未能施行。1904 年 1 月，清廷公布了由张百熙、荣庆、张之洞重新拟订的《奏定学堂章程》。时在阴历癸卯年，又称"癸卯学制"。它直接参考日本，间接吸纳欧美，反映了近代资本主义教育的诸多特点。学制分初等、中等、高等三级，规划了义务教育（强迫教育）的目标，反映了对教育的普及性和平等性要求；在教育目标上，确立了德、智、体三方面协调发展的"三育"模式；设置了众多的实业学堂，以适应和推动近代资本主义工商业的发展；重视师范教育，加强教师职业训练；将分年课程规划、班级授课制作为基本的教学组织形式；等等。"癸卯学制"解决了各地兴学无章可依的局面，为新式学堂的发展奠定了基础。此后又作过一些补充和修正，影响最大的一点是开放了"女禁"。1907 年，学部颁布《女子小学堂章程》和《女子师范学堂章程》，使我国女子教育取得了合法地位。

1905 年 9 月，光绪帝发布上谕："着即自丙午科（1906 年）为始，所有乡会试一律停止，各省岁科考试亦即停止。"由此，宣告了自隋代起实行了 1300 年之久的科举考试制度的终结。科举的废除，配合了学制颁布后兴学政策的落实，出现了兴办新学的热潮。至 1909 年，各级各类新式学堂的数量达 5000 所，在校学生超过 160 万。

中华民国临时政府在南京成立以后，蔡元培担任教育总长。临时政府教育部规定："初小、师范、高等师范免收学费。"免费上师范成了很多家境贫穷的学生接受教育的唯一途径，毛泽东就是在湖南第一师范学校毕业的。1912 年 1 月，中国资产阶级首次以中央政府名义发布了两个教育文件。《普通教育暂行办法》规定：允许初等小学男女同校，各种教科书务必合于共和民国宗旨，废止小学读经，中学校为普通教育，不必分文科与实科，中学和初级师范学校学制改为 4 年。《普通教育暂行课程标准》共 11 条，反映了《暂行办法》的有关原则，成为以后"壬子癸丑学制"关于小学、中学、初级师范课程设置的蓝本。

在蔡元培的主持下，参照日本学制，形成了民国新学制草案。1912 年 9 月初，教育部正式公布了民国学制系统的结构框架，因当年为阴历壬子年，故称该系统框架为"壬子学制"。至 1913 年 8 月，教育部陆续公布了一系列教育法令法规，使"壬子学制"得以充实和具体化，综合起来形成了一个全面完整的学制系统，称为"壬子癸丑学制"。与清末学制相比，其明显变化是：学制年限缩短了 3 年，有利于初、中等教育的普及和平民化；女子享有与男子平等的法定教育权；取消对毕业生奖励科举出身，废止清末高等教育的保人制度；大学不设经科，有利于消除教育中的封建性。同时继承了清末学制的合理因素，如三级模式、发展义务教育、重视实业教育。学校的课程标准有如下特点：首先，废止了清末学制中的"读经讲经科"课，突出近代学科和资本主义文化在教育中的地位。其次，提高了唱歌、图画、手工、农业等课程的地位，关注学生的美感和情感教育，注意课程的应用性、平民化和手脑协调发展。"壬子癸丑学制"反映了资产阶级对教育的要求，到1922年新的学制出台之前，虽有局部调整，但整体结构框架基本未变。

1912年9月，教育部公布了民国教育方针："注重道德教育，以实利教育、军国民教育辅之，更以美感教育完成其道德。"该教育方针包含有德、智、体、美四育因素，体现了受教育者身心和谐发展的思想。教育部同时颁布了《学校管理规程》，要求"校长应按照学校种类状况订定管理细则。所定之细则，凡教室、自习室、操场、食堂、寝室等及其他关于学生应守之规约须分条规定"。教育部还颁布了《学生学业成绩考查规程》和《学生操行成绩考查规程》，就学生的学业成绩考查作了具体规定，要求各校长和学监随时审察学生操行默记手册。学生操行成绩分甲、乙、丙、丁四等，学生升级及毕业要参酌其操行成绩。对学生的退学处理，教育部也有明确规定。

袁世凯上台以后，推行复古主义教育。封建教育的回潮，受到陈独秀、李大钊、鲁迅、胡适等激进民主主义者的反击。"五四"新文化运动推动了学校教育的改革，主要表现在：第一，废除读经，恢复民国初年教育宗旨的精神；第二，开放女子教育，教育普及有一定发展；第三，改革学校教学内容和方法，用白话取代文言；第四，改革师范教育和大学教育，规划建立直隶、东三省、湖北、四川、广东、江苏六大师范区，每区设一所高等师范学校，至1918年完成。以南京、北京两所高等师范学校为核心，带动全国师范教育和中小学教育的改革。蔡元培领导下的北京大学改革揭开了中国高等教育的序幕，各专门以上学校纷纷仿效，推动了中国高等教育的近代化改革。

1922年10月，全国教育会联合会第八届年会通过了《学校系统改革案》，以大总统的名义颁布施行。这个学制因小学6年、

初中和高中各 3 年的分段形式，称为"六三三学制"。新学制规
定：儿童满六周岁入小学，初级小学 6 年，为义务教育。中学教
育分初中和高中两段，各 3 年。初中属于普通教育，可以单独设
立；高中实行分科制，设普通科、农、工、商、师范、家事等科，
普通科又分文科和理科，主要目标是升学。高等教育分专门学校
和大学两种，专门学校的最低修业年限 3 年，取消"壬子癸丑学
制"的大学预科制；大学的修业年限是 4～6 年，其中规定医科和
法科至少读 5 年。新学制具有明显的特点：第一，缩短了小学的
年限，由 7 年改为 6 年，有利于初等教育的普及。第二，中学修
业年限从 4 年改为 6 年，有利于提高中等教育的水平；将中等教
育分成两段，并且规定初中可以单独设立，增加了学制的灵活
性。第三，取消了大学预科，有利于大学集中精力进行专业教育
和科学研究。学年分段形式和各阶段年限采用美国处在探索试验
中的"六三三制"，是中国近代学制改革由日本转向美国寻求借鉴
的标志。该学制基本符合教育规律，一直沿用到解放前夕。

　　1927 年南京国民政府成立以后，出于推行"三民主义"的需
要，在 1928 年中华民国第一次教育会议上，以 1922 年新学制为
基础并略加修改，提出《整理中华民国学校系统案》，即"戊辰学
制"，提出使占人口 80% 以上不识字的人受到一定教育，重视义
务教育和成人补习；广设实习学校，加强职业学校；为了提高教
育效率和质量，师范教育应独立，高级中学应集中。在抗战初
期，教育虽遭严重破坏，但由于国民政府执行了"战时须作平时
看"的教育政策和在广大教育界人士的努力下，各级教育仍在发
展，其中西南联合大学培养了一批高质量的学生；据《第二次中
国教育年鉴》统计：国民政府时期的初等教育，1929 年共有小学
212385 所，学生 8882077 人。到 1936 年，学校增加到 320080 所，
学生 18364956 人。抗战爆发的 1937 年，小学减为 229911 所，学
生减为 12847924 人。到 1945 年，小学又增为 269937 所，学生增

至21831898人，而当年失学儿童却有175209934人。国民政府时期的中等教育，1928年共有中学1339所，学生234811人。到1936年，增加到3264所，学生627246人。抗战爆发的1937年，中学减至1896所，学生389948人。到1946年10月，则发展成4226所，1495874人，分别为抗战初的2.2倍和3.8倍。国民政府时期的高等教育，1928年共有公私高等学校74所，学生25196人。1936年大学达到108所，学生增至41922人。全面抗战爆发以后，大学减为91所，学生31188人。但到1947年，高等学校发展到207所，学生155036人。在这10年间，学校增加了116所，学生增加了123848人。

民国时期的教育，中国资产阶级教育比较成熟。首先，各种学校教育的规制渐趋完备。据不完全统计，自1912年到1949年，正式公布的学校教育法令、规程达1500个之多。学校教育的制度日趋完备、观念日趋现代、内涵日趋丰富、方法手段日趋多样，各级各类学校的数量与质量，较之清末、北洋政府时期都提高了。其次，教育思想和理论取得丰硕成果。一批爱国教育家依据不同的理论，采取不同的方法，寻觅改造中国教育、改良中国社会之路，形成了多姿多彩的教育理论，如杨贤江的"全人生指导"、晏阳初的平民教育和乡村改造理论、梁漱溟的乡村建设和乡村教育理论、黄炎培的职业教育思想、陈鹤琴的"活教育"理论、陶行知的生活教育思想等，使中国的教育理论从简单模仿进入自我创造、初步民族化的阶段。

3. 新中国教育事业的发展

1949年10月1日，在中华人民共和国成立的当天，毛泽东签发了《中国人民政治协商会议共同纲领》，其中对新中国的教育政策做出规定："中华人民共和国的文化教育为新民主主义的即民族的、科学的、大众的教育。""有计划有步骤的实施普及教育，加强中等教育和高等教育，注重技术教育，加强劳动者的业务培训和在职干部教育。"1949 年至 1952 年，在巩固和发展以往解放区教育的同时，接收并改造了旧中国遗留下来的学校，吸收旧教育某些有用的经验，借助苏联教育的经验来建设新中国的教育。同时，从外国收回学校的办学自主权，结束了 20 所高校、544 所中学、1133 所小学接受外国津贴、实施外国教育的历史。

　　1952 年 6 月至 9 月，中央人民政府为开展大规模经济建设作人才准备，大规模地调整了全国高等学校的院系设置，把民国时代的高等院校系统改造成"苏联模式"高等教育体系。经过全盘调整后，许多高等学校被分拆，大力发展独立建制的工科院校，相继新设钢铁、地质、航空、矿业、水利等专门学院和专业，工科、农林、师范、医药院校的数量从此前的 108 所大幅度增加到 149 所，而高校总数由 1952 年之前的 211 所下降到 1953 年后的 183 所，综合性院校则明显减少。高校丧失了教学自主权，社会学、政治学等人文社会科学类专业被取消，私立教育退出了历史舞台。

　　刚解放时，学龄儿童入学率为 20% 左右；全国人口 80% 以上是文盲。在边远地区和少数民族地区，文盲率达到 95% 左右。1954 年，全国人民代表大会一届一次会议通过的《中华人民共和国宪法》规定："中华人民共和国公民有受教育的权利。"新中国发展教育事业首先需要解决师资问题，根据第一次全国师范教育会议的估算，从 1951 年到 1955 年，全国需要增加小学教师 100 万，工农教育教师 15 万至 20 万人，中学教师 13 万，幼儿教育教师数万人。面对庞大的师资缺口，教育部对短期快速训练师资的方式及师资来源作了具体的规定，动员和招收失业知识分子、家庭知识妇女及年龄较高的高小毕业生工作，对其进行一年或半年的短期训练，随即安排其走上教师岗位。同时，通过对知识分子的改造，使之发挥作用，到 1965 年，全国大中小学和幼儿园有教职工 555 万人，较之 1949 年增长了五倍。设立高等院校 434 所，中等专业学校 1265 所，幼儿园 1.9 万所，奠定共和国教育持续发展的基础。比较普及的是：普通中学(含初、高中)1.8 万所，在校学生 1432 万人；小学 168.2 万所，在校生 11626.9 万人。全国各类学校在校人数为 13138.4 万人，学龄儿童和青少年的入学率达 85%，并扫除文盲 10272.3 万人，年均扫盲 604.3 万人。

注重人的全面发展，是毛泽东教育思想中的重要组成部分。1957 年 2 月，他提出："我们的教育方针，应该使受教育者在德育、智育、体育几方面都得到发展，成为有社会主义觉悟的有文化的劳动者。"并提倡用科学的、联系实际的教学方法，即"少而精和启发式"教学方法。他还提出："要使青年身体好、学习好、工作好。"课程繁重的两大害处是影响身体健康和个性发展，建议将课程砍掉三分之一。

1966 年"文化大革命"的爆发，导致全国所有学校进入停课状态，大学入学考试被取消。知识分子不被尊重，不但下放进行体力劳动，而且遭到残酷对待，财产被没收，当做"臭老九"评判。"复课闹革命"以后，学校进行军训、学工、学农和简单的教学，但难以扭转教育混乱的局面。1968 年掀起的知识青年"上山下乡"，是主要为解决中学毕业生出路问题而采取的应急措施。总体而言，"文化大革命"耽误了整整一代人。

1977 年，邓小平复出。面对"文革"之后百业待兴的复杂局面，他选准教育这个突破口，给知识分子恢复名誉，在各种场合强调要"尊重知识，尊重人才"。邓小平以超常的效率恢复了高等学校的招生考试制度；提出建立学位制度和学术、技术职称制度；提出培养科学技术人才是教育战线的重要任务，有条件的重点大学要办成"教育和科研两个中心"；提出教育必须同国民经济发展的要求相适应。邓小平对教育战线大力拨乱反正并亲自抓教育工作，使我国教育迅速走上健康发展的轨道。他认为实现现代化，"科技是关键，基础在教育"，必须把教育摆在优先发展的战略地位。1983年10月，他为北京景山学校题词："教育要面向现代化，面向世界，面向未来。""三个面向"深刻揭示了教育自身发展的客观规律，为我国教育事业改革与发展指明了方向。他希望我国各类学校培养出来的青年人，成为"有理想、有道德、有文化、有纪律"的社会主义事业的建设者和接班人。

以江泽民为总书记的中央领导集体实施科教兴国的基本国策，提出"培养同现代化要求相适应的数以亿计高素质的劳动者和数以千万计的专门人才，发挥我国巨大人力资源的优势，关系21世纪社会主义事业的全局"。1999年6月，他在第三次全国教育工作会议上指出：学校"是知识创新、传播和应用的主要基地，也是培养创新精神和创新人才的重要摇篮"，首次提出教育是民族创新能力的基础，阐明了新世纪新阶段教育的定位问题。江泽民认为："要扫除制约教育发展的体制性障碍，努力提高教育资源的利用效益，优化教育结构，扩大教育资源。进一步转变政府管理教育的职能和模式，增强学校依法自主办学的能力。"紧接着进行高校的合并和扩招，改变了我国高校规模偏小，而且是"小而全"的状态。据统计，1992年13.1%的本科院校在校生不足1000人；15.2%的专科学校在校生不足600人；多数高校为2000~3000人。加上"学校办社会"，学校的负担很重。调整以后的各高校在校生明显增加，实行了社会办后勤，高校面貌一新。并通过大力推动教育信息化，推进素质教育，提高了教育质量和我国教育的国际竞争力。

从20世纪80年代到90年代初，按照《中共中央关于教育体制改革的决定》的部署，教育改革从体制入手，简政放权、增加学校活力，扩大了学校特别是高等学校的自主权，下放了基础教育管理责任和权限，建立了比较完善的职业教育和成人教育制度、学位制度、国家教育考试制度、教育督导制度、学生资助制度、义务教育制度，并颁布了《义务教育法》。

从 1993 年起，根据《中国教育改革和发展纲要》的要求，办学体制、管理体制、投入体制改革全面铺开，民办教育发展迅速，中外合作办学蓬勃发展，建立了基础教育地方管理、分级负责、高等教育两级管理、以省为主的教育行政体制，政府教育投入持续增长，形成了以政府投入为主，辅之以学校产业创收、学杂费、社会捐集资、公民和社会团体办学投入等多渠道筹措教育经费的机制。教育法制和制度建设日趋完善，先后颁布了《教育法》《教师法》《职业教育法》《高等教育法》等教育法律，建立了高等教育评估制度，各项重要的教育制度进一步得到改革和完善。

进入 21 世纪，在胡锦涛为总书记的党中央提出科学发展观的指导下，优先发展教育、推进教育公平、提高教育质量，教育体制改革进入了新时期。推进农村义务教育管理体制，特别是经费体制改革，全面免除了义务教育阶段学费，修改完善了《义务教育法》；积极推进义务教育阶段学校均衡发展，中央对农村义务教育的财政转移支付力度明显加大，实行了"两免一补"等政策和新的经费保障机制；地方则按照均衡发展的要求调整经费、招生、师资管理、学校发展政策，加大了对农村教育、薄弱学校的经费和师资支持；中央加大了对职业教育的投入力度，各地也出现了许多新的职业教育办学模式；高等教育进入了以提高质量为核心的发展阶段，以构建现代大学制度为核心的内部管理体制探索日趋活跃；民办教育发展面临新的机遇，颁布实施了《民办教育促进法》；学生资助政策和体系日趋成熟，完善了国家助学体系，建立了以风险补偿机制为核心的新政策、新机制，为完善以国家助学贷款为主体的高校经济困难学生资助体系奠定了良好基础。

现在，我国普通高校每年招生 608 万人，普通本、专科在校生达到 2907 万人，是 1998 年的 6 倍、1949 年的 172 倍。中等职业教育和高等职业教育招生总规模达到 1100 万人，在校生超过 3000 万人，分别占据了高中阶段教育和高等教育的半壁江山。全国小学净入学率达到 99.5%，中学毛入学率达到 98%；青壮年文盲率降低到 3.6% 以下。在一个 13 亿人口的发展中国家，全面普及九年义务教育，实现完全意义上的免费义务教育，是我国教育发展史上伟大的历史性跨越。我国教育已经站在新的起点上，进入了全面提高教育质量的新阶段，进入了让所有孩子"上好学"的新阶段，进入了建设人力资源强国的新阶段。

第五章 科 技

　　科学是研究某一领域客观事物存在及其规律的学说，技术则是科学在生产中的运用。从近代产业革命发生以来，科学和技术才真正一体化而且并称为"科学技术"。它一般指自然科学与生产技术，不包括社会科学。科技是人类文明的标志，人类社会文明的发展史即生产和科技的发展史。科技从一开始就由生产所决定，社会生产不断给科学技术开辟新领域，提出新的研究对象。它作为"第一生产力"，是促进经济和社会大发展的根本动力。尤其是现代科技的突飞猛进，为生产力发展和人类文明开辟了更广阔的空间。

一、古代东方的科技

1. 古代两河流域的科技

　　两河流域指位于西亚的幼发拉底河和底格里斯河流域，孕育了古代的美索不达米亚文明。公元前 3000 年，苏美尔人在两河流域建立了众多城邦，此后形成了阿卡德王国、古巴比伦王国、亚述帝国和新巴比伦王国。两河流域的科技是当时世界上最先进的，尤以天文历法和数学著名。

　　在天文历法方面。从苏美尔语泥版中的农用历书可知，早在公元前 3000 年苏美尔人就有了历法。公元前 11 世纪亚述人根据月亮的盈亏制定了太阴历，把一年分为 12 个月，每个月为 29 天至 30 天，大小月相间，全年共 354 天。它与一回归年相差 11 又

1/4天，为了解决这一问题，便采用了置闰月的方法。两河流域居民对世界科技的另一重要贡献，是根据月相变化把每月分为4周，每周7天，太阳神沙马什主管星期日，月神辛主管星期一，火星神涅尔伽主管星期二，水星神纳布主管星期三，木星神马尔都克星主管星期四，金星神伊什塔尔主管星期五，土星神尼努尔达主管星期六，这些名称一直沿用至今。他们首创了测时和量角的单位，把圆周确定为360度，度有60分，分有60秒；一天分为24个小时，一小时为60分，一分为60秒，这些方法也被今人沿用。古代巴比伦人的天文学知识主要建立在对星象的观察上，早在公元前20世纪，他们已能区分恒星和行星，确定5个行星总是在太阳轨道（黄道）附近运行。他们将能用眼睛看到的星体都绘成了星象图，按方位分星座。从公元前13世纪的一个界碑上可见到黄道12个星座的图形，并取名天蝎座、狮子座、巨蟹座、双子座、天秤座等，这些名称仍被今人沿用。对天文上的一些重要周期现象，两河流域居民有所领悟，如在公元前20世纪发现金星在8年中有5次回到同一位置。他们还能准确地计算出行星周期的平均值，对某些天文现象作出准确预测，如发现了"沙罗周期"即日食每隔18年发生一次，发现太阳历每月平均是29又1/4天。

在数学方面。一是发明了记数法与位值制。公元前2500年，两河流域居民用楔形笔在泥板上刻写记数符号，有时采用10进位，有时采用60进位。60进位是他们的独创，是12的倍数，大概与天文学把黄道分为12个星座、历法中把每年分为12个月有关。位值制的运用在数学史上具有重要意义，因为在此之前，十、百、千等都要用新的符号表示。二是发明了计算方法和数学用表。从一个包括44块泥板的数学文书中，我们知道在公元前2000年左右，巴比伦人掌握了加、减、乘、除的计算方法。运算时可根据需要从数学用表中寻找答案，如果无法直接查出答案，则分解进行运算，如54×27是先求出54×20，再求54×7，然后将两个结果相加。他们经常把一些平方的结果写在表上，并懂得将"平方表"的使用过程倒过来做"开方表"。对无法查表得出的数，则采用近似公式进行计算。三是发明了几何学。在公元前2200年时，他们有了计算长方形、三角形或梯形面积的公式，还能使用公式计算圆的面积。由于丈量田亩的需要，他们把不规则形状的田地分成若干小块计算，再对其面积相加；或者估计截顶角锥形地窖的体积，求出圆周与直径的比例为 π = 3，还把圆周分为360°；为了适应商业的需要，他们制定出重量、长度、面积、体积、货币等计算单位。虽然两河流域居民的数学偏重实用性，却为后来严密数学理论的形成打下了基础。

在文字方面。古代两河流域盛产黏土，人们很早发现它十分适宜制成泥板，趁湿在上面刻画文字，于是黏土成为当时最普遍的书写材料。削尖的小木棒和芦苇是当时用于书写的主要工具，相当于笔。书写时将棒尖按压，按可留下较深的笔画印痕，收笔时因为用力较轻，则可留下较细的笔画印痕，使整个笔迹形成了木楔形。最初的楔形文字是从右到左，自上而下直行书写。到公元前3000年时，人们开始改变这种书写方法改为从左到右，横行书写，字体的位置也转了90°，改进后的书写方式更接近于现代人的书写方式。考古学家在乌鲁克城发现了公元前3200年苏美尔人的文字，楔形文字开始是一种象形文字，逐渐演变为表意文字和谐声文字，从而使符号的数目减少，而表达的意思却大大增加了。在乌鲁克时期，苏美尔文的字符达到2000个，而300～400年后，字符减少到800个，再经过300～400年，字符只剩下600个左右。到公元前1500年左右，楔形文字已成为国际交往中的通用文体，后来叙利亚地区的乌加里特人和伊朗高原的波斯人，由于商业的发展，对楔形文字做了进一步的改进，使之变成了字母文字。到公元前后，字母文字最终代替了楔形文字。直到19世纪初，德国人 G. F. 葛罗第凡开始释读楔形文字，这种古文字才逐渐被现代人所知，到 19 世纪中期，英国人 H. C. 库鲁特非度，成功地释读了 150 个楔形文字。此后，楔形文字的释读工作进展迅速，使得美索不达米亚的许多记录文件可以被现代人读懂。

在农业和畜牧业方面。两河流域是世界农业起源的中心地之一，早在公元前 3000 年前，这里的居民已懂得按照节令而耕作。有一部公元前 1700 年左右的历书泥板，共 109 行字，为苏美尔语楔形文，以农民教子的口吻叙述了从灌溉到耕耘、收获乃至谷物处理等方法，其中保留了许多珍贵的农业技术资料。两河流域以种植大麦为主，还注重发展林木，主要是枣林，其次为葡萄、无花果、石榴和苹果。在公元前 4000 年时，此地区的人们发明了犁，并利用牛和驴来拖犁。其他的农具有锄和镰，这些工具的头部，大部分采用青铜制成，最为重要的是这时期巴比伦人发明了一种新式农具——即带有播种器的耧，它由两头犍牛曳引，一人扶犁，一人牵牛，一人在旁向谷斗放种子，一边耕地，一边播种，是一种较先进的农具。除农业之外，巴比伦的畜牧业也很发达，人们利用两河流域下游宽广的河滨草地和沼泽草原，畜养牛、羊、猪、驴、马等，并发明配种和人工受胎，改良了许多家畜品种。苏美尔人喜食各类鱼，见于古文献记载的鱼多达 50 余种。乌尔庙墙上的一块镶嵌装饰板上，保留了一些畜牧业的内容，其上层是一排牡牛和乳牛的图案，下层为奴隶们挤奶和制酪的图案。

在水利灌溉方面。两河流域土地肥沃，苏美尔人十分注重修河渠进行灌溉，在农业生产上取得了可喜的成绩。国王和政府把开渠和分配水的使用权作为国家的重大事务，并对水利工程加以管理。根据公元前 3000 年的文献记载，苏美尔人种大麦能够得到比种子多 86 倍的收获。为了灌溉干旱平原的田地，两河流域居民使用了一种前后纵列的机械从河中汲水，长杆一端缚有重物以提起汲水桶而将水倾入高地蓄水池，然后通过运河进行灌溉。随着两河流域的统一，人工灌溉网得到扩大，特别是在汉谟拉比王朝，运河的开凿和水利的兴修进一步改善了农业和生活用水。

在医学方面。公元前4000年，苏美尔人开始有医学，后来又产生了亚述医学。公元前15世纪，一位埃及国王病危时，曾请亚述医生诊治。公元前14世纪，巴比伦的医生还到过小亚细亚为赫梯国王医治疾病。不少刻有楔形文的泥板、陶片中，保留了他们的医药、医疗知识和处方；著名的《汉谟拉比法典》，就有许多条文涉及到医疗立法。巴比伦人注重研究星相，他们的医学知识往往与宗教信仰、巫术和魔法混杂在一起，在治病过程中采用求神保佑和用咒语法术驱除病魔，再配合一些合理的用药。楔文陶片中记述的疾病有：发热、中风、肺痨、鼠疫（亦称瘟疫）、眼疾、耳病、风湿、肿瘤、脓肿、心脏病、皮肤病、性病等；常用的药物有：各种植物的果实、叶、花、皮和根茎，包括藕、橄榄、月桂、桃金娘、鸡尾兰、大蒜等150余种，某些动物的肝脏及明矾、铜、铁等矿物质，药物一般被制成丸、散、灌肠等制剂。治疗方法还有沐浴、冷敷、热敷、河水洗濯以及体操疗法和按摩法。根据发病的部位，他们对疾病作了分类，如头部病，呼吸器官病，大血管病等，医生也有内科、外科、眼科等分工。当时的著名医生是奥罗德·纳内，他生活于公元前7世纪中期，留下了一些药方和处方。外科医生在很被重视，能用青铜刀割治白内障和肿瘤，还会接骨。

在冶金方面。根据目前的资料，人工冶炼铜器距今约5800年，始于今伊朗叶海亚地区，有的经过铸造、冷加工和退火工序。最早的含锡的青铜器发现于今伊拉克境内，含锡量达8%～10%，用于制造斧、锯、刀、剑等工具和武器。在美索不达米亚地区也开始生产含镍或含砷的铜器，制作了一些精致的装饰物。考古学家在西亚地区发现了公元前2200年的石范，可以同时铸造若干器件。最值得一提的是出现了失蜡铸造技术，在阿格拉卜丘沙拉庙的祭坛附近的圣器收藏品中，考古学家发现了微型铜象。人类最早使用的铁来自天上落下的陨铁，考古学家在地中海和近东地区，发现了公元前3000年的14件铁器。两河流域率先发明了炼铁技术，炼铁炉主要是地炉和竖炉，地炉的直径一般约为40厘米，深20厘米。冶炼时铺一层木炭，再铺一层铁矿石，这样一层层地堆积起来，将木炭点燃，冶炼后取出全部炉料，经过锤打分离炼渣，分选后烧结锻造成锭。人们还采用了渗碳和反复叠打技术，经过快冷或淬火使铁变硬。这种块状铁的质量虽然不高，但比起铜器来是一个大进步。巴比伦人在制作金、银制品时，对凸纹、镂雕、雕刻、金丝装饰及锻造工艺有所掌握，如在麦斯卡拉木都墓中发现的假发金盔，是用平金板打制的，用细线刻镂表示分散的头发。乌尔墓出土的女侍从装饰物，不仅有精湛的工艺水平，还反映出人们有一定的审美情趣。

在玻璃制造方面。玻璃的起源，可能两河流域早于埃及，在公元前3000年已经出现。两河流域的玻璃制造分为四个阶段：第一阶段从公元前23世纪到公元前16世纪中叶，发现了数量不多的小玻璃珠、小型装饰品和小型神像。第二阶段为公元前16世纪中叶到公元前12世纪，在阿拉拉赫、努济、阿苏尔和里迈干台都发现了玻璃容器的残片。这些容器用砂心法制造，砂心法是用麻布包裹着砂子做成容器的形状，砂心外沾上厚层融熔的玻璃液，当外层的玻璃冷却后将砂心取出。这个时期的玻璃多出土于庙宇、宫殿遗址，偶然也在私人住宅里发现。第三阶段从公元前12世纪至公元前8世纪，由于玻璃制造的技术含量高，配方严格保密，世代相传。如果遇到社会大动乱，很多高难技术失传。西亚这次玻璃业的中断，可能是由于巴比伦的衰亡，代之而起的喀西特人处于较落后的状态。第四阶段从公元前8世纪末持续到公元前1世纪，一种单色玻璃容器开始流行，是用铸造成形，冷却后经过打磨刻花而成。在尼姆鲁德的宫殿遗址里出土了140余件玻璃容器的残片，包括一件刻有"亚述萨尔贡王的宫殿"铭文的乳白色矮瓶。西亚在这个时期还普遍流行彩色镶嵌玻璃珠、人头像等佩饰，经过中亚游牧民族做中介，于公元前6世纪传入中国中原地区。西亚的玻璃制造一直持续到了罗马帝国时期，其间虽然经过亚述、新巴比伦、古波斯阿契美尼德时期，以及塞琉古时期和帕提亚早期，但生产一直没有中断。

2. 古代埃及的科技

非洲东北部的尼罗河由南向北流入地中海，在尼罗河第一瀑布以北至地中海沿岸的狭长谷地孕育了古代埃及文明。从公元前4000年到公元7世纪，埃及历经31个王朝和近千年的外族统治，留下了丰富的文明遗产，科学技术也一直为世人称道。

在农业与水利方面。前王朝时期，农作物和农业工具比较原始。考古学家从墓葬中发现了大麦和各类小麦，用于农耕的锄头和嵌着燧石片制成刃的木镰刀，用于碾面的磨谷器。到公元前2000年的古王国时期，埃及人发明了牛拉的木犁，碎土的木耙和金属制作的镰刀。在一些墓葬画中可见两头牛驾一套犁耕地的情景，一般每套犁由一人扶犁、一人赶牛。到新王国时期，普遍使用了直柄犁和有横木跨过直柄的犁，用长柄的锤子砸碎耕地中的土块。埃及人的农作物品种有大麦、小麦和亚麻，还有胡萝卜、葱、蒜、黄瓜、莴苣、葡萄、枣椰、无花果和橄榄。从第一王朝起，中央政府就注重管辖水利系统，指定官员对尼罗河的水情、水位变化进行观测记录。在中王国石棺文中，考古学家发现了关于盆地灌溉的文字资料，记述了怎样修筑堤坝、控制和分配洪水。中王国第12王朝的创建者阿门涅姆斯率领埃及人修筑了一个可以调节尼罗河水位的人造水库——法尤姆湖，位于尼罗河西面绿洲的最低处，修筑了水渠、水闸和水堤。每当尼罗河泛滥的季节，河水沿水渠流入了水库，被蓄存起来；当尼罗河水量不足时，再将水库的水放出来灌溉大片农田。古埃及人还采用挖渠引水或汲地下水的方法，浇灌蔬菜和果园。在新王国时期，出现了一种新的汲水工具——桔槔，做到了谷物一年两熟。

在文字方面。大约在公元前3500年前，埃及人发明了象形文字。后来又发明了以特定符号代替原始图画的文字，使之具有了表意的性质。因为后者主要为僧侣所用，多被刻在神庙的墙上和宗教纪念物上，被称为"圣书体"，据统计大约有2000多个圣书体文字。到第八王朝前后，祭司们在长期抄写公文中，逐渐对圣书体进行简化，形成了"祭司体"，这类字体书写简单，字体斜倾，几乎没有图画的性质。大约到新王国时期，又出现了一种更为简化的草写文体，被称为"世俗体"，其特点是出现了字母，部分使用了拼音的符号。有人在罗塞达发现了一块公元前196年的石碑，上面刻有希腊文、象形文及世俗体三种对照文字。法国语音学家商博良研究这块石碑达14年之久，终于使这些失传的文字得以破译。古埃及文字对西方文字的发展有重大的影响，大约在公元前13世纪，居住在地中海东岸的腓尼基人根据古埃及文字演变出北闪米特字母，制定了第一批由22个辅音字母组成的字母文字。腓尼基字母传入古希腊，便产生了希腊字母，并衍生出拉丁字母和斯拉夫字母，成为欧洲字母文字的主要来源。在纸草上书写是古代埃及人的一项独特发明，尼罗河三角洲盛产一种形似芦苇的植物，埃及人把它切成长度适当的小段，将其剖开压平，拼排整齐，连接成片，晒干以后即成为草纸。埃及人用芦苇杆一类的东西作笔，蘸上油菜汁和烟末调制成的墨汁，就可以在草纸上书写。公元前1000年中叶，纸草书写流传到地中海沿岸国家。

在数学方面。从中王国（前2000—前1750年）留下的两份数学纸草书中，可知埃及人采用了十进位记数，能解代数方程以及简单的一元二次方程。其数学知识主要包括算术、代数、几何三个方面，能够计算三角形、长方形、梯形和圆形的面积。那些巨大石砌建筑告诉我们，其计算精度相当高。几何被广泛运用于丈量土地，考古学家从陵墓画中发现，埃及人检查土地界石是否被移动，用一根带结的绳子丈量耕地面积。值得一提的是埃及人掌握了把圆的直径减少九分之一，将得数自乘，即相当于以 π 之值为 3.1605 进行计算。

在天文学方面。埃及人通过观测太阳和天狼星（称"索卜乌德"，意思是水上之星）的运行制定历法，即科普特历。据卡尔斯纸草书第九号记载：人们将一年定为 12 个月，一个月 30 天，剩余 5 天作为节日。除了这种民间使用的阳历之外，还有一种专为宗教祭祀所用的阴历。埃及人把黄道恒星和星座分为 36 组，在历法中加入旬星，一旬为 10 天。还发明了水钟（滴漏）、日晷（即以太阳的倒影来计时），把每天分为 24 小时。考古学发现埃及人了解许多星座，如天鹅座、牧夫座、仙后座、猎户座、天蝎座、白羊座、昴星团等。第三王朝（约前 2600 年）时，在宰相管理下有一批专职人员负责观察星相，拥有简单的观天仪器。在埃及遗址中发掘出距今约 3000 年的一种夜间观测仪器，名为"麦开特"，其结构比较简单，是把一块中间开缝的平板沿南北方向架在一根柱子上，从板缝中可知某星过子午线的时刻，还可从星与平板所构成的角度知道它的地平高度。由于古代埃及文化有显著的星神崇拜，天文学观测和记录由祭司负责。每年夏天，当天狼星黎明前升起之时，尼罗河就开始泛滥，人们认为天狼星是掌管圣河尼罗河的神，便建造神殿祭祀天狼星。另外，也有人认为金字塔是用来观测天狼星而建造的。埃及人赋予太阳浓重的宗教色彩，代表太阳的神祇有数种，其中最重要的有拉和阿顿，很多法老都以自己是拉或者阿顿的代理人来统治埃及。

在医学方面。埃及人通过《埃伯斯纸草书》、《埃德温、史密斯外科学纸草书》等六、七部古文献，将医学知识留传下来。《埃伯斯纸草书》成于第 18 王朝（约公元前 1584—前 1320 年），是一部宽 30 厘米、长 20 米的巨著，记述了内科、眼科、妇科等的症状和治疗方法，以及解剖学、生理学和病理学方面的知识。所载药方有 877 个，如："治眼的炎症，用俾布罗斯的松树枝磨碎，浸水内，点入病人眼中，便可迅速治愈。"又如："胃部不适，可采用小麦面包，大量苦艾，加浸蒜麦酒，令病人吃肥牛肉，饮用含有各种成分的麦酒，使其开眼张鼻，并使粪便排出。"外科医生使用的手术器械，最初使用石刀，后来使用铜刀和铁刀。他们做切开脓肿或摘除肿瘤的手术，术后用麻布做绷带，敷以末药和蜜，经过 4 天伤口便可愈合。《埃德温·史密斯外科学纸草书》记载了对骨折和脱臼的裹缚方法，还提到了脑引起的痉挛和脑创口缝合的方法。埃及人相信人死以后仍然活在另一世界中，发明了木乃伊的保存尸体的方法。他们取出死人的内脏，用防腐的药物和香料殓藏尸体，尸体干化后即成木乃伊。医生有专职的也有兼职的，拥有较高的社会地位，常见的头衔为"祭司"，与显贵拥有同样的地位，纸草文书中记录了 100 多个医生的名字。从第三王朝起，就设立了医科学校。赛伊斯和希利俄波利斯的学校附设在大庙内，具有独立的管理机构，人们称医师为"大先知"，称学校最高管理者为"太医"。古代埃及的医学后来经过克里特岛传到希腊，又由希腊和亚历山大亚传到西欧。

在建筑方面。从以金字塔为代表的陵墓、宫殿、城堡、城市和花园，可以看出古代埃及建筑的特点。埃及人发明的柱廊、方尖塔的建筑形式，对欧洲产生了一定影响。金字塔为国王墓，最早是第三王朝在萨卡拉墓地建造的，四周有 6 层阶梯，高约 60 米，底边长约 120 米，塔内有深 30 米的墓室。塔周有高 10 米、东西长 277 米、南北长 545 米的石灰石围墙，围着庭院、祭殿和厅堂。这座金字塔首次采用了石料建筑，在此以前多以土坯修筑。第四王朝金字塔的形状逐渐变为三角形，改变了第三王朝使用小石块的传统。著名的金字塔是胡夫、哈夫拉、门卡乌拉在开罗附近修建的三座，尤以胡夫金字塔最壮观。这座金字塔高 140 米，塔基边长 230 米，用了大约平均重 2.5 吨的 230 万块石材砌成。入口位于塔身北侧，高出地面 20 米。沿入口不远处的一条向上通行的甬道可到达第二个墓室，即所谓"王后墓室"。从王后墓室再向上走便可到达最上面的国王墓室，这里放置着胡夫的花岗岩石棺。国王墓室高约 6 米，用一块重 400 吨的大石板覆盖，其上筑有 5 层空间，被人们誉为"古代世界七大奇迹之一"。埃及的神庙分为祭神庙和祭王庙两大类，第一王朝时以泥砖修建，如耶拉孔波利斯的何露斯神庙；古王国时代以后用大石块和泥砖修成，如第五王朝的尼乌谢尔神庙——国王为奉祀太阳神而建。这座神庙的空庭阳光普照，中央有一座巨大石料垒成的太阳神象征物——粗矮的方尖碑。新王国时代以后建造了许多祭祀某一种神的神庙，其中以阿蒙神庙最多，多用石英岩、石灰岩、花岗岩、雪花石膏建造，左右对称，在塔门背后建中庭、多柱室和圣所三部分，神庙前排列着许多狮身人面像，可惜只剩下残迹了。

在冶金方面。埃及最早使用的金属是铜器，拜达里文化遗址（公元前 4400 年左右）就发现了铜念珠、铜针等小型制品，稍晚的阿姆拉文化遗址（公元前 3700 年左右）也发现了铜制的手镯及一些小型利器，再晚一些的格尔塞文化遗址（公元前 3600—3100 年）则发现了铜刀、匕首及斧、锛等实用武器。前两种文化的铜器以天然铜锻制而成，后一种文化的铜器反映出埃及人已掌握冶铜技术。他们开采和加工铜矿的遗迹，在古王国时期的西奈、努比亚和布亨。从一些坟墓中的壁画和浮雕上，可知新王国时期（公元前 1600 年）冶铜的情景，人们从管子嘴吹风改为脚踏鼓风，解决了提高炉温这一冶金技术问题。公元前 3000 年，埃及人掌握了铜器和其他金属加工的一些技术，如锻、锤、铸、压模、焊和铆。除了制作铜工具以外，考古学家发现了属于公元前2300年的铜雕像，加工方法主要是锻炼和铸造。尽管铜矿丰富，由于缺乏锡资源，到中王国时代才开始出现铜锡合金的青铜器。新王朝时期青铜器的铸造开始普及，由于青铜比红铜坚韧，战车、庙门及兵器都使用青铜铸件，也引起了手工业如金属加工、雕刻、装饰品等技术进一步发展。冶铁出现比较晚，方法很原始——在地上挖一个洞，把木炭和铁矿放进去熔炼，释放出铁矿石中的氧。这种炼法炉温不高，熔化的金属铁先是形成小小颗粒，最后聚集成海绵状的物体，把这种海绵铁再一次放到火里，一边加热一边用石头敲打，便可去除混在铁块中的渣滓，最终得到熟铁。新王朝时期埃及人用熟铁制作铁丝、铁链条和铁薄板，还用来制作盔甲。在金属加工方面，埃及人有娴熟的技术，可加工镀金、包金、镶金的器件及刺绣用的金丝。

3.古代印度的科技

古代印度文明发源在印度河两岸，考古学家在印度河以西的梅加发掘了延续时间很长的农业聚落遗址，证明了公元前6000年时即有居民在此从事农业。公元前5000年时，梅加的居民住在用土坯造成的房屋里，拥有铜质工具，并从伊朗进口绿松石，从阿拉伯海运来贝壳。梅加人培育出一种新的作物——棉花，成为印度贸易的主要商品。

公元前2700年，印度河流域的居民解决了灌溉和洪水控制的问题，在沿岸约130万平方公里的土地上，现勘察到几百个遗址，较大的城市至少有4个：哈拉巴、摩亨焦达罗、卡利班甘和多拉。哈拉巴城和摩亨焦达罗城各占地1平方公里，人口都在3.5万以上。城市由两部分组成，一部分是高耸的城堡，与宗教或统治机构有关的建筑物。另一部分地势较低，建筑多为民房和作坊、商店等。哈拉巴文明繁荣了近1000年，其成就可以与埃及文明和巴比伦文明相媲美。哈拉巴文明在公元前18世纪出现了危机，一些半游牧部落取道阿富汗进入印度。这些半游牧部落即雅利安人，现在一般认为属于印度—伊朗语系中的一支。在公元前8到6世纪形成了以部落集团为基础的16个主要地域政体，俗称"十六国"，产生了佛教并在国家形成中起主要作用。波斯的阿赫美尼德王朝从公元前6世纪把疆域伸进南亚次大陆，建立起波斯帝国最富饶的第20行省。其统治持续到公元前4世纪，希腊马其顿王亚历山大征服了波斯帝国，以后继续东征，一度占领印度西北地区。其后，当地的摩揭陀人兴起，于公元前321年建立孔雀王朝。古代印度的科技曾经走在世界前列，主要成就是：

在天文历法方面。印度人很早就研究天文历法，吠陀时代把一年定为360日。印度先后出现过4部著名的天文历法书，《太阳悉檀多》是其中最著名的一部，它成书于公元前6世纪，后人有增改，记述了测时、分至点、日食、月食、行星运动和测简单的天文学仪器。在吠陀时代，人们一般认为天地中央是一座名为须弥山的大山，日和月都绕此山运行，太阳绕行一周即为一昼夜。《太阳悉檀多》则说大地为球形，北极为称作墨路山的山顶，那里是神仙的住所，日、月和五星的运行是一股宇宙风所驱使。印度这一时期最负盛名的天文学家是圣使（生活于475年前后），他写了《圣使集》，在讨论了日月行星的运动之后，提出了推算日月食的方法，并认为它们的运动是地球自转的结果。

在农业和水利方面。新石器时代的农业作物以燕麦为主，哈拉巴文明时期开始种稻米，豌豆、扁豆被认为是印度首先培育出来的。哈拉巴及吠陀时期的遗址中发现，棉花也栽培成功了。在新石器时代，印度人知道如何引水灌溉农田。洛塔尔城（今古贾拉特邦内）的一条人工渠道，宽7米，与一个天然水库相连。在因那姆干也发现一条人工挖的灌溉水渠，宽4米，深3.5米，是吠陀早期的遗迹。哈拉巴城和摩亨焦达罗城都建筑在洪水线以上，居民修筑河堤用了亿万块土坯砖和用柴火烘烤过的砖块，其工程量之巨大可想而知。在洛塔尔遗址还发现了一个船坞，为长方形，四边是砖砌的堤岸，西边长212米，东边长209米，南边长35米，北边长36米。有学者认为能够修筑这样大的船坞，应有能力修筑人工水库或蓄水池。吠陀早期的文献中记载了人工修筑的水库，其中一道堤坝是用碎石和泥浆筑成的，宽2.2米，现存长240米，与人工水渠将水库与附近的河流相连接。哈拉巴文明时期的农具以石器为主，也有青铜锄、青铜或红铜的镰刀。公元前600年至公元100年是巨石文化的兴盛时期，巨石文化中铁制农具有锄、半月形镰刀、叶形镰刀，长柄弯刃刀和铲子。吠陀中期以后，居民冲破了印度河的生态范围，向恒河中上游平原发展，开发河间地带茂密的灌木丛和潮湿低地的丛林需要锐利的工具，新出现的铁制工具发挥了重要作用。这个地区的潮湿气候和低洼的地势非常适合于水稻生产，并广泛驯养水牛用于水田耕耘，例如《阿达婆吠陀》谈到用6条牛连到一起拉犁耕田。

在文字和数学方面。我们对哈拉巴文明了解得比较少的一个主要原因，是由于迄今为止还不能破译他们的文字。许多印度河流域的符号和数百年后恒河婆罗门文献上的符号相似，而且两者都是由右而左、之后由左而右交互成行来书写。印度人在公元500年左右，创立了十进制记数法，后来经阿拉伯人传入欧洲。数学家梵藏在628年写出了他的《梵明满悉檀多》，最早提出了负数的概念，并且模糊地在认识到零也是一个数。

在医学方面。印度最早记载医学的文字在《吠陀》之中，其中《阿达婆吠陀》记有许多疾病的名称，如发烧、咳嗽、水肿、肺病等，还有不少驱鬼的巫术和一些治病的方法。《阿柔吠陀》是另一部早期医学著作，书中巫术成分已不多见，提出躯干、体液、胆汁、气和体腔是人体的五大要素，与自然界中的地、水、火、风、空五大元素相对应。躯干和体腔是稳定因素，而体液、胆汁和气则是活泼因素，如果这些因素失调，人就生病了，书中还记载有内科、外科、儿科等疾病的治疗方法和药物。从文献上看，医学几乎全归婆罗门主持，而且建立了医院收治病人。妙闻是古代印度著名的医生，生活在纪元前。现在广为流传的《妙闻集》是公元11世纪时修订过的著作，掺入了许多后人的东西。据《妙闻集》记载，人身有骨300、腱90、关节210、肌肉500、血管70、体液3种、分泌物3种、感觉器官9种，还记载了解剖的具体方法。《妙闻集》提到蚊子和疟疾，提到有死鼠便应搬家，似乎知道了疟疾与蚊子、鼠疫与老鼠之间的关系。《妙闻集》详细记载了医生做外科手术时应准备的器械，如刀类、烧灼器、杯类、锯、灌洗器、剪、钩、镊子、套管针、导管、窥器、探子、缝合针等，能实行的外科手术有痔瘘手术、扁桃体切除术、难产取胎术等。印度发明的成形手术，其他民族到中世纪后期才应用。其中的鼻成形术最发达，可能由于削鼻在印度是一种刑罚，需要安装假鼻。据《妙闻集》记载，医生拿一片树叶，按削去的鼻子大小裁好，然后在颊上切下一块皮，放置在鼻根上加以缝合，然后在鼻孔内放入两管以便呼吸。

在城市建筑方面。哈拉巴文明时期的城市都经过精心规划，每个城市都使用了近千年。虽有多次重建，但每一次重建都严格遵照原来的规划进行。所有的城都可以分为两部分：城堡和下城。有的城堡是一个完全独立的实体，如摩亨焦达罗和卡利班甘。有的城堡与下城相联为一个整体，只在中间隔了一道墙，如洛特尔城。街道都是南北向和东西向的，将街区分割成棋盘样。摩亨焦达罗城内有分布合理的地下排水管道，而卡利班甘城则采用渗水井。考古发掘的印度河文明城市遗址中，摩亨焦达罗是迄今为止发现的最大城市，位于卡拉奇东北约225公里处，城堡的南北长1070米、东西宽685米。下城内布满十字交叉的街道，最宽的街道宽10米。摩亨焦达罗的地下水位不深，居民饮用水主要靠井水。很多住宅有自己的单独水井，也有公共水井。井壁一般用砖砌，井口直径约 1 米。井口的边缘没有发现绳子磨出痕迹，说明当时采用了辘轳。从一些住房的墙基很厚和一些残留下来的楼梯来推测，当时已有两层楼房，城内还有一些非常独特的建筑：浴池、谷仓和集会大厅。公元前 17 世纪，哈拉巴城市文明衰亡以后，印度次大陆重新从游牧经济向农业经济转化，到公元前 10 世纪中叶，城市第二次在南亚兴起。叉始罗位于伊斯兰堡东侧的比尔山，始建于公元前 6 世纪，沿用到孔雀王朝时期。唐代高僧玄奘曾路过这个城址，在他写的《大唐西域记》中称之为"犍驮逻"，并记有"邑里空荒，居人稀少"，可见这座城址已成废墟。叉始罗地处南亚次大陆的西北，远离恒河中下游，它的繁荣主要是由于在对西方贸易中的枢纽作用。

在手工业方面。印度在新石器时代已生产陶器，按照陶质的不同可分为粗陶、泥质陶和表面磨光的陶器。陶器采用轮制，表面多是暗红色，绘有黑色或白色的纹饰，纹饰包括几何纹、植物花叶和少量的动物纹，还发现了抛光陶器表面的工具。陶器文化分成三大系，即赭陶文化、彩绘灰陶文化和黑红陶文化。哈拉巴文明时期的遗址出土过陶砧，直至今天还有人使用。窑炉按火道传送火力的方向不同，可分为垂直向上、垂直向下和水平传送的三种窑。一部分陶器不用窑炉烧制，而在火堆上烘烤，用牛粪作燃料时温度可达到 950~1000℃，现在印度农村的陶工仍然使用这种方法烧陶，称之为"嘎加普特"。古代印度居民对美有执著的追求，早在中石器时代就流行佩戴珠饰，珠饰材料有贝壳、磁铁、玛瑙、红玉髓、陶珠等。珠宝加工的产品以珠饰为主，此外有头饰、鼻饰、耳环、项圈、手镯、臂钏、指环和足镯等。拉贾斯坦平原出土的一些石珠，年代可以早到公元前 4000 年。能在长 2.5~3 厘米的管形珠上钻孔，可见钻孔技术达到相当水平。另一项工艺是在石质珠子上蚀花，使珠子更加鲜艳夺目。还流行釉陶珠和费昂斯珠以及其他质料的珠子，如金属珠、木珠、象牙珠等。对珠子的装饰手法也多种多样，如采用雕刻、镶嵌、冻石外表上釉等技法。印度最早的玻璃出现在彩绘灰陶时期，即公元前800年，有绿色玻璃珠和玻璃手镯。

在冶金方面。印度次大陆的铜制品首先出现在公元前4000年，与美索不达米亚相比晚了约1000年。哈拉巴文明中的铜器种类很多，有剃刀、刀子、凿子、箭头、矛头、斧头、鱼钩和铜锅，主要采用铸造的方法。纯铜的颜色泛红，称之为红铜，将锡熔进铜里，制成的铜锡合金（即青铜）则大大提高了硬度和延展性。哈拉巴文明中的铜器大多数是属于红铜的，比较合比例的青铜仅占总数的14%，说明冶铜技术还不高。值得注意的是，摩亨焦达罗遗址中出土的铜器中有177件不含锡，而含一些其他金属，如砷、镍、铅等。铜中哪怕只加入1%的砷，就能将铜的硬度从124提高到177（硬度标准）。哈拉巴文明的铜器制作，采用一种比较封闭性的铸造范和失蜡法，如中间带凸棱的青铜剑是用封闭性的陶范铸造出来的；舞蹈的小铜人是用失蜡法制成的；带纹饰的印章则可能用模压方式成型。印度的黄金制品主要用做各种首饰，多用锤打和铸造两种方式成型。哈拉巴文明的匠人已掌握黄金拉丝、焊接和制造中空的黄金饰品的工艺，能够制作中空的圆锥形耳坠、带波纹的戒指、带孔的圆形大牌饰。印度次大陆有赤铁矿、磁铁矿和褐铁矿资源，为发展铁器提供了很好条件。从考古资料来看，还没有发现早于黑精陶文化时期的铁器，可能产生于公元前6世纪。早期的铁器是"块炼铁"，经过锻打而制成的。乌贾因是印度"十六国"时期位于温德雅山脚的阿般提的首都，在公元前500—200年的遗址上出土了不少有关冶铁技术的证据（如锻铁炉）。乌贾因遗址出土的铁器含有一定的钙，说明已采用石灰作为冶铁的助熔剂。

二、近现代西方的科技

1. 英国的工业革命

从16世纪到19世纪，随着君主立宪制的确立，英国持续了三个世纪的圈地运动，为工业革命提供了大批廉价的劳动力。同时，海外贸易和殖民地的开发，使大量财富集中到资产阶级手中，为工业革命累积了财力。英国过去总是以国王的名义借债，来弥补宫廷财政运转的不足。1694年，英格兰国家银行的成立，标志着由国王债务制度过渡到国家债务制度，从另一条渠道为工业革命积累了资金。经典力学、热力学等学科的创新，也为工业革命带来了契机。英国工业革命从18世纪80年代开始，到19世纪中期基本结束。

在16世纪时，分散的手工工场在英国占主要地位。随着圈地运动而使丧失土地的农民日益增多，到17世纪时，雇佣几百名工人的手工工场非常普遍了。这些手工业工人并不限于毛纺织业，在采矿、冶金、制盐、造纸、玻璃、制硝、啤酒等部门达到1000人的规模。英国手工工场在生产技术方面的进步，与欧洲大陆上的大量工匠迁居英国有密切关系。法国与尼德兰的丝织业技术比英国进步，拥有很多技术熟练的工匠。由于不断发生宗教战争，迫使许多信奉新教的熟练工匠逃到英国避难，英国女王伊丽莎白允许这些工匠定居下来，条件是每一户外来工匠必须培养一名英国学徒。英国的染织业、制糖业、陶瓷业的发展，同尼德兰工匠的贡献分不开。

工业革命以机器生产代替手工劳动，是手工工场向大机器工厂的一个飞跃。这个飞跃之所以能够实现，工场手工业的高度发展是工业革命不可缺少的技术前提。此外，英国为追求更多的利润，从而刺激了机器的发明和新科学技术的使用。工业革命从纺织部门开始，并不是始于传统的毛纺织业而是始于新兴的棉纺织业。棉纺织业技术基础薄弱，设备简陋，加上国内对棉纺织品的需求日益增长，正好适应这一行业改革技术的迫切要求。1733年，机械师约翰·凯伊发明了飞梭，使织布效率提高了一倍。凯伊的儿子又加以改进，发明了上下自动的杼箱，使织布能力进一步提高。由于织布效率提高，出现了严重的纱荒，有些棉布工厂因缺纱而停产。1761年，英国"艺术与工业奖励协会"两次悬赏，征求新式纺纱机的发明。从18世纪60年代起，棉纺织业中一系列新工具的出现揭开了产业革命的序幕。1764年，兰开夏郡内的织工詹姆士·哈格里夫斯发明了珍妮纺纱机，把原来水平放置的单锭纺车改造成竖直放置的多锭纺车，使纺纱效率提高了十几倍。

由于珍妮机带动的纱锭日益增多，需要手工来摇转纺轮，使人力越来越难以胜任。1769年，钟表匠理查·阿克莱特发明了水力纺纱机。这种机器安装着许多滚轴，旋转很快，纺出的纱质地坚韧，但不均匀。由于水力纺纱机体积大，必须设置在可以利用水力的地方，不能像旧式纺车或珍妮机那样安装在家庭内，而必须建立厂房，就为工厂制度的确立奠定了基础。1771年，理查·阿克莱特建立了第一个棉纺厂，成为最早使用机器生产的工厂主。1779年，工人赛米尔·克伦普顿综合了珍妮机和水力纺纱机的优点，发明了骡机，使纺出来的棉纱既结实又精细。最初，骡机能带动二三十个纱锭，随着机器的改进逐渐增加，到18世纪末能够带动400个纱锭了。

棉纱产量的大幅度增加，迫切需要改良织布机。1785年，牧师埃德门特·卡特莱特发明了用水力推动的织布机，这种机器非常呆笨，销路不广。后来，经过拉德克利夫、霍洛克斯等人的改进，这种织布机才逐渐推广应用。1803年，拉德克利夫还发明了一种整布机，霍洛克斯又发明铁制的织布机器。经过改进的自动织布机，比手工织布提高了40倍的效率。纺织方面的一系列发明，引起了净棉、梳棉、漂白和染整工序的改革。棉纺织业机器的使用又引发了其他行业的连锁反应，不久在采煤、冶金等许多工业部门，都陆续有了机器生产。于是，以机器代替手工操作的工厂便相继在各工业部门出现。

随着越来越多的工业部门实现了机械化，动力问题摆在人们面前，蒸汽机的发明和推广正是解决动力问题的关键一环。利用蒸汽做动力可以追溯到古希腊，早在公元前2世纪，希腊人赫伦就制造过一种用蒸汽喷射的旋转球。法国物理学家尼斯·帕旁称得上是第一个蒸汽机的实验者，他于1680年受莱布尼茨的启发，在英国试验成功了第一台可以把热能转变为机械能的活塞式蒸汽机，这种机器仅仅是试验性的，没有付诸应用。1698年，英国工程师托马斯·塞维利制造了一种无活塞式蒸汽机，它直接靠蒸汽冷却造成的真空把水从矿井中吸上来，然后再次通进蒸汽将水压到更高的地方。这种抽水机曾在矿山中使用，被称为"矿山之友"。由于它在排除深矿井中的积水时必须加大蒸汽的压力，而当时用于制作锅炉的材料经受不住蒸汽的高压，常常破裂，不能在矿山中普遍推广。1705年，铁匠托马斯·纽科门在塞维利抽水机的基础上加以改进，制造出了真正可用于矿山的蒸汽抽水机，并用于城市供水和农田灌溉。它的缺点是耗煤量大，效率低。

解决了蒸汽机以上难题的是詹姆斯·瓦特(1736—1819)，他在格拉斯哥大学担任仪器的修理工，注意到纽科门式蒸汽机之所以浪费很多热量和时间，是因为汽缸里既要产生蒸汽，又要注入冷水。1765年春，瓦特终于想出解决问题的办法，安装上一个隔离式冷凝器装置，蒸汽不是在汽缸内冷却凝固，而是让蒸汽通过阀门进入一个单独保持冷却的冷凝器，这样就不需要降低汽缸的温度，真空也能够不断产生。改进后的蒸汽机耗煤量只有纽科门机的四分之一，瓦特 1769 年以发明分离冷凝器获得了第一个专利。这种蒸汽机仍无法克服纽科门蒸汽机只作往返运动的缺点，不能使蒸汽机变成能带动各种工作机。1781 年，瓦特研制出一套齿轮联动装置，可以将活塞的往返直线运动转变为轮轴的旋转运动，因此获得了第二个专利。为了增大蒸汽机的动力，1782 年，瓦特把原来的单向汽缸组装成双向汽缸，并首次把引入汽缸的蒸汽由低压改为高压，因此获得了第三个专利。经过再次改进的蒸汽机，不仅能够适用于各种机械运动，而且增加了一种自动调节蒸汽机速率的装置，第一个使用瓦特蒸汽机的纺纱厂于 1785 年建成。很快，蒸汽机在棉纺织业、毛纺织业、采矿业、冶金业、造纸业、印刷业、陶瓷业等工业部门得到了广泛应用。

蒸汽机的问世，解决了工业发展中的动力问题。从此，只要有煤作为燃料，就可以开动蒸汽机。蒸汽机的发明使机械化生产冲破自然条件的限制，使人类社会进入机械化时代。英国到处建立起大工厂，那些高耸入云的烟囱喷出缕缕烟雾，庞大的厂房发出轰鸣，打破了原来中世纪田园生活的恬静。煤炭可以说是近代工业的食粮，如果没有煤，就没有大机器工业的发展，也就没有工业革命。由于工业革命的兴起，英国对于煤炭的需求扩大，煤炭工业迅速发展。1846 年，英国煤炭年产量已经达到 4400 万吨，成为欧洲乃至全世界第一大产煤国。1840 年前后，英国大机器生产已基本取代工场手工业。工业革命的基本完成，使英国出现了空前的繁荣，英国成为世界上第一个工业国家。

2. 近代西欧的科技

从公元 5 世纪到 15 世纪，教会和骑士横行欧洲，科学家被禁锢在牢笼里，史书上把这漫长的 1000 年称为黑暗时代。从 13 世纪开始，中国四大发明陆续传入欧洲，对欧洲文艺复兴运动乃至资本主义的发展起了催动作用。马克思说："火药、指南针、印刷术——这是预告资产阶级到来的三大发明。火药把骑士阶层炸得粉碎，指南针打开了世界市场并建立了殖民地，而印刷术则变成新教的工具，总的来说变成科学复兴的手段，变成对精神发展创造必要前提的最强大的杠杆。"资本主义在地中海沿岸开始萌芽，意大利出现了一批著名的科学家，强调通过实验和观察来认识自然、认识世界，反对片面地依靠逻辑推理来认识事物。例如，反对把地球看成是宇宙中心的哥白尼，开创实验科学的伽利略。意大利政府鼓励新技术的发明，引人注目的政策措施是专利制度，第一个专利是 1421 年授给建筑师布鲁尼利希的。科技推动了意大利的商业和航运业的发展，使其遂成为世界经济的中心。

　　在 15、16 世纪里，欧洲人凭借着还不太成熟的科学和技术手段，义无反顾地向地球上广大陌生区域推进。尤其是西班牙国王派遣哥伦布（1451—1506）先后 4 次出海远航，开辟了横渡大西洋到美洲的航路。新大陆的发现，证明了大地"球形说"的正确性。波兰的天文学家哥白尼（1473—1543）提出的日心说，推翻了长期以来居于宗教统治地位的地心说，实现了天文学的根本变革。艾萨克·牛顿（1643—1727）是近代最伟大的物理学家、数学家，他在 1687 年 7 月发表的《自然哲学的数学原理》中，提出了万有引力定律以及他的三大运动定律，这四条定律成为经典力学的基石。万有引力定律第一次把天上的运动和地上的运动统一起来，为日心说提供了有力的理论支持，使得自然科学的研究最终挣脱了宗教枷锁。牛顿除了和莱布尼茨各自独立地发明了微积分之外，还发明了反射式望远镜、发现了光的色散原理，并留下了 50 多万字的炼金术手稿和 100 多万字的神学手稿。

　　18 世纪，法国由于其特殊的政治情况成为激烈的大革命场所。以狄德罗为首的一批启蒙运动的哲学家形成了法国百科全书派，他们宣传自由平等和人道主义，提倡民主和科学，出现了一次思想大解放。另一方面，在牛顿学说的影响下，法国出现了一批科学家和科研成果，例如著名数学家及力学家拉格朗日，数学家和天文学家拉普拉斯，开创定量分析、推翻支配化学发展长达百年之久的燃素说的现代化学之父拉瓦锡。1796 年，拉普拉斯在他的《宇宙体系论》一书中提出了与德国人康德类似的星云假说，人们才重新复兴了康德的思想，使康德的《宇宙发展史概论》于1799 年再版。为了纪念这两位伟大的科学家，人们把宇宙起源于原始星云的学说，称为"康德—拉普拉斯星云假说"。物理家法拉第发现了电磁感应规律，由于他不能用最科学最严密的语言表达出来，因此一直没有得到科学界的承认，直到麦克斯韦完整地表达了这一规律，才得到世人的承认。1788 年，勒布朗提出了以食盐即氯化钠为原料的制碱方法：首先将氯化钠同硫酸一起共热，得到氯化氢和硫酸钠；然后再将硫酸钠同煤粉、石灰共热，则得到碳酸钠和硫化钙。通过综合利用原料使工厂生产硫酸、硫酸钠、盐酸、苛性钠、硫磺、漂白粉等产品。在碱的生产过程中，因为煅烧黑灰，他研制成了旋转炉；因煅烧碳酸钠的需要，他发明了机械烤炉，以及特兰锅、善克式浸溶装置等。这些设备和在设计中采用的原理，一直到现在还为化工界采用。在这段时期，还产生了公制度量衡、科学教学制度和公立中学。但是，法国的研究工作过分地学院式，培养的人才相当部分是科学家—数学家—哲学家类型，不善于将科学转化为生产力。

1789 年的资产阶级大革命时期，法国在世界上率先实行了普遍义务兵役制。在拿破仑时期，这支军队横扫欧洲大陆，使当时欧洲的大多数国家成为法国的"领地"。1849 年，法国建造出世界第一艘以蒸汽机为辅助动力装置的战舰"拿破仑"号，成为海军蒸汽动力战列舰的先驱。它以蒸汽机为主动力，仍挂有作为辅助动力的风帆。1853 年至 1856 年的克里米亚战争，奠定了蒸汽装甲战舰在近代海军舰队中举足轻重的地位。

德国近代科学基本上是从法国引进的，正像德国革命是再版的法国大革命一样。但是，德国科学得益于产业革命的推动，很快超过了法国，成为19世纪到20世纪初世界科学的中心。在此之前，德国产生了较多的科研成果，如开普勒是德国著名的天体物理学家，发现了行星运动三大定律，为哥白尼创立的"太阳中心说"提供了有力证据。18至19世纪天文观测上获得的成果是丰富的，包括威廉·赫歇耳对恒星和双星的观测，天王星和海王星的发现。赫歇耳在对天空第二次"扫描"（1871年）时，在太阳系疆界——土星之外发现有一颗前所不知的行星，这就是随后被英国天文学家麦斯克雷确认的天王星。贝塞尔随后提出，在天王星附近可能有一颗未知的行星干扰它的运动，不久柏林天文台台长加勒发现了这颗行星，这就是海王星。戈特弗里德·威廉·莱布尼茨（1646—1716）和牛顿先后独立发明了微积分，他的研究成果还遍及力学、逻辑学、化学、地理学、解剖学、动物学、植物学、气体学、航海学、地质学等领域，被誉为17世纪的亚里士多德。他还是最早研究中国文化和中国哲学的德国人，受到八卦图的启发发明二进制，奠定了后来计算机运算的基础。

在近代，对热现象的实验研究是从测量"热度"开始的，经过半个多世纪的努力，形成了三种较为适用的温标，这就是世界上通行的华氏、摄氏和勒氏温标。其中，华氏温标是1714年德国人华仑海特确定的，他发明了净化水银的办法而使这一液体得以在温度计中普遍采用。1821年，塞贝克制成了温差电偶，证明了热可以转化为电。迈尔本来是一个医生，是较早表达能量守恒思想的科学家之一。赫尔姆霍兹于1847年发表了《论力的守恒》一文，对能量守恒原理进行了全面论证。1888年，科学家赫兹用实验证明了电磁波的存在及其具有的反射、折射和干涉的性质，证实了英国科学家麦克斯韦揭示的电、磁和光的统一性，实现了人类对自然界认识的又一次综合，标志着经典物理学的成熟。

1828年，化学家维勒从无机物中人工合成了有机物——尿素，这是有机化学发展过程中的一大突破。此后，人们又合成了许多有机化合物，如李比希和维勒进一步提出有机化合物是由"基"组成的。1857 年，化学家凯库勒总结、归纳各类化合物，把各种元素的"化合力"改为"原子数"，奠定了原子价理论的基础。1865 年，凯库勒提出了苯的环状结构学说，对芳香族有机化合物的利用和合成起了重要的指导作用。有机结构理论的又一个重要进展是立体有机化学理论的创立，威得森努斯对乳酸的旋光性进行了一系列研究，得到了以下结论：分子的旋光异构只能从原子在空间的不同排布来解释。关于元素的分类，德国人柏莱纳于1829 年对已知的 54 种元素进行了研究，提出了三元素组的分类方法。罗泰尔·迈那提出了"六元素表"，并于 1869 年发表了著名的《原子体积周期性图解》，并制作了一个化学元素周期表。在近代冶金化学领域里，最有影响的是德国矿区医生阿格里柯拉的工作，他记录了矿工们大量的实际经验，写下《论矿物的性质》一书，把矿物分成泥土、玉石、结晶盐、金属、混杂物这五类，并且分述了各种矿物的色泽、味道、形状及其他性质。他总结自罗马时代的老普林尼以来的采矿和冶金学的知识，又写成了《金属学》一书（共 12 卷），按生产顺序论述了寻找矿脉、开采矿石、矿石加工、炼制金属产品和分离金属元素的详细过程。随着冶金和化学工业的发展，化学家们对燃烧的性质给予越来越多的注意，出现了贝歇尔的三种土质说，即玻璃状土、油状土和流质土，这三种土质相当于巴拉塞尔斯的盐、硫、汞。在贝歇尔学说的基础上，他的学生施塔尔提出了燃素说，认为燃素存在于可燃物、动植物和金属中。如果把灰渣与富有燃素的木炭混合加热，灰渣就会还原为原来的金属。燃素说是第一个把化学现象统一起来的学说，几乎统治了整个 18 世纪的化学。

在欧洲的主要资本主义国家中，由于德国起步晚，到 19 世纪中期才开始产业革命。德国派了许多学生去英、法学习，组成代

表团考察美国，从国外购置了大批的机器设备，还聘请英国技师
来帮助修建工厂。科学史专家特纳说过，德国的科学研究是1830
年之后在国立大学的基础上发展起来的，如吉森大学、洪堡德大
学、哥廷根大学和波恩大学。德国政府重视知识，创办专科学院
和大学，聘请著名科学家和教育家，开创教学、科研相统一的高
教体系。德国高校中涌现了一批著名的科学家，如数学家雅可
比、高斯，发现电学中的欧姆定律的物理学家欧姆，发展了农业
急需肥料的化学家李比希，以及对香料、颜料和医药合成做出重
要贡献的李比希的学生霍夫曼。

　　早在1833年，物理学家韦伯与高斯合作研制了用电池作动
力的电报机。德国工程学家西门子（1816—1892）发明了在19世
纪流行的指南针式电报机，于1847年建立了西门子—哈尔斯克
电报机制造公司。1866年，西门子用电磁铁代替永久磁铁，制成
了自激式直流发电机，从而提高了电流强度，使电机得以推广，
有轨电车、无轨电车、电梯、电气火车等都是西门子公司利用其
创始人的发明最先投入市场的。1880年，用电机带动的各种机
床、电站、电梯、起重机和压缩机均已出现。1882年，电气技师
德普勒成功地进行了高压直流输电试验，把1500伏到2000伏的
高压电从米斯巴赫送到慕尼黑，距离为57公里。这一试验打破
了地方条件对工业的限制，使遥远山区的水力发电成为可用
能源。

　　19世纪末至20世纪初，电子、X射线、放射性的发现揭开了
物理学革命的序幕。1897年，英国物理学家汤姆孙发现了电子，
打破了原子不可分的传统观念。1895年，德国物理学家伦琴发现
了一种几乎能穿透所有物质的X射线。不久，法国科学家贝克勒
尔发现了铀的放射性现象。在法国工作的居里夫妇受贝克勒尔启
发，发现了钋、镭的放射性，并在艰苦的条件下提炼出辐射强度
比铀强200万倍的镭元素。1912年，德国物理学家劳厄研究了X

射线的衍射现象，发现 X 射线是一种波长很短的电磁波。电子和元素放射性的发现，使人们的认识得以深入到原子的内部，为量子论的创立奠定了基础。物理学家普朗克从 1894 年起把注意力转向黑体辐射问题，于 1900 年 12 月在德国物理学会上宣读了题为《关于正常光谱的能量分布定律的理论》的论文，宣告了量子论的诞生。量子论是反映微观粒子结构及其运动规律的科学，普朗克提出的能量子概念，第一次把能量不连续的思想引入物理学，经典物理学所碰到的许多疑难问题便迎刃而解。1905 年，物理学家阿尔伯特·爱因斯坦（1879—1955）发表了《关于光的产生与转化的一个启发性观点》一文，提出了辐射问题的崭新观点——光量子理论，使人们重新认识了光的粒子性，从而对光的本性的认识产生了一个飞跃。可惜，爱因斯坦关于光具有波动性与粒子性的思想当时没有为人们所重视。

量子论产生的同时，在对电磁效应和时空关系的研究中产生了相对论。1905 年 9 月，爱因斯坦在德国《物理学杂志》上发表了《论运动物体的电动力学》一文，这是他关于相对论的第一篇论文。他从分析麦克斯韦电磁场理论应用到运动物体上所产生的矛盾入手，建立起可以与光速相比较的高速物体的运动规律，这就是"相对性理论"，简称"相对论"。相对论可分为两个主要部分：狭义相对论只讨论以均匀的相对速度高速运动的观察者的观测结果，并假定自然定律对所有这些观测者来说都完全一样，从而得到时空坐标从一个惯性参考系变换到另一个惯性参考系所满足的关系。广义相对论把狭义相对论从惯性参考系推广到非惯性参考系，并把引力结合到其中，建立起引力场理论。建立狭义相对论后，爱因斯坦看到这个理论的局限性，于是扩大相对性原理的应用范围。1916 年初，他发表了一篇完整的总结性论文《广义相对论基础》。广义相对论实质上是一种引力理论，在有引力场的区域，空间的性质不再服从欧几里得几何，而遵循着非欧几何。他认为，现实的物质空间不是平直的欧几里得空间，而是弯曲的黎曼空间，其弯曲程度取决于物质在空间的几何分布。物质密度大的地方，则引力的强度也大，时空就弯曲得厉害。广义相对论从新的高度否定了牛顿的绝对时空观，成了现代宇宙学理论的基础之一。相对论将力学和电磁学理论以及时间、空间和物质的运动联系了起来，这是继牛顿力学、麦克斯韦电磁学以后的又一次物理学史上的大综合，是人类认识微观和宏观世界的有力武器。

3. 现代美国的科技

美国在独立战争后的宪法中，明确了对科学技术的方针。美国的领袖人物和历任首脑人物都重视科学技术，有的人本身就是科学家，如本杰明·富兰克林和第三任总统杰弗逊。美国政府很早就明确以教育带动科研，对教育采取特殊优惠政策，赠土地给大学，每州至少建立一所传统农业和机械院校。

18 世纪后半期，英国工业革命的成果对美国实行封锁。技师塞缪尔·斯莱特于 1790 年在罗德艾兰开办了完全根据他在英国工作时回忆的阿克莱式棉纱机的工厂，从而成为美国近代棉纱工业的先驱。由于美国善于引进欧洲的先进技术，很快把英国抛到了后面。1793 年，伊莱·惠特尼根据美国棉籽的特点，吸收欧洲经验发明了轧棉机，解决了棉籽与棉花的分离难题。惠特尼的另一项发明是在生产中采用了标准化，标准化于 1808 年的推广为美国现代化提供了十分有利的条件。

英国是蒸汽机的故乡，而在美国，罗伯特·富尔顿在 1807 年就发明了汽船，他设计的 133 英尺长的克里门特号汽船首航纽约、奥尔巴尼之间取得了成功，往返五天实用 62 小时。19 世纪中期，美国还发展了飞剪快船。铁路早先出现于欧洲，1827 年美国巴尔的摩—俄亥俄铁路公司成立。1830 年 6 月筑成了一条自奥尔巴尼到埃利科特密尔间 14 英里的铁路，先用马拖，然后用纽约彼得·库珀工厂建造的蒸汽机车，途中行驶了一个小时。1827年 12 月成立了南卡罗来纳运河铁路公司，于 1830 年 1 月动工兴建了自查尔斯顿到汉堡的 130 英里铁路，这是当时世界上最长的一条铁路。到了 1850 年，美国铁路线总长度已有 1.45 万公里，稳居世界第一位。1851 年，肯塔基的铁路制造商威廉·凯利研究将生铁炼制成钢的工艺。1864 年，凯利在密执安采用了贝斯默炼钢法，使美国的钢材质量迅速提高。1893 年美国人亨利·福特(1863—1947)制成了时速 25 英里的汽车，并于 1906 年成立了福特汽车公司，生产汽车 195 辆，1908—1909 年产量达 1 万辆。航空技术也有了一个良好的开端，1903 年，威尔伯·莱特和奥维尔·莱特兄弟用木头和帆布带做的双翼飞机，在北卡罗来纳的上空飞行了 852 英尺。其后不断改进设计，1909 年他们的飞机为美国军队所采纳，同年成立莱特公司，开始发展商用飞机。1910 年，旅美华侨冯如制造了当时世界上最先进的飞机。

1842 年 10 月，塞缪尔·莫尔斯铺设了第一条水下电报线。1844 年 5 月，他第一份电报稿从华盛顿国会大厅发出："上帝做了一件什么样的大事啊！"1851 年，电报应用于铁路方面。托马斯·爱迪生(1847—1931)在引进欧洲先进技术的基础上进行了电力技术革命，于 1869 年发明了被交易所采用的自动计票机。1879 年，他点亮了世界上第一只实用白炽电灯泡。1879—1890年，他改良了西门子发电机，在纽约珍珠街正式发电。电力发明家乔治·威斯汀豪斯解决了爱迪生的直流供电存在电压低、输送距离短的缺陷，以交流电取代直流电，使输电距离大大延长。电力技术中另外两项具有重大影响的发明，是电话的应用和无线电通信技术的推广。1875 年，苏格兰人亚历山大·贝尔在美国制成了世界上第一部电话机，并同他的助手托马斯·华生进行了首次通话，1880 年共生产了 4.7 万部电话机，1900 年则为 85.6 万部。意大利无线电技术先驱马科尼的发明为美国所引进，于 1899 年为美国海军部的战舰建立了无线电通信联系。靠电力技术发展的美国，在不长的时间里终于赶超了靠蒸汽动力发展的英、法、德等欧洲先进国家，世界科技中心开始向美国转移。

20世纪30年代，由于德国法西斯的迫害和威胁，使得大批欧洲杰出的科学家从德国、意大利、匈牙利、波兰等地逃到了美国。基于德国纳粹分子正积极进行核链式反应的研究，科学家们纷纷要求美国尽快地制造原子弹，爱因斯坦也在给美国总统的信上签了名。第二次世界大战爆发以后，美国总统罗斯福下令成立了一个"铀顾问委员会"，1941年12月又批准"曼哈顿工程"计划。在这个庞大的工程中，康普顿负责裂变材料的制备工作，费米负责制造原子反应堆，美国著名物理学家奥本海默负责制造原子弹。1945年7月，第一颗原子弹在美国西部沙漠地带试验成功。同年8月，美国在日本的广岛和长崎分别投下了两颗原子弹。1952年10月，美国又在马绍尔群岛试爆氢弹成功，其威力大于第一颗原子弹的500倍。从1945年至90年代初，美国共进行了1051次核试验，其中有204次是从来没有宣布过的。美国目前在仓库里储存有制造核武器的钚有33.5吨，足够制造5560个核弹头。随着原子能工业的不断发展，在发展军用原子反应堆的基础上，开始了小型发电反应堆的研究。1952年12月，美国进行了利用原子能发电的最初尝试。1958年美国开始建立民用核电站，到2001年底达104座，发电量超过水电和油电的总量。

在1945年以来的第三次科技革命即当代新科学技术革命中，美国一直处于领先地位，在揭示物质结构之谜、认识宇宙的起源和演化、探索地球起源、演化和地球系统奥秘、研究生命与智力的起源、考察非线性科学和复杂性科学等当代重大自然科学基本问题上，都有重要突破。1957年，苏联人造卫星上天极大地刺激了美国，美国政府制定了太空发展计划。1958年1月，在布劳恩的主持下，美国发射了探险者1号人造地球卫星。1962年2月

20 日，美国人格伦经过 10 次延期，终于乘水星 6 号宇宙飞船遨游太空绕地球 3 周后安全降落。从 1961 年 5 月—1972 年 12 月，美国成功地实施了规模巨大的阿波罗登月计划，包括研制土星 5 号火箭、设计登月飞船、试行登陆软着陆、进行遥测探测等。1969 年 7 月，长 25 米、重 4.5 吨的阿波罗 11 号载着阿姆斯特朗等 3 名宇航员升入天空，经过长达 24.5 万英里 70 多个小时的太空飞行，降落在月球表面。阿波罗计划历时 11 年，耗资 250 亿美元，动员了 2 万家公司和研究机构及 150 多所大学的 40 余万专家学者。从 1961—1972 年，美国登月 6 次，成功 5 次。20 世纪 70 年代以来，美国的空间技术由近地空间转向太阳、太阳系行星的探测研究。1981 年 4 月，美国第一架身兼火箭、飞船、飞机三种特长的航天飞机——哥伦比亚号试飞，历时 2 天 6 小时后安全降落。1982 年 4 月，美国第二架航天飞机挑战者号试飞成功，其后发现号、大西洋号、奋进号等航天飞机陆续升空。美国的空间实验室接待了多批宇航员，并一再创造了在太空停留一年以上的新记录。1993 年，美国宣布与俄罗斯共同开发第二代太空轨道站。根据美俄协议，双方分三个阶段在 2001 年建成第二代永久性的太空实验综合体。从 1997 年起，双方在太空轨道站共同组装一个永久性的轨道飞行站。

1947 年，美国电话电报公司贝尔实验室的三位科学家巴丁、布赖顿和肖克莱制成了第一支晶体管，标志着微电子技术的发轫。自从第一代电子管计算机诞生之后，1958 年出现了民用晶体管计算机，成为第二代计算机。1964 年 8 月，在西摩·克雷的领导下问世的计算机是第三代计算机，运算速度每秒在 300 万次以上，可以集成 100～1000 个晶体管，称为集成电路或电脑。20 世纪 70 年代以来，又演化为大规模集成电路的第四代计算机。计算机每隔 5～8 年运算速度提高 10 倍，体积缩小 10 倍，成本降低 10 倍。在超大型计算机发展的同时，微型计算机和微处理机、家庭和个人用电脑得到迅速发展。

20 世纪 70 年代以来在加州出现了"生物谷",生物技术的突破表现为细胞工程、基因工程(遗传工程)、酶学工程和发酵工程(微生物工程)的发展。据 1996 年的统计材料,全世界属于生物工程范围的企业有 2000 多家,其中美国有 1300 多家左右。1953 年 5 月,美国科学家沃森和英国科学家克里克合作对 DNA 晶体结构进行了分析,建立了 DNA 的双螺旋结构模型,标志分子生物学的真正形成。1972 年,世界上第一批重组的 DHA 分子诞生。遗传育种基因工程将一些有用的优良或特殊基因转入农作物内,缩短了育种时间几万倍。现已培养了抗病菌、控除草剂、抗虫、高蛋白的多种农作物品种,同时也培养了携带人的生长激素基因额定猪种和鱼苗。生物工程广泛应用于医疗诊断、制药工业、食品加工、化学工业、能源、农业、采矿、冶金、石油、环保等领域,并酝酿着新的技术突破。

20 世纪初,建筑材料主要是木材、水泥和钢铁;二战后出现了新三材,即人工合成的塑料、橡胶和纤维。80 年代以来,大量高新材料纷纷涌现。新高温结构陶瓷非晶态材料特别是超导材料,在 80 年代中期有突破性进展。从材料的构成来说。可以分金属材料、高分子材料、陶瓷材料三大类,而以金属材料为主体。传统铁、铅、锌、铝等金属更新品种,与宇航、电子、原子能等高新技术联系密切的金属材料越来越受到重视。其他新型高性能金属材料,出现了如快速冷凝金属的非晶体和微晶材料、纳米金属材料、有序金属间化合物、定向凝固柱晶和单晶合金等。纳米材料具有许多潜在的新用途,其最终目标是实现微型化。超导材料在导电时,电阻等于零,对尖端高科技的开发具有重大意义。由于新科学技术革命的迅猛发展,20 世纪 60 年代以来海洋开发进入了一个崭新的阶段。近海油气、海水增养殖、滨海采矿、海水淡化、水下工程等纷纷亮相,深水采矿、海洋再生能源开发、海水综合利用、海洋空间利用等新兴行业已见端倪。海洋生物开发还包括捕捞技术现代化、海洋农牧化及海洋植物的综合利用。

西方大国都把发展高科技放在立国之本的战略地位，并加剧抢占高科技优势阵地的竞争。美国的战略集中表现在：星球大战计划及其实施、发展信息高速公路计划、武器和军事战略的急剧变革。1985年，白宫公布了总统战略防御计划，即星球大战计划。这是继曼哈顿工程、阿波罗计划、航天飞机计划之后，又一项集军事和民用高技术于一体的研制计划，在战略上试图以控制宇宙来夺取霸权。1993年，美国国防部长阿斯平宣布放弃星球大战计划，迅速抢占高速信息技术成为关注的目标。1993年，克林顿政府提出了美国"信息超级高速公路"的建设计划，它是在1969年国防部高级研究项目局建立的用于支持军事研究的计算机实验电脑"互联网络"（Internet）基础上延伸和发展起来的。90年代初，美国的通信卫星和电缆已连接102个国家900多个网络中心。由副总统戈尔负责包括商务部长和总统经济顾问在内的特别小组，具体组织信息高速公路的实施。整个工程将耗时20年，投资4000亿美元。目前普遍开通了电子邮箱（E - mail）、远程登录（Telnet）、文件传送服务（FTP）、环球网（WWW）、电子公告牌（BBS）。由于现代科学技术的发展，不仅常规武器，战术和战略核武器都发生了重大的变化。一般说来，在20世纪初做出重大应战决策要几个星期，第二次世界大战开始时要几天，现在往往只需几个小时。

目前，美国领导了一场世界范围的技术革命，形成了一个以信息技术为先导、生产技术为主导的包括新材料、新能源技术、航天技术和海洋技术为内容的高技术体系，并在20世纪80年代后期迅速地商业化和产业化，为美国赢得了大量利润。应该说，美国至今仍是世界经济和科技活动的中心。

三、中国的科技

1. 古代中国的科技

早在公元前 6000 年前，我国的黄河、长江流域就已出现了农耕作业。到了西周时期，以农为主、以畜牧业为辅的生产格局已经形成。由于农业是中国社会的经济基础，历代统治者重视农业生产，我国很早就形成独具特色的农学体系。

传说神农氏（又称炎帝）"斫木为耜，揉木为耒"，教人们用耜开荒垦地，播种五谷。此后农学著作不断问世，达 600 种之多，现存佚本约二分之一。这些农学著作，有的阐明农业思想，例如《汉书·艺文志》中的《许行》和《商君书》中的《垦令》、《农战》等篇，以及《吕氏春秋》中的《上农》篇；有的研究耕作种植技术，例如《吕氏春秋》中的《任地》、《辨士》、《审时》三篇和西汉的《氾胜之书》；有的探求耕种与天时、土壤关系，前者如《大戴礼记》中的《夏小正》、《礼记》中的《月令》、汉代的《四民月令》、唐代的《四时纂要》，后者如《管子》中的《地员》篇；有的专门研讨单种农作物，如唐代陆羽的《茶经》，明代黄省曾的《理生玉镜稻品》和徐光启的《甘薯疏》、《芜菁疏》、《吉贝疏》（吉贝即棉花），清代姜皋的《浦泖农咨》（专论水稻种植）；有的专门探究家畜和鱼类饲养，如《陶朱公养鱼法》、汉代卜式《养羊法》、清代佚名氏《鸡谱》；有的专门记述农具制作，如唐代陆龟蒙的《耒耜经》、宋代曾之谨的《农器谱》、清代方传恩的《水车图说》。有的对农业经济和农业技术兼举并包，类似农业百科全书，例如闻名于世的"四大农书"——《齐民要术》、《农桑辑要》、《东鲁王氏农书》和《农政全书》。

《齐民要术》为北魏贾思勰所作，反映了封建社会小农经济与家庭手工业合一的自然经济状况。书中所讲述的作物栽种方法，都是当时黄河中下游旱地农业生产的关键技术问题，并对农学类目作了合理划分，建立了较为完整的农学体系。全书共 10 卷 92 篇，分专题记述了粮食、蔬菜、果树、桑柘以及经济作物的耕作栽培方法；记述了家禽、家畜和鱼类的养殖方法。《农政全书》为明代杰出科学家徐光启（公元 1562—1633）所著，是一部荟萃菁华之农学著作。全书共 60 卷，50 多万字，包括农政思想和农业技术两大方面。具体内容分为农本、田制、农事、水利、农器、树艺、蚕桑、种植、牧养、制造和荒政等 12 项，是一部集我国古代农业科学之大成的著作。

最早的农书还有《氾胜之书》，作者氾胜之在汉成帝时官拜议郎，曾在关中平原推广农业。他在总结北方种植小麦经验的基础上，写成农书 18 篇，提出了农业生产"六环节"的理论，即及时耕作、改良和利用地力、及时施肥、灌溉、中耕除草和收获，对每一个环节都有具体说明。陆羽（733—804）毕生研究茶叶，写了世界上第一部茶叶专著《茶经》，被后人尊为"茶圣"。《茶经》分为源、具、造、器、煮、饮、事、出、略、图 10 篇，系统地论述茶叶的起源、产区、品种、栽培、采制、煮茶、用水、用具、品饮、茶事，对中国乃至世界茶业及茶文化有深远的影响。宋应星是明朝末期江西奉新县（今宜春）人，写成 3 卷 18 篇的《天工开物》。该书从农作物的种植、收割、加工，到制盐、糖、油、酒、曲和制衣服、染颜色；从砖瓦、瓷器、纸张的生产，到五金的采冶、器具的锻铸，石灰、矾石、硫磺和煤炭的利用，以及车船、朱墨、珠宝等的制作，无所不载。还提到手工业、农业方面简单机械的制造和使用，如制盐的凿井机、吸卤机，制糖的糖车，榨油的榨油机，纺织的花机、腰机，农业灌溉的简车、牛车、踏车等。宋应星的研究，有的已接近近代科学研究的方法，广泛地使用了绘图和数据来说明问题。

制订历法对中国这个农业大国来说，是一项重要工作。传统的历法是阴阳合历，我国从商代起就有了。阳历以太阳运动为根据，一个回归年即太阳从春分点运行到下一年的春分点。阴历以月亮运动为依据，一个朔望月即以月亮从合朔（月亮位于地球和太阳的正中间）到下一次合朔。阳历的年和阴历的月相结合，叫做阴阳历。阴阳历在历代经过修订，名称不一。据文献记载，从战国的四分历和秦代的颛顼历，到太平天国的天历，我国用过的历法共 66 种，比较著名的有 10 余种。战国采用的"四分历"是天文学家用土圭测量日影最短的一天来定冬至日，得到了 365 又四分之一日为 1 年。用 365 日为一年，每四年需要增加一日，这种历法叫做四分历法。汉代天文学家创制了"太初历"，改革了过去将闰月放在岁末的习惯，规定了以没有中气的月作为闰月的置闰原则。刘宋朝代的何承天作"元嘉历"（443 年），主张在编历时应该废除平朔，改用定朔。可是，何承天在自己的元嘉历中不敢采用。到 13 世纪初，元代的王恂、郭守敬在制订"授时历"时，才正式将定朔排作每个月的初一日，完全符合了天体运动的规律。

测定太阳在冬至点的准确位置是古代历法中的重要工作，晋代虞喜观测到冬至点在天球黄道上自东向西移动，称这是"岁差"现象。南北朝科学家祖冲之首先在历法中引进"岁差"概念，测得冬至点在斗 15 度，用于"大明历"（463 年）。他还定出精密的交点月的日数，同现代测定数比较，只相差十万分之一日。郭守敬（1231—1316）在天文、水利、数学等方面多有成就，他与王恂、许衡制定的《授时历》同当前世界通用的公历（即西方的格里高利历）的回归年值相同，但比公历早 300 多年。他首创推算日月星辰运动的"创法五事"，数据同用现代方法计算的结果相差无几。他废除了用分数来表示小数的办法，个位数下用百进位，实际上创用了十进位小数。他对日、月运动的计算，创造了三次差内插法，比欧洲要早 4 个世纪。他测定黄赤交角（即黄道轨道平面同地球赤道轨道平面的交角）为 23°90′30″，是历史上最精密的数据。郭守敬为了测验天象，创造了简仪、仰仪、高表、侯极仪、玲珑仪、景符等 10 多件仪器，其中简仪的精密度在当时最先进。

几乎随同文化的萌芽，我国就开始记录天象了。战国时期，出现了一些专门观测星象、研究天文的学者和著作。如齐国的甘德著《天文星占》8 卷，魏国的石申著《天文》8 卷，后人把这两部著作合为一部，叫《甘德星经》。甘德、石申所测定的恒星记录，记有 120 颗恒星的位置，以现在的观察结果来看，不但比较准确，而且比欧洲最早的伊巴谷恒星表早 200 年。《汉书·五行志》记载："河平元年……三月己未（十八日），日出黄，有黑气大如钱，居日中央。"这里把黑子的位置、时间、日面颜色和黑子的形状叙述得十分详细，而欧洲直到公元 807 年才有黑子记录，比我国晚了 900 多年。从汉至明的 1600 年间，我国对太阳黑子的记录超过 100 次。民间把彗星叫做扫帚星，史书则称彗星或孛星。《春秋》鲁文公十四年（公元前 611 年）秋七月记"有星孛入北斗"，天文学家公认这是对"哈雷彗星"最早的记录，比欧洲的记载早 670 年。连同以后自秦始皇七年（公元前 240 年）到清宣统二年（1910 年）的连续记载，我国共有 30 次彗星的完整记录。

唐代开元十二年（724），僧一行（683—727）运用黄道游仪观察日、月、五星的位置和运动情况，发现恒星位置移动，比英国天文学家哈雷在 1718 年提出恒星自生的观点早 1000 年。他倡议在全国 24 个地方测量北极高度和冬夏至日、春秋分日的日影长度，并设计了一种叫做复矩图的测量仪器。他从这次测量中算出南北两地相差 351 里 80 步（折合 129.22 公里），北极高度相差一度，这个数就是地球子午线（经线）一度的长度。北宋科学家沈括（1031—1095）的著作多失散，保存下来的只有晚年所著《梦溪笔谈》30 卷，内容涉及天文、数学、物理、化学、生物、地质、地理、气象、医药和工程技术领域，总结了历代自然科学的成就，尤其是天文历法方面的成就。他主持编修《奉元历》，以365.24358日为一回归年，虽比今天实测的365.2422日稍大些，但比当时通行的历法要精密得多。他还在《补笔谈》卷二提出按节气定月，以立春为元旦，不管月亮圆缺，只管时令节气，大月31日，小月30日，大小月相间，不置闰月。这种把四季24节气和12个月份完全统一起来的历法，适合农业生产的需要。

　　因年代久远，古代的数学著作多已丢失，流传下来的只有《周髀算经》、《九章算术》、《海岛算经》、《五曹算经》、《孙子算经》、《夏侯阳算经》、《张丘建算经》、《五经算术》、《缉古算经》和《缀术》，由唐初学者李淳风奉诏作注，作为国子监算学馆的教科书，称《算经十书》。这十部书是汉至唐1000多年间重要的数学著作，不仅在我国数学史上占有重要地位，而且有的在世界数学史上久负盛名。圆周率计算直径与周长之比，是一个使古代数学家伤脑筋的问题。刘徽创造了"割圆术"，从正6边形一直求到正3072边形的面积，得到圆周率的近似值为3.1416。祖冲之（429—500）在数学、天文历法、机械制造等方面都有突出成就，他求出圆周率在3.1415926至3.1415927之间，是世界上第一位把圆周率推算到小数点之后第六位的人。他还用两个分数来表示圆周率，一个是355/113，叫密率，一个是22/7，叫约率。德国的鄂图在1573年才达到这个水平，比祖冲之晚了1000多年，因而西方数学史专家提议将这一精确度的圆周率值命名为"祖率"。至唐代末，传统的算筹逐渐被珠算所取代，宋元时期又对珠算进行了诸多改进。算盘和珠算口诀对应用数学的普及具有重要作用，成为世界上最先进的计算工具和计算方法。宋元时期还涌现了一批高水平的数学家，其中秦九韶、李冶、杨辉和朱世杰被誉为宋元数学四大家。他们的主要成就有高次方程及高次方程组的解法，二项式展开项系数三角形的研究，已知三边如何求三角形的面积等。

东汉班固(32—92)所著《汉书·地理志》，是我国第一次以"地理"命名的著作。该书共三个部分：第一部分转录《禹贡》和《周孔·职方》的全文，作为政区发展的沿革；第二部分论述疆域政区的建置沿革，以及各郡县的户口、山川、物产和名胜；第三部分讲地域分野、历史、风俗等。北魏地理学家郦道元(466—527)在三国时期《水经》的基础上，以作注的方式撰写了《水经注》，而其成就远在《水经》之上。该书40卷，约30万字，记述了1252条河道。所涉及的地域：东北到坝水(今朝鲜大同江)，南到扶南(今越南、柬埔寨一带)，西南到新头河(今印度河)，西到安息(今伊朗)和西海(今咸海)，北到流沙(今蒙古沙溪)。该书对各水系分别叙述了源头、干流和支流，还记述了河流流经地区的土质、地形、物产、城邑、水利工程。明代徐霞客(1587—1641)以日记体裁写成了《徐霞客游记》，对西南各省地貌和岩溶作了考察。徐霞客是世界上最早的岩溶学家和洞穴学家，西方直到19世纪50年代才出现超过《徐霞客游记》的岩溶学著作。

我国医药学历史悠久，中医名著《黄帝内经》产生于战国时代，经秦、汉两朝增补修改，逐渐充实，包括《素问》与《灵枢》两部分，各81篇。主要论述人体解剖、生理、脉学、病因、病理、疾病症状、诊断、治疗，兼述针灸、经络、卫生保健。书中所体现的整体观、运动变化观、预防医学思想，所论述的脏腑学说、经络学说、气血学说、阴阳五行学说、病因学说，以及诊治法则，对中医学理论体系的形成起了奠基作用。针灸术包括针刺和灸灼两种治疗方法，操作简便，疗效迅速，广泛应用于临床。针刺的用具，起初是利用尖锐锋利的小石片——砭石。其后，相继有骨针与竹针、陶针。冶金术发明之后，逐渐地出现了铜针、铁针和银针，故《内经》中有"九针"的记载。用于灸治的材料，最初用树枝和杂草灸灼，后来发展到木炭灸、竹筷灸、艾灸、硫磺灸、雄黄灸、灯草灸等，以艾灸使用得最多。

东汉出现了两大名医，即外科医生华佗和内科医生张仲景，他们与战国时期的扁鹊一起称为中医三大祖师。齐国人扁鹊（公元前 5 世纪左右）擅长于望色、闻声、问病、切脉的四诊法，并采用砭石、针灸、按摩、汤液、熨贴（热敷）、手术、导引等治疗法。华佗（约公元 2 世纪前期）精于方药、针灸，特别精于外科手术，如剖腹破背，剪截冲洗肠胃，还能做复杂的脑科手术。在施行手术前，他让病人服用自己发明的麻沸散，进行麻醉。华佗创造了"五禽之戏"，模仿虎、鹿、熊、猿、鸟五种动物的活动姿态来锻炼身体，可以说是世界上最早的健身操。张仲景（约 150—219）是河南南阳人，任过长沙太守，写成《伤寒杂病论》16 卷。后世流传下来的，只有经过晋代名医王叔和改编过的《伤寒论》和《金匮要略》。他诊断时，由阴阳而辨明表里，再辨明虚实、寒热，这就是中医诊断学上的八纲。他用汗、吐、下、和概括了各种症状的临床治疗法，创立了理、法、方、药俱备的中医基本理论，被后世中医奉为"医圣"。《伤寒杂病论》还选收了 300 多个药方，说明了配药、煎药和服药所遵循的原则，构成了一部非常有价值的药方集。

孙思邈（581—682）总结了唐以前历代的 5300 多个方子，于 652 年写成《备急千金方》30 卷，在 30 年后又写成《千金翼方》30 卷，通常把这两部书简称为《千金方》。他主张独立设科，对妇科和儿科特别重视，将其列在卷首。他注意药物配伍和辨证施治，首创复方，提出一方治多病或多方治一病。他治疗缺碘造成瘿病（甲状腺肿大）和防治脚气病的方法，比欧洲人早 1000 年。在药物的采集和应用方面，《千金方》收集了 800 多种药物，对其中 200 多种药物的采集和炮制有详细论述。这些内容在中药学上有极高的价值，后世尊称他为"药王"。明代李时珍（1518—1593）花了 20 多年的时间，通过大量阅读、实地考察、收集标本和草方、进行药性试验，写成了药物学巨著《本草纲目》。该书计 52

卷，190多万字，共收各类药物1892种，方剂11096个，并配有插图1160种，新增收药物占近四分之一。《本草纲目》突破了传统本草学的分类，创立了一个新的纲目分类体系。书内根据"从贱至贵"的原则，把药物分为10部，各部有6类，共计60类，以部为纲、以类为目，纲目分明。李时珍对后世药物学的发展做出巨大贡献，故被尊为"药圣"。此书在明代万历年间传至日本，以后传向欧洲，被译成德文、法文、英文、拉丁文、俄文等多种文字。

造纸、指南针、火药、活字印刷并称为四大发明，是我国对世界科学文化的重要贡献。公元2世纪，在东汉宫廷中任职的蔡伦改进前人的工艺流程，监制了一批纸张，于公元105年献给朝廷。因蔡伦于公元114年被封为龙亭侯，后来便称"蔡侯纸"。汉魏以后，随着纸张被广泛地使用，公私藏书有了很大发展，于是书籍复制技术慢慢地被提上了日程。印刷术起源于秦汉时期的雕刻工艺——反刻文字的印章。到南朝萧梁时产生了拓碑，刻在碑面上的文献很快被大量复制。活字印刷术是北宋庆历年间由毕升发明的，分三个步骤：先用胶泥制活字再排版最后印刷。印完的版仍用火烘烤，使松香和蜡熔化，取下活字以备再用，克服了雕版费工、费料、费时的缺点。在宋初，人们以人工磁化方法制造了指南针，其装置方法一般是在地盘（即"罗盘"或"罗经盘"）中心挖一圆洞，内盛水，磁针穿在灯芯草里，浮在水面上定向。到明代嘉靖年间，出现了用钉子支撑磁针的旱罗盘。我们的祖先在1000多年以前发明了火药，主要成分硝石、硫磺都是药材，而且制成的火药也能治疮癣、杀虫、避湿气和瘟疫，更主要的是火药的发明来自人们长期的炼丹制药实践，它的名称就与"药"字相联。唐末宋初发明的火药箭，是火药应用于军事上的早期形式。在公元1000年，北宋曾公亮的《武经总要》一书，记录了三种火药武器（药烟球、蒺藜火球和火炮）的配方。火药还普遍地被应用于娱乐方面，主要是制作爆竹、礼花、流星和烟火，开展游艺活动。

　　瓷器是我国古代的伟大发明之一，从制作工艺的原理看，瓷器由陶器发展而来。陶器以一般黏土（含少量高岭土）为胎，烧成温度不超过1000摄氏度，器质松粗，敲击声不脆。早在新石器时代晚期，我们的祖先就能烧制各种精美的陶器。到了殷商时代，制陶工人发明了玻璃质釉，商周遗址中出土的一些表釉器皿，如瓮、罐、瓶、碗、尊等，可视为原始瓷器。此后，从青瓷发展到白瓷，再从白瓷发展到彩瓷。宋代的瓷器发展很快，产地甚多，其中的昌南镇于1004年被皇帝下令改为景德镇，那一年是景德元年，景德镇从此成为御窑。各地名窑纷纷推出名牌产品，在胎质、釉色、花纹、式样方面争艳媲美。明代制瓷技术又有新突破，用陶车镟刀取代竹刀镟胚，并以吹釉取代了以前的蘸釉，还烧出了青花、釉里红、斗彩、五彩等多彩瓷器。青花出现于宋代，但大量制作却在明代。釉里红初见于元，成熟于明。清代的仿古器皿，几乎达到乱真的地步。清代的珐琅彩瓷，更为瓷中佳品。

　　我国是世界上最早饲养家蚕和发明缫丝、织绸的国家，早在公元前4世纪就以"丝绸之国"闻名于世。缫制了良好的蚕丝，就可以通过经纬交织，织成丝绸、丝绳或丝带，以供服饰和装饰之用。我国最早的织机，被称作"腰机"。西汉时，由于织锦要表现汉隶铭文和大型花卉、动物纹样，创制了束综提花机。这种织机能够织出飞禽走兽、人物花卉等复杂花纹。我国古代纺织生产中的印染技术，也是一项可贵的成就。古代印染技术的内容相当丰富，主要体现在着色、染色、印花等道工序上。

　　中国古代的工程建筑达到了很高的水平，其中的万里长城、都江堰、京杭大运河，代表了古代劳动人民的智慧和力量。万里长城东起渤海之滨的山海关，西止甘肃的嘉峪关，全长4200多公里。公元前221年，秦始皇统一六国以后，派遣大将蒙恬率领30

万大军驱逐匈奴，将原来秦、赵、燕三国的长城联结起来，重新加固，这一工程前后耗费10多年的时间。秦始皇以后，汉、南北朝、隋、唐、金、元、明等朝代，继续对长城作过修葺和加固工程。至明代止，历时2300多年。今天我们所看到的长城，是明代于公元1368—1500年间在秦汉长城的基础上重修的。明代以前的长城，一般用泥土或石头砌墙，明代大部分改用砖头或石块镶砌，更加牢固。都江堰建于春秋战国时期，李冰出任蜀郡太守，针对这一地区的水患，主持兴修了这个防旱排涝工程。堰的枢纽工程包括三个部分：鱼咀、飞沙堰和宝瓶口。鱼咀也叫分水鱼咀，岷江经此被劈为内外两江，外江仍然循着原来的水道南流；内江则经过人工渠道，通过宝瓶口向东流向成都平原，起着灌溉、航运与分洪的作用。飞沙堰是供洪水时内江的水从堰顶溢入外江之用，以确保内江灌溉区的安全。运河是古代最便捷、廉价的运输方式，隋开皇四年(584)为了解决首都大兴城(今西安市)的漕运问题，修复了西汉的关中渠道，名广通渠；嗣后重浚邗沟，开通济渠、永济渠、江南河，至大业六年(610)又开浚了西抵长安、北达涿郡、南至余杭，总长2000余公里的大运河。大运河沟通了海、河、淮、江、钱塘五大水系，流经今八个省市，形成了以长安、洛阳为轴心，向东北、东南辐射的水运网。隋代大运河规划严密，布局合理，在世界水运史上也是一件伟大的工程。

2. 近现代中国的科技

中国近代科技启蒙于明朝末期外国传教士对科学的输入，哥白尼的"日心说"和西方的"地球观"也和天主教的神学一道传入，研究和翻译西学著作共有7000多种，包括文艺复兴年代主要的自然科学和人文科学知识。徐光启作为皈依传教士利玛窦的基督徒，并未选择翻译宗教典籍，而翻译了西方科技著作。1607年春，徐光启和利玛窦翻译出《几何原本》前6卷。徐光启提出"欲求超胜，必须会通；会通之前，必须翻译"的原则，主持对西方的数学、工程书籍进行了大规模翻译。译作有：利玛窦和徐光启的《几何原本》(1613年)及《测量法义》(1607年)、熊三拔的《表度说》(1611年)、熊三拔和徐光启的《泰西水法》(1612年)，利玛窦的《乾坤体义》(1614年)、利玛窦和李之藻的《同文算指》(1613年)及《圆容较义》(1614年)、傅泛际和李之藻的《寰有诠》(1628年)及《名理探》(1631年)、汤若望的《远镜说》(1626年)和《主制群征》(1636年)、阳马诺的《天问略》(1615年)、艾儒略的《职外方纪》(1623年)和《性学粗述》(1637年)、王丰肃的《寰宇始末》(1637年)、罗雅谷的《五纬历指》(1637年)，此外还翻译了德国矿冶学家鲍尔著的《坤舆格致（矿冶全书）》，古罗马建筑学家维特鲁维著的《建筑十书》，荷兰数学兼军事工程学家史特芬著的《数学札记》，意大利工程技术专家拉梅里著的《各种精巧的机械装置》，波兰天文学家哥白尼著的《天体运行论》。

徐光启在崇祯二年(1629)给皇帝上奏《条议历法修正岁差疏》，提出分学科研究的思想，并论述了数学和其他科学的关系以及数学在生产实践中的作用。他掌管朝廷"历局"，开展以数学为根本，兼及气象学、水利工程、军事工程技术、建筑、机械力学、大地测量、医学、音乐等学科的研究。崇祯下旨批示："度数旁通，有关庶绩，一并分曹料理，该衙知道。"徐光启开创的"格物穷理之学"，在当时由李之藻、李天经、孙元化、王征，其后由方以智、王锡阐等发扬光大。徐光启还在钦天监设西局，先后以西法督修历法，任用西方人汤若望（德）、罗雅谷（意）、龙华民（意）、邓玉函（德）等修成《崇祯历书》共46种137卷。《崇祯历书》参考了当时在欧洲都很时尚而未被完全接纳的天文知识，如开普勒1619年的《宇宙和谐论》和1621年的《哥白尼天文学纲要》、第谷弟子龙果蒙塔努斯1622年的《丹麦天文学》等，译用了哥白尼27项观测记录中的17项，介绍了伽利略关于太阳黑子现象，并用 1/3 的篇幅阐述了第谷的太阳系结构系统，计算方法则使用了哥白尼和开普勒的西方近代几何学方法。《崇祯历书》被誉为"欧洲古典天文学百科全书"，大量引用《天体运行论》中的章节和图，并把哥白尼视作欧洲历史上最伟大的四个天文学家之一。在《崇祯历书》中，《大测》、《测量全义》、《割圆八线表》、《八线表》、《南北高弧表》和《高弧表》引入平面和球面三角学，《比例规解》和《筹算》引入两种计算工具。

清朝科技也有骄人成绩，乾隆时期官修的《医宗金鉴》90 卷，征集了不少新的秘籍及经验良方，并对《金匮要略》、《伤寒论》等书进行了考订。清代名医王清任著有《医林改错》一书，强调解剖学对医病的重要性，通过对尸体内脏的解剖，绘制成《亲见改正脏腑图》25 种，改正了前人认识的一些错误。苏州吴江人王锡阐通晓中西历法，著有《晓庵新法》、《五星行度解》等著作。他肯定了西洋历法先进的地方，也指出了其中的缺陷。他对日月食的算法，对一些天文数据的应用，以及回归年的长度、岁差常数等问题，都有比较中肯的意见。梅文鼎以毕生精力从事算学，也对西洋科学加以研究和介绍，所著天文、历法、数学方面的书籍达 86 种。他的数学巨著《中西数学通》，达到当时中国数学研究的最高水平，该书的《方程论》部分阐明了古代方程的独创性，指出这种算法是西洋所没有的；他在《勾股测量》、《九数存古》等部分，也发扬了中国古代算法的成就。此外，在《堑堵测量》、《几何补偏》部分，他介绍了西洋的球面三角学，并对西洋立体几何作了论述；在《筹算》、《度算》、《比例数解》等部分，则介绍了西洋的对数和伽利略的比例规。

明安图是一位著名的蒙古族历算学家，在乾隆时任钦天监监正。当时从欧洲传进三个有关三角函数的问题（圆径求周、弧背求正弦、弦背求正矢），由于只有公式、没有证明方法，明安图经过 30 多年的研究，写出了《割圆密率捷法》四卷，不仅用"割圆连比例法"证明了三个公式，而且创造了弧背求通弦、通弦求弧背、正矢求弧背等一系列新公式。特别值得一提的是地理测绘，康熙组织人力对全国进行大地测量，经过30余年的测绘，制成了《皇舆全览图》。这部地图"不但是亚洲所有的地图中最好的一幅，而且比当时所有的欧洲地图更精确"（李约瑟：《中国科学技术史》第5卷）。乾隆又派明安图等人两次到新疆进行测绘，最后在《皇舆全览图》的基础上，制成了《乾隆内府皇舆全图》，第一次详细地绘出了清帝国新疆区域图。嘉庆十五年（1820）绘制的《重修大清一统志》，也较好地反映了清代疆域版图。由于雍正时期禁教，以及后来的闭关自守政策，中国的科学技术逐渐落后。

鸦片战争前后，随着外国传教士的拥入，西方科学再度大量传入中国。1843年英国伦敦会传教士麦都思、美魏茶、慕维廉、艾约瑟等在上海创建墨海书馆，培养了一批通晓西学的学者如王韬、李善兰。李善兰与伟烈亚力合译了《几何原本》的后9卷（前6卷由明代的徐光启、利玛窦译出）；艾约瑟与李善兰合译了《重学》（即力学）20卷；李善兰与韦廉臣合译《植物学》8卷。此外，李善兰与伟烈亚力还合译了《代微积拾级》18卷，《代数学》13卷以及《谈天》、《大美联邦志略》、英国医生合信的《博物新编》等。1857年出版《六合丛谈》月刊，由伟烈亚力编，出版王韬的《海陬冶游录》，《瀛壖杂志》。

在洋务运动中，洋务派于1861年到1894年在各地创办了一批制造枪炮、弹药和船舰的工厂，在台湾、安徽、湖北、直隶等地开采煤铁等矿产。洋务派创办的新式纺织工业与冶炼工业，是全盘购买成套机器设备兴办起来的。在机械制造方面，江南制造局于1865年从美国引进的机器，不仅包括锅炉、蒸汽车等原动机，还有大量的机械。另外，印刷、机制纸、火柴、自来水、煤气、电灯、电报、榨油、酿酒、机制糖、机制卷烟等技术也在这一时期被一些企业采用。到中日甲午战争以前，洋务派通过引进，共兴办了 19 个军工厂，11 个大煤矿，2 个钢铁厂，12 个金属矿，4 个纺织厂，还修了 364 里铁路，创办了近代电信事业。截至 1895 年，一个总和为 46000 里的电讯网出现在中国大地上。由此可见，洋务运动引进西方先进技术设备，装备了我国的第一批近代军工、航运、采冶、电讯、纺织等生产部门。

洋务派创办的近代工业，还引进了一批外国科技人才，他们除了承担从外国采购机器设备和负责安装、调试到设计制造之外，还负责培训人员，传授技艺，为我国带出了一批专业人员。如福州船政局，到 1874 年初，中国学生即有 27 名成为执掌一方技艺的工程师，8 名可充当设计部门的技术领导，14 名担任了轮机长，2 名担任了教师。1886 年，该局试造的双机钢甲兵船，最终达到了"不用一洋员、洋匠，脱手自造"的地步。

翻译西书是洋务派了解西方国家情况的重要途径，京师同文馆、上海广方言馆以及江南制造局的译书馆，都先后翻译了一批西书。在江南制造局的译书馆，李善兰、华蘅芳、徐寿、王德均、徐建寅等与英国人傅兰雅合作翻译，傅兰雅向徐寿等介绍西方科技情报，定购各种图书备翻译之用。李善兰、华蘅芳致力于翻译西方数学著作，是中国近代数学的两位奠基人。徐寿精通化学，是近代中国化学科学的奠基人。从 1869 年起，先后在翻译馆供职的口译人员还有外籍人金楷理和林乐知，而傅兰雅一直是主要的口译者，他口译的科技著作达 113 种，被传教士们称为"传科学之教的教士"。在洋务运动时期，江南制造局是当时最大的翻译科技著作的机构，所译书籍大致代表了当时中国的最高水平。据统计，从 1868 年到 1880 年，共翻译西书（主要是自然科学）162 种，出版 76 种。

李善兰是浙江海宁人，1852—1866 年受聘于墨海书馆任编译。李善兰在译介西方数学时，自己写的数论达 13 种 24 卷，如《方圆阐幽》、《弧矢启秘》、《对数探原》、《垛积比类》、《四元解》、《麟德术解》、《椭圆正术解》、《椭圆新术》、《椭圆拾遗》、《对数尖锥变法解》、《级数回求》、《天算或问》等。他创立了二次平方根的幂级数展开式，各种三角函数、反三角函数和对数函数的幂级数展开式。他后期的著作能会通中西方数学思想，如1872 年完成的《考数根法》证明了著名的费尔马定理，并指出它的逆命题不真。他所创立的"李善兰恒等式"，则成为中外数学家用现代数学方法加以证明的兴趣课题。徐寿是无锡人，先后在安庆军械所主持蒸汽轮船的设计研制。清同治六年（1867 年）受曾国藩派遣，携子徐建寅到上海襄办江南机器制造局，倡议设翻译馆，在英国传教士伟烈亚力、傅兰雅等人合作下，翻译出版科技著作。从第一部译著《汽机发轫》算起，共译介了西方科技书籍17 部（计 105 本、168 卷），专论 9 篇，计 287 万字，其中化学著作 6 部 63 卷，有《化学鉴原》、《化学鉴原续编》、《化学鉴原补编》、《化学考质》、《化学求数》、《物体通热改易论》等。所创造的钠、钙、镍、锌、锰、钴、镁等中文译名一直沿用至今，并被日本化学界所借用。光绪二年（1876 年）又与傅兰雅等在上海建成格致书院，开设矿物、电务、测绘、工程、汽机、制造等课程，定期举行科学讲座。同时创办融自然科学与社会科学于一体的《格致汇编》，在刊物上发表《汽机命名说》、《考证律吕说》、《医学论》等论文。华衡芳也是无锡人，在安庆军械所造出中国最早的以蒸汽机为动力的"黄鹄"号轮船。同治四年（1865 年）曾国藩、李鸿章合奏创设江南制造局，华衡芳参加了创设工作。他把主要精力用于译书，同时进行数学等方面的研究，取得了开方术、积较术、数根术等方面的成就。

　　1900 年以前，中国出现了许多社会团体，其中不乏讲求科学的团体，如上海农学会、南京测量学会、武昌地质学会等。辛亥革命时期，中国出现了更多的科学团体，如上海科学仪器馆（1903 年改此名，主要成员有杜亚泉、虞和钦、王本祥等，出版

《科学世界》)；中国化学会欧洲支会(1907 年由留欧学生在巴黎组建，俞同奎为负责人，成员有 20 余人)；中国地质会(1909 年在天津创立，由张相文为会长，次年创办会刊《地学杂志》)。此外，中华工程师学会(1912 年)、中国科学社(1915 年)、中华医学会(1915 年)、中华农学会(1917 年)、中国心理学会(1921年)、中国化工学会(1922 年)、中国天文学会(1922 年)、中国气象学会(1924 年)等陆续成立。这批学会中，最为突出的是综合性学术团体——中国科学社，其宗旨是"联络同志，研究学术，以共图科学之发达"。中国科学社是留学生胡明复、任鸿隽、赵元任、杨铨、胡适等人在美国发起，1918 年将社总部迁回国内，到1924 年已有社员 648 人，包括数学、物理、化学、化工、建筑、机械、矿冶、电工、医药、农林等学科的人才。他们的成果通常发表在《中国科学社年会论文汇集专刊》(1922 年起发行)上，于1915 年创办了综合性科学杂志《科学》月刊，还出版社员的科学专著多部和译介了《爱因斯坦与相对论》。1919 年，在南京社本部设立了图书馆，向民众开放，并经常举办科学讲演和展览。1922 年，在南京成立了生物研究所，主要从事动植物标本采集和研究，这是当时中国唯一的民办科研机构。

1928 年 6 月，国民政府在南京成立了国家学术研究机构——国立中央研究院，蔡元培为首任院长。1929 年 9 月，又组建了国立北平研究院。到 1935 年，全国各类专门的科研机构已超过 70个。国民政府在此后的十几年里，把各国发展科技的经验移植到中国，形成了以轻工业为主体、通才教育和政府较少干预的欧美式科技发展模式。这期间重要的科研成果是北京猿人(俗称"北京人")头盖骨化石的发现，1929 年 12 月，刚从北京大学地质系毕业的裴文中和其他 4 名工人，在北平(今北京市)附近的周口店龙骨山洞穴堆积层中，发现了一个半露在地面的猿人头盖骨。一批学有所成的归国科学家成为科技界的领军人物，其中包括地质学家李四光、地理及气象学家竺可桢、林学家梁希、物理学家叶企逊、空间物理学家赵九章、化学家侯德榜、土木建筑学家茅以升等。吴有训、周培源、王淦昌、谈家桢等一批杰出人才出国深造，陆续回国。国外航空动力学大师冯·卡门、控制论之父维纳、量子力学创始人之一尼尔斯·玻尔等，先后来到中国讲学。抗日战争爆发以后，中央研究院及各研究所先后内迁至四川、广西和云南，在艰苦的环境下坚持科学研究。一批日后颇有成就的科学家，如李政道、杨振宁、黄昆、吴文俊、朱光亚、林家翘等，都是这个时期培养出来的佼佼者。美籍华人李政道和杨振宁一起，获得了1957年的诺贝尔物理学奖。

　　中华人民共和国成立之时，国内仅有30多个研究机构，科技人员不超过5万人。新中国的科技事业需要在一片废墟上重建，1949年11月，在原中央研究院和北平研究院的基础上成立了中国科学院，并在随后的几年里陆续成立了中国科协、中国气象局、国家地质部等科技协调与研究机构。中国科技事业的发展，激发了大批海外学子的拳拳报国心，在美国伊利诺伊大学任教的数学家华罗庚放弃了在国外的终身教授职务和优厚的生活待遇，毅然回国。1955年，航空动力学家冯·卡门的学生、时任美国加利福尼亚理工学院教授的钱学森冲破险阻回国，为发展新中国的国防科技作出了特殊贡献。到1957年，归国的海外学人已经有3000多人，约占新中国成立前在海外留学生和学者的一半以上。在中国科学院选定的第一批233名学部委员（后改称院士）中，近三分之二是这批归国的海外学人。同时，中国政府大力培养科学技术人才，在短时间里初步形成了由中国科学院、高等院校、国务院各部门研究单位、各地方科研单位、国防科研单位五路科研大军组成的科技体系。

　　1956年是中国现代科学技术发展史上的一个重要里程碑，提出了"向科学进军"的口号，科学技术事业开始进入有计划的蓬勃发展的新阶段。这一年，中国政府成立了国家科学规划委员会，组织全国600多位科学家和技术专家，制定出中国第一个发展科学技术的长远规划，即《1956年至1967年科学技术发展远景规划》，拟订了57项重大任务。此规划提出的主要任务于1962年提前完成，从而奠定了中国的原子能、电子学、半导体、自动化、计算技术、航空和火箭技术等新兴科学技术基础，并促进了一系列新兴工业部门的诞生和发展。在提前完成《1956年至1967年科学技术发展远景规划》的基础上，中国又制定了《1963年至1972年科学技术规划纲要》(简称《十年规划》)。

中国政府在1958年对科技管理机构进行调整合并，成立了国家科学技术委员会、国防科学技术委员会。各省(自治区、直辖市)、市、县陆续成立了各级科委，形成了科技管理体系，中国的科技事业进入了国家计划下的现代发展时期。1964年，周恩来在政府工作报告中首次提出要实现工业、农业、国防和科学技术现代化，简称"四个现代化"。在此期间，科技事业得到迅速发展。1959年，地质学家李四光等人提出了"陆相生油"理论，打破了西方学者的"中国贫油"说；1960年，物理学家王淦昌等人发现反西格玛负超子；1964年，中国第一颗原子弹装置爆炸成功；1965年，生物学家们在世界上首次人工合成牛胰岛素。到1965年，全国科学研究机构已达到1700多个，从事科学研究的人员达到12万人。

不幸的是，从1966年开始，中国经历了长达10年的"文化大革命"。其间，科技管理陷入瘫痪，研究机构被肢解，广大科学技术工作者被迫停止科研工作，下放到农村或厂矿劳动，使科技事业几乎停滞不前。尽管如此，中国科技工作者还是在极为困难的条件下取得了一系列的重要成就。1966年，中国第一颗装有核弹头的地地导弹飞行爆炸成功；1967年，中国第一颗氢弹空爆成功；1970年，"东方红一号"人造地球卫星发射成功；70年代初期,数学家陈景润完成了哥德巴赫猜想中的"1＋2",向着解决哥德巴赫猜想迈进了一大步。

1976 年 10 月,"文化大革命"结束,中国进入了新的发展阶段。1978 年 3 月,时任副总理的邓小平在全国科学大会开幕式上作了极为重要的讲话,强调科学技术是第一生产力。时任中国科学院院长的郭沫若在大会上发表了《科学的春天》的讲话,用澎湃奔放、抒情洋溢的语言,表达了"文革"结束之后广大知识分子的喜悦心情。由于实行改革开放,中国真正迎来了科学的春天。1985 年初,中国科技体制改革进入到有领导、有组织的全面实施阶段,政府对科技发展目标进行了影响深远的重大调整。1988 年,中国政府先后批准建立了 53 个国家高新技术产业开发区。此后,又先后制定了星火计划、863 计划、火炬计划、攀登计划、重大项目攻关计划、重点成果推广计划等一系列重要计划,并建立中国自然科学基金制,形成了新时期中国科技工作的大格局。在此期间,中国建成了正负电子对撞机等重大科学工程,秦山核电站并网发电成功,银河系列巨型计算机相继研制成功,长征系列火箭在技术性能和可靠性方面达到国际先进水平。

1995 年 5 月召开的全国科学技术大会上,时任中共中央总书记的江泽民正式提出"科教兴国"战略。这是继 1956 年号召"向科学进军"、1978 年全国科学大会之后,中国科技事业发展进程中第三个重要里程碑。1997 年,中国政府批准了中国科学院关于建设国家创新体系的方案,投资实施知识创新工程。1998 年 6 月,中国成立国家科技教育领导小组,表明中国从更高的层次上加强对科技工作的宏观指导和整体协调。1999 年 8 月,中国政府召开全国技术创新大会,提出要努力在科技进步与创新上取得突破性进展。到目前为止,中国科学家完成了人类基因组计划的 1％基因绘制图;在世界上首次构建成功水稻基因组物理全图;当今世界最大的水利枢纽工程——长江三峡水利枢纽工程许多指标都突破了世界水利工程的记录;中国在国际上首次定位和克隆了神经性高频耳聋基因、乳光牙本质Ⅱ型、汉孔角化症等遗传病的致病基因;量子信息领域避错码被国际公认为量子信息领域"最令人激动的成果";神舟载人飞船发射成功并顺利返回。以政府为主导的中央计划体制正在转变,一种以"经济建设必须依靠科学技术,科学技术工作必须面向经济建设"为原则,政府科技机构、产业研究部门以及高等院校之间分工明确、良性互动的新型科技体制逐步形成,民营科技企业迅速发展。目前,中国正着手制定新世纪第一个中长期科学技术发展规划(2006—2020),为全面建设小康社会提供科技支撑。开放的中国,将以更加开放的姿态和视野展开新世纪的科技事业。

第六章　文　学

　　文学是语言的艺术，起源于生产劳动，是人类按照美的规律来创造对象的一种精神产物。较之于艺术，文学距生活更近一些。文学分口头文学和书面文学：口头文学是文字尚未形成或文字尚未发展到规范化的语言艺术，书面文学则是在口头文学的基础上用文字记载下来的艺术作品。人们衡量一个民族文学发展源流时，通常以书面文学作标准。书面文学包括诗歌、散文、小说、剧本四种体裁，在创作手法上又分浪漫主义和现实主义两种。它以不同的形式作体裁，表现内心情感和再现一定时期和一定地域的社会生活。

一、古代文学

1. 古代的东方文学

　　世界许多地方尚处在蒙昧状态时，在尼罗河流域、两河（幼发拉底河、底格里斯河）流域、恒河流域、黄河和长江流域就先后进入了奴隶社会，产生了古代的埃及文学、巴比伦文学、印度文学和中国文学。在地中海东岸和约旦河流域，也产生了希伯来文学。

　　古埃及文学源于公元前3000多年的口头创作，流传至今的作品有神话传说、诗歌、故事、传记和箴言，其中成就突出的是劳动歌谣和宗教诗集。古王国时期（前3200—前2280）的文学作品，主要是刻在金字塔墓壁上的祷文和大臣墓地上的碑铭。中王国时期(前2280—前1778)的文学作品采用中埃及语,其修辞、表意、描绘成为后来文学创作的范式。新王国时期(前1570—前1090)突出的文学体裁是游记,以及对神和法老的颂歌。

埃及文学起源于神话,因为埃及人认为每一个领域都有神来掌管。其中,关于拉神和奥里西斯的传说流传最广。太阳神拉被认为是开天辟地之神,是一切生命创造力的体现者;奥西里斯被认为是水和植物之神,是尼罗河畔的丰收之神、农耕文化的传播者。古王国时期出现了传记文学大多是对奴隶主歌功颂德之作,成就不大。保存的作品有第四王朝的《梅腾传》和第六王朝的《大臣乌尼传》,歌颂梅腾和乌尼对内专制、对外掠夺的“文治武功”。箴言大多出自统治者和奴隶主之手,有的教谕臣下如何进行统治,有的训示子弟立身处世之道,有的宣扬奴隶主阶级的道德规范和待人接物的经验。其代表作有:古王国时期的《普塔霍台普箴言》;中王国时期的《赫提三世箴言》、《伊浦味箴言》和《涅费尔蒂箴言》;新王国时期的《阿曼莫奈箴言》。

古埃及的诗歌比较发达,比较典型的有劳动歌谣、宗教诗集和故事。劳动歌谣流传下来的只有三首,即《庄稼人的歌谣》、《打谷人的歌谣》和《搬谷人的歌谣》,都是在古墓壁上发现的。宗教诗集产生于新王国时期,如《亡灵书》(或译《死者之书》)是一部诗歌总集,汇编了大量的神话诗、祈祷诗、颂神诗、歌谣和咒语。故事在古埃及文学中有特殊地位,其中《魔术师的故事》和《厄运注定的王子》反映了奴隶主的思想观念;《乡民与雇工》和《昂普·瓦塔两兄弟》表现了劳动人民摆脱贫穷命运的生活理想和反抗王权统治的斗争精神。

巴比伦文学包括神话传说、史诗、哲理抒情诗和戏剧,继承了苏美尔和阿卡德文学的传统,并有所发展。这些作品反映了两河流域居民对人类起源、古人生活、英雄业绩以及对善与恶、生与死等问题的认识,还有反映巴比伦时代社会矛盾的诗篇,如

《咏受难的诚实人的诗》和《主人和奴隶的对话》，以及充满宗教色彩和哲理意味的抒情诗，这些诗源于苏美尔时代，多由祭司收集，在举行宗教仪式时诵唱。

巴比伦文学的代表作《吉尔伽美什》是世界文学中最古老的史诗，形成于公元前 2000 多年，最后成书于公元前 1000 多年。也就是说，它开始流传的年代比古希腊的荷马史诗要早 1800 年，定本也要早 1200 年。吉尔伽美什是两河流域流传极广的英雄，早在苏美尔时代流传下来的国王名录中就有这个名字。他勇敢、聪慧、重友谊，也不贪图女神的爱情；他杀死芬巴巴和天牛，为民除害。从审美的角度看，吉尔伽美什作为奴隶制城邦早期的国王，其形象具有矛盾性：既有强悍、暴戾、淫荡的一面，又有俊美、健壮、聪颖、勇武的另一面。

希伯来人在史前时代（公元前 1030 年以前）就产生了神话、传说和史诗，其文化受四邻各族的影响，可以说是集大成者（希伯来文库与中国、印度、希腊文库并称世界四大文库）。希伯来的宗教是一神教，神话比较简单，只有创造天地，造人和乐园，以及恶天使造成罪恶、洪水等。传说述说了氏族男性的家长制，酋长们把氏族史浓缩成三代人（亚伯拉罕、以撒、雅各）。史诗的篇幅较短，文体以散文为主，杂糅着诗歌或歌谣，风格明快。《约瑟记》（即《创世纪》）、《摩西记》、《约书亚记》、《士师记》这四部史诗中的历史人物，都裹着浓厚的传说外衣。

在王国时代，希伯来人产生的先知书是《阿摩司书》和《何西阿书》。抒情诗也是这时形成的文学题材，以带哲理性的《雅歌》为代表作。历史文学是一个民族进入阶级社会之后的产物，《萨母耳记》（上、下篇）和《列王记》（上、下篇）被称为希伯来王国的"四史"。在宗教颂神歌中已有对唱，先知书中也有剧体狂欢歌，而真正发展为戏剧的作品是《约伯记》。《旧约》对希伯来文学进行了汇编，共 39 卷，分为经律书、历史书、先知书和诗文集 4 部分，是希伯来民族和以色列、犹太王国兴衰的艺术记录。除个别章节杂有亚兰语以外，《旧约》几乎全部用希伯来语写成。

古印度包括今天的印度、巴基斯坦、孟加拉国，文学作品有公元前15—前5世纪的吠陀本集，公元前5世纪至公元前后的史诗，公元前后至6世纪的古典小说。吠陀意为智慧、知识和学问，吠陀本集原是记录哲学、宗教、巫术、礼仪等风俗的文献，后演化为印度各教所尊奉的圣神经典。通常所说的吠陀指4部吠陀本集，其中富有文学价值的部分是《梨俱吠陀》，是世界上古老的诗歌集之一。史诗包含在用梵语写的文献典籍里，主要指《摩诃婆罗多》和《罗摩衍那》两大史诗和《往世书》。在印度人的观念中，《摩诃婆罗多》是"历史"或"历史传说"，《罗摩衍那》是"大诗"和"最初的诗"。马鸣、跋娑、首陀罗伽、伽梨陀娑的戏剧创作，促进了印度古典戏剧的繁荣。古典小说从《伟大的故事》问世起，便逐步由口头说唱发展为有情节、环境、人物的描写。著名作家与作品有：檀丁的《十公子传》、波那的《戒日王传》和《伽丹波利》、苏般度的《仙赐传》等。

日本原来无文字，文学创作靠口耳相传。5世纪中叶开始采用汉字记载日语，写下一些简单的皇族世系以及传说、歌谣。8世纪初叶出现了两部比较完整的著作——《古事集》和《日本书纪》，前者是一部历史兼文学作品，后者具有正史性质（体例模仿我国的《史记》）。8世纪中叶编成了《怀风藻》和《万叶集》，前者是汉诗集，其中虽有优秀作品，但多数作品现实感不强，格调也不高；后者是和歌集，反映社会生活，显示了古代日本民族的艺术创造力。清少纳言的《枕草子》是随笔文学，全书约300段，分为列举、日记、随想三部分，描绘自然景物、回忆后宫生活、抒发个人感受，笔调明快。紫式部是平安时期的女作家，创作了《紫式部集》、《紫式部日记》、《源氏物语》三部作品。《源氏物语》描写宫廷争斗，写了54回80余万字，故事历时70余载，跨越4个朝代，约有 400 多个人物。

朝鲜属于汉文化圈，用汉字写作。其文学艺术瑰宝《春香传》形成于 18 世纪中叶，由出生于平民阶层的无名氏说唱家创作而成。《春香传》分上、下两卷，描写了春香与南原府使的儿子李梦龙悲欢离合的故事。

越南曾经以南字（喃字）为文字，与汉字并行。正式文字采用汉字，称汉字为儒字，越南古代文学一般以儒字写作。18 世纪末，越南文人阮攸生写的《金云翘传》，取材于中国作者青心才人的小说《金云翘传》，移植过来用越南六八体民歌形式写成喃字诗体小说。书名以主要人物的姓名拼合而成，描写了金重与王翠云、王翠翘的爱情故事。

波斯文学是指以达里波斯语创作的文学，是在沙珊王朝（224—651）文学基础上发展起来的。波斯素有诗国之称，10—15 世纪是文学的繁荣期，成就主要在诗歌方面，涌现了杰出的诗人菲尔多西、海亚姆、萨迪、哈菲兹等。其中，穆斯里哈丁·萨迪受过良好的教育，一生创作了不少抒情诗、道德诗、讽刺诗、哀诗、四言诗和格言，尤以优美动人的抒情诗为人称道，现存的《萨迪全集》有抒情诗 600 多首。萨迪的代表作是《果园》（1257 年）和《蔷薇园》（1258 年），这两本道德训诫诗集奠定了他在波斯文学史上的不朽地位。

中古时期的阿拉伯文学即阿拉伯帝国的文学，包括帝国疆域内的各族人民用阿拉伯语写的文学作品。其中，《古兰经》是伊斯兰教最基本的经典，包括历史、政治、风俗、习惯、教法教律和教义，是第一部阿拉伯语的散文体巨著。《一千零一夜》经过历代市井说书人反复加工，成为小说创作的精华，被高尔基称为阿拉伯民间文学史上"最壮丽的一座丰碑"。

2. 古代的欧洲文学

在古代的欧洲文学中，以神话传说和史诗的影响最大。当欧洲大部分地区处于野蛮状态时，希腊已有成就较高的文学作品。马克思指出，希腊的神话和史诗是人类童年比较完美的作品，都是希腊民族的集体创作，经过了几百年的锤炼，具有永久的魅力。可是，古希腊并无一部专门的著作记载神话，只散见在《荷马史诗》、赫西俄德的《神谱》以及古典时期的各类文学、历史、哲学著作之中。

古希腊的神话，包括神的故事和英雄传说两大类。

神的故事包括开天辟地、神的产生、神的谱系、神祇之间的争斗，以及人类起源、改朝换代等。希腊人认为，天地的创造者是一位女神，她不但创造了宇宙间的万物，而且生育了最早的神——提坦巨神。由此建立起近代的神系，即奥林帕斯神系。奥林帕斯神系以宙斯为天神，其他神都有职权，如太阳神阿波罗、海神波塞冬、幽冥神哈德斯、战神阿瑞斯、爱神阿芙洛底忒等。奥林帕斯神系描写了父权社会希腊人的生活，男神有绝对权威。

英雄传说记载了远古的社会生活，以及人类与自然界作斗争的故事。著名英雄如赫拉克勒斯、伊阿宋、忒修斯、阿喀琉斯等，被认为是神与人结合所生育的后裔。赫拉克勒斯在摇篮中扼杀巨蛇，后来立下 12 件大功，解救了被缚在高加索山上的人类救护神普罗米修斯；他还在一夜间将几千年未打扫的牛圈一扫而净，甚至战胜了冥神哈德斯；伊阿宋历尽千辛万险，从蛮夷之地取回了象征权力和智慧的稀世之宝——金羊毛；阿喀琉斯本来可以像神一样长寿，却选择了人的生活，即便早夭也要建立罕世之功……很多英雄的传说被文学家引入作品中，经过艺术加工，显得更有魅力。

古希腊文学成就最高的是《荷马史诗》，相传此书为盲人荷马所作，由两部长诗合称：第一部是《伊利昂记》（今译《伊利亚特》），第二部叫《奥德修记》（又译《俄底修记》或《奥德赛》）。《伊利昂记》反映了"英雄时代"（公元前12世纪）的特洛伊战争，希腊各城邦联军与小亚细亚名城特洛伊之间进行了10年战争，在最后50天里，围绕阿喀琉斯的"愤怒"展开了决战，并取得了这场旷日持久战争的胜利。如果说《伊利昂记》讲述的是人与人之间的斗争，那么《奥德修记》则讲述人与自然的斗争。《奥德修记》的主人公奥德修斯从特洛伊回希腊的途中，漂流了10年，历经斯克里亚、风神岛、独眼巨人岛、妖岛以及冥土。回到故乡后，他与其他求婚者们斗智斗勇而获胜。《荷马史诗》具有很大的社会容量，后世历史学家把它当做古希腊的"百科全书"来研究。

　　公元前8世纪至前5世纪，是古希腊文学的"古典时代"，其标志是戏剧尤其是悲剧艺术的繁荣。在希腊戏剧史上，产生过三位著名悲剧作家，即埃斯库罗斯、索福克勒斯和欧里庇得斯。埃斯库罗斯（前525—前456）是古希腊的悲剧之父，他的作品《被缚的普罗米修斯》被马克思称赞为歌颂了"人类哲学日历上最崇高的圣者和殉道者"。索福克勒斯（前496—前406）是将古希腊悲剧艺术推上巅峰的作家，代表作是《俄狄浦斯王》。欧里庇得斯（前485—前406）被人称为"剧场里的哲学家"，他将心理分析、社会问题和哲学思辨带进悲剧之中，代表作是《美狄亚》。古希腊悲剧有以下特点：在选材方面，几乎都出自神话和传说，只有埃斯库罗斯写的《波斯人》取材于现实。在主题方面，都写人与命运的冲突。但三大悲剧作家对命运的理解有所不同。

　　到公元前4世纪，古希腊悲剧由盛转衰，喜剧也有过繁荣，后来大部分作品失传了。已知著名喜剧诗人是阿里斯多芬（前446—前385），其《阿卡奈人》是喜剧的代表作之一。喜剧产生于酒神节的狂欢歌舞和民间的滑稽剧，因而比悲剧更多平民色彩。例如，《阿卡奈人》用插科打诨的手法来讨论国家大事，语言驳杂却不乏深沉，动作滑稽却寄寓了严肃。

中世纪的欧洲文学分两个阶段：从公元476年到13世纪，处在"黑暗的中世纪"阶段；从14世纪到17世纪初期，为"文艺复兴"阶段。中世纪是从古罗马帝国的废墟上建立起来的，接受了两种文明：一种是城市文化，另一种就是基督教，文学也不可避免地受到这两种文明的影响，存在的四种文学样式即基督教文学、骑士文学、英雄史诗和城市文学。其中以基督教文学影响最广泛，几乎没有哪个民族不受它的影响。

基督教文学的经典是新、旧约全书，即《圣经》。这本书最早是希伯来民族文化的典籍，后来成为欧洲中世纪文学的圣典和一切艺术手法的来源。基督教文学的作者通常是教士，读者主要是信徒；作品中的人物是信徒、教士和天使，主题是劝告人们信奉上帝，语言是教会通用的拉丁文，体裁是赞美诗、使徒传、祷告文和基督故事。因为艺术表现形式单调，主要手法是寓意、象征和梦幻，且趋向格式化，往往千篇一律。

骑士文学产生于10世纪，在12至13世纪盛行于法国、意大利和西班牙。在创作形式上主要有骑士传奇和骑士抒情诗，反映了骑士阶层的生活理想。主题多写骑士为了追求爱情或荣誉，表现出一种侠客式的冒险精神。题材有三个来源：一是模仿古希腊和罗马文学，如《亚历山大传奇》、《特洛亚传》等。二是围绕亚瑟王及其圆桌骑士的故事，这些故事在西欧流传甚久。三是用拜占庭流传的故事写成，《奥迦生和尼哥蕾特》是其代表作。骑士文学所反映的生活面较窄，愈发展到近代，虚假成分愈多。

英雄史诗是中世纪成就最大的文学样式，并存过两类史诗：一类反映氏族社会末期的部落生活，与《荷马史诗》的年代基本相同，如《希尔德布兰特之歌》、《贝奥武甫》等。另一类是高度封建化和基督教化的产物，以历史人物、民间传说为基础。"四大英雄史诗"分别为：法国的《罗兰之歌》、西班牙的《熙德》、德意志的《尼伯龙根之歌》和俄罗斯的《伊戈尔远征记》。英雄史诗反映欧洲各民族厌倦封建割据、追求国家统一的心理,并有反抗异教徒、维护基督教的倾向。在艺术形式上,将民间文学的表现手法上升到了新高度。

城市文学出现在 11 世纪及其以后,是西欧市民阶层在思想、愿望、感情上的反映。它表现出强烈的现实性、乐观精神,敢于直面市民生活中最关注的社会问题。相对于基督教文学和骑士文学来说,城市文学是一种"异端"文学。它最流行的文学类型是韵文故事,具有很强的讽刺性和故事性,如《列那狐传奇》、《玫瑰传奇》等作品。后来欧洲文艺复兴文学的重要来源,就是城市文学。

成就最高的文学作品是意大利诗人但丁的《神曲》,但丁(1265—1321)是"中世纪的最后一位诗人,同时又是新时代的最初一位诗人"。《神曲》是中古时代的文学里程碑,创作于但丁被放逐之后,于死前完成,是他对祖国前途的深切忧虑。《神曲》分为四部分:序歌、地狱、炼狱和天国。后三部分各 33 歌,加上序歌,共 100 歌。它采用梦幻和象征的手法,叙述主人公梦游的经历。诗人通过游历揭示:认识过去的错误,需要理性来指导;到达光辉的顶点,需要信仰作向导。诗人游历三界,传播了古代的文化成就、批判了教会和世俗政权中的邪恶势力。《神曲》塑造了众多人物,构成一座多姿的人物形象画廊。形式结构也很工整,《神曲》是第一部使用意大利语言、采用民歌格律完成的长篇巨制,促进了意大利民族语言的统一。

太阳系宇宙观的诞生和美洲新大陆的发现,给旧的世界秩序和观念带来很大冲击;随着拜占庭帝国的崩溃,人们从逃出来的学者那里读到了古希腊和罗马不朽的哲学、历史、文学篇章。人们将前一个发现称为"自然的发现",将后一个发现称为"人的发现",正是这两个发现构成了文艺复兴运动的导火线。文艺复兴运动是一场思想解放运动，主旨是把被中世纪宗教思想所禁锢的意识形态解放出来。所形成的新思想，就是人文主义；体现这一主义的文学，就是人文主义文学。人文主义文学肇始于意大利，逐渐影响到法国、西班牙和德国，最终在英国达到高峰。

意大利人文主义文学最高成就者，是佛罗伦萨的诗人彼特拉克和小说家卜伽丘。彼特拉克（1304—1374）的代表作是献给女友劳拉的情诗《歌集》，虽然他与但丁生活的年代相近，写了同一主题，但在处理爱情的方式上不同。但丁歌颂的爱情在灵性方面，而且与真理、上帝和精神结合在一起，不涉及感性之爱；彼特拉克则歌颂感性之爱，表达了对现实生活的热情。他的抒情诗继承了西西里情歌的传统，是一种孕育于民间，被文人加工、润饰的新型抒情诗，后人称之为"十四行诗"。卜伽丘（1313—1375）的《十日谈》被认为是继承了意大利市民文学传统而完成的短篇小说集，将中古时代流行的传奇和故事加以改造，注意外在现实、内在心理、感情与思想的多方面结合，开欧洲近代小说的先河。

随着意大利的分裂和战乱愈烈，人文主义文学的重心移到了法国、西班牙和英国。法国文学在民族化方面有了新追求，尤其是拉伯雷（1495—1553）的长篇小说《巨人传》，借三个巨人歌颂了充分享受生活的乐观主义。《巨人传》在人物塑造上是荒诞的，在故事结构上是松散的，在艺术手法上则是夸张的。七星诗社代表着法国人文主义文学的另一种追求——文学的民族化，该诗社由六个人文主义作家和他们的老师所组成（若望·多拉、龙沙、贝雷、贝洛、巴依夫、缔亚尔、若岱勒），于1549年发表了《保卫和发扬法兰西语言》的宣言。七星诗社强调为法兰西民族语言的统一而奋斗，反对用拉丁语或其他外国语进行创作。但是，由于诗人们出身于上层社会，歧视劳动人民的语言，因而成就有限。西班牙作家塞万提斯（1547—1616）的长篇小说《堂·吉诃德》，

以讽刺的手法表现了人文主义的理想。从表层看来，堂·吉诃德
是糊涂的、愚蠢的、感情冲动的，将现实幻化为魔境，将风车当
巨人、旅店当城堡、羊群当军队、苦役犯当受迫害的骑士，更幻
想以长矛、盔甲去铲除旧恶，无疑滑稽可笑。从深层次审视，他
又是理智、聪慧和清醒的。他出游的目的，是因为看到了社会的
邪恶，出来伸张正义、锄强扶弱。《堂·吉诃德》标志着欧洲长篇
小说发展到了一个新阶段，作者善于通过对话和环境，运用夸张
和对比的手法，来强化人物性格。

　　将文艺复兴时期的人文主义文学推上顶峰是英国作家，即威
廉·莎士比亚和他的前驱乔叟，以及大学才子派的剧作家。乔叟
的代表作是《坎特伯雷故事集》，以一批从伦敦到坎特伯雷去朝圣
的客人旅行为线索，写了 24 个短篇故事，绝大部分用诗体写成，
再现了各个阶层的精神风貌，全集的总序体现了作者的思想倾
向。16 世纪的大学才子派是接受了人文主义思想而从事戏剧创
作的一批牛津、剑桥青年，约翰·李利、托马斯·基德、罗伯
特·格林、克里斯多弗·马娄是其中的佼佼者。大学才子派在题
材的选择上追求巨人式的题材，如马娄的《帖木儿》、《马尔他岛
的犹太人》和《浮士德博士的悲剧》，所选择的人物都是历史上的
叱咤风云者。艺术上他们在改造旧剧形式方面也有独到之处，使
英国戏剧的结构更为严谨、更富有浪漫的抒情风味。

　　14—17 世纪中叶的英国戏剧运动，高峰是威廉·莎士比亚
（1564—1616）的创作。他早期创作浪漫戏剧和诗歌，作品主要有
《仲夏夜之梦》、《第十二夜》、《皆大欢喜》和《威尼斯商人》，另
一部喜剧《罗密欧与朱丽叶》在一定程度上带有悲剧色彩。这一
时期，他还创作了《亨利六世》、《理查三世》、《约翰王》、《亨利
四世》、《亨利五世》等历史剧。莎士比亚第二时期的创作成就最
高，代表作有四大悲剧：《哈姆莱特》、《奥瑟罗》、《麦克白》和
《李尔王》。他在第三时期主要创作理想剧，将化解社会矛盾的希

望寄托在超自然的力量上,如《暴风雨》被称为"莎士比亚留给后世的遗嘱"。

人文主义文学形成了比较完备的思想体系:一是否定中世纪的基督教神权,推动了宗教改革;二是反对基督教推崇的来世思想,追求世俗生活;三是反对禁欲主义,追求物质享受、感官享乐;四是反对蒙昧主义,推崇掌握了科学知识和技艺的人;五是反对封建割据,希望建立强大而统一的王权。这五个方面的主张贯穿在人文主义文学之中,成为闪闪发光的主线。

3. 古代的中国文学

汉字产生在5000多年前的黄帝时期,是世界上历史悠久的象形文字。真正可查的有文字记录的历史,当属殷商时代的甲骨卜辞、铜器铭文和《商书》中的《盘庚》。从这些文献中我们知道,口头文学进入了书面语言艺术的新阶段——书面文学创作的阶段。

诗歌是最早的文学体裁,原始歌谣比较简单,一般是二字句,为原始人的口头创作,对劳动内容的韵语描绘,《吴越春秋》的《弹歌》便是一例。《诗经》是我国有文字以来最早的诗歌总集,收集了上自西周初年(公元前11世纪)下迄春秋中叶(前6世纪)约500年的诗歌305首,又称《诗三百》。它由风、雅、颂三部分组成,都是配乐的曲调名称。"风"是各地的民间曲调,"雅"是周王畿所在地的曲调,"颂"是用于宗庙祭祀配合舞蹈的曲调。后来音乐失传,只剩下歌词。《诗经》大部分是四言诗,没有严格的韵律,反映了古人的生活、劳动和战争,是一部现实主义诗集。"国风"是其中的珍品,表达了劳动人民的理想愿望和苦乐悲欢,具有丰富的思想内容。

"楚辞"源于战国时期的楚国,是以屈原为代表所创作的诗歌样式。楚辞扩展了《诗经》的四言形式,大多以"兮"字作为语气词，增强了诗句的表现力，成为楚辞的重要标志。楚辞除《九歌》能合乐外，其余均"不歌而诵"，且结构宏大，出现了《离骚》这样的鸿篇巨制。《离骚》全诗373句，2490字，是我国古代最长的政治抒情诗。它抒写了屈原的身世、思想和境遇，表现了诗人的爱国情感，以及为实现理想而献身的精神。《离骚》的深刻的思想内容和完美的艺术成就，开创了我国诗歌浪漫主义的创作传统。《离骚》还发展了《诗经》的比兴手法，把物与我、情与景融合为一个独立的整体。它直接影响了汉赋的产生，使诗歌由四言演化成五、七言。屈原不仅以其伟大的思想品格与艺术成就在我国文化思想史上占有重要地位，而且在世界文学史上的地位也足与荷马、但丁等第一流的诗人相比。

春秋战国时代，奴隶社会向封建社会转型，出现了文化上百家争鸣的局面，散文兴起。最早的散文是甲骨卜辞，即殷商巫师镌刻在龟甲兽骨上记录的占卜的内容和结果。《易经》中的卦、爻辞和《尚书》中的殷周文告等，是中国散文的萌芽。《易经》通称《周易》，是记载上古自然科学的书，也有认为是卜筮之书。相传经过周文王的整理和孔子的注述，使之加上了人伦道德的内容，是中国最古老的文化典籍。《尚书》即上古之书，又称《书经》，是中国第一部散文总集，包括《虞书》、《夏书》、《商书》和《周书》。其中的《禹贡》记载了禹在开拓和治理中国疆土上的贡献，是《尚书》中保存最完整的一篇地理文献。全书有的以记言为主，有的以叙事为主，虽然体例不一、风格迥异，但大都是上古时期社会政治、经济、文化的重要经典，是后世公文和实用文体的滥觞。

春秋战国出现了许多历史散文，从编写体例看，有编年史，如《春秋》及其三传（《左传》、《公羊传》、《谷梁传》）；有国别史，即分国叙述的史实，《国语》、《战国策》为其代表；还有记叙人物言行的，如《晏子春秋》。这一时期的散文注重语言技巧、逻辑修辞和谋篇布局，有时还调动形象化手段，使得这类散文既是史学和思想政治的著作，又具文学色彩。

先秦至汉初各派思想家的文章，主要是哲理散文。汉朝刘向、刘歆父子将诸子散文分成儒、道、阴阳、法、名、墨、纵横、杂、农、小说十家，他们在思想文化界形成了"百家争鸣"的局面。《论语》由孔子门人记录孔丘言行，为语录体散文，许多警句蕴涵着儒家深刻的人生体验，成为千古格言。《老子》是一部散韵夹杂的格言集，语言高度精练，多用排比对偶，说理透辟，时而流露感情色彩，反映了老子(李聃)这个道家始祖的思想。《墨子》是墨翟及墨家学派言论的总汇，中心思想为"兼爱"和"非攻"，文章重视论证依据，语言质朴无华，十分讲究论证方法，首开论辩之风，并具实践精神，对统治者有所揭露。韩非是先秦法家集大成者，《韩非子》用大量寓言作论据，每篇均有论题，中心论点突出，且论据翔实，内容宏富，逻辑性强，如《五蠹》长达7000字，旁征博引，纵论古今，很有气势。

司马迁的《史记》是中国第一部纪传体通史，以散文的形式记叙历史人物，反映朝代的更迭。由于它在语言艺术上的成就，既是文学的历史，也是历史的文学，使二者完美统一，成为我国纪传历史的典范之作。它在世界文学史上也是一部首创性的历史散文巨著。

赋是一种以"润色鸿业"为目的，兼具散文与诗优点的文体。它文采华丽，辞藻丰富，表现方法铺张，描写事物气势恢弘。汉武帝爱好文学，提倡辞赋，招纳文学侍从歌功颂德，一时间成为最具特色的语言艺术形式。汉赋有三种基本形式：一是由《诗》三百篇演变而来的诗体赋，句式以四言为主，隔句用韵，篇幅短小，形式与《诗经》相似。二是由楚民歌演变而来的骚体赋，形式与楚辞相同。三是由诸子问答体和游士说辞演变而来的散体赋，韵散结合，句式长短不一，词藻华美，篇幅长大，多假托两个或多个人物，通过客主问答展开描写。汉赋又可分大赋、骚赋和小赋：

大赋题材雄伟，在内容上讴歌帝王功业，在词藻上以铺张华丽为特征。如枚乘的《七发》、司马相如的《上林赋》、《子虚赋》。骚赋指在体制上模仿《楚辞》的作品，一是仿效《九歌》和《招魂》，如司马相如的《长门赋》；一是继承《离骚》精神的作品，如贾谊的《吊屈原赋》、司马迁的《悲士不遇赋》。小赋篇幅短小，没有大赋的主客对答结构，句式以散文为主，表现手法灵活多样，或借物抒情，或序志述行。

汉朝是中国历史上第一个真正意义上的盛世，400 年间虽然汉赋占据了文学主导地位，但在诗歌方面仍不乏佳作，如梁鸿的《五噫歌》，刘邦的《大风歌》，项羽的《垓下歌》，张衡的《四愁诗》，还有虞姬那首被认为可能是我国最早五言诗的《和项王歌》，都是流传千古的佳作。提到汉诗就不能不提乐府民歌，其内容以反映社会现实为主，形式多样，语言通俗，既继承了《诗经》的现实主义传统，又融合了楚辞的浪漫主义风格。乐府民歌是五言古诗，每句五个字，每首诗的句数没有定规，韵律也较自由，如《战城南》、《陌上桑》。尤其是以《孔雀东南飞》、《古诗十九首》为代表，为诗歌发展开辟了一条新路。

魏晋是一个文学自觉发展的时期，出现了以"三曹"、"七子"、蔡琰为代表的第一个文人创作高潮。如曹操的《蒿里行》、《苦寒行》、《短歌行》、《步出夏门行》，曹植的《送应氏》、《白马篇》，蔡琰的《悲愤诗》，都真实地反映了当时社会的现实，人民的苦难。由于创作风格悲壮慷慨，刚健有力，明快质朴，意气飞扬，被后人称做"建安风骨"。东晋末年，陶渊明在田园诗方面独开异境，其诗自然纯朴，平淡真切，开辟了我国诗歌发展的新天地。

南北朝是骈体文的全盛时期，骈文也称"骈体文"、"骈俪文"或"骈偶文"；因其常用四字、六字句，故也称"四六文"或"骈四俪六"。全篇以双句（俪句、偶句）为主，讲究对仗的工整和声律的铿锵，其结构形式具有起、铺、结的结构体制和领、衬、夹的游离构形；句式有构造上的模式特点，如骚体句、诗体句、叠字句等；句型也具有强烈的结构模式，如齐言单联型、齐言复联型、杂言复联型。

唐朝是中国诗歌史上的黄金时代，产生了格律诗，有五律、七律、长律和绝句。五律每句 5 个字，每首共 8 句，全篇 40 字。七律每句 7 个字，每首也是 8 句，全篇 56 字。长律是五言、七言律诗的延展，绝句是 4 句一首。都有严格的格律，讲究平仄和对仗，要求押平韵，一韵到底。在不到 300 年间，唐朝遗留下来近 5 万首诗歌，比自西周到南北朝 1700 年遗留下来的诗篇数目多 3 倍；唐朝较知名的诗人 2300 余人，其中杰出诗人约 60 人，也大大超过战国至南北朝有名诗人的总和。

唐诗进入中国文学史上的繁荣期，从风格流派看，唐初有以华丽壮美著称的"初唐四杰"体和以精工纤巧著称的沈宋体；盛唐有"李翰林之飘逸，杜工部之沉郁，孟襄阳之清雅，王右丞之精致，储光羲之真率，王昌龄之声俊，高适、岑参之悲壮，李颀、常建之超凡"；中唐有以清丽精雅著称的十才子体，以平易通俗著称的长庆体，即元白诗派，还有以瘦硬为特点的韩孟诗派；以瑰奇为特色的李贺诗派，以清峻为特色的刘柳诗派，刘长卿、韦应物的山水诗，李益、卢纶的边塞诗更具特色；晚唐出现了以富艳精工、深于情韵为特点的李商隐、杜牧诗派。其中，李白和杜甫是盛唐璀璨星空中耀眼的双子星。李白崇尚道家的自然观，主张"清水出芙蓉，天然去雕饰"。语言纯净自然，具有清新飘逸之美，被后人奉为"诗仙"。杜甫被后人奉为"诗圣"，其《兵车行》和《自京赴奉先县咏怀五百字》，深刻揭露了贫富对立的社会现实，"朱门酒肉臭，路有冻死骨"成为千古名句。"三吏、三别"等一系列作品，则揭示了人民遭受苦难的根源。他对语言艺术刻意求新，呕心沥血。中唐诗歌以白居易为首的新乐府运动影响最大，以"文章合为时而著，歌诗合为事而作"为创作宗旨。他十分重视诗歌的讽喻功能，提出诗歌要"上以补察时政"、"下以泄导人情"，如在《卖炭翁》中揭露了"宫市"对劳动者赤裸裸的抢夺；在《红线毯》中怒斥了统治者的奢靡。

宋代文学是继唐代文学之后又一座艺术高峰，历300余年保留下来的宋词共2万余首，是唐及五代词的50倍之多，有名的词人达1400人。词又称长短句，是按照乐谱的调和节拍来填写供歌唱的歌词。词起于隋唐之际，宋词流派众多，有"柳永体"、"东坡体"、"易安体"、"稼轩体"等，风格五彩缤纷。例如，北宋初晏殊的词情感真挚，风格秀雅天然；欧阳修的词风流蕴藉，风格恬静疏淡；尤其是柳永创造的慢词，以白描铺叙见长，通俗浅显，情景如画，"凡有井水饮处，即能歌柳词"。北宋中期，词在苏轼笔下风貌改观，思想内容大大开拓，"一洗绮罗香泽之态，摆脱绸缪婉转之度"，出现了豪放清旷风格。北宋后期，秦观的词精美纤巧、缠绵哀怨，风格清新典雅；李清照的词前期妍媚，后期凄怨，风格婉约清新。南宋中期是宋词的繁荣期，涌现了一批爱国词人。其中，辛弃疾的词悲壮激昂，雄奇跌宕，是豪放词派的典型代表。

此外，唐宋一些有识之士为了反对追求浮艳华丽的不良文风，创作了大量优秀的散文作品，形成了一个继承先秦散文的古文运动。所谓古文，即指与骈文相对的，奇句单行，不讲对偶声律的散体文。古文运动即散文革新运动，由韩愈提倡"学古文、习古道"，以此宣传自己的政治主张和儒家思想，这一主张得到了柳宗元等人的响应。北宋时期，欧阳修等文人极力推崇韩愈、柳宗元，掀起了一次新的古文运动。他们强调文道统一、道先于文的观点，写了大量平易自然、有血有肉的散文，使散文走上了平易畅达、反映现实生活的道路。人们把唐代的韩愈、柳宗元和宋代的欧阳修、曾巩、王安石、苏洵、苏轼、苏辙，合称为"唐宋八大家"。

宋以后，"胡乐"进入中原地区，词逐衰落。胡乐作为一种"新声"引起了人们的注意，于是在北方民间和外族乐曲的基础上产生了一种长短句歌词，这就是"曲"。元曲是曲的发展盛期，成为"一代之文学"。元曲分散曲和杂剧（又称剧曲），讲究韵律、平仄。《全元散曲》收有小令3800首，套曲400多首，传世的作家有2000余人。凡抒情、怀古、写景、叙事、投赠、谈禅、嘲谑，以至揭露社会矛盾，反映民间疾苦，直接讽刺时政等，无不入曲，更多的是表现山林隐逸、男女风情，这与元代知识分子地位低下、处境穷困和心理消沉是分不开的。元曲与唐诗、宋词鼎足并举，成为我国文学史上三座重要的里程碑。

元曲的发展，可分三个时期。初期：从元朝立国到灭南宋，元曲从民间通俗俚语进入诗坛，有鲜明的通俗化、口语化特点。作者多为北方人，如关汉卿的杂剧，小令活泼深切，晶莹婉丽，套数豪辣灏烂，痛快淋漓；马致远创作题材宽广，意境高远，形象鲜明，被誉为元散曲中的"曲状元"和"秋思之祖"。中期：从元世祖到元顺帝年间，元曲创作向文化人、专业化过渡，散曲成为诗坛的主要体裁，重要作家有郑光祖、睢景臣、乔吉、张可久等。末期：从元成宗到元末，作者以弄曲为专业，讲究格律词藻，艺术上刻意求工，崇尚婉约典雅，代表作家有张养浩、徐再思等。元曲语言通俗，风格泼辣诙谐，充满强烈的讽刺性和幽默感，具有典型的通俗文学特色。元曲四大家的作品是：关汉卿的《窦娥冤》、《拜月亭》，马致远的《汉宫秋》、《梧桐雨》，王实甫的《西厢记》，白朴的《墙头马上》。

明清两代历时500余年，由于工商业的一度发达，市民文学开始勃兴。在唐传奇和宋、元评话艺术基础上产生的长篇章回小说，数量多达300余部。这些作品以前所未有的广度和深度反映了社会生活的各方面，成为人民群众认识社会的主要文学样式。

明清小说在文学史上取得了与唐诗、宋词、元曲并列的地位，最
具代表性的有：历史演义小说《三国演义》、英雄传奇小说《水浒
传》、神魔小说《西游记》、言情小说《红楼梦》和《金瓶梅》。其
中，《红楼梦》通过对贾、史、王、薛四大家族兴衰的描写，展示
了渐趋崩析的封建社会内幕。此外，清代章回小说如：蒲松龄的
《聊斋志异》、吴敬梓的《儒林外史》、李汝珍的《镜花缘》、李百川
的《绿野仙踪》、石玉昆的《三侠五义》、俞万春的《荡寇志》、文康
的《儿女英雄传》，皆拥有众多读者。

二、近代文学

1. 17—18 世纪的欧洲文学

随着市民阶层的诞生，妥协的资产阶级文学诞生了。在英
国，是向清教（基督教新教的一派）倾斜的资产阶级革命文学；在
法国，是向封建王权倾斜的古典主义文学；而欧洲大陆其他国家
的文学作品，只能模仿这两国。

17 世纪诞生的英国资产阶级革命文学有两个特征：一是以
清教思想观点反映社会现实；二是采用宗教题材表达思想感情。
英国的"清教文学"有两个杰出代表：约翰·弥尔顿（1608—
1674）和约翰·班扬（1628—1687）。弥尔顿参加了推翻国王、反
对国教的战争，其长诗《失乐园》、《复乐园》和悲剧《力士参孙》
取材于《圣经》。《失乐园》说明人类之所以不幸，原因在于理性
不强、意志薄弱，经不起外界诱惑；《复乐园》则相反，通过耶稣
拒斥诱惑的故事，预示人类终会战胜邪恶，找回失去的乐园。班
扬的代表作是《天路历程》，这部寓意小说描写"基督徒"和他妻
子跋山涉水，经千辛万苦找到了天国。它既反映了宗教的狂热，
又在不同程度上批判了现实。

　　法国古典主义文学诞生在封建王权与资产阶级市民结盟的条件下，共同反对宗教势力。这种文学得到布瓦洛（1636—1711）的整理和发挥，形成了在政治上服从王权、思想上维护理性、审美趣味上崇尚古希腊和古罗马、艺术上遵守"三一律"的文学思潮。布瓦洛在他的《诗的艺术》一书中，虚构了一个规则：每一部戏剧必须遵循三个一致，即行动一致（只允许有一个行动）、地点一致（只能发生在一个地点）、时间一致（必须在一天内完成）。戏剧家高乃依遵循"三一律"创作的《熙德》，为古典主义悲剧打下了基础；拉辛在《安德洛马刻》和《费得尔》两部悲剧中，谴责了情欲横流、丧失理性的上流社会，揭露了宫廷的腐化堕落和尔虞我诈，使古典主义悲剧达到了经典的境界。真正为古典主义戏剧带来光荣的是喜剧大师莫里哀（1622—1673），其《伪君子》塑造了教会骗子答尔丢夫，并以辛辣的笔墨讽刺了教会势力中最伪善的耶稣会。它写于1664年，至1669年才被允许上演。这个喜剧具有极大的政治色彩，得到了路易十四的支持，成为摧毁教会势力的一把利剑。

　　18世纪是资产阶级在文学领域树立自我形象的时代，公开对封建贵族进行了批判。它是启蒙文学，试图从思想、感情、审美趣味等方面启发、教育整个第三等级（包括工人、农民、市民和知识分子）。启蒙文学主要包括：英伦三岛的资产阶级市民文学；法国"百科全书派"及其周围的作家；德国的"狂飙突进运动"以及之后的德语文学。不管发生在哪个国家，它们都具有鲜明的功利性，直接服务于资产阶级的政治目的。

　　英国的现实主义小说是出现较早而且平民色彩最纯的文学思潮，不但继承了流浪汉小说的传统，而且反映了中下层劳动者的生活。笛福（1660—1731）的著名小说《鲁滨孙漂流记》，通过鲁滨孙独处荒岛28年的经历，刻画了一个艰苦创业、最终成就一番事业的资产者形象。理查生的书信体小说《帕美娜》，从市民的立场来理解即将到来的资产阶级大革命。菲尔丁原是戏剧作家，由于《历史纪事》直接讽刺、挖苦了当时政客们，激怒了当局，被封闭了戏院。1841 年，他读了理查生的《帕美娜》之后，反其道而行之，写下长篇小说《约瑟·安德鲁传》，虚构了帕美娜的弟弟约瑟，试图像姐姐一样对荒淫的女主人进行道德说教。菲尔丁还创作了讽刺小说《大伟人江奈生·魏尔德传》，讽刺当权的政客不过是强盗的另一种名称。斯威夫特的《格列佛游记》是一部讽刺小说，虚构了格列佛船长游历小人国、大人国、飞岛、慧涅姆等地，对英国的政治、法律、议会、经济、军事等一概否定。

　　法国的启蒙文学与英国现实主义小说不同：首先，作家身兼哲学家、法学家、历史学家、社会学家多重身份，因而对社会的揭露和批判是多重的。其次，他们采用游记、自传、忏悔录、回忆录、哲理小说、书信体小说进行写作，纯粹的文学作品很少见。再次，他们围绕着"百科全书派"进行文学活动，是一个统一的整体。法国最早的启蒙作家勒·萨日从翻译走上了创作道路，其长篇小说《吉尔·布拉斯》叙述了一个西班牙青年的遭遇，从一个纯洁的少年变成一个不择手段向上爬的恶棍。孟德斯鸠（1689—1755）游记《波斯人信札》，以一个外邦人的目光来观察巴黎，发现这个社会有很多丑恶现象。伏尔泰（1694—1778）独创性的艺术作品是他生前并不看重的哲理小说，如《查弟格》、《老实人》、《天真汉》等，人物、故事和背景骤看起来荒诞不经，却隐藏着深刻的哲理和严肃的思想。他的悲剧《俄狄浦斯》、《布鲁图斯》和《札伊尔》，也赢得了一定的声誉。

　　狄德罗（1713—1784）是"百科全书派"的核心人物，其三部小说《修女》、《定命论者雅克和他的主人》和《拉摩的侄儿》在他死后出版。他团结了大批进步的作家和艺术家，使他们用先进的思想去理解人生、看待社会。狄德罗在戏剧理论方面有重要建树，如《关于〈私生子〉的谈话》、《论戏剧》这两篇理论文章，主张用符合资产阶级愿望的市民剧替代为封建宫廷服务的古典主义戏剧，并创造了介于悲剧与喜剧之间的新体裁——正剧。虽然他自己创作的两部正剧《私生子》和《家长》并不成功，但他的正剧理论却成为后来者创作的理论基础。卢梭（公元 1712—1778）是 18世纪法国大革命的思想先驱，他的纯文学作品不多，《新爱绮洛丝》和《忏悔录》是其佼佼者。《新爱绮洛丝》是一部书信体小说，借男女主人公之间的爱情悲剧，探讨爱情、婚姻和道德问题，谴责了婚姻中的契约关系和门当户对。他写作的语言优美，对大自然的描绘极为细腻，成为法国感伤主义文学的必读之书。《忏悔录》是卢梭晚年为回答世人对他的非议而写的答书，记述自己从幼年到青年的经历。推崇感情、热爱大自然、赞美自我，是卢梭文学著作的三个特征。

德国的启蒙文学以"狂飙突进运动"为标志，名称取自克令格尔的《狂飙与突进》剧名。参加这场运动的有德国著名的思想家、文学家和艺术家，如歌德、席勒等。歌德（1749—1832）取得极高声誉的小说《少年维特之烦恼》完成于 1774 年，以书信体的形式叙述了一个少年哀伤的故事。这部作品表现了平民青年的三重悲剧：社会悲剧、自然悲剧和爱情悲剧，正是这三重烦恼导致维特开枪自杀。歌德的另一部悲剧《铁手骑士葛兹·冯·伯利欣根》，再现了一个反抗封建领主的骑士的悲剧。歌德后半生最杰出的作品是诗剧《浮士德》，这是欧洲文学史上的一座里程碑。作品借用了中世纪的一个传说，通过浮士德与魔鬼订约的故事，表现了浮士德在知识、爱情、政治、古典美、创造五个方面的追求，成为人类追求真理、追求至善至美的象征。席勒（1759—1805）是德国文学的另一座丰碑，他获取如此名声的两部剧本是《强盗》和《阴谋与爱情》。《强盗》描绘了公爵之子卡尔的悲剧；《阴谋与爱情》反映宫廷阴谋，通过菲迪南与平民女子路易丝之间的爱情纠葛，展现了德意志官员的阴险狡诈。席勒把戏剧看做教育公民的工具，把舞台看做是宣传自由、民主、博爱的讲坛，因而作品的思想性和政治色彩极为浓厚。

2. 19世纪的欧美文学

在法国大革命的影响下，西欧兴起了浪漫主义文学运动。其共同特征是：反对理性传统；对启蒙运动倚重的自由、平等、博爱予以怀疑，甚至否定；对法国大革命之后的现实不满，希望遁迹于山水之间，不问世事，或号召继续革命，直到乌托邦理想实现为止。常用的体裁是诗歌（长诗、抒情诗、讽刺诗、诗剧）、戏剧和小说，并塑造了许多个性鲜明、叛逆色彩极浓的人物形象。

华滋华斯、柯勒律治和骚塞是浪漫主义文学最早的诗人，都曾对法国大革命予以赞美，当1793年雅各宾党人专政之后便开始否定大革命，隐居到英格兰西北部的昆布兰湖区，被称为英国"湖畔派"。1800年，三人结集出版了《抒情歌谣集》，并提出了浪漫主义的文学主张：一是重灵感想象；二是向民间文学学习；三是反古典主义。德国小城耶拿也出现了一个浪漫主义诗人团体——耶拿派，成员主要有史雷格尔兄弟、诺伐尼斯等。史雷格尔在《片段》中提出，浪漫主义文学要吸取一切学科的精华，着重体现宗教精神。由于他的反理性，文学史上将其称为"消极"的浪漫主义。诺伐尼斯在《夜之赞歌》中常引入黄昏、黑暗、坟冢、枯叶、荒漠，以及黑暗中的兰花，作为神秘的象征。与前二者相似，法国的流亡作家夏多布里昂以小说表达自己对人生的惶惑，期盼宗教解救人类灵魂，其中篇小说《阿达拉》和《勒内》有举足轻重的影响。《阿达拉》讲述的是北美印第安人夏克达斯和阿达拉的爱情故事；《勒内》则以哀婉笔调叙述青年勒内对法国大革命风暴的恐惧。

浪漫主义者最初对待法国大革命的态度，或多或少是恐惧多于欣喜。随着19世纪30年代革命浪潮的风起云涌，人生态度更为激进的浪漫主义诗人取代了前者。英国的拜伦和雪莱、法国的雨果、俄罗斯的普希金等，便是这样的一代宗师。

拜伦（1788—1824）是 19 世纪影响深刻的诗人，经常在议会抨击上流社会，一举成名的是讽刺诗《英格兰诗人与苏格兰评论家》。给拜伦带来巨大影响的是长诗《恰尔德·哈罗德游记》、《唐璜》、诗剧《曼弗雷德》和一系列"东方叙事诗"，塑造了一批具有强烈的反抗精神、不屑与俗人共同生活、最后总是死去的"拜伦式英雄"。就诗艺的圆熟和完美而论，《唐璜》是拜伦最成功的长诗。雪莱（1772—1822）与拜伦同时代，早年参加了爱尔兰人反抗英格兰统治的斗争，并接受了空想社会主义的思想。雪莱的创作以诗剧和抒情诗的成就最高，《解放的普罗米修斯》、《伊斯兰的起义》是诗剧的代表。他坚信未来是美好的，这一点使他区别于拜伦。雪莱的纯抒情诗是英文诗中的精品，这些诗意象清晰、格调高昂、奋发向上、永远乐观，如《致云雀》、《西风颂》等，表达了诗人反抗黑暗势力的斗志。

雨果（1802—1885）创作的戏剧《欧那尼》于 1830 年一炮成功，在《〈克伦威尔〉序言》中又提出了一些与古典主义相反的主张，可以看做是法国浪漫主义文学的宣言。雨果创作了大批的抒情诗、政治讽刺诗和谣曲，还创作了许多脍炙人口的长篇小说。《巴黎圣母院》讲述的是中世纪宗教迫害的故事，描写了纯洁的吉卜赛女郎、副主教和面目丑陋的教堂敲钟人。《悲惨世界》叙述的是因偷一个苹果而被判 18 年苦役的冉阿让的故事，从帝国时代直到复辟王朝再至 1830 年的工人起义，法国上半个世纪的时代风云尽收书中。作者表现的不是具体社会力量的争斗，而是善恶的较量，最终善战胜了恶。《海上劳工》则表现人与大自然的较量，显示人的力量无穷；《九三年》则再现了法国大革命期间（1793 年）雅各宾党人专政及旺岱保王党人的叛乱。

普希金（1799—1837）是俄罗斯浪漫主义文学的旗手，在中学毕业晚会上以一首《皇村回忆》倾倒了杰尔查文，认为"学生超过了老师"。随后，他以《自由颂》、《乡村》、《致恰达耶夫》三首反抗暴政、歌颂自由的诗歌，引起了世人震惊。四年的流放生活，造就了普希金作为浪漫主义诗人所需要的阅历、气质和才学，著名的"南方诗篇"就在这一时期完成。《高加索的俘虏》、《巴赫奇萨拉伊的泪泉》等长诗，均以奇妙的高加索自然景色为背景，咏唱着一个个传奇故事。《强盗兄弟》歌颂了反抗暴政、追求自由的叛逆，而《茨冈》则在传奇中渗透了绝望。1825 年，成熟了的诗人完成了历史剧《鲍里斯·戈东洛夫》，又开始创作长篇诗体小说《叶甫盖尼·奥涅金》。普希金并非彻底的浪漫主义者，他早年受拜伦的影响很深，后半生受社会苦难的刺激太大，逐渐转为现实主义者。

此外，19 世纪浪漫主义文学的代表人物还有：大仲马（1802—1870）被法国人称为"文坛火枪手"，一生信守共和政见、反对君主专政。他自学成才，一生的作品达 300 卷，著名的有《三个火枪手》（旧译《三剑客》），以及《基督山伯爵》。他的剧本《亨利第三及其宫廷》（1829）比雨果的《欧那尼》还早问世一年。惠特曼（1819—1892）是美国 19 世纪杰出的浪漫主义诗人，美国资本主义上升时期自由、平等和民主精神的伟大歌手。他用几十年的时间，吸收人民的意志和热情，将之熔铸为一部自由奔放、丰富庞杂的诗集《草叶集》，唱出了美利坚合众国的新声。

19 世纪 30—60 年代，欧洲相继出现了一种以冷静目光剖析社会、看待人与人之间关系的文学思潮，它的典型艺术手法就是贴近生活，客观写实，文学史上称之为批判现实主义。最早的批判现实主义作家是法国的司汤达（1783—1842），他向往拿破仑时代那种荣誉胜过一切的价值观。他的小说《红与黑》（1830 年纪事）将于连这个出身于小资产阶级的青年置于两难选择之中，"红"的道路随帝国的覆灭一去不复返，"黑"的道路由于金钱耀目而显得十分有诱惑力。无奈之下，于连放弃了人生信仰，学会了趋炎附势，而且不择手段地出卖自己，谋取金钱，结果被送上了断头台。

　　同是法国人，巴尔扎克(公元1799—1850)与司汤达相比，气魄大得多。巴尔扎克认为，小说家必须面向生活，只有使自己成为现实社会的风俗史家，作品才具有教育意义。从1829年到1850年，他几乎用毕生精力建造一座宫殿——拥有96个作品的《人间喜剧》。《人间喜剧》分三部分，"风俗研究"是其主要部分，又可分私人生活场景、外省生活场景、巴黎生活场景、政治生活场景、军人生活场景、乡村生活场景六个方面。这个时期的特征——金钱势力取代了贵族头衔，小说《高老头》就反映了这个特征，成为《人间喜剧》的序幕。主人公高老头向读者展示了一份特别的父爱：把女儿当天使，乐于牺牲自己来满足她的奢望。这部小说抨击了金钱至上的原则，使人们认识了巴黎社会的真面目。他还创作了《欧也妮·葛朗台》、《幻灭》、《高利贷者》等一系列作品，成为批判现实主义文学领域成就最高的作家。福楼拜(1821—1880)是继巴尔扎克之后法国重要的批判现实主义作家，对资本主义繁荣背后的悖理、黑暗和腐败有清醒的认识。1856年，他发表第一部长篇小说《包法利夫人》，通过包法利夫人不幸的婚姻、恋爱遭遇，揭露了表面繁荣掩盖下的残酷。此后，他创作的《萨朗波》和《情感教育》，以细腻、逼真的创作风格发展了批判现实主义的传统。

　　19世纪的批判现实主义文学，在英国、北欧三国和美国也激起千层巨浪。其中，狄更斯(1812—1870)对英国社会各阶级之间斗争有深刻反映。他从1833年至1870年，写出了卷帙浩繁的长篇巨著，如《双城记》、《大卫·科波菲尔》和《艰难时世》，可以称为英国这一时期的史诗。《大卫·科波菲尔》是一部半自传体小说，也是作者最钟爱的"孩子"。它通过一个孤儿的遭遇，揭露了资产阶级的剥削、司法界的腐败和议会对人民的欺压。狄更斯通过科波菲尔的成功，鼓舞人们对生活保持信心，体现了人道主义的精神。

　　更有意义的是俄罗斯文学的迅速崛起，先是果戈理在《钦差大臣》、《狂人日记》和《死魂灵》中发挥了文学的批判作用，对俄国的官僚制度、司法制度和农奴制进行了猛烈批判；继而屠格涅夫对俄罗斯知识分子的动摇、对造就"聪明废物"的社会环境进行了尖锐批判；陀思妥耶夫斯基则将批判现实主义文学的深度和广度向前推进了一大步，把市民题材、流放生涯、犯罪等题材引进文学之中，如《罪与罚》对俄罗斯肮脏的街道、昏暗的街灯、清冷的马车、呻吟的流浪汉、压抑着愤怒的破产者、疯狂的暴发户，以及无耻的骗子，都进行了文学再现。列夫·托尔斯泰(1828—1910)在近60年的创作生涯中，异常清醒地揭露了俄罗斯在变动时代的罪恶。在早期小说《幼年》、《少年》、《青年》、《一个地主的早晨》中，他一方面毫不留情地否定农奴制，另一方面试图用道德的自我完善来调和农奴主和农奴之间的矛盾。当这一调和行不通时，他提出了贵族平民化的主张，塑造了一个托尔斯泰式的贵族形象——聂赫留朵夫。从19世纪60年代起，他相继创作了《战争与和平》、《安娜·卡列尼娜》和《复活》三部批判现实主义小说，提出了一个共同的问题："俄罗斯向何处去？"托尔斯泰的艺术成就主要有：第一，创造了史诗体小说，于史诗的庄严肃穆中穿插有抒情的独白，变化万千；第二，善于刻画微观心理世界，创造了许多典型人物；第三，善于描写性格的变化，自然浑成而不露斧凿痕迹；第四，创造了一种朴素的写作风格，力求用简洁的手法表达作家思想。作为批判现实主义文学的终结者，奠定了托尔斯泰在文化史上的地位。

　　19世纪批判现实主义文学的代表人物还有：丹麦作家安徒生(1805—1875)，他以童话故事而世界闻名，最著名的童话故事有《小锡兵》、《冰雪女王》、《拇指姑娘》、《卖火柴的小女孩》、《丑小鸭》和《红鞋》。安徒生生前曾得到皇家的致敬，并被高度赞扬为给全欧洲的一代孩子带来了欢乐。美国作家马克·吐温(1835—1910)，曾被誉为"文学史上的林肯"，其代表作是《百万英镑》和《汤姆·索亚历险记》。苏联无产阶级作家玛克西姆·高尔基(1868—1936)创作了著名的散文诗《海燕之歌》，塑造了象征大智大勇革命者搏风击浪的勇敢的海燕形象，预告革命风暴即将到来。1906年高尔基写成长篇小说《母亲》和剧本《敌人》两部最重要的作品，标志着创作达到了新的高度。《母亲》塑造了文学史上第一批自觉为社会主义而斗争的革命者形象，是社会主义现实主义文学的奠基之作。

3. 近代的亚非文学

与近代欧洲文学相比，近代亚非文学只有几十年，发展得不充分，也不成熟。其局限性源于资产阶级的"两重性"和革命的不彻底性，作品中改良主义、封建残余时有流露；人民群众的力量未被充分表现和肯定；艺术上则处于"夹生"阶段：旧的被逐渐摒弃了，新的又未被充分消化吸收。新文学尚处于萌芽阶段，以日本、印度和阿拉伯文学为代表。

近代日本文学经历了一段启蒙期，为在政治、学术、社会思想、科学文化等领域迎合明治维新的需要，文学本身没有很大发展，只出现了一些作为启蒙工具的小说和翻译作品。首先出现了宣传民权运动的"政治小说"，艺术上虽没有摆脱封建时代文学的束缚，但鼓吹民主、宣传民权、针砭时弊以及作品所表现出的爱国忧民意识，确是日本近代文学的新声。它以矢野龙溪的《经国美谈》和东海散士的《佳人奇遇》为代表。同时，坪内逍遥在《小说神髓》里提出文学要以描写"人情"、"世态"为主，主张现实主义文学的表现方法，为推动日本近代文学的发展作出了一定贡献。日本近代文学奠基者是二叶亭四迷，他在学生时期接触过大量的俄罗斯进步文学，并且对文学创作抱有严肃、认真的态度。1887年，他完成了长篇小说《浮云》，描写知识青年内海文三的命运，由于主人公不屈从封建官僚的压迫，不愿与现实妥协，终被关在幸福大门之外。1890年，森鸥外发表了《舞姬》。这篇小说与《浮云》取同样题材，所描写的知识分子更加软弱。作品的最后部分，主人公留学生太田丰太郎在功名利禄的诱惑下，抛弃德国情人叶丽丝回国，终与封建势力妥协。

在19世纪90年代初，日本出现了"砚友社"和"文学界"两个重要的文学团体。"砚友社"的文学作品从现实主义退化，迎合了小市民的趣味，以赢得读者廉价的眼泪为宗旨，对社会的描写流于肤浅。"文学界"是以北村透谷为首的青年诗人、评论家的文学团体，采取与现实对立的态度，要求个性解放，追求海市蜃楼式的幸福。北村透谷参加过自由民权运动，运动失败以后从事文学创作，表现出诅咒社会的愤怒情绪。在他不成熟的两部诗剧《楚囚之歌》和《蓬莱曲》里，洋溢着向往自由、追求幸福的炽热感情。他晚年所创作的抒情诗格调清新，形象优美，流露出一个觉醒者、反抗者的孤独感情。最后，他深陷在理想和现实矛盾之中而不能自拔，在痛苦和迷惘的心情中自杀。

夏目漱石是日本近代杰出的作家，对明治政府进行批判的广度和深度为他人所罕见。例如，《我是猫》对"大和魂"、天皇、资产阶级暴发户、警察、战争等作了尽情嘲讽；《哥儿》批判了教育界的陋习，称学校当权者是"时髦的坏蛋、骗子手、冒牌货、伪君子"；《野分》通过白井道也之口，批判"金钱万能"、"高等的劳力得不到高等报酬"的不合理现象；《三四郎》通过广田先生之口，批判了日本社会盲目欧化的风气；《坑夫》描摹了矿工的悲惨生活，是对明治政府的强烈控诉。《从此以后》是夏目漱石的代表作，围绕"让妻"与"夺妻"展开故事情节。石川啄木是革命民主主义的青年作家，当过小学教员、报纸记者。他在少年时就开始写浪漫主义诗歌，后来创作了咏叹个人生活的和歌集《一握砂》、《可悲的玩具》以及有现实主义倾向的小说《云是天才》、《道路》、《我们一伙和他》。他朦胧地意识到必须用暴力摧毁"国家政权"，决心倾向社会主义。他在《时代闭塞的现状中》一文中批评："今天的小说、诗，和歌，几乎全是嫖妓、私娼、野合、通奸的记录。"他向日本青年疾呼："我们青年为从这毁灭的状态中振拔出来，现在已经是必须认清'敌人'的时候了。"石川啄木敢于与黑暗现实对抗，这是很可贵的。虽然他在贫病交加之下很年轻就死去了，却成为日本现代无产阶级文学的先驱者。

进入 20 世纪，印度民族文学随着解放运动日臻繁荣，出现了艺术上成熟、直接反映社会生活的长短篇小说、散文、戏剧和非宗教性的诗歌。印度作家多用地方语言创作，如北印度的印地语，东印度的孟加拉语，以德里、勒克瑙两地为中心的乌尔都语。孟加拉启蒙运动作家罗姆·莫汗·罗易反对罪恶的种姓制度和野蛮的焚死寡妇等恶俗，写了散文《耶稣箴言》，还提出了文学要为社会服务的问题。般金·钱德拉·查特吉是孟加拉语近代文学的创始人，写了 6 部以现实生活为题材的小说，其长篇小说《毒树》第一次提出了寡妇改嫁的问题。他还写了 10 部长篇历史小说，代表作是《阿难陀寺院》，描写 1772 年"山耶西"（出家人）起义。作品中有一首"礼拜母亲"的诗，以后成为群众集会时歌唱的革命进行曲。

罗宾德拉纳特·泰戈尔（1861—1941）是印度近代文学巨匠，1913 年获诺贝尔文学奖。在他 60 多年的创作生涯中，留下 50 多部诗集，30 余部散文著作，12 部长篇或中篇小说，近百篇短篇小说和 30 多个剧本，还创作了 2000 多首歌曲和 2000 多幅绘画。从 1880 年泰戈尔留学英国回来到 90 年代末是创作早期，他居住加尔各答，出版了诗集《晚歌集》、《晨歌集》、《画与歌集》、《刚

与柔集》和《心声集》；发行了长篇历史小说《王后市场》和《贤哲
王》；写出了剧本《大自然的报复》、《国王和王后》和《牺牲》。这
些作品，表达了印度民族觉醒的时代精神。其后，他遵照父亲的
意愿，到农村管理祖业，移居帕特玛河畔的谢里达农庄。他广泛
接触农民，写有《金帆船集》、《缤纷集》、《江河集》、《收获集》、
《梦幻集》、《瞬息集》和《故事集》，其中《故事集》被称为"广大青
年的爱国主义教科书"。20 世纪初到 1919 年是他创作的中期，
泰戈尔在圣地尼克坦办学，并于 1912 年发展为一所国际大学。
办学期间，他除了创作长篇小说《戈拉》、《家庭与世界》、《小砂
子》和《沉船》之外，出版了 8 部孟加拉诗集，包括《歌之花环》、
《鸿雁集》和《遁逃集》；8 部英文诗集，包括《园丁集》、《新月
集》、《飞鸟集》和《采思集》；10 余个剧本，包括《顽强堡垒》、
《邮局》和《暗室之王》。他的中期创作，不仅作品数量多，而且内
容积极。其中，《沉船》标志着孟加拉文学中现实主义创作方法的
成熟。1919 年到泰戈尔逝世是他创作的晚期，他写有长篇小说
《最后一首诗》和《纠缠》；剧本《摩克多塔拉》和《红夹竹桃》；散
文集《在中国的谈话》和《俄罗斯书简》。后期出版的诗集有 20 多
部，主要有《随想集》和《叶盘集》，其中有些是政治诗，被认为是
泰戈尔诗歌中的精华。

　　从 18 世纪末西方殖民主义者入侵埃及到 20 世纪初第一次世
界大战结束，是阿拉伯文学史的近代时期。近代阿拉伯文学的发
展，与西方殖民者入侵所引起的社会变化和由此而产生的政治、
经济、文化方面的变动联系在一起。埃及、黎巴嫩、叙利亚等国
与欧洲文化有广泛的交流，西方的文学作品(包括小说、戏剧、故
事、诗歌)被陆续译成阿拉伯文。在介绍西方小说方面，埃及的
教育家塔哈塔威是先驱。他以韵文的形式，翻译了法国古典主义
的代表作家费讷隆的《忒勒马科斯历险记》。黎巴嫩作家苏莱曼
·布斯塔尼，用阿拉伯的韵诗翻译了荷马史诗《伊里亚特》。埃及

文人奥斯曼·贾拉勒翻译了莫里哀的四个剧本；纳吉布·苏莱曼·哈达德等侨居美洲的埃及人也翻译了莎士比亚、拉辛、莫里哀、大仲马的作品。20世纪初，埃及诗人哈菲兹·易卜拉欣翻译了雨果的《悲惨世界》，埃及作家穆斯塔法·卢特菲·曼法鲁蒂译写了《菩提树下》、《美德》、《为了王冠》等法国文学作品。通过翻译以上西方作品，打开了阿拉伯文学家的眼界。

在创作方面，埃及诗人迈哈穆德·萨米·巴鲁迪是近代阿拉伯诗歌复兴运动的先锋。他因支持民族运动被流放，在流放地待了17年，写下许多反映孤独痛苦和内心创伤的诗篇。他在那里学会了英语，编选了阿拉伯古代诗歌，选出30个诗人的作品辑成《古代诗选》。巴鲁迪去世后，他的遗孀出版了《巴鲁迪诗集》2卷和他编选的《古代诗选》4卷。黎巴嫩诗人哈利勒·纪伯伦是20世纪阿拉伯文学的一座高峰，于1905年出版第一部作品《音乐短章》，这是一本论述音乐发展史及与人类关系的小册子。1906年又出版他的第一个短篇小说集《草原新娘》。1911年末，他发表了中篇小说《折断的翅膀》，反响强烈。故事叙述富家女萨勒玛被大主教的侄子强娶，成为婚姻的牺牲品。从20世纪20年代开始，纪伯伦的创作重心由小说转向了散文和散文诗。他用阿拉伯语发表的作品有：充满哀伤的散文诗集《泪与笑》，赞美青春和自由的长诗《行列》，富有激情和社会批判意识的诗文集《暴风集》和《珍趣集》。他用英文发表的作品有：寓言和散文诗集《疯人》、《先驱者》，哲理抒情散文诗集《先知》，箴言集《沙与沫》，福音体传记《人子耶稣》，诗剧《大地之神》等。他逝世以后，其遗著被编为《流浪者》和《先知园》。

4. 近代的中国文学

中国步入近代时，闭关自守的状态被打破。在中外文化冲突中生长的中国近代文学，既表现出向西方文学趋近的特性，又具有自我更新的民族文化特征。

中国近代文学开端于鸦片战争前后，龚自珍（1792—1841）强调"人"、"我"与"心之力"的作用，开启了一代文学新风。他首开近代散文议论军国政事的风气，具有批判精神和个性解放倾向。其《明良论》、《古史钩沉论一》、《京师乐籍说》、《乙丙之际箸议》等文，从各个侧面揭露专制统治扼杀生机、摧残士气、阻碍社会发展的本性。《尊隐》一文表现了对大变革的预见与憧憬，并在文体上打破传统，是一篇"难向史家搜比例"的"高文"。其他如《尊命》、《尊任》、《论私》、《臣里》等，大多思见奇特。《病梅馆记》则用比兴手法，以梅为喻，表明了反对摧残生机、保护个性自由的态度。《桂殿秋》、《减兰》以直率真切的抒情，不拘声律，开创了经世派作家的新词风。与龚自珍同时或稍后而经历了鸦片战争的一批诗人，表现出激烈的反对西方列强情绪。如张际亮的《三元里》、《浴日亭》、《迁延》，朱琦的《感事》、《关将军挽歌》，姚燮的《惊风行》，鲁一同的《重有感》。魏源（1794—1857）与龚自珍齐名，其《都中吟》、《江南吟》、《古乐府·行路难》抨击了阻挠政治改革的保守人物。他的《寰海》、《寰海后》、《秋兴》、《秋兴后》4组诗40余首，一诗一事，广泛反映了鸦片战事和国家倾危的形势，堪称"诗史"。

桐城派作为清代影响广泛的散文流派，其核心人物梅曾亮主讲扬州书院，著有《柏枧山房文集》；方东树主讲安徽庐州、亳州及广东韶州等书院，著有《仪卫轩集》、《昭昧詹言》；姚莹著有《中复堂全集》。他们继承乃师姚鼐之说，标榜声气，守望门户。由于变局在即，比起他们的先辈多了几分"以天下为己任"的抱负和"拯道济弱"的自信。曾国藩（1811—1872）对后期桐城派空洞的文风进行了批判，改造了创作实践，成为桐城派的"中兴名主"。因曾国藩是湖南湘乡人，后人又称"湘乡派"。曾国藩广聚人才，门下有张裕钊、吴汝纶、薛福成、黎庶昌四大弟子，其中张、吴二人得桐城派"雅洁"之传。薛福成的《观巴黎油画记》极善烘衬渲染，将内容繁杂的画面形象地再现，几成脍炙人口的名篇；黎庶昌的《游盐原记》、《卜来敦记》，以朴实畅达的笔墨传其形神，使异国新奇风物引人入胜。

值得注意的是，近代出现了以冯桂芬、王韬、郑观应提倡的新体散文。冯桂芬与桐城派针锋相对，提出"古不袭貌，今不随俗"，其《校邠庐抗议》以内容为本，达意为用，议论时政，文字平实。王韬由传统士大夫向近代知识分子转化，宣称桐城派文有家法师承、门户蹊径，与自己"格格而不相入"。他任报刊主笔，首开报章文体，如《弢园文录外编》中的《变法》、《重民》、《变法自强》等系列政论文，《俄人志在兼并》、《亚洲半属欧人》等时评，《杞忧生易言跋》等散文，皆通俗畅达。郑观应也是报章文体的开创者之一，其散文多发表于《循环日报》，表达了行变法、振工商、开议院、办学校、行西医、兴女教的主张。梁启超《中国各报存佚表》中评价："自报章兴，吾国之文体为之一变，汪洋恣肆，畅所欲言，所谓宗派家法，无得问者。"这段话，彰显了报章文体在近代散文发展史上的地位。

19世纪40年代以后的小说创作是明清小说的尾声，引人注目的创作趋势大体有两派：一派承《水浒》，是与说话艺术有渊源的侠义公案小说，如《荡寇志》、《三侠五义》、《小五义传》、《彭公案》、《永庆升平前传》、《儿女英雄传》等；一派承《红楼》，是文人创作的言情世态小说，如《品花宝鉴》、《花月痕》、《海上花列传》、《青楼梦》等。

从19世纪70年代开始，维新知识分子掀起了文学革新运动，推出了"新派诗"、"新小说"和"时务文体"，为宣传维新变法、开通民智服务。不久，梁启超从变法失败中认识到改革必先启蒙，主张用诗文，尤其是小说来"新一国之民"。随着资产阶级革命的兴起，文学革命向革命文学发展；戏曲以思想启蒙和政治宣传为主要方向；翻译以"严（复）译名著"和"林（纾）译小说"为代表；西方美学被王国维等吸收用来改造中国文论；白话文运动部分地改变了传统的书面语言。

成为"诗界革命"旗帜的是黄遵宪，他历经了十几年的外交生涯，明确树立起"中国必变从西法"的思想。"诗外有事，诗中有人"，"言志为体，感人为用"，可以看做是黄遵宪对其诗论概括的基本纲领。中华书局出版的《黄遵宪全集》收录其诗 1135 首、词 11 首，可分为三类：一类是海外诗，写一个中国人走入近代世界的感受与认识，如《日本杂事诗》、《登巴黎铁塔》、《苏伊士河》、《锡兰岛卧佛》等；二类是纪事诗，写列强入侵、中国危亡和抗争的历史，如《香港感怀》、《羊城感赋》、《冯将军歌》、《台湾行》、《感事》等；三类是述志诗，展露心灵的历程，如《感怀》、《杂感》、《赠梁任父同年》、《己亥杂诗》等。还有 53 首作为"诗界革命"实践而创作的特殊作品，如《军歌》、《小学校学生相和歌》、《幼稚园上学歌》。黄遵宪之后，清末诗坛能像他那样全面开拓并取得成就者并不多。

在戊戌变法前夕，又出现了几位诗歌改革的尝试者。谭嗣同的思想与创作，以他 30 岁即甲午战争爆发的 1894 年为界：前期为"旧学"，后期为"新学"。"旧学"之诗造诣颇深，不过诗中的"志"与"忧"未超出传统士大夫的治平思想和忧国忧民情怀，如《武昌夜泊》、《儿缆船》、《罂粟米囊谣》等。"新学"之诗是冲决"词章之网罗"的产物，有一种艰涩怪诞的风貌，如《赠梁卓如诗四首》、《有感一首》、《狱中题壁》等。梁启超既是"文学革命"口号的提出者，又是新文体的成功创造者。他自称"夙不喜桐城派古文"，撰写报章文字乃"自解放，务为平易畅达，时杂以俚语、韵语及外国语法，纵笔所至不检束，学者竞效之"（《清代学术概论》）。这些话，大体道出了"新文体"的特点。他的《少年中国说》、《过渡时代论》、《呵旁观者文》、《说希望》以及《变法通议》、《自由书》、《新民说》中的一些篇章，堪称"新文体"的代表作。

此时，活跃于文坛上的亦有古文派和白话文派。古文派包括严复、林纾和章炳麟，虽坚持古文格调，思想却不再是封建的一套；白话文派成就卓著者首推康有为，其次是丘逢甲。康有为作为改良派领袖，表现出横扫陈腐诗坛、开拓诗歌新境的气概，如《出都留别诸公》，在雄浑的意象中展现了呼唤风云、旋转乾坤的人物形象。其他如《秋登越王台》、《过昌平城望居庸》、《登万里长城》等，无不表现出雄浑磅礴的意象。康有为的诗，今存1500余首，多为政治抒情诗，是这位政治家人生和思想历程的印迹。丘逢甲是台湾人，清廷割让台湾，他抗日失败内渡，所写诗歌反映了失台的悲愤和光复乡土的心志。《送颂臣之台湾》、《春愁》、《铁汉楼怀古》、《往事》、《梦中》等诗，其切肤之痛，啼血之悲，填海之志，感人至深。

革命诗潮是诗界革命的新阶段，以巾帼英雄秋瑾、南社领袖柳亚子和社员苏曼殊为代表。秋瑾的《杞人忧》、《感事》、《宝剑歌》、《题芝龛记》、《勉女权歌》，具有刚健遒劲、雄浑豪放的男性化特点。柳亚子以近体诗为主，七律七绝居多，在文坛上表现出极大的革新勇气，如《放歌》深刻揭示出中国衰弱的根源在于专制统治；《元旦感怀》充满对革命的渴望与期待；《孤愤》不啻是一篇讨袁（世凯）檄文。苏曼殊是成就较大的"南诗奇才"，其诗无论抒发爱国情怀和家园之感，还是抒发爱情悲欢离愁和个人身世之哀，无不脱口吟出，如珠玉落盘，耐人回味遐想。《以诗并画留别汤国顿》表现了诗人昂扬的革命激情；《春雨》用词纤巧，清新自然，情景如画；爱情诗《为调筝人绘像》、《寄调筝人》、《本事诗》、《无题》和《东居杂诗》，无不缠绵悱恻，哀婉凄绝，是抒情诗中的上乘作品。

"小说界革命"勃然兴起，成为晚清文学革新运动中成绩斐然的领域。最早提出"新小说"的是英国人傅兰雅发表的《求著时新小说启》，征求批判鸦片、八股、缠足的小说。新小说包括政治小说、科学小说、社会小说、历史小说，都与救亡图存相关。政治小说以梁启超的《新中国未来记》为代表，虚拟未来 60 年后中国维新成功，昭示了改造社会的理想。求新声于异邦的小说有罗普的《东欧女豪杰》，叙述了俄国虚无党女杰苏菲亚走入民间，为党的事业万死不辞。言情小说有吴趼人的《恨悔》，描写造成爱情悲剧的直接原因，往往是政治风云的变化。作为开启民智的利器，新小说出现了被鲁迅称为"谴责小说"的四大名著：李伯元的《官场现形记》、吴趼人的《二十年目睹之怪现状》、刘鄂的《老残游记》和金天翮、曾朴的《孽海花》。晚清还涌现了大量小说期刊，继梁启超 1902 年创刊《新小说》之后，以"小说"命名的杂志达 20余种。其中影响较大的有李伯元主编的《绣像小说》、吴趼人主编的《月月小说》、徐念慈主编《小说林》，它们与《新小说》合称晚清四大小说杂志。许多综合性杂志、大报副刊、文艺性小报，也常常连载小说。

　　1902 年，梁启超在《新民丛报》创刊号发表传奇《劫灰梦》，成为戏剧改良的先声。接着，他陆续发表《新罗马》和《侠情记》，"以中国戏演外国事"，引起社会的强烈反响。辛亥革命前后，反映"苏报案"的有《革命军》、《新中国》，反映武昌起义和讨袁斗争的有《翩鸿记》、《汉江泪》、《松坡楼》。以秋瑾、徐锡麟事迹为题材的剧目最多，有《六月霜》、《轩亭冤》、《皖江血》、《开国奇冤》等 10 余种。还出现了科幻题材的剧作，洪炳文的《电球游》和《月球游》首开科幻戏剧之先河。周祥骏于 1902 年创作的 9 个剧本，是最早的一批改良京剧。其中，《黑龙江》、《薛庐祭江》控诉了列强瓜分中国的罪行；《打醋缸》、《维新梦》则以夸张、幽默的手法，批判腐朽的政治制度、教育制度和八股文章。杰出的京剧改革家，当推既有高度文学修养又有精湛表演技艺的两位进步知识分子——汪笑侬与欧阳予倩。汪笑侬（1858—1918）以"汪派"
老生的表演风格别树一帜，创作或改编剧目 30 余种，如《哭祖
庙》、《受禅台》、《党人碑》、《骂王朗》、《博浪锥》和《波兰亡国
惨史》。他参与创办《二十世纪大舞台》，被誉为"中国第一戏剧
改良家"。欧阳予倩（1889—1962）于 1916 年成为职业京剧演员，
与梅兰芳并称"北梅南欧"。他学贯中西、编演兼擅，是文明戏、
京剧两栖艺术家。至 20 世纪 20 年代初，他创作、改编、移植的
剧目约 70 多台，以取材于《红楼梦》的戏数量最多，如《黛玉葬
花》、《黛玉焚稿》、《馒头庵》、《鸳鸯剑》、《晴雯补裘》等。1919
年，他应张謇之聘，到南通主持伶工学社和更俗剧场，对京剧剧
目、舞台艺术、戏剧教育、剧场管理进行一系列创新实验，被誉
为京剧改革的先驱。

1906 年底诞生的中国话剧，是留日学生李叔同、曾孝谷在东
京组织的春柳社，演出了法国小仲马的名剧《茶花女》第三幕。春
柳社在剧本编制、表演形式上摆脱了唱、念、做、打的套路和锣
鼓场面，是真正意义的话剧。受春柳社的影响，1907 年，王钟声
在上海创办了我国第一所话剧学校——通鉴学校，排演新剧《黑
奴吁天录》。1910 年底，任天知在上海创办了我国第一个职业话
剧团——进化团，在上海、南京演出《血蓑衣》、《东亚风云》、
《黄金赤血》、《共和万岁》等剧目。进化团采用化装演讲，其鲜明
的倾向性与时代的兴奋点相契合，从而引起轰动效应。1912 年，
东京春柳社的成员在上海成立了新剧同志会，辗转江浙两湖地区
演出，剧目有《家庭恩仇记》、《不如归》、《猛回头》、《社会钟》
等。辛亥革命之后，新民、民鸣、启民、开明、春柳、文明六大话
剧团举行联合公演，一时盛况空前。

五四运动前后，传统文学规范被全面冲决，诞生了新形态文
学。五四文学革命有两大主要贡献：一是完成从文言到白话的转
化，一是主动接收西方的美学思想及其文学表现技巧。中国文学

的面貌有了显著变化，可以毫无愧色地称为"新文学"了。

　　"文学革命"正式提出在 1917 年 2 月，《新青年》发表了胡适的《文学改良刍议》，提出"一时代应有一时代之文学"、"今日之文学应以白话文为正宗"的观点。陈独秀的《文学革命论》也提出文学革命三大主张：平民的文学、写实的文学、社会的文学。在 1918—1921 年间，沈雁冰的《现在文学家之责任是什么》和《新旧文学评议之评议》，提出现在的文学应是普通男女人生的文学。周作人发表《人的文学》、《思想革命》、《平民文学》和李大钊发表《什么是新文学》，都主张新文学应有宏深的学理和坚信的主义。瞿秋白在《俄罗斯短篇小说序言》中认为，文学必须反映社会，作家应是社会喉舌，提出了文学的道路问题。文学革命取得的初步成就主要有：白话文取得了对文言文的胜利；外国文学思潮影响了中国文学的生态环境；新文学社团大量出现。创作成果主要有鲁迅的《狂人日记》、冰心的《斯人独憔悴》、许地山的《命命鸟》、郁达夫的《沉沦》、胡适的《尝试集》、郭沫若的《女神》、汪静之的《蕙的风》。从 1918 年至 1923 年，还翻译了 30 多个国家 170 多位作家的作品。

　　文学社团的活跃，是文学革命发展的重要现象。著名的文学社团有：文学研究会（1921 年成立于北京）、创造社（1921 年成立于日本东京）、新月社（1923 年徐志摩、胡适等在北京发起）、语丝社（1924 年在北京成立）。其他文学社团有：莽原社、未名社、浅草社、沉钟社、湖畔诗社、民众戏剧社、北大歌谣研究会等。据统计，1921 年到 1923 年，全国有文学社团 40 多个，出版文艺刊物 50 余种。到 1925 年，文学社团和刊物激增至 100 多个。这标志着文学革命已经从初期少数先驱者侧重破坏文学，转向大批文学新军侧重建设新文学了。

　　文学革命向纵深发展时，遭到了旧势力的反抗。首先与复古派论争，继而与学衡派论争，再是与甲寅派论争。20 世纪 30 年代，早期共产党人邓中夏、恽代英、肖楚女等提出了革命文学的口号，郭沫若和后期创造社再次倡导革命文学。在日本左翼文学和苏联无产阶级文学的影响下，为了与国民党文化专制主义针锋相对，中国共产党领导的左翼作家联盟（左联）于1930年3月在上海成立。左联先后出版了《拓荒者》、《萌芽月刊》、《十字街头》、《北斗》、《文学月报》、《文学导报》等刊物，成立了马克思文艺理论研究会。左联的成就有：（1）粉碎了国民党的文化专制和文化围剿，推动了左翼文艺运动，形成文化革命的统一阵线。（2）推动了马克思文艺理论的翻译和传播，加强了无产阶级文艺的理论建设。（3）加强了与世界无产阶级文学的联系，尤其是翻译介绍苏联无产阶级文学作品，鲁迅、郭沫若、丁玲、沈从文等的文学作品也被译介到国外，中国文学开始走向世界。（4）开展了文艺大众化的讨论，设立了文艺大众化研究会。（5）引入社会主义现实主义的创作方法，产生了鲁迅的《故事新编》、鲁迅的杂文、茅盾的《子夜》、巴金的《家》、丁玲的《一九三六年春在上海》、老舍的《骆驼祥子》、沈从文的《边城》、艾青的《大堰河，我的保姆》、戴望舒的《乐园鸟》，以及曹禺的《日出》、《原野》等戏剧。巴金的青年世界、沈从文的湘西世界、老舍的北京市民世界、茅盾的都市生活世界，赢得了许多读者的青睐。

20世纪30年代末和40年代是民族解放和人民解放的战争时期，救亡与民主成为这个时期文学的特色。文学的区域化特征很明显，可以分为：以重庆为中心的国统区文学、以延安为中心的解放区文学、以北京为中心的沦陷区文学、以上海为中心的孤岛文学。

1938年3月28日，中华全国文艺界抗敌协会在武汉成立，出版会刊《抗战文艺》，将各种观念的文学汇流到救亡的时代主题方向上来。许多作家投笔从戎，体裁出现小型化、轻型化、速写化、及时化的倾向，报告文学和通讯成为热门体裁；诗歌朝广场艺术发展，出现了墙头诗、传单诗、枪杆诗等便于宣传鼓动的形式。发掘民族气节为现实做借鉴，形成了郭沫若等人创作历史剧的热潮；或者思索文化传统与民族性格的优劣得失，如萧红的《呼兰河传》、老舍的《四世同堂》、曹禺的《北京人》和《家》；或者探讨战争环境中知识分子的奋斗历程，如路翎的《财主的儿女们》、沙汀的《困兽记》和艾青的《火把》。在期待、愤懑、焦躁不安等各种情绪中，丁西林的《三块钱国币》和《升官图》、宋之的的《群猴》、吴祖光的《捉鬼传》、钱钟书的《围城》、张恨水的《八十一梦》，显示出浓厚的讽刺和喜剧色彩。

　　毛泽东的《在延安文艺座谈会上的讲话》，成为解放区乃至中国以后很长一个阶段文艺的法典。专业作家与群众文艺相结合，表现在对新社会新生活的赞美以及对群众斗争生活的热情描绘。解放区文学呈现出明朗、素朴的色彩，文学的视角转向了普通的民众，向民族化、大众化方向发展。主要作品：小说有赵树理的《小二黑结婚》、《李有才板话》、《李家庄的变迁》，孙犁的《荷花淀》，丁玲的《太阳照在桑干河上》，周立波的《暴风骤雨》，马烽、西戎的《吕梁英雄传》，孔厥、袁静的《新儿女英雄传》，柳青的《种谷记》，欧阳山的《高干大》，草明的《原动力》，刘白羽的《无敌三勇士》、《政治委员》，邵子南的《地雷阵》，柯蓝的《洋铁桶的故事》，王希坚的《地覆天翻记》，华山的《鸡毛信》，康濯的《我的两家房东》、《春种秋收》等；戏剧有马健翎的新秦腔《血泪仇》、《穷人恨》，王大化、李波、路田的新秧歌剧《兄妹开荒》，贺敬之等集体创作的新歌剧《白毛女》，李之华的《反"翻把"斗争》，刘沧浪等集体创作的《红旗歌》等。诗歌有李季的长篇叙事诗《王贵与李香香》，阮章竞的《漳河水》，张志民的《死不着》等。

三、现代文学

1. 西方的现代主义文学

19 世纪 90 年代，欧美相继出现了各种现代主义流派，如象征主义、未来主义、表现主义、意识流、超现实主义、达达主义等，形成了巨大的文学声势。现代主义文学运动是西方资本主义危机时代的产物，主要表现为：对传统的西方价值观念，如正义、博爱、诚信、文明等彻底失望，失去了精神支柱；对现代工业文明、战争和战后的社会现实反感，特别是对日益加剧的异化强烈不满；受弗洛伊德的精神分析学说、尼采的悲观主义哲学、伯格森的直觉主义等影响，带有强烈的反理性色彩；在艺术手法上表现为非典型化，常采用意识自然流动的手法，注重形式和技巧，标新立异。到 20 世纪 30 年代末，现代主义文学思潮的锐气渐减，并随着第二次世界大战的爆发而消失。

象征主义是最早出现的现代主义文学思潮，而且持续时间较长。"象征"一词来自希腊语，本义是将一物破成两半，双方各执其一，作为凭证或信物，合之可以验其真假，后来演变为表达某种观念或事物的符号。文学上的象征主义诞生于 19 世纪 70 年代至 90 年代的法国，后流行于欧美各国。1886 年，诗人莫雷阿斯在《费加罗报》发表文章首先使用"象征主义"这一名称，并阐述了象征主义的特征。前期象征派代表有维尔伦、兰波、马拉美等人，后期象征派代表有艾略特、叶芝、梅特林克、瓦雷里、索洛古勃等人。代表作有兰波的《元音》、梅特林克的《青鸟》和艾略特的《荒原》。《荒原》被认为是现代主义诗歌的里程碑，这部长诗由死者葬仪、对弈、火诫、水里死亡、雷霆的话组成，以干涸不毛、缺乏生机的"荒原"象征西方社会，揭示了第一次世界大战以后资本主义的精神危机。由于象征主义文学过分倚重象征，加上神话和宗教的色彩较浓郁，结局往往悲观。后期象征主义的特征是：创造病态的"美"；表现内心的"最高真实"；运用象征进行暗示；在幻觉中构筑意象；用音乐性来增加冥想效应。它发展了前期象征主义的艺术特点，反对肤浅的抒情和直露的说教，主张情与理的统一，通过象征暗示、意象隐喻、自由联想和语言的音乐性，去展现理念世界的美和无限性。

表现主义产生于 1905 年德国的德累斯顿，发起人是从建筑学校退学的几名学生，试图创造一种能表现强烈律动和内在激情的画风。1909 年，慕尼黑出现了另一个表现主义团体——以康定斯基和马尔克为核心的新艺术家协会，将表现主义推向极端，即抽象主义。在文学领域，表现主义杰出的代表是小说家卡夫卡和戏剧家奥尼尔。卡夫卡是奥地利作家，受叔本华的影响颇深。他从 1904 年起，用五年时间创作了第一部短篇小说《一场战斗纪实》。1912 年 9 月，《判决》在五小时之内完成；同年又完成了《变形记》。1914 年，他开始写长篇小说《审判》，1921 年完成长篇小说《城堡》（生前未出版）。卡夫卡创作了许多名著，《变形记》写推销员变成大甲虫，最终在孤寂中死去。这一奇特情节将生活中习以为常的异化现象告诉读者：如果没有金钱，那么人们之间仅存在敌视而已。《城堡》的主人公 K 被城堡中的机构请进城，无论如何也进不去。人们读后感到这不是某件事的荒谬，而是人类的命运。他的小说表现自我，忽视客观现实，直接表现本质，不注重个人特性。奥尼尔是美国戏剧大师，评论界指出："在奥尼尔之前，美国只有剧场；在奥尼尔之后，美国才有戏剧。"《毛猿》创作于 1922 年，奥尼尔以邮船象征社会，大炉象征牢笼，扬克象征人类。这部八场剧最富表现主义特色，通过主人公扬克被人类认作毛猿而抛弃，却被真正的毛猿所杀死的荒诞情节，探讨了人类异化的另一个本质问题——人的归属问题。

在第二次世界大战之后，现代主义文学那种追求先锋艺术的趋向削弱了，代之而起的是一种新的实验趋向。这种趋向与存在主义哲学联系紧密，其人道主义精神更为明显，对人的生存和归宿问题更为焦虑，这就是后现代主义。后现代主义文学具有反文化倾向，将现代主义文学也作为传统的一部分予以反对。它的思想倾向是无政府主义，反对任何权威（包括对艺术主旨的解释）。其特征：一方面是文学纯粹个人化，作家对社会不承担责任和道义，既不负责引导读者遵循一定的文化逻辑去解读作品，也不负责提供一个合乎道义的结局；另一方面抛弃了现代主义等传统文学的神圣意识，以一种实验的兴趣进行创作，甚至过激地宣称：任何生命行为都构成文艺创作。后现代主义文学经历了四个时期：1934—1964 年，由于战后东西方的冷战，后现代主义这一概念在欧美、日本、香港、东南亚等地得到广泛认可。20 世纪 60 年代，它的反文化和反传统的色彩更为明确，欧美流行的嬉皮士、甲壳虫乐队、霹雳舞都是它的表征。70—80 年代，它不但与存在主义哲学汇流，而且与后结构主义汇流，以致在许多新兴理论中都可以找到它的影子。90 年代之后，后现代主义文学开始消解。在后现代主义文学中，先后出现了存在主义文学、荒诞派戏剧、新小说、黑色幽默文学、魔幻现实主义文学等流派。

萨特（1905—1980）是 20 世纪法国最有影响的哲学家之一，也是存在主义文学的著名作家。他于 1937 年开始创作文学作品，先后发表了《墙》、《房间》、《艾罗斯特拉特》、《恶心》、《苍蝇》、《死无葬身之地》、《恭顺的妓女》、《肮脏的手》等小说和戏本，1964 年被授予诺贝尔文学奖。萨特最重要的长篇小说《自由之路》是三部曲，即《懂事的年龄》、《延缓》和《心灵之死》，揭示了纳粹法西斯给欧洲特别是法国带来的灾难。作者在创作时不断地进行自我选择，充满了存在主义的色彩。这种色彩在独幕剧《间隔》中表现得更明显，全剧以三个鬼魂在地狱里自我折磨和彼此摧残为线索，以寓意象征的手法阐释了存在主义哲学观点。萨特所言地狱是人造的，没有刀山、火海、铁条架、皮漏斗，却是一个逃不出去的空房子，人在其间感到只有孤独和无聊，而他人却无时无刻地存在于自己的目光之中。在这个社会里，人与人无法沟通。萨特强调：唯有通过自由地选择，才有可能砸碎这一地狱。萨特的作品将20世纪前半期许多流派的技法融汇一体，有现实主义选材和处理题材的方法，又博采现代主义意识流和象征主义的技巧，常常用白描的笔调涉及人的潜意识。

"荒诞派"文学在20世纪40至50年代初兴起，主要艺术形式是戏剧，这是存在主义哲学在戏剧文学中的另一成果。荒诞派认为：世界已失去理性，荒诞的现实必须以荒诞的艺术形式来表达。代表人物是几位法籍外国人：生于罗马尼亚的尤金·尤奈斯库、生于爱尔兰的塞缪尔·贝克特、生于高加索的阿瑟·阿达莫夫。他们喊出"反戏剧"的口号，反对连贯的戏剧情节，强调运用离奇、夸张、荒诞、象征的手法，突出人的精神苦闷；打乱时间顺序，使剧中情节变成具有普遍意义的"人性"；以没有逻辑、没有情节、没有个性的舞台形象告诉观众，世界是非理性的。塞缪尔·贝克特的《等待戈多》是荒诞派戏剧的代表作，否定了戏剧的基本要素——情节，使人感到"这个世界已成为死寂废墟的幻影"。剧中登场人物有五位：汉卓和他的奴隶，两个流浪汉，还有一个男孩。场景在荒野的路旁，两个流浪汉在等待一位不知是来还是不来的陌生人。戏剧起初虽然给人的印象是无聊，但很快便让观众感到一种深刻的绝望，使人联想到自己的生存环境。

"黑色幽默"派文学产生于20世纪60年代的美国，这一名词虽然在超现实主义诗人布勒东的《黑色幽默诗选》中出现，但作为一种文学流派到60年代中期才被世人承认。这一派作家把生活理解为一种荒谬可怕的喜剧，其基本特征是：通过寓言式的嘲笑、讽刺，对生活中的阴暗、丑恶、恐怖持冷酷态度，促使读者产生一种惊恐不安的苦笑。它反对以人物、情节、主题和背景作为创作要素,作品里出现的都是各种反英雄:他们既无远大抱负、又无超然力量;既无杰出的能力,又无过人的敏感,只是一些明智的狂人、清醒的疯子。黑色幽默派文学的作品,以海勒的《第二十二条军规》、冯尼格特的《五号屠场》最为著名。这些作家喜欢自我模仿滑稽人物,如同进入漫画之中。

魔幻现实主义文学是20世纪中期拉丁美洲出现的一个文学流派,它的作家一开始便以"战斗文学"的姿态出现,用文学反映拉美社会的现实。在拉美地区,欧洲移民、土著印第安人、非洲黑人等不同血统、种族、肤色的人构成这块土地的居民,他们拥有各自的历史、神话、宗教信仰、生活习俗和道德风貌,形成了这个地区独特的民俗。魔幻现实主义风格的作品有:委内瑞拉乌斯拉尔的《雨》、古巴卡彭铁尔的《方法的根源》、阿根廷博尔赫斯的《交叉小径的花园》、危地马拉阿斯图里亚斯的《总统先生》、墨西哥鲁尔弗的《佩德罗·帕拉莫》、哥伦比亚马尔克斯的小说《百年孤独》和《霍乱流行时期的爱情》。这些作品反映了这一流派的创作特征:一是用谈神说鬼的方式,打破主客观世界的界限;二是用复杂多变的结构,编织富于虚幻色彩的情节;三是运用现代主义的表现手法,追求神奇的艺术效果。

2. 现代亚非和苏联文学

十月革命以后,马列主义的传播为亚非人民的斗争增添了动力。同时,西方各种现代思潮的引进,也使思想文化领域出现了多元格局。亚非现代文学的成就,一方面以浪漫文学和现实主义文学的繁荣为标志,另一方面以社会主义文学和现代主义文学的发展为标志。

亚非浪漫文学是启蒙文学的继续和发展,二者的区别在于浪漫主义更崇尚情感,启蒙主义更崇尚理性;浪漫主义重视自我觉醒，关注个体意识；启蒙主义重视社会进步，强调群体精神。亚非浪漫文学思潮萌生于近代印度的泰戈尔、日本的北村透谷，勃发于20世纪20至30年代，以印度"阴影主义"诗歌和阿拉伯"笛旺派"、"阿波罗诗社"为代表。其特点是张扬个性，崇尚情感，反抗压迫，追求自由。在文体方面以诗歌为主，主张打破传统格律，代之以自由诗体。亚非浪漫文学的产生也受欧美浪漫文学的影响，与欧美的浪漫文学相比，亚非作家较少摧枯拉朽的澎湃激情，更多一些悲观色彩和感伤情调。

川端康成（1899—1972）是日本现代著名的小说家，1968年获得诺贝尔文学奖。他一生写了400余篇小说，以中短篇为主，还写了许多散文、随笔、讲演、评论、诗歌、书信和日记。在战前和战时，川端康成的创作分为两类：一类作品描写他的孤儿生活和孤独感情，以及他的失恋过程和痛苦感受，如《精通葬礼的人》、《十六岁日记》、《致父母的信》。这类作品接近于私小说，由于写的是他本人的经历和体验，描写细腻，感情真挚，具有激动人心的艺术效果；但情调低沉、哀伤，使思想高度和社会意义受到局限。一类作品描写处于社会下层的人物，尤其是下层妇女的悲惨境遇，如《招魂节一景》、《伊豆的舞女》、《温泉旅馆》、《花的圆舞曲》、《雪国》。这类作品不但比较真实地再现了这些被侮辱和被损害者的不幸，比较充分地表达出他们的痛苦，而且洋溢着作者对他们的同情和怜悯。

普列姆·昌德（1880—1936）是印度现代进步文学的奠基人，在印度第二次民族解放运动中响应甘地不与英国殖民当局合作的倡议，于1921年辞去督学职务，专心从事文学创作。1907年，昌德开始用乌尔都语创作短篇小说，于1909年出版了短篇小说集《热爱祖国》，其中包括5个短篇小说，揭露了殖民制度的罪恶，号召印度人民为独立而斗争。这部小说集被英国殖民统治者禁止发行，把未售出的书当众烧毁。1916年，他改用印地语写作，出版了长篇小说《救济院》,反映妓女问题以及殖民统治下尖锐的社会矛盾。1921 年出版了长篇巨著《仁爱道院》,这部小说描写了农民反抗地主的斗争。1928 年出版的《舞台》,通过主人公苏尔达斯保卫自己土地的斗争,揭露印度古老的农村经济在受到新兴资本主义势力侵入之后出现的社会矛盾。为了使印度进步文学工作者有发表作品的阵地,昌德于 1930 年创办了文学月刊《天鹅》和周刊《觉醒》,并在贝拿勒斯开办了“智慧之神”出版社。经过36 年的辛勤劳动,他给印度文学留下了 12 部长篇小说,250 多篇短篇小说,还写过剧本、电影故事、儿童文学、散文评论文章,翻译过萧伯纳、法朗士、列夫·托尔斯泰的作品。

20 世纪 20 至 40 年代,欧美各种现代主义文学思潮的引进,催生了亚非现代主义文学。包括:日本的新感觉派和新心理主义、印度的“超现代派”和“实验主义”、土耳其的“怪异派”、埃及的“艺术与自由社”等。作为一种以移植为主要动力的文学现象,亚非现代主义缺乏现实基础,上述流派大多夭折。20 世纪 50 年代前后,现实主义文学再度辉煌,如日本的“战后派”、印度的区域文学和阿拉伯的“道路派”。亚非现实主义文学虽然没有鲜明的运动和流派为标志,但以其持续发展和辉煌实绩显示其成熟和深化。亚非作家面对冷酷现实进行观察和思考,并受欧美批判现实主义文学的影响,更注重文学的客观性和社会性;相对于欧美文学更多一些忧患意识;在体裁形式上以长短篇小说为主;刻画遭受不幸的小人物和具有叛逆精神的社会改革家。

社会主义文学(亦称无产阶级文学或左翼文学)的兴起,得力于马列主义的传播和无产阶级政党的领导。1921 年日本无产阶级文学运动以《播种人》杂志创刊为兴起的标志,其他如印尼的无产阶级反帝文学,朝鲜的新倾向派和“卡普”,印度的进步主义文学,缅甸的“红龙书社”等,都是在马列主义影响下产生的。左翼文学在西亚北非地区也有不同程度的反响,形成一种遍及亚非各国的文学新潮。

俄国作家阿·尼·托尔斯泰(1883—1945)成名较早,由于不理解苏维埃政权,十月革命之后逃往国外,1923年受到社会主义建设的鼓舞重返祖国,写了《保卫察里津》、《彼得大帝》等作品。他的代表作是《苦难的历程》三部曲,描写了俄国知识分子的命运,写出了他们在探索中走上革命道路的艰苦历程。米·亚·肖洛霍夫(1905—1984)熟悉顿河岸边哥萨克人的生活,以《顿河故事》开始了文学生涯。他在1928年至1940年间发表了4卷集的史诗性长篇小说《静静的顿河》,反映了从第一次世界大战到国内战争时期的重大历史事件,表现了动荡年代哥萨克人走过的曲折路程。

在恢复国民经济和战前实施五年计划期间,一批苏联作家写出了以工厂、农村社会主义改造和社会主义建设为题材的作品。长篇小说有:革拉特科夫的《水泥》(又译《士敏土》)、列昂诺夫的《索契河》、莎吉娘的《中央水电站》、马雷什金的《来自穷乡僻壤的人们》、潘菲洛夫的《磨刀石农庄》等。尤其是卡达耶夫的《时间呀,前进!》,描写第一个五年计划重点项目乌拉尔企业的建设,以激越情绪歌颂了工人们;肖洛霍夫的《被开垦的处女地》(第一部),则揭示了各阶层人们在农业集体化中的心理变化,反映了农村急风暴雨般的变革。以反法西斯战争为题材的文学作品,最常见的是短小精悍的报告文学,如瓦西列夫斯卡娅的《虹》、戈尔巴托夫的《不屈的人们》、西蒙诺夫的《日日夜夜》等。战后,一些作家为苏联军民战争期间的英勇事迹所鼓舞,继续创作表现人民斗争事迹的长篇小说,其中优秀作品有法捷耶夫的《毁灭》和《青年近卫军》。法捷耶夫(1901—1956)是苏联著名无产阶级革命作家,担任全苏作家协会主要领导职务多年。他创作的长篇小说《毁灭》,生动地描绘了1919年远东南乌苏里边区游击战争的壮丽画面,塑造了游击队领导者的光辉形象。他在战后出版的长篇小说《青年近卫军》，描写了克拉斯诺顿的地下工作者对德国占领者的斗争，塑造的共青团领导者形象鲜明生动，极富个性特征。

20世纪30至50年代，苏联作家的创作日趋繁荣，以剧本为例，反映十月革命和国内战争的剧本有《柳鲍芙·雅洛娃娅》、《决裂》、《铁甲列车1469》等；以社会主义建设为题材的剧本有《速度》、《斧头颂》等；以反法西斯战争为题材的剧本有《俄罗斯人》、《侵略》、《前线》等。多数剧本由小说作家和诗人兼作，如特列尼约夫、维什涅夫斯基、考涅楚克和包戈廷。维什涅夫斯基的《乐观的悲剧》，写国内战争时期以一名女政委改变了一艘军舰上的无政府主义状态。乌克兰剧作家考涅楚克从事剧本创作将近40年，以《前线》为代表作，反映了反法西斯战争时期两种军事思想的斗争，提倡由懂得现代化军事艺术的将领指挥战争。包戈廷写过《速度》和《斧头颂》，而主要成就是写了关于列宁革命活动的三部曲《带枪的人》、《克里姆林宫的钟声》和《悲壮的颂歌》。苏联无产阶级革命诗歌的奠基人是马雅可夫斯基(1893—1930)，他的长诗《弗·伊·列宁》和《好!》是献给布尔什维克党和领袖、献给十月革命和苏维埃人的颂歌。20世纪60年代以来，苏联作家的创作更加多样化，其内容既写英雄业绩和正面人物，也揭示现实生活中的矛盾和冲突。影响较大的长篇小说有：西蒙诺夫的战争三部曲(《生者与死者》、《军人不是天生的》和《最后一个夏天》)，恰科夫斯基的长篇政治小说《围困》(共五部)和《胜利》(共三部)，普罗斯库林的两部曲《命运》和《你的名字》，伊凡诺夫的两部曲《永恒的召唤》等，在文坛各领风骚。

亚非的现代主义文学经过一段酝酿之后，于20世纪50至60年代在非社会主义国家获得迅猛发展。印度的新诗派和新小说派、韩国的新感觉派、日本的"现代派"、"第三新人"和"战后一代"、阿拉伯新诗运动中的先锋派等，都是战后亚非现代主义文学的代表。它基本上摆脱了初生时对西方现代派的盲目模仿和对民族传统的简单否定，关注人的现实存在状态和人性异化问题，使其植根于现实生活；在艺术形式上与民族性相结合，从而接通了亚非现代主义与传统文化的血脉，使其有别于欧美现代主义。代表性的作家是：埃及的马哈福兹和尼日利亚的索因卡。埃及作家纳吉布·马哈福兹享有"阿拉伯小说之父"的美誉，其作品《命运的嘲弄》、《拉杜比斯》、《底比斯之战》描绘了法老时代的政治与宗教生活，侧重于理想与道德的评价，表现人与天命、人与政治、人与自由的主题。长篇小说《蜃景》以第一人称回忆，倒叙主人公的恋母情结，揭示贵族阶层的腐朽与没落。《宫间街》三部曲是马哈福兹的成名作，通过一家三代人的生活描绘埃及人的现实生活。奥莱·索因卡（1934—）是尼日利亚人，成为第一个获诺贝尔文学奖的非洲作家。1958 年在伦敦大学戏剧节上，他的第一个剧本《沼泽地的居民》被搬上了舞台，自己也在剧中扮演儿子伊格韦祖。1960 年，他回尼日利亚在伊巴丹大学任戏剧研究员，组建了"1960 年假面具"剧团和"奥里森"剧团。1967 年发生了尼日利亚民族纠纷的内战，索因卡因反对暴力和内战遭到政府逮捕，被关押了两年，出狱后继续进行创作和组织戏剧演出。索因卡在近30 年的创作历程中，先后发表了 42 部剧本、4 部诗集、2 部长篇以及自传、散文集、评论集等作品。其中，最重要的作品是长篇小说《解释者》、《混乱的岁月》和文艺论著《神话、文学和非洲世界》。

3. 中国的社会主义文学

1949 年 7 月，中华全国文学艺术工作者代表大会在北平（即北京）召开，标志着新中国文学的开端。解放区成长起来的作家与部队作家成为新中国文坛的生力军，小说创作主要以歌颂新中国、歌颂工农兵英雄、歌颂劳动建设者为基调。这类作品中描写革命战争的有杜鹏程的《保卫延安》、刘白羽的《火光在前》、刘知侠的《铁道游击队》、袁静和孔厥的《新儿女英雄传》、孙犁的《风云初记》、王愿坚的《党费》等。描写新社会建设的有赵树理的《三里湾》和《登记》、西戎的《纠纷》和《宋老大进城》、李准的《不能走那条路》、谷峪的《强扭的瓜不甜》等。爱情题材的作品也纷纷涌现，如宗璞的《红豆》、陆文夫的《小巷深处》、邓友梅的《在悬崖上》、阿章的《寒夜的别离》。一些揭露阴暗面的作品崭露头角，如刘宾雁的《本报内部消息》、王蒙的《组织部新来的年轻人》、李国文的《改选》、刘绍棠的《田野落霞》、李准的《灰色的篷帆》、荔青的《马端的堕落》。

20 世纪 50 年代末至 60 年代中期，小说创作呈现两个趋向：一是对新政权的颂歌；一是对敌斗争的战歌。前者如周立波的《山乡巨变》、浩然的《艳阳天》、马烽的《太阳刚刚出山》、柳青的《创业史》等；后者如罗广斌和杨益言等的《红岩》、曲波的《林海雪原》、吴强的《红日》、梁斌的《红旗谱》、杨沫的《青春之歌》、欧阳山的《三家巷》等。此外，也出现了一批历史小说，如姚雪垠的《李自成》、李束为的《海瑞之死》等。"都市小说"与"工业题材小说"相对较少，比较有名的是周而复的多卷本长篇小说《上海的早晨》，成为继《子夜》之后又一部描写我国民族资产阶级历史命运的长篇巨制。"文化大革命"期间，许多作家被打倒，一些优秀的作品遭到批判。但也出现了一些与政治氛围相关的"样板小说"，如《欧阳海之歌》、《金光大道》、《千重浪》。其间，除了公开发表的文学作品之外，还存在着一个隐秘的文学世界，它以"地下"流传的方式在民间特别是青年群体中传阅。其中代表性的小说有：张扬的《第二次握手》、毕汝协的《九级浪》、赵振开的《波动》、靳凡（金观涛、刘青峰）的《公开的情书》、礼平的《晚霞消失的时候》。

新中国成立之初，诗歌作品虽然数量有限，但不乏有影响的作品，如何其芳的《我们最伟大的节日》、郭沫若的《新华颂》、艾青的《我想念我的祖国》、朱子奇的《我漫步在天安门广场上》、胡风的长诗《时间开始了》等。从1953年开始，诗歌创作进入了蓬勃发展的阶段，这种态势一直维持并延续到20世纪60年代。老诗人田间、李季、公木、臧克家等新作不断，诗坛新秀郭小川、贺敬之、闻捷、公刘、邵燕祥、白桦等崭露头角。"颂歌"体成为主要体式，歌颂祖国工业建设成为诗歌创作的主题，如顾工的《在世界屋脊上》和《开山的炮声》、梁上泉的《高原牧笛》和《"金桥"通车了》、戈壁舟的《命令秦岭让开路》、雁翼的《筑路工人之歌》、魏钢的《六公里》、傅仇的《森林之歌》、邵燕祥的《中国的道路呼唤着汽车》，但共性多于个性，激情浓于诗意。另外，还有歌颂新生活的，如闻捷的诗集《天山牧歌》、严辰的诗集《迎春曲》和《青春的林子》；也有长篇叙事诗，如李季的《菊花石》和《生活之歌》、田间的《赶车传》、郭小川的《深深的山谷》和《将军三部曲》、臧克家的《李大钊》、闻捷的《复仇的火焰》、白桦的《孔雀》；以及政治抒情诗，如贺敬之的《雷锋之歌》、郭小川的《望星空》。1956年"双百方针"提出以后，部分诗人尝试着以诗歌"干预生活"，如魏巍的《井冈山漫游》、沙白的《递上一枚雨花石》、闻捷的《祖国！光辉的十月》。1976年清明节诞生的《天安门诗抄》，成为"文化大革命"中值得一提的诗歌成就。

在散文方面，不仅包括"抒情性散文"，还包括"叙事性"的、具有文学意味的通讯、报告文学、特写，也包括具有文学性的回忆录、人物传记，写实性的史传文学。此时期形成了颇为可观的散文创作队伍：一是蜚声文坛的文学前辈，如茅盾、巴金、冰心、老舍、沈从文、丰子恺、叶圣陶；二是从革命圣地走向共和国文坛的延安作家，如吴伯箫、碧野、刘白羽、杨朔、魏巍；三是学者型的散文作家，如邓拓、廖沫沙、傅雷、曹靖华、秦牧。具有相当艺术水准的散文有：巴金的《生活在英雄们中间》和《我们会见了

彭德怀司令员》、茅盾的《夜读偶记》、冰心的《樱花赞》、杨朔的
《东风第一枝》和《荔枝蜜》、刘白羽的《红玛瑙集》、曹靖华的
《花》和《春城飞花》、吴伯箫的《北极星》和《记一辆纺车》、刘白
羽的《长江三日》和《朝鲜在战火中前进》、秦牧的《花城》、魏巍
的《谁是最可爱的人》、菡子的《初晴集》、袁鹰的《井冈翠竹》和
《风帆》、陈残云的《珠江岸边》、马南邨（邓拓）的《燕山夜话》、
柯蓝的《早霞短笛》以及傅雷的《傅雷家书》。散文创作取材不拘
一格，丰富多彩，表现领域宽阔，大到国家大事，小至家庭琐事，
一思一感一物，甚至家书和日记，皆跃然纸上。此时期散文的重
要特征是：以颂歌为基调，强调集体精神和民族意识；以记录客
观事实与时代风云为作家的使命，从而使其自我意识、主体意识
被忽视；在文学与非文学的界限模糊中，散文家和记者的身份变
得暧昧不清。

在戏剧方面，从1949年到1965年，举行了多次的全国性（或
大区）的戏曲、话剧会演和观摩演出，以加强对创作和演出的规
范和引导。从事话剧创作的剧作家可以分为三部分：一是五四以
来有建树的剧作家，如曹禺、郭沫若、老舍、田汉、夏衍、阳翰
笙、陈白尘、于伶；二是参加过革命战争的戏剧工作者。就创作
题材来说，主要表现革命历史、政治运动、工厂和农村情况。表
现工业建设和工人生活的剧本有：夏衍的《考验》、艾明之的《幸
福》、崔德志的《刘莲英》等；反映农村生活和新型农民的剧本有：
孙芋的《妇女代表》、安波的《春风吹到诺敏河》、胡丹沸的《春暖
花开》等；反映部队题材的剧本有：胡可等的《战斗里成长》、陈
其通的《万水千山》、白刃的《兵临城下》、沈西蒙的《霓虹灯下的
哨兵》等。其中，曹禺的《明朗的天》、老舍的《龙须沟》和《茶
馆》、陈耘的《年青一代》是此时话剧创作的优秀之作。1958年以
后，历史剧出现了一个小小的高潮，如郭沫若的《蔡文姬》和《武
则天》，田汉的《关汉卿》和《文成公主》，曹禺等的《胆剑篇》、朱

祖贻等的《甲午海战》等。"文化大革命"期间，强调突出正面人物、突出英雄人物，成为一切文学艺术活动的标准，戏剧进入"样板戏"时代。当时的八个"样板戏"分别是：革命现代京剧《红灯记》、《沙家浜》、《智取威虎山》、《奇袭白虎团》、《海港》、《龙江颂》，革命现代舞剧《红色娘子军》、《白毛女》。"样板戏"的产生有十分复杂的背景，确是当时人们有限的精神食粮，也受到了人们的喜爱。

　　1976 年"文化大革命"结束后，在思想解放的大背景下，回归现实主义成为文学创作的倾向。"伤痕文学"以刘心武的短篇小说《班主任》为发端，因卢新华的小说《伤痕》而得名，集中揭示了10 年"文化大革命"给人们造成的肉体和精神伤害。其间，竹林的《生活的路》、郑义的《枫》、周克芹的《许茂和他的女儿们》、莫应丰的《将军吟》、陈国凯的《我应该怎么办》、张弦的《记忆》、宗璞的《弦上的梦》、遇罗锦的《一个冬天的童话》等，都是较有影响的伤痕文学作品。"反思文学"有影响的作家和作品有：高晓声的《李顺大造屋》以及陈奂生系列小说——《"漏斗户"主》、《陈奂生转业》、《陈奂生包产》、《陈奂生出国》；古华的作品《芙蓉镇》获得首届茅盾文学奖；《人到中年》是谌容的代表作，通过对眼科医生陆文婷的敬业精神与生存状态的描绘，提出了关爱中年知识分子的话题；张贤亮的《灵与肉》、《肖尔布拉克》分别获 1980 年、1983 年全国优秀短篇小说奖，《绿化树》获第三届全国优秀中篇小说奖。在"反思文学"的创作中，还有王蒙的《布礼》和《蝴蝶》、鲁彦周的《天云山传奇》、茹志鹃的《剪辑错了的故事》、张抗抗的《淡淡的晨雾》、刘真的《黑旗》、方之的《内奸》、从维熙的《大墙下的红玉兰》、张一弓的《"犯人"李铜钟的故事》、叶蔚林的《在没有航标的河流上》等脍炙人口的作品。

　　到了 20 世纪 80 年代初，"改革小说"创作潮兴起。蒋子龙的《乔厂长上任记》和《赤橙黄绿青蓝紫》，成为其"改革小说"的代

表作,被誉为"改革文学"的先行者。李国文的《月食》获 1980 年
全国优秀短篇小说奖,长篇小说《冬天里的春天》获 1982 年首届
茅盾文学奖。他的长篇小说《花园街五号》是"改革文学"的一部
力作,通过描写临江市市委书记接班人的选择,透出改革时期
的重重矛盾与艰难历程。此外,张洁的《沉重的翅膀》、柯云路的
《三千万》和《新星》、水运宪的《祸起萧墙》、贾平凹的《鸡窝洼人
家》和《浮躁》、张一弓的《黑娃照相》、路遥的《人生》和《平凡的
世界》、周克芹的《山月不知心里事》,矫健的《河魂》和《老人
仓》,张炜的《秋天的思索》和《秋天的愤怒》、王润滋的《鲁班的
子孙》等,都是"改革小说"中较有影响的作品。

　　20 世纪 90 年代,由于商业大潮的突起与消费文化相适应的
大众文化的勃兴,文学的功能由"教化转向消费",后现代主义文
化成为 90 年代文学有力的支撑。小说创作关注普通百姓的庸常
生态,忽视时代英雄业绩的描写;关注当下日常的琐碎生活,忽
视史诗性的宏大叙事;关注语言的生活化、世俗化,忽视典雅诗
性语言的运用。张志承的《北方的河》和《心灵史》,贾平凹的《商
州实录》和《废都》,张炜的《古船》和《九月寓言》,史铁生的《我
的遥远的清平湾》等,都是较有影响的作品。在 90 年代的长篇小
说中,"历史题材"占有很大的分量。二月河的《康熙大帝》、《雍
正皇帝》、《乾隆皇帝》等,唐浩明的《曾国藩》,凌力的《少年天
子》,刘斯奋的《白门柳》等,是其中影响很大的作品。所谓"家
族"题材的长篇小说,在数量和质量上也引人注目,如陈忠实的
《白鹿原》、张炜的《九月寓言》、李锐的《旧址》、周大新的《第十
二幕》、赵德发的《缱绻与决绝》、王旭峰的《茶人三部曲》等。尤
其是当代著名作家莫言在经历《红高粱》的写作高峰后,连续创作
长篇小说《酒国》、《红树林》、《丰乳肥臀》等。他于 2007 年问鼎
中国作家实力榜第 1 名,2011 年凭长篇小说《蛙》获第八届茅盾
文学奖,2012 年 10 月 11 日获得 2012 年诺贝尔文学奖。

　　诗歌在"文化大革命"以后进入了复兴阶段,"归来者"诗人与"崛起的诗群"成为诗坛主力。"归来者"诗人包括50年代的"右派"诗人以及"胡风集团"的幸存者,其诗歌在反思历史时常常具有振聋发聩的作用。"崛起的诗群"由两类人构成:一类为新中国成立前出生的中年诗人,以批判的眼光反省民族的灾难与历史,以坦诚的姿态赞叹新时代;一类为新中国成立后出生的青年诗人,注重诗歌形式的意象、象征、隐喻等技巧,呼唤人道与人性,他们引领的"新诗潮",以1978年创刊的《今天》为主要阵地,获得了一个备受争议的命名:"朦胧诗"。

　　散文作为文学轻骑兵,以说真话回归了现实主义的主潮。巴金的《怀念萧珊》、孙犁的《伙伴回忆》、杨绛的《干校六记》、宗璞的《哭小弟》、黄秋耘的《雾失楼台》、楼适夷的《痛悼傅雷》、峻青的《哭芦芒》等,引领了散文的潮流。余秋雨出版《文化苦旅》,激起了散文界有关文化散文、大散文的讨论。报告文学在新时期得到了长足的发展,从直面人生的报告文学开始,徐迟的《哥德巴赫猜想》、黄宗英的《大雁情》等成为此时期的代表作。徐迟的《地质之光》和《生命之树常绿》、黄宗英的《橘》和《小木屋》、理由的《她有多少孩子》和《让我们生活得更年轻》、柯岩的《奇异的书简》、陈祖芬的《祖国高于一切》和《朝圣者与富翁》等作品,写了知识分子的坎坷历程与不幸遭际,突出他们祖国高于一切的坚定信念。报告文学的另一题材是对改革者的描写,如陈祖芬的《代表人民》和《共产党人》、钱钢的《"蓝军司令"》和《奔涌的潮头》、李延国的《废墟上站立起来的年轻人》、乔迈的《三门李佚闻》等。一些报告文学开始关注社会问题,如刘宾雁的《人妖之间》、李延国的《虎年通缉令》、乔迈的《希望在燃烧》、贾鲁生的《千年荒坟》和《性别悲剧》、何建明的《共和国告急》和《落泪是金》、卢跃刚的《大国寡民》,在读者中颇具影响。

　　随着新时期的到来,戏剧很快出现了繁荣。新时期的戏剧经

历了三个阶段，一是恢复现实主义传统，创作出一批以揭露极
"左"思潮、反映社会现实问题的剧作。1977 年，白桦的《曙光》
是一部歌颂老一辈革命家的优秀剧作。稍后，宗福先的《于无声
处》和苏叔阳的《丹心谱》揭露了"文革"中的冲突，赞扬了人民群
众不畏强暴的精神。史超、所云平的《东进！东进！》，丁一山的
《陈毅出山》，程士荣等的《西安事变》，赵寰、庞加兴的《秋收霹
雳》，雪草等的《八一风暴》，王德英、靳洪的《彭大将军》等展现
了老一辈革命家在革命战争年代的人格魅力，以及卓越的指挥才
能。二是借鉴西方现代经验，吸收古代优秀传统，创作出一批具
有探索革新意义的"实验话剧"。1980 年，马中骏等编剧的《屋外
有热流》，被认为是"实验话剧"最初探索的成果。此后，沙叶新
的《陈毅市长》、《寻找男子汉》，高行健的《绝对信号》、《车站》、
《现代折子戏》、《野人》则在戏剧结构、表现手法和演出体制方面
有更多的开拓。之后，魏明伦的《潘金莲》、陈亚先的《曹操与杨
修》、郭启宏的《南唐遗事》、郭大宇的《徐九经升官记》等新编历
史剧，进一步吸收了前期戏剧改革的经验，在一定程度上把戏剧
改革推向更成熟的阶段。三是融合现代主义艺术经验，创作出一
批既具深刻的思想内容又有现代艺术形式的新形态现实主义话
剧。如李龙云的《洒满月光的荒原》、何冀平的《天下第一楼》等，
大胆借鉴和吸收现代派戏剧的表现手法和艺术经验，把视角投向
普通人的日常生活，在纵深的历史背景中展现出深刻的思想
主题。

第七章　艺　术

　　艺术是一种文化现象，既为满足主观与情感的需求，亦是日常生活进行娱乐的特殊方式，其根本在于不断创造新兴之美，是用语言、动作、线条、色彩、音响等手段创造形象和反映社会生活，并表达艺术家思想感情的一种社会意识形态。它与文学一样，同属于形象思维，包括音乐、舞蹈、绘画、戏剧、曲艺、摄影、工艺、雕塑、建筑等多个门类，也可以将其归纳为造型艺术、表演艺术和综合艺术。艺术经过创作实践，把现实生活中的自然美加以概括和提炼，集中地表现在艺术作品中，体现着人类对美的追求。

一、建筑艺术

1. 古代国外的建筑艺术

　　建筑艺术在人类生存过程中是最古老的，几乎伴随着刀耕火种的发展史而来。现存最古老的艺术成果当推古埃及的石建筑、两河流域及波斯的土坯建筑、爱琴海文明中的古希腊建筑以及古罗马的柱式建筑，或许美洲古玛雅文化中的建筑物存在的年代更长。

　　古埃及有人类有史以来第一批巨大的纪念性建筑物，如国王的宫殿和陵墓以及宗教性庙宇。公元前 3000 年建造的国王陵墓和神庙，用了大量石材，巨大的建筑物砌得严丝合缝，在没有风化的地方连刀片都难以插进去。到新王国时期，由于使用了青铜工具，建筑雕饰更为丰富，尤其是坚硬的花岗岩柱头上刻下的精美浮雕。不但柱子式样多，精致华丽，而且有满墙壁的大幅主题浮雕。早在公元前4000年，埃及人学会了用正投影绘制建筑物的立面和平面图，到新王国时期已有相当准确的建筑图样遗留下来。

　　古埃及的建筑遗址分为两类，一类是国王和贵族府邸，以及神庙；另一类则是著名的金字塔。贵族府邸在新王国时期的首都阿玛纳最著名，宫殿追求庄严和气派，有将世俗主人神圣化的趋势。金字塔是作为死者的陵墓来建造的，寄托了古埃及相信人死之后灵魂不灭。最初的陵墓依照死者生前的生活环境造成，如著名的乃伯特卡陵墓。随着对国王崇拜的加剧，慢慢地形成了现存的金字塔的形式。第一座金字塔是萨卡拉的昭赛尔金字塔，造于公元前3000年。较之于以往的陵墓，它有明显的变化：一是把祭祀堂从高台顶上移到塔前，把多层的台墓改为形体单纯的纪念碑；二是塔身排除了仿木构的痕迹，在形式和风格上同长方台式贵族坟墓一致。它的入口在底层围墙东南角，走出甬道，就是院子和明亮的天空，其用意在于造成从现世走到冥界的假象，而死去的国王在冥界仍旧统治芸芸众生。以后，又在尼罗河三角洲的吉萨造了三座大金字塔，它们全由精确的正方锥体构成；附属于金字塔的其他建筑物形体都非常小，使塔的形体不受障碍地充分表现出来。另一个变化是厅堂和围墙都模仿木柱和芦苇的式样，采用石材雕刻了简洁的几何图形。纪念性建筑物的风格，在吉萨金字塔上完全体现出来。广阔的沙漠背景下，唯有金字塔这样高大、沉稳、简洁的形象才站得住，才能表现庄严和肃穆，富有权威性和神圣感。著名的金字塔建筑，还有曼都赫特普三世墓、哈特什帕苏墓。

　　太阳神庙宇是古埃及建筑艺术的另一类杰作，其中最大的是卡纳克和卢克索两处的神庙。卡纳克神庙始建于中王国时期，至新王国第18王朝大加扩建，第19、20王朝续有增修。到新王国末期，它已拥有10座门楼（古埃及一般庙宇仅有1座门楼）。庙的平面略呈梯形，主殿按东西轴向布置，除主殿供奉阿蒙神外，另建供奉阿蒙之子柯恩斯神和阿蒙之妻穆特神的庙宇。在众多柱厅中，最大的一座面积达103米×51.8米，共有134根圆形巨柱，中央12根最大，高23米，直径5米，柱顶呈莲花状。在门楼和柱厅圆柱上有丰富的浮雕和彩画，既表现宗教内容，又歌颂国王业绩，并附有铭文，是研究中王国和新王国历史、文化的考古遗迹。卢克索神庙长262米，宽56米，由塔门、庭院、柱厅、方尖碑、放生池和诸神殿构成。塔门是神庙的主要入口，在塔门两侧矗立着6尊拉美西斯二世的巨石雕像，其中靠塔门两侧的2尊高达14米，让人可惜的是现在只剩下这2尊雕像了。

两河流域是指古代巴比伦的美索不达米亚地区，意为"两条河之间的地区"。两河流域南部原是一片河沙冲积地，没有可供建筑使用的石料，苏美尔人用黏土制成砖坯。虽然皇帝们也被神化，但这里没有古埃及那种神秘的建筑物，世俗建筑占主导地位。为了使建筑具有防水功能，人们在墙面镶嵌陶片装饰，类似现在的马赛克。在世俗建筑里，有多种建筑制式和丰富多彩的装饰手法。现在残留着乌尔的山岳台、新巴比伦城的伊什达城门以及萨艮王宫的遗迹，都是古代巴比伦杰出的建筑艺术。苏美尔人最重要的建筑为塔庙，是建在几个由土垒起来的大台基上，类似梯形金字塔的建筑被称为"吉库拉塔"。在古代巴比伦地域建立起来的波斯帝国，宫殿建筑更趋宏大，其中的帕赛玻里斯宫就是杰作，它的装饰极尽奢华，在世界建筑史上具有很高地位。

古代的拉美地区的玛雅人、多尔台克人、阿兹台克人、印加人的建筑，也具有很高的水平。玛雅文明是南美洲土著印第安人的文明，在玛雅文化的昌盛期，数以百计的居民点都是据地自立的城邦小国，各邦使用共同的象形文字和历法，城市规划、建筑风格、生产水平也大体一致。主要遗址大多分布在中部热带雨林区，在蒂卡尔、瓦哈克通、彼德拉斯内格拉斯、帕伦克、科潘、基里瓜等祭祀中心已形成规模较大的建筑群。玛雅人的建筑类似古埃及的金字塔，他们为了加强宗教建筑的庄严性，把庙宇造在台基上，例如提卡尔城的庙宇。在蒂卡尔遗址，由数以百计的金字塔式台庙组成，城区面积达 50 平方公里，估计居民有 4 万人。此时出现了大量刻纪年碑铭的石柱，一般每隔 5 年、10 年或 20 年建立一座，成为独特的记时柱。公元 800—900 年左右，这些祭祀中心突然废弃，玛雅文明急剧衰落。后来，虽然多尔台克人征服玛雅人，但建筑却类似玛雅，将最大的建筑群(包括太阳神庙、月神庙和"羽蛇庙")建在陶底华冈，蔚为壮观。此外，阿兹台克人喜欢用蛇头和怪兽头作装饰，刻在石头上；印加人与中美洲的土著人多有交往，他们也喜欢建造金字塔和庙宇。

对近现代建筑影响最大的，是古希腊和罗马帝国时代的建筑艺术。

古希腊建筑艺术自公元前 8 世纪起，在克里特和迈锡尼文明中便初露端倪。其建筑全部是世俗的，主要类型有住宅、宫殿、别墅、旅舍、公共浴室、作坊等。它们虽然未脱离实用目的，但在某些环节的处理上奠定了后来希腊建筑的基础，如圆柱的广泛使用、富有装饰性的宫殿、大幅壁画等。在柱式风格方面，形成了多立克和爱奥尼两种柱式，前者粗壮、开间较小，后者修长、开间较宽。它的一些建筑物和建筑群设计的艺术原则，深深地影响着欧洲以后 2000 多年。古希腊建筑的主要成就，是纪念性建筑和建筑群。纪念性建筑风格形成于公元前 8 世纪至前 6 世纪，到公元前 5 世纪成熟，杰出的艺术作品有德尔斐的阿波罗圣地、以弗所的阿丹密斯庙、奥林匹亚的宙斯庙。当然，最高水准的还是雅典卫城，无论在建筑群的规模、庙宇的气势、柱式的雕刻精致等方面，都堪称当时的世界最高水平。

　　古罗马建筑是古希腊建筑艺术的直接继承者,古典柱式使之达到奴隶制时代建筑的高峰。到公元 1 世纪罗马帝国建立时,罗马城成为与中国长安城齐名的世界性城市。古罗马的建筑一般以厚实的砖石墙、半圆形拱券、逐层挑出的门框装饰、交叉拱顶结构为主要特点,除了神庙之外,公共建筑(如剧场、竞技场、浴场)也十分讲究。造成古罗马建筑艺术繁荣的原因有二:一是它用武力统一了地中海沿岸先进而富饶的地区,将各地先进的建筑艺术继承下来。二是在统一之后,罗马帝国的生产力水平达到了有史以来的新高度,凭借着雄厚的物质基础和先进的技术条件,建筑艺术才得以繁荣。罗马帝国的建筑杰作有大角斗场、万神庙、凯撒广场、奥古斯都广场、君士坦丁凯旋门,以及一些实用的公共设施。

　　宗教建筑是欧洲中世纪唯一的纪念性建筑,也是艺术成就最高的建筑。今天到欧洲去旅游,所保存的古老建筑中最宏大、最精美的就是教堂。宗教建筑因宗教体系不同而呈现出两种差异,即:东欧穹顶结构和西欧拱顶结构。

　　东罗马帝国也称拜占庭帝国,其统治延续到 15 世纪。拜占庭建筑是中世纪宗教建筑的典型代表,继承了古希腊和罗马的遗产,又吸取亚欧各国民族建筑的经验,创造了把穹顶支承在四个或者更多的支柱上的结构方法。这种制式在东正教文化氛围中显示出宏伟的纪念性,并很快地流行至整个东欧。典型的拜占庭建筑表面都装饰着富丽的花雕和彩画,如君士坦丁堡的圣索菲亚大教堂,这是东正教的中心教堂,是皇帝举行重要仪典的场所,也是拜占庭帝国极盛时代的纪念碑。此后,拜占庭帝国只建筑了一些小教堂。小教堂的穹顶更加饱满,很有生气,被称为战盔式穹顶,如诺夫戈罗德附近的斯巴斯—涅列基札教堂和尼尔河畔的陂克洛伐教堂。与此同时,在弗拉基米尔(今俄罗斯境内)也建造了乌斯平斯基主教堂,这是弗拉基米尔—苏士达尔公国的宫廷教堂，是该国大公加冕的地方。

中世纪西欧是天主教文化独尊的时期，建筑的典型式样是以法国为中心的哥特式教堂。它以轻灵的垂直线为主，在外表上有很强的动势，扶壁、墙垣和塔都是越往上越多装饰，不但门上有山花、龛上有华盖、扶壁有脊，而且屋顶都是锋利的，直刺苍穹。西面的钟塔则集中了整个教堂的冲劲，完成了向天升腾的一击。为了使这种升腾之势更加自如，在设计教堂时力求在外表上削弱重量感。哥特式建筑风格遍及欧洲各国，如俄罗斯的圣母大教堂、意大利的米兰大教堂、德国的科隆大教堂、英国的威斯敏斯特大教堂，而最典型的是法国的斯特拉斯堡主教堂和巴黎圣母院。其中，巴黎圣母院的立面、亚眠大教堂的本堂、夏特尔大教堂的塔、兰斯大教堂的雕刻，被人们称赞为法国哥特式教堂完美的典范。德国马尔堡的圣伊丽莎白教堂，以 3 个半圆室代替有礼拜堂花冠的法国圣坛，并在正面结构中采用严格的垂直线条，塔楼也从基础分离获得独立，成为其后德国哥特式建筑的主要样式。素有欧洲最高尖塔之称的科隆大教堂矗立在莱茵河畔，始建于 1248 年，高 157 米，东西长 145 米，南北宽 86 米，建筑面积约 6000 平方米，历时 600 余年才完成。科隆大教堂以轻盈、雅致著称于世，堪称世界上最高的教堂之一。

并不是所有的欧洲国家都秉承以上两种建筑样式，意大利在中世纪的建筑融汇了伊斯兰教文化和拜占庭文化两者的特长，形成了独特的建筑风格，如比萨主教堂钟塔、威尼斯总督府和佛罗伦萨主教堂。巴洛克建筑是在意大利建筑基础上发展起来的一种建筑和装饰风格，"巴洛克"一词的原意是奇异古怪，古典主义者用它来称呼这种被认为是离经叛道的建筑风格。其特点是外形自由，追求动态，喜好富丽的装饰和雕刻、强烈的色彩，常用穿插的曲面和椭圆形空间。这种建筑风格克服了僵化的古典形式，旨在追求自由奔放的格调和表达世俗情趣。罗马建筑文化影响了西欧其他国家，例如，在西班牙留下了丰富的艺术遗产，著名的有：塞戈维亚的石渡槽、阿尔坎塔拉的大石桥、梅地纳塞利的凯旋门，以及博洛尼亚、萨昆托、塔拉戈纳和安普里亚斯的遗址。塞维利亚和梅里达的两个遗址群尤为壮观，西班牙人每年七月都要在这两个遗址群的剧场里举行国际艺术节。西班牙的建筑也受伊斯兰风格的影响，代表性建筑有哥多瓦大清真寺、吉拉尔达塔和阿尔罕布拉宫。

2. 现代欧美的建筑艺术

文艺复兴运动给欧洲带来了巨大变化，使建筑文化摆脱了教会和封建贵族的束缚，面向新时代的现实生活，如意大利佛罗伦萨的巴洛克建筑，具有建筑艺术的革新风格。广场在文艺复兴时期得到很大的发展，按性质分有集市活动广场、纪念性广场、装饰性广场、交通性广场；按形式分有长方形广场、圆形广场、不规则形广场以及复合式广场。广场都有一个主题，四周有附属的建筑群陪衬。早期广场周围布置比较自由，空间多封闭，雕像常在广场一侧；后期广场较严整，周围常用柱廊，空间较开敞，雕像往往放在中央。在 15 世纪，意大利的文艺复兴建筑成就最高，在西欧居主导地位，其他国家或多或少地模仿它。16 世纪以后，文艺复兴运动开始衰微，法国的宫廷文化兴起，形成了为君权服务的古典主义建筑风格。它所确立的"典雅、浮华、雕饰"特征，逐渐成为西欧建筑文化传统。

文艺复兴时期意大利建筑文化的特征：严谨的古典柱式成了控制建筑布局的构图要素。例如佛罗伦萨主教堂，是市民剥夺了贵族特权之后，作为共和政体的纪念碑而建造的，其设计过程、技术构造、艺术特色都体现了时代的进取精神，从 1420—1470 年历时半个世纪建成。佛罗伦萨主教堂穹顶的文化意义在于：突破了教会的精神专制，采取古罗马的穹顶和拜占庭的大型穹顶，又借鉴了拜占庭小教堂的鼓座艺术形式，把穹顶凸现出来，连同采光亭在内，成了整个城市轮廓线的中心，显示了异教的叛逆精神和文艺复兴时期的独创精神。这一时期意大利的宏伟建筑还有罗马教廷的圣彼得大教堂，罗马柱式被广泛使用，采用轴线构图，设计水平大有提高，体现了追求雄浑、刚强、纪念碑式的建筑风格。

以法国为中心的古典主义建筑起源于 1671 年，巴黎设立了建筑学院，学生多出身于贵族家庭，他们瞧不起工匠技术，形成了崇尚古典形式的学院派。学院派建筑和教育体系一直延续到 19 世纪，其倡导者首先是国王，以颂扬君主为主题。这一主题不仅表现在宫殿的建造上，而且表现在城市广场的建造上，建筑风格要求明晰、精确、尊贵、典雅，柱式建筑成为趋势。在建筑设计中以古典柱式为构图基础，突出轴线，强调对称，注重比例，讲究主从关系。它的典型作品是卢浮宫的东立面、布鲁阿府邸中由奥尔良公爵新建的一翼，以及麦松府邸和拿破仑荣军院，而凡尔赛宫则是绝对君权的一个重要纪念碑。

这一时期，其他欧洲国家的建筑大多吸收了文艺复兴时期的建筑风格。从 15 世纪起，西班牙建筑的显著特点是将文艺复兴建筑的细部装饰用在哥特式建筑上，并带有中世纪摩尔人统治西班牙的艺术印记。建筑造型变化很多，装饰丰富细腻，几乎可同银饰媲美，因而称为"银匠式"风格，比较有代表性的实例是萨拉曼卡的贝壳府邸和阿尔卡拉·埃纳雷斯大学。随着拿破仑战争横扫了欧洲各国的封建势力，新兴资产阶级商人、银行家的审美趣味与贵族的趣味发生了冲突，这一时期建筑风格也随着生产性建筑、公共建筑增多，建筑结构和材料的日新月异而变化频繁。有两条线索表现得非常鲜明：一是以英国为中心的资本主义化的城市建筑，一是以法国为代表的战斗式风格建筑。

英国的城市建筑把法国的古典主义当做榜样，但自身却缺乏创造的自觉性。著名设计师克里斯托弗·仑规划的伦敦教区、为复辟国王设计的索莫塞特大厦和温彻斯特宫，在建筑风格上或者模仿古罗马的巴西利卡式建筑，或者沿袭法国古典主义的凡尔赛宫。中世纪的英国热衷于建造教堂，尤其是大量的乡村小教堂，非常朴素亲切，往往一堂一塔，使用多种精巧的木屋架构。16 世纪下半叶，英国开始注意世俗建筑，富商、权贵、绅士们的大型豪华府邸多建在乡村，有塔楼、山墙、檐部、女儿墙、栏杆和烟囱，墙壁上开了许多凸窗，窗额是方形。府邸周围一般布置形状规则的大花园，其中有前庭、平台、水池、喷泉、花坛和灌木绿篱，与府邸组成完整和谐的环境，典型例子有哈德威克府邸、阿许贝大厦等。文艺复兴建筑风格的细部处理技巧，也应用到室内装饰和家具陈设上。到了 18 世纪，城市建筑随着工商业而蓬勃发展，建造的街道和广场仍旧是法国式和荷兰式的混合物。

法国资产阶级革命时期的建筑文化，以启蒙主义建筑理论的形成为起点。在创作中，古罗马建筑的印象加强了，风格趋向简洁严峻，排除了华丽和纤秀。一些建筑师干脆抛弃了一切细节，把建筑物简化为几何形体。例如，部雷设计的牛顿纪念堂、伟人像陈列馆、国民公会大厦，构思都极其新颖，外形却很简洁，如海外奇山，峰峦变幻。它们共同的特征是体积大、外形简单，一个巨柱式贯串上下，没有基座层，柱间距很狭小，外墙很少线脚，大面积的墙（砖的、粗石的、拉毛的、抹灰的），都没有装饰，也没有门窗，甚至没有砌缝，偶尔有几个壁龛盛着古气盎然的雕像，由此生出肃杀之气。拿破仑战争也给法国建筑风格形成了所谓"帝国风格"，其代表作是凯旋门、军功庙。巴黎的凯旋门并非一座，最著名的那座位于夏尔·戴高乐广场（原名星形广场，1970 年改今名。这里是香榭丽舍大街尽头，位于沙佑山丘上），它是欧洲 100 多座凯旋门中最大的。戴高乐广场凯旋门由石材砌成，高 49.54 米，宽 44.82 米，厚 22.21 米，中心拱门宽 14.6 米，上面雕刻了许多战斗故事。

18—19世纪，欧洲其他国家的建筑呈现出活跃、纷繁的特征。公共建筑愈来愈大型化，并大量兴建城市住宅和商业建筑。一些中心城市如柏林、维也纳、布达佩斯、彼得堡等，都在这一时期形成。豪华的中心区建筑，以及摩天大楼拔地而起，同时出现了一些标志性建筑，如英国的大英博物馆、巴斯城和国会大厦；德国的柏林勃兰登堡门、宫廷剧院、国家美术馆和慕尼黑城门；俄罗斯的参议院大厦、海军部大厦、交易所和围绕冬宫建设的其他建筑。

美洲尚处于殖民统治时期，其建筑风格也由殖民主义者的审美趣味而决定。墨西哥、古巴、秘鲁、智利是西班牙的殖民地，流行从西欧带来的银匠式建筑和巴洛克建筑，这些建筑都带有思乡的情感。然而，当地的阿兹台克族和玛雅族工匠仍操旧技，在建筑物上留下了自己民族文化的印记。北美殖民地的移民大多是来自英格兰的农民，他们所熟悉的是中世纪以来民间的木构架房屋和简单的砖石建筑，由于当地过于寒冷，就在房屋外面钉上一层水平的长条木板，这种风格在新英格兰地区鲜明体现。加拿大移民主要来自法国的诺曼底和布列塔尼，因而建筑风格也带有法兰西民族的特色。

随着美洲经济、政治的独立，建筑的风格逐渐脱离旧大陆的传统。独立后的美国流行罗马复兴建筑，在华盛顿、费城和维吉尼亚，就兴建了维吉尼亚的州议会大厦、第一国会大厦、国家大教堂和白宫；同时也出现了一批希腊复兴建筑，在华盛顿、纽约和波士顿，有海关大厦、帝国大厦、联邦银行分行和马萨诸塞州政府大厦。经过了一轮又一轮的更新换代，住宅风格的演变从"欧陆罗马风"发展成"现代简约"，再发展到"新洋房"、"新古典"，并向具有多元文化内涵的方向发展，终于形成美国的现代建筑风格。

　　与以往相比,现代建筑具有实用性和工程性。其主要特点
有:对建筑空间的重视,灵活多样的建筑外形,装饰简化。现代
建筑一词有广义和狭义之分:广义的包括 20 世纪出现的各色各
样风格的建筑流派的作品;狭义的专指在 20 世纪 20 年代形成的
现代主义建筑。

　　19 世纪工业的大发展和城市的扩大,需要建造大批工厂、仓
库、住宅、铁路建筑、办公建筑、商业服务建筑等。在建筑史上
长期占有突出地位的帝王宫殿、坛庙和陵墓,退居次要地位,而
生产性和实用性为主的建筑日益重要。在 19 世纪中叶以后,欧
美的各种建筑理论一齐拥上建筑舞台,从古希腊、古罗马、古埃
及、古印度、伊斯兰到巴洛克、古典主义,甚至某些国家还出现
了模仿中国式的亭台楼阁。总而言之,似乎是几千年积累下来的
节目在一个时段全部登台。大跨度的室内空间,使旧的建筑学和
建筑材料受到了时代的挑战,钢铁、玻璃、钢筋混凝土和相应的
材料科学诞生了。高层建筑群大批量地出现在美国的纽约和芝加
哥,美国的许多工业发达地区一举成为新型建筑的中心。

　　一批革新家也相继在欧美出现,致力于新建筑理论的探索,
其中的佼佼者有德国的辛克尔、散帕尔,英国的魏布,比利时的
费尔德、霍尔塔。欧洲一些有名的建筑,如柏林百货商店、法国
国立图书馆、布鲁塞尔都灵路 12 号住宅、魏玛艺术学校、慕尼黑
埃维拉照相馆、慕尼黑剧院等,都是他们设计的作品。美国现代
建筑学的奠基者是诞生于 19 世纪 70 年代的芝加哥学派,它在工
程技术方面的重要贡献是创造了高层金属框架结构和箱形基础,
在造型上趋向简洁的风格。它的创始人是詹尼(他建造了第一拉
埃特大厦、芝加哥保险公司)、理查逊(他设计了芝加哥菲尔德百
货商场)和伯纳姆与鲁特(他的作品是蒙纳诺克大厦、卡匹托大
厦、瑞莱斯大厦)。

　　建筑艺术最发达、影响最大的国家,是法国和美国。在法

国，战后的"现代建筑派"取代了学院派。勒·柯布西耶设计的马赛公寓大楼和其后又设计的朗香教堂，轰动了整个建筑学坛。法国在战后建筑技术上不断创新，1958 年兴建国家工业与技术中心的陈列大厅，跨度 218 米，是迄今跨度最大的薄壳空间结构。1973 年建的巴黎蒙帕纳斯大厦高 229 米，是欧洲最高建筑；后来建的国立蓬皮杜艺术中心，更引起人们的广泛关注。美国具有强大的物质技术力量，雄厚的技术人员队伍和一大批专门投资房屋建设的企业家，他们共同使美国建筑迅速走向现代化。美国主要是发展高层建筑，1974 年建成的芝加哥西尔斯大厦，有 110 层，高 443 米，是当时世界上最高的建筑。在艺术和建筑方面，欧洲无论有什么新思潮都很快影响美国，各种建筑流派和建筑样式在美国都能得到反映。

建筑史上划时代的杰作，是伦敦的"水晶宫"和巴黎埃菲尔铁塔。水晶宫采用现代的铁架和玻璃结构：由一系列细长铁杆支撑起来的网状构架形成玻璃墙面，长 564 米，高三层，建筑面积约 7.4 万平方米。水晶宫外形呈简单阶梯形的长方形，采用曲面屋顶和高大的中央通廊。整个建筑大部分为铁结构，外墙与屋面均为玻璃，通体透明。埃菲尔铁塔是为了纪念法国大革命 100 周年和庆祝巴黎世界博览会而建设，位于美丽的塞纳河畔，以其设计者——著名的法国建筑师斯塔夫·埃菲尔的名字命名。铁塔占地 1 万平方米，总高 320.775 米，全塔由 1.2 万个构件组成，使用了 250 万个铆钉，自重 9000 吨。埃菲尔铁塔整体分三段，首段由四条向外撑开的强劲塔腿组成；二段是塔腿的延伸，外形曲线急剧内收；到了三段，四条钢架立柱合为一股，外形曲线继续缓慢内缩，形成一条自然得体、柔和优美的整体轮廓线。无论从哪个视角观察，塔身处处透空，既显得轻巧，又十分稳重。

20 世纪 20 年代至 50 年代，现代建筑进入鼎盛时期，诞生了一批杰出的建筑师。在德、法、荷三国，相继涌现出表现派、未来派、风格派和构成派。创作出许多有影响的作品，如表现派建筑师门德尔松设计的波茨坦爱因斯坦天文台、风格派建筑师里特维德设计的乌德勒支住宅。

20 世纪 20 年代末，现代建筑派在生产性建筑、住宅和电影院、学校、体育馆、科学实验楼、图书馆、百货公司等公共建筑类型中的影响迅速扩大。其中，芬兰青年建筑师阿尔托设计的维堡图书馆和帕米欧疗养院是两个卓越的例子。联合国总部的设计主任由美国建筑师沃利斯·哈里森担任，同时成立了有澳大利亚、比利时、巴西、加拿大、瑞士、瑞典、乌拉圭、英国、前苏联、中国 10 个国家组成的设计顾问委员会。顾问委员会先后讨论了 53 个方案，1947 年 5 月通过了法国建筑大师勒·柯布西耶的设计方案。大厦于 1952 年落成，由秘书处大厦、大会大厦、会议大厦、图书馆四栋建筑组成。秘书处大楼为板片式建筑，地上 39 层，高 165.8 米，东西两面为蓝绿色玻璃幕墙，两个端面为狭窄的实墙。大会堂匍匐在大楼的一侧，顶部和侧面呈凹曲线形。安理会会议楼在秘书处大楼与大会堂之间，临靠河面。以上建筑群功能的复杂性和造型构图的创新性是已往建筑无法相比的，标志着现代建筑风格在 20 世纪中期得到了广泛认同。

现代主义建筑自 20 世纪 30 年代起，芬兰建筑师阿尔托和巴西建筑师尼迈耶的作品明显地表现出现代主义的影响，加上格罗皮乌斯、密斯等迁居美国，现代主义建筑在美国迅速扩展。第二次世界大战结束后的 50—60 年代，在各国的大城市中，新建的商业建筑、工业建筑、政府建筑、文教建筑、纪念性建筑和住宅小区，几乎都摆脱了传统风格的羁绊，具有显著的现代主义建筑的特征。

20 世纪 60 年代后期，随着现代社会对人性的情感、个人趣味对装饰的兴趣，电子工业和信息时代对人性的扭曲，一种反叛的文化心理由潜伏逐渐爆发，成为欧美和亚洲先进工业国家的主导建筑思潮，这就是后现代主义建筑思潮，或称反现代建筑思潮。较之于现代主义者侧重于功能和结构，后现代主义建筑思想更注意文脉、地方性，考虑环境和自然背景的因素。例如，美国建筑师文丘里在 1966 年出版的《建筑的复杂性和矛盾性》。此后，西方建筑界出现了讲究象征性、隐喻性、装饰性以及与现有环境取得联系的倾向。后现代主义建筑在东方和西方都有过一批重要的建筑师，诞生了 20 世纪 80 年代所谓"十大建筑"：香港汇丰银行大厦(福斯特设计)、波特兰大厦(格雷夫斯设计)、美国电报电话公司总部大厦(约翰逊设计)、巴黎卢浮宫扩建(贝聿铭设计)、利雅得国际机场(美国 HOK 事务所设计)、柏林国际建筑展住宅区(分别由罗西、克里埃、埃森曼、摩尔设计)、巴黎拉维莱特公园(屈米设计)、多伦多汤姆逊音乐厅(埃里克森设计)。这些建筑作品对后来建筑艺术的发展，起到了极大的推动作用。澳大利亚悉尼歌剧院是一座富有个性的象征性建筑作品，它的设计师是丹麦的伍重，于 1957 年设计，1973 年建成。歌剧院位于贝尼朗岛，面临大海，建筑师把它设计成一艘乘风破浪的大船。

3. 中国的建筑艺术

中国古代建筑艺术具有极丰富的文化意蕴，在世界上独树一帜。

仰韶及龙山文化的木骨涂泥建筑，是中国古建筑的开端，确立了木结构建筑体系的基础。当时的村落，包括居民区、制陶作坊和基地，多为方形和圆形两种，采用框架的土木结构，成为独一无二的"木头的文化"。在奴隶社会的后期，出现了被尊为土木工程之祖的著名匠师鲁班，传说他制造了许多精巧的器物，所制成的一只木鸢飞了三天三夜才落回地面。在建筑材料方面，西周、春秋时期出现了大型的砖和瓦，配合土木材料一同使用，使建筑物更加壮观耐久。在建筑物上使用了金(铜镏金)、玉作为装饰，在墙壁、柱子上使用了锦绣装饰，并绘了彩画，使建筑空前华丽。为了使建筑物更为高大雄伟，还盛行着"高台榭"的风气，就是在宫殿、楼阁之下用土夯筑起巨大的高台，这种方式一直流传到战国和秦汉。秦砖、汉瓦已成为文物考古的重要项目，陕西临潼秦始皇陵区出土的条砖和陶俑，反映了当时制作技术已经达到相当高的水平。由此产生了拱券式结构，从汉代发展起来的砖砌拱券结构，经三国、南北朝已经达到很高的水平。北魏正光元年(520)所建的河南登封嵩岳寺塔，其砌筑技术的精湛令人吃惊。北宋咸平四年(100)所建的河北定县料敌塔高 84 米，为全国最高的古建筑。

古代建筑具有朴素淡雅的风格，主要以茅草、木材为建筑材料，以木架构为结构方式(柱、梁、枋、檩、椽等构件)，按照中轴线和左右对称的风格，反映了古代宗法社会的有序和稳定。由于木质材料制作的梁柱不易形成巨大的内部空间，古代建筑便巧妙地利用外部自然空间，组成庭院。庭院是建筑的基本单位，既是封闭的又是开放的；既是人工的又是自然的；可以俯植花草树木，仰观风云日月，成为古人"天人合一"观念的又一表现。古代稍大一些的建筑都由若干个庭院组成，单个建筑物和庭院沿一定走向布置，有主有次，有高潮有过渡，成为有层次、有深度的空间，呈现出一种中国人所追求的整体美和深邃美。其中宫殿、寺庙一类比较庄严的建筑，往往沿着中轴线一个接一个地纵向布置主要建筑物，两侧对称地布置次要的建筑物，布局平衡舒展，引人入胜。

古人很早就能运用平衡、和谐、对称、明暗、轴线等设计手法，达到美观的效果。古代建筑重艺术装饰，但不复杂，只在主要部位作重点装饰，如窗檐、门楣、屋脊等，布局多为横平方向发展，不重高层建筑，至佛教传入后，出现了楼阁佛塔，高层建筑才得以盛行。建筑的一切艺术加工也都是对结构体系和构件的加工，如色彩、装饰与构件结合，构成了丰富绚丽的建筑立面和造型。古人还运用了绘画、雕塑、工艺、书法、文学等多方面的艺术成就，雕梁画栋，形体优美而色彩斑斓；楹联匾额，激发意趣而遐想无穷。

中国古代建筑中有两种平面布局的方式：一种是庄严雄伟，整齐对称，一种是曲折变化，灵活多样。凡帝王的京都、皇宫、坛庙、陵寝，官府的衙署厅堂、王府、宅第，宗教的寺院、宫观以及祠堂、会馆，大都采取前一种形式。其平面布局的特点是有一条明显的中轴线，在中轴线上布置主要的建筑物，在中轴线的两旁布置陪衬的建筑物。这种布局主次分明，左右对称。以寺庙为例，在它的中轴线上最前有影壁或牌楼，然后是山门、前殿，其后为大殿（或称大雄宝殿），再后为后殿及藏经楼等。在中轴线的两旁布置陪衬的建筑，两厢对称，如山门的两边有旁门，大殿的两旁有配殿，其余殿楼的两旁有廊庑、配殿。工匠们运用了烘云托月、绿叶托红花等手法，衬托出主要建筑的庄严雄伟。从一门一殿到两进、三进以至九重宫阙，庞大帝京都是这样的规律。另一种布局方式与之相反，不求整齐划一，不用左右对称，因地制宜。举凡风景园林、民居房舍以及山村水镇，大都采用这种形式。布局的方法是按照山川形势、地理环境、自然的条件等灵活布局，位于山脚河边者，总是迎江背山而建，并根据山势地形，层层上筑，这种情况最适宜于西南山区和江南水网地区，出现了许多既实用又美观的古城镇规划和建筑风貌。

中国古代建筑品类繁盛，包括宫殿、陵园、寺院、宫观、园林、桥梁、塔刹等，这里主要介绍宫廷建筑、宗教建筑和园林建筑。

我国宫殿建筑起始很早，以高大威严为特征。商、周时期，木结构技术已有很大发展，王宫中的"六宫六寝"秩序严整，等级分明，建筑艺术首次被注入了绝对君权的思想。春秋战国时期，各诸侯国的君主都修建宫殿，以夸饰自己的权力和强盛。这些建筑建在高高的夯土台上，被称为高台建筑。秦汉宫殿气势磅礴，雄伟壮观，达到了前所未有的高峰。据《史记·秦始皇本纪》载，秦始皇统一六国后修建的阿房宫，东西五百步，南北五十丈，"上可以坐万人，下可以建五丈旗；周驰为阁道，自殿下直抵南山；表南山之巅以为阙"，十分壮观。但"楚人一炬，可怜焦土"，没有留下一点遗迹。后来历代的宫殿都富丽堂皇，但大多和阿房宫一样，在战火中化为了灰烬。从汉末出土的画像砖、壁画等遗物中，我们可以看到，汉代不但宫殿建筑，就是富豪住宅都已有完整的廊院和多层楼阁，并出现了坞堡式的庄园。北京故宫是古代宫殿建筑的杰作，也是世界上现存最大的、最完整的木结构建筑群。木结构技术至此，经千年实践已渐趋完善，结构方法有梁柱式、穿斗式和井干式三种。故宫是明清两代的皇宫，布局谨严规则，主次有序，空间丰富多变。封建宗法的等级制度，帝王权威至高无上的观念，都在这里得到了充分的渲染和体现。

　　古代的宗教建筑，主要是佛教寺庙和道教宫观。"天下名山僧占多"，宗教建筑大都建在风景名胜之区，保存得比较好。魏晋南北朝，佛塔建筑风行一时，著名的有嵩岳寺的砖砌佛塔等。隋代建筑，现存的只有山东历城的神通寺四门塔和河北赵州城南河上的安济桥。到唐代，建筑艺术更为兴盛，宫殿、寺庙、塔楼等大量兴起，琉璃材料和石材雕饰较多使用，木结构走向定型，大建筑已采用砖砌墙。山西五台山的佛光寺大雄殿是唐代作品，面开七间，进深四间，内柱采用偷心斗拱，上承小方格式天花，屋顶坡度平缓，外檐出檐深远，衬以恢大的横拱，为唐代殿阁式木结构建筑的代表作。唐代鉴真和尚在日本奈良创建的唐招提寺金堂，与之相似。苏州玄妙观三清殿，建于西晋，后毁于兵火，南宋绍兴十六年至淳熙六年(公元1146—1179)陆续修复，是江南一带现存最大的宋代木结构。宋代建筑多以造型秀丽、装饰精美取胜，开始打破完全对称的单调格局，出现多样的平面和立面，纯以砖石构造的楼阁殿堂即"无梁殿"也出现了。元代建筑，出于实用和经济上的考虑，对木建筑进行大胆简化，无梁殿已较多建造。建于元代的北京阜成门妙应寺白塔，是在尼泊尔匠师阿尼哥的设计下修建的，为我国现存最大的喇嘛式塔。明清时，我国木结构建筑又出现新的变化，如简化梁架、运用斜梁等。木刻、石刻、砖刻、彩画、装修等更是明清建筑的重大成就。古代的佛寺道观，今日随处可见，对研究古建筑和佛教文化、道教文化有重要意义。

园林建筑是中国建筑艺术的瑰宝，为世界各国所赞赏。古代园林的绝妙之处，正如明代造园家计成所说："虽由人作，宛自天开。"我国最早兴建园林始于殷商，其最初形式曰"囿"。司马迁《史记·殷本纪》说，商纣王为打猎设高沙丘苑，"益广沙丘台苑，多取野兽飞鸟置其中"。到汉代，关中地区开辟的上林苑成为历史记载中规模最大的专为皇室游乐服务的自然保护区。上林苑中有巧妙修建的人工湖，还有穿插其间的宫台楼榭，栽植了大量奇花异果，聚纳了无数珍禽异兽。上林苑也因此成为后世帝王园林的典范。除上林苑之外，历史上著名的皇家园林，还有曹魏的"芳林苑"、东晋的"华林苑"、南朝的"湘东苑"、北朝的"鹿苑"和"仙都苑"、隋唐的"西苑"和"芙蓉苑"。这些园林可谓"山林岩壑，日益高深，亭榭楼观，不可胜记，四方花竹奇石，咸萃于斯，珍禽异兽，无不毕有矣"。从中也看出，这时重视利用纤巧轻雅的风格创造秀美的意境，与秦汉时期对宏大规模的追求已有不同。

魏晋南北朝时期形成了中国园林建筑的基本风格，一直延续到明清。清代以前的园林现在大都已不复存在，现存的古代园林多为清代所建或在清代改建。大致可分为两类。一类是皇家园林，规模巨大，典雅端庄，如北京的颐和园、北海和景山。有"万

园之园"之称的圆明园，实际上是一座聚集封建帝国文化与艺术
精萃的宝库，园中景区或以开阔取胜，或以幽静见长，各景点、
建筑群，风格绝不雷同，又相互陪衬，是世界上最壮观的皇家园
林。河北承德的避暑山庄则是现存的规模最大的帝王宫苑，山庄
的营建布局，光水景工程就有泉、瀑、河、池、湖，动静交呈，又
因山构势，顺势辟路，山水建筑浑然一体。除了皇家园林，另一
类是私家园林。从汉代起，贵族、富商纷纷营建私家园林。仅苏
州一地，就有古典园林庭院近200处。其中，以拙政园、网师园、
留园、沧浪亭、狮子林为代表的苏州园林，被公认为我国江南园
林的典范。此外，著名的还有扬州的个园、无锡的寄畅园、上海
的豫园、顺德的清晖园等。古典园林中的建筑，如殿、阁、楼、
厅、堂、馆、轩、斋、亭、廊、榭、桥等，和山水异石、花卉树木、
书画墨迹，相映成辉，融为一体。这些园林多为以风景为骨干，
格局较小，精巧素雅，畅人心曲，妙不胜收。

　　中国近代建筑出现的新事物，主要是模仿外来建筑。在上
海、天津、汉口等多国占领的租界城市，混杂着欧美各国曾经流
行的建筑风格，城市面貌较紊杂。在青岛、大连、哈尔滨等一国
占领的租借地城市，则呈现着经过统一规划的、较单一的建筑风
格，城市面貌较协调。早期的外来建筑，如外国领事馆、洋行、
银行、饭店、俱乐部及外国建筑师为清末新政和立宪活动所设计
的总理衙门（迎宾馆）、大理院、参谋本部、咨议局等，大多采用
西方古典式或殖民式的建筑。散布在各地的教堂，除少数采用中
国式以外，一般都沿用各教派的固有格式，如哥特式、罗马式、
文艺复兴式、俄罗斯式等不同式样。

　　中华人民共和国建立后，中国建筑进入新的历史时期。在全
盘学习苏联的热潮中，建筑界接受了苏联当时的建筑创作理论，
把民族风格当做社会主义现实主义的创作原则，从而掀起了创造
民族形式的热潮。如建国十周年献礼的北京十大建筑，以及陆续

建造的友谊宾馆、三里河办公大楼、地安门宿舍、中央民族学院、亚澳学生疗养院等；在其他城市，也出现了重庆大会堂、杭州屏风山疗养院、南京农学院教学楼、兰州西北民族学院等建筑群。这些建筑基本上沿袭着 20 世纪 20—30 年代的古典式手法，局部应用大屋顶。

二、绘画艺术

1. 文艺复兴前后的绘画艺术

绘画艺术是人类早期的艺术活动之一，东西方各民族的生存状态中都存在着这一艺术活动。西方人最早的美术作品产生于旧石器时代晚期，即距今 3 万到 1 万多年之间。杰出的原始绘画作品，发现于法国的拉斯科洞窟壁画、西班牙的阿尔塔米拉洞窟壁画等几十处洞窟中，所绘形象皆为动物。迄今为止发现的原始雕刻多为小动物。只有为数不多的人像雕刻，以裸体女性雕像为主。这些女性雕像夸张了生理特点，突出乳房、臀部、腹部、大腿等部位，体现了原始人对母性和生殖的崇拜意识。在维也纳附近出土的女性雕像被称为"威伦道夫（地名）的维纳斯"，是一件著名的艺术品。

西方国家的绘画起源于古希腊，并创造了一些艺术价值很高的雕刻作品，如《掷铁饼者》和《米洛斯的维纳斯》。《伊苏斯之战》是 1831 年从庞贝古城遗址发现的镶嵌画，据考证是根据公元前 4 世纪希腊画家菲罗克西诺斯的同名壁画复制而成。原画是应雅典统治者卡山德的要求而创作的，作于公元前 310 年。

罗马本身的艺术并不发达，当罗马人征服了许多文化艺术之邦以后，便将那里的大量艺术品，尤其是雕塑和绘画当做战利品劫回罗马，同时还把许多艺术家、工艺师、工匠当奴隶和人质集中到罗马，为繁荣罗马文化提供了优越条件。据说当时罗马城人口只有6万，而劫来的希腊雕刻艺术品却有几十万件之多。正如古罗马诗人贺拉斯所言："被俘的希腊反使蛮族主人成为俘虏，她把艺术带给了粗野不文明的拉丁姆。"古罗马人学习和吸收了希腊人的经验和文化，使罗马的绘画艺术空前兴旺起来。罗马人的艺术更倾向于实用主义，规模巨大的科洛西姆竞技场和万神庙是其精华，而被维苏威火山灰掩埋了1700多年的庞贝壁画，则给我们展示了古罗马绘画的独特面貌。《奥古斯都全身像》是一尊有代表性的帝王全身肖像，作于公元前19—13年。奥古斯都意即"神圣"，原型是罗马第一位皇帝渥大维。这尊雕像着意美化这位皇帝：身着罗马式盔甲，左手持着象征无上权力的权杖，右手指引方向，有趣的是在右腿边雕着一个小爱神，造成高矮的强烈对比。

欧美绘画艺术的主要门类是油画，虽然自远古到古希腊和古罗马时代也出现过岩洞画、石雕、木雕等艺术形式，但真正形成独特风格并取得巨大成就的是自文艺复兴运动以来的油画艺术。文艺复兴使圣母、基督和天使世俗化，由此产生了一批反叛的艺术家。早期有佛罗伦萨画派的创始人乔托，被称为"近代人物画的创造者"，作品有《哀悼基督》。著名作品还有巴都亚在阿里纳礼拜堂的壁画、马萨乔的《逐出乐园》。佛罗伦萨画家波提切利1478年画了一幅《维纳斯的诞生》，画中裸体维纳斯像一粒珍珠，从贝壳中站起，升上了海面；迎接她的山林女神，展开手中长衫以备覆盖她的裸体。这幅画的中心是维纳斯洋溢着青春生命的肉体，被称为美术史上最优雅的肉体。《维纳斯的诞生》仅仅宣告了艺术高潮即将到来的讯息，而代表着意大利文艺复兴艺术高潮的是画坛之杰：达·芬奇、米开朗琪罗和拉斐尔。

达·芬奇（1452—1519）的杰出作品《最后的晚餐》和《蒙娜·丽莎》，开创了西方绘画史上的新时代。《最后的晚餐》是应米兰公爵斯福查的委托而画的，取材于基督教经典《圣经》中的故事：基督被 12 位门徒中有个叫犹大的人出卖了，这天基督和门徒们一起就餐，他平静地说出那句惊人的话："你们之中有一个人出卖了我！"这句话一出口，门徒们的神情便发生了巨大变化。《蒙娜·丽莎》是达·芬奇的另一幅杰作，表现的既不是异教的魔，也不是基督教的神，而是同时代现实生活中的人物。作品之所以不朽，是以一个年轻女性的温雅的微笑揭起了人性觉醒的旗帜，赞颂了生命的可爱。

在绘画三杰中，米开朗琪罗（1475—1564）命运坎坷，画风雄奇，才华最初表现在雕塑中，创作了《哀悼基督》，使人看到一个慈爱的母性。《大卫》寄托了作者保卫祖国的愿望，《摩西》表达了画家对叛国者的愤怒。他创造性地使用湿壁画完成了西斯廷天顶的壁画，一个人躺在 18 米高的架子上，趁着石灰墙未干时作画，以求干后永不脱落。他的《创世纪》包括九个场面：《神分光暗》、《创造日月》、《授福大地》、《亚当的创造》、《夏娃的创造》、《逐出乐园》、《诺亚祝祭》、《洪水》、《诺亚醉酒》。人物都是传说中的巨人，尤其是亚当，体格健壮、饱含青春生命。米开朗琪罗的另一幅杰作《最后的审判》也是壁画，取材于圣经传说：当世界末日来临时，基督要做一次最后审判，以惩恶扬善。

拉斐尔（1483—1520）是文艺复兴时期最红的画家，他博采众长，既具有米开朗琪罗笔下人物的雕刻感，又兼具达·芬奇的"薄雾法"，使人物在坚实饱满中更加灵动柔软。他善于选择题材，把古典美与基督教的神统一起来，创造了合乎人们口味的圣母形象——将圣母世俗化，表现为贤妻良母或温柔母性。在绘画史上，拉斐尔的风格被称为秀美风格，不仅使当时人倾倒，而且延续了 400 年之久，成为古典主义者认为不可企及的典范。他一生中最杰出的作品是《西斯廷圣母》和《雅典学派》，前者被认为是众多圣母画中最好的一幅，后者则表现了人文主义者仰慕古典文化的心理。

　　文艺复兴时期的佛罗伦萨造就了以上三位画家，同一时期的威尼斯却形成了另外一种画风，它的代表是提香，史称"威尼斯画派"。其思想倾向更为解放，更偏重于学习古希腊后期那种强调感官享受的因素。提香的代表作是《忏悔的玛格达林》、《马上的查理五世》。前者借圣经里的一个故事表现宗教的力量，但在风格上突出了人物丰满的肉体、肥腴的手臂、湿润而明亮的大眼、浓密的秀发。提香笔下的妇女形象经常是健硕的，仿佛优裕环境里滋养出来的温柔肉体，成熟到了顶点。

　　文艺复兴在欧洲北方的尼德兰地区也获得了回音，荷兰的彼特·勃鲁盖尔被称为"农民画家"，其代表作是《瞎子引路》，表现了农村的生活、风俗和劳动。荷兰是欧洲版图上一个新生小国，这个国家的画师无论在艺术思想方面，还是在题材和风格方面，都自成体系，形成荷兰画派。他们的审美趣味是清教式的，主张简约、朴素。如霍贝玛的《林荫道》是风景画的楷模，这是平凡中透露奇崛的作品。画的中心是两排枯瘦的白杨树，夹着坑坑洼洼的乡间小路，右边是朴素的农舍，远景则是小教堂。希达的餐桌上的《静物画》，构成极为简单：半杯红葡萄酒，前面两个碟子盛着切了一半的柠檬，底下是柔软的台布，不仅显示了画家精绝的写实技能，也表明了这一时期荷兰的审美趣味。哈尔斯的《弹琴者》神采飞扬，与吉卜赛姑娘美目流盼，体现了他们与生活的某种联系。即使涉足神话、圣经传说，也都世俗化了。荷兰画派的艺术形式是小型的，因为它不是为了装饰大教堂，也不是依据市民社会的购买而确定自己的作品，把绘画艺术从庙堂中解放出来了。如伦勃朗创作的《圣家族》，抛弃了文艺复兴大师们从上层妇女形象中去塑造圣母的传统，被马克思认为是按照荷兰农妇来画圣母。在《基督向穷人说教》这幅版画里，画中的听众既有富人也有穷人，他们的神情完全为基督的说教所吸引，而基督也是极为朴素的凡人模样。此外，德国的丢勒也擅长版画，他的作品精雕细镂，将中世纪印制圣经而延续下来的木刻图画，发展为具有巨大艺术性的版画。他的画坚实、严肃、缜密，熔铸了德意志民族的气质，其代表作是《启示录》（一组 14 幅作品）。丢勒的《四使徒》和《自画像》，在绘画史上也有较高的地位。

为了树立歌颂封建专制制度的艺术形象，17 世纪由法国带头开设艺术学校，培养对古典艺术爱好的绘画、雕塑、音乐人才。人们当时对艺术的理解比较一致，他们认为：艺术中的最高境界在古希腊和古罗马。这些认识，后来发展成为古典主义学院派的法则。1648 年，法国建立了皇家雕塑绘画学院；1666 年，法国又在罗马设立了法兰西美术学院。凡尔赛宫建成之后，学院派大量地吸取巴洛克风格的特点装饰它。学院派不久走向分裂：一部分叫做普桑主义者，力图保持普桑提倡的庄重风格，强调素描的作用，反对大量使用彩色；另一派称鲁本斯主义者，强调色彩具有反映现实的能力。路易十四死后，法国社会在享乐方面更为放纵，甚至连鲁本斯和巴咯克的风格都不能适应，而形成了"洛可可"风格。"洛可可"在法语中是"螺贝"的意思，用来形容那种善用蜷曲线条和繁复装饰的风格。一般认为，擅长描绘上流社会贵族们宴饮游乐、歌舞弹唱的法国画家安托尼·华托是"洛可可"的奠基人。他的《发舟苔鸟（爱情鸟）》带有浓郁的抒情性，描绘了风景如画的岸边，一双双贵族男女将登舟去岛上寻欢作乐。

文艺复兴是第一次向古典艺术学习的高潮，但到了 17 世纪第二次奉古典艺术为典范时，古典精神已萎缩了，尤其是洛可可艺术已失去古典精神的风骨。到 18 世纪下半期，出现了向古典艺术学习的第三次浪潮，这一次学习得到更多的平民精神。学者们发现：古代艺术之所以取得卓越成就，最重要的原因在于自由。大卫就是新古典主义绘画中的巨擘，他的《贺拉斯之誓》和《处决自己儿子的布鲁特斯》，在法国大革命之前起着为革命吹响号角的作用。《马拉之死》则令人体会到那个时代的残酷而又真实的气氛，"在罗马的古典严肃的传说中，资产阶级的斗士找到了理想与艺术形式"。安格尔是大卫绘画艺术的继承者，他担任学院派的首领直到60年代，可称19世纪最著名的古典主义者。他最好的作品《泉》是70岁时所作。一个半裸的少女扛着水罐，身体两侧的曲线变化生动，岩石、野花、陶罐和流水，给人视觉以不同质地的感受。

2. 近现代欧洲的绘画艺术

由于古典主义学院派绘画固执于线条和素描，使艺术背离了生活，当反对古典主义的艺术新潮——浪漫主义绘画崛起时，是以严格的写实为旗帜的。浪漫主义画派出现在19世纪，其领袖是法国画家德拉克洛瓦。他反抗资本主义大机器生产所加在人们身上的束缚，转而寄情于神话，羡慕原始的自然力或者东方的奇风异俗，以此来获取灵感、抒发激情。正是在这种激情的驱使下，他创作了《但丁的小舟》，以反抗险恶的政治生活对人的压抑；创作了《希阿岛的屠杀》，声援被屠杀的希腊人；创作了《阿尔及尔妇女》，寄托了对异国东方情调的向往；创作了《猎狮》和《相斗的马》，表达了对原始生命力的神往。他最著名的作品是《自由领导着人民前进》，画里只出现一个带寓意性的形象：举着三色旗的半裸"自由女神"，其余的人物或站着端枪，或躺着死去，总共不过十人，却营造起一种前仆后继、不屈不挠的氛围。德拉克洛瓦因其不羁的热情和豪迈的笔法，而被称为"浪漫主义的狮子"。

另外两名浪漫主义法国画家是米勒和库尔贝：米勒的作品主要表现法国乡村生活，尤其是表现农民的耕作和困顿，如《晚祷》、《扶锄者》、《挤奶女》、《砍柴人》、《牧羊女》和《拾穗》。米勒所创造的农民形象绝不卑微、不会让人产生怜悯的情绪，而使人看到一种心灵的宁静、劳动的庄严和性情的淳厚，感受到一个人身上最重要的因素——尊严。在艺术处理方面，米勒笔下的人物大多不画五官，仍具有巨大的感染力。库尔贝的《画室》是写实主义艺术主张的缩影，画的正是库尔贝自己和女裸体模特，还有农民、工人、牧师、猎人等。他用作品表明了自己的观点，如《打石工》、《奥尔南的午后》、《奥尔南的葬礼》、《筛谷的妇女》等，刻意表现生活在社会底层的劳动者，而且用与真人同样大的尺码来描绘他们。他的艺术风格使习惯于传统趣味的人难以接受，人物画像野蛮得像未开化的毛利人。

库尔贝的这种面向底层、面向社会生活的审美趣味，在俄罗斯获得了知音。1863年，彼得堡美术学院有14个学生拒绝官方规定的创作题目，申请自由选题，但校方将他们的要求拒绝了。这14个学生愤而离开了美术学院，经常去外省展览自己的作品。1870年，这个团体正式称为"巡回展览派"。自1871年开始第一届画展，至十月革命后的1923年，共进行了48次画展。他们当中杰出的代表是列宾和苏里科夫：列宾的作品深刻地反映社会问题，其代表作有《突然归来》、《伏尔加纤夫》、《伊凡杀子》等。《突然归来》描绘一个革命民主主义者从流放地回到家中所引起的震动，这位革命者形象引起官方极大的不满。苏里科夫擅长选取俄罗斯历史生活中的某个事件，来表现人民群众在历史进程中所承担的牺牲和忍受的痛苦。他较著名的作品有《近卫军临刑的早晨》、《女贵族莫洛佐娃》等。

法国浪漫主义画派和俄国巡回展览派以社会真实反抗学院派的古典主义，而印象画派则出自另一种追求。从1863年开始反抗，到1874年达到高峰，这20年间印象画派的代表是莫奈、马奈、雷诺阿和德加。莫奈于1874年展出了一幅《日出——印象》，使叛逆的画派有了此名。莫奈告诉读者，要从整体上去把握一个作品，而不能拘泥于细节。莫奈的《火车组画》、《国会大厦》、

《克洛兹河谷》、《干草堆》、《鸭池》等，堪称光与色的变奏曲。为了表明自己对光、色的独特认识，莫奈还使用了点彩法，把鲜明的色彩，用不同的笔触（线、点或块）并置在画面上，构成形象。19世纪末，在英国出现了透纳、康斯农布尔，在美国出现了以考勒为首的"哈德逊河画派"，以及德国的李卜曼、美国的沙尔金、意大利的"马契奥里画派"，都向印象画派学习对光和色的运用与分辨。

西方现代主义起源于后印象主义绘画，"后印象主义"一词是由英国美术批评家罗杰弗莱发明的。实际上，后印象主义并不是一个社团或派别，也没有共同的美学纲领和宣言，而且画家们的艺术风格也千差万别。后印象主义者不喜欢印象主义画家描绘大自然转瞬即逝的光色变幻效果，主张艺术形象要有别于客观物象，要饱含艺术家的主观感受。后印象主义绘画启迪了两大现代主义艺术潮流，即强调结构秩序的抽象艺术（如立体主义、风格主义等）与强调主观情感的表现主义（如野兽主义、德国表现主义等）。例如，塞尚的代表作《浴女们》、《圣维克多山》、《玩纸牌的人》和《缢死者之屋》，便是他绘画观念的外化。后印象画派有以下特征：艺术创作是自我表现因素的升华；题材和内容从宗教、神话、文学主题中解放出来，走向人的内在精神世界；在经过艺术处理的画面上，假三度空间和画的平面性结合；透视角度的随意性，物相变形处理；色彩更趋单纯化、抽象化；造型手段和材料突破了传统模式，绘画与雕塑等艺术门类的界限被打破。

抛弃西方传统的观念，转而学习东方绘画，形成了一种新画风。荷兰画家文森特·威廉·梵高（1853—1890）早期的画风，受到荷兰传统绘画及法国写实主义画派的影响。1886年，他来到巴黎，结识印象派和新印象派画家，并接触到日本的浮世绘，视野的扩展使其画风巨变。在阿尔，梵高组织了一个画家社团。1888年，法国画家高更应邀前往。由于二人性格的冲突和观念的分歧，合作很快破裂。此后，梵高的"癫痫病"时常发作，神志清醒时仍坚持作画。这位易于激动而富于神经质的艺术家，在短暂的37岁生命中留下大量震撼人心的杰作。他富于创造性的画都产生在生命的最后五六年，在他的笔下，太阳成为芸芸众生的来源，著名作品《日出》让万事万物都浸透在灿烂的阳光下，显得生机勃勃。《向日葵》的每一片叶子都撒满了阳光，仿佛奏响着欢快的生命交响曲。如果说《盛开的桃花》对人与人之间的真情抱拳拳之心，那么《自画像》则透露出一个善良画家的全部痛苦与忧伤。保罗·高更（1848—1903）的色彩较为浓郁而凄艳，表现出独特的个性，著名作品有《塔希提少女》、《游魂》。他尤喜用深绿和橘红对比，再加上棕绿、淡黄与黑。这种色彩的偏爱，来源于高更对土著居民生活的感受，也来源于他内心对粗犷之美的追求。

20世纪的现代绘画流派纷呈，各自从不同的角度对传统观念予以突破，从不同的角度表达自己对绘画艺术的不同理解，产生了一些主要流派：

野兽派是自1898至1908年在法国盛行一时的一个现代绘画潮流，主要代表有马蒂斯、德朗、弗拉芒克、卢阿、马尔开等。他们虽然没有明确的理论和纲领，却是一定数量的画家聚合起来积极活动的结果，可以被视为一个画派。野兽派画家反传统，热衷于运用鲜艳、浓重的色彩，往往用直接从颜料管中挤出颜料，以直率、粗放的笔法，强烈地扭曲需要夸张的形象，用粗犷豪放甚至发狂的笔触去构造美的世界，去创造强烈的画面效果，完成富有装饰风格的表现形式。

表现主义产生于20世纪初的德国，主要成员有凯尔希奈、海格尔、施密特、鲁特勒夫、佩希施坦因、诺尔德、康定斯基、迈德纳尔等，他们集中在德累斯顿的"桥社"和慕尼黑的"青骑士"。表现主义者在丑恶与黑暗面前，不能不正视自己心灵的震颤，用感情去夸张自然界形象，以表现人们在敌对的、不人道的世界面前所感受到的不安和恐怖。他们将自己的不安和困惑强化到一个使自己陶醉和解脱的高度，扭曲、夸张、怪诞和抽象化，这是表现主义者所醉心的东西。

新造型主义产生在 20 世纪前半期的荷兰，即 1917 年出现的几何抽象主义画派，以《风格》杂志为中心。创始人为杜斯堡，主要领袖为蒙德里安，代表人物有列克、里特维尔德等。蒙德里安喜欢用新造型主义这个名称，所以风格派又称作新造型主义。他们从理性出发，将自己对世界的感受予以综合、提炼，找到某种抽象符号加以构成。与表现主义不同，他们强调冷静克制，将全部理性和感情装入绝对的规矩之中。对他们来说，全部的造型语言就是矩形，以及红、黄、蓝、白、黑这几种纯色。

立体主义产生在 20 世纪初的法国，主要画家有毕加索、布拉克、莱歇、梅景琪、格莱兹、德劳内、阿契本柯等。1908 年，在巴黎秋季沙龙的画展上，当野兽派画家马蒂斯看到毕加索那些风格新奇独特的作品时，不由得惊叹："这不过是一些立方体呀！"同年，评论家沃塞尔在《吉尔布拉斯》杂志上借马蒂斯的这一说法，对布拉克在卡思维勒画廊的展品评论："布拉克将一切都缩减在立方体之中。"由此，"立体主义"的名字便约定俗成。

勃罗·毕加索（1881—1973）出生在西班牙的马拉加，他的画在世界艺术史上占据了不朽地位。他在求学期间努力地研习学院派的技巧和传统的主题，产生了像《第一次圣餐式》这样以宗教题材为描绘对象的作品。他早期的作品充满了忧郁，后期画注目于原始艺术，简化形象。尤其在 1915—1920 年，画风一度转入写实，1930 年又明显的倾向于超现实主义。第二次世界大战时期，毕加索作油画《格尔尼卡》抗议德、意法西斯对西班牙北部小镇格尔尼卡进行狂轰滥炸。这幅画是一幅以立体主义、现实主义和超现实主义手法相结合的抽象画，剧烈变形、扭曲和夸张的笔触以及几何彩块堆积、造型抽象，表现了痛苦、受难和兽性。他是一位多产的画家,据统计有作品 37000 件,包括:油画 1885 幅,素描 7089 幅,版画 20000 幅,平版画 6121 幅。其中,他的《亚威农少女》被称作立体主义的里程碑。在立体主义画家中,乔治·布拉克(1882—1963)的影响并不比毕加索小。"立体主义"这一名称由他的作品而来,立体主义运动中有多项创新皆出自他手,例如,将字母及数字引入绘画、采用拼贴的技法作画。布拉克的作品多数为静物画和风景画,画风简洁单纯,严谨而统一,其代表作是《埃斯塔克的房子》、《单簧管》和《曼陀铃》。

未来主义是发端于 20 世纪的艺术思潮,意大利作家兼文艺评论家马里内蒂于 1909 年 2 月在《费加罗报》上发表了《未来主义的创立和宣言》一文,标志着未来主义的诞生。其思潮主要产生和发展于意大利,主要画家有波丘尼、卡拉、鲁索罗、塞韦里尼、巴拉等。对其他国家也产生了影响,在俄罗斯尤为明显。他们的主导思想是:在现代生活的高节奏下,一切事物都在运动中迅疾变化、奔向未来——这就是未来派画家心目中的世界之本质面貌。所以,在未来派的作品中,一切主题、一切事物都以运动的形式表现出来。

3. 中国和日本的绘画艺术

最初的中国绘画是画在陶器和岩壁上的,渐而画在墙壁、绢和纸上。在无数知名和不知名的画家的努力之下,形成了鲜明的民族风格和民族气派,并有着自己独立的绘画美学体系。不过,从出土的原始时代的舞蹈纹盆与人面鱼纹盆来看,构图虽简单,但线条流畅,形象生动,初步具备了绘画的表现手法。到奴隶社会,用青铜器制作的各种工艺品,其图案趋向细密富丽,如饕餮纹等,已发展成一种很奇特的装饰画了。与西方绘画不同的是,中国画讲究散点透视,骨法用笔,求神似而不重形似。中国绘画有三大科:人物画、山水画和花鸟画。在构图上,常留出空间,融诗、书、画、印为一体，产生了特殊的视觉观赏效果。

　　帛是丝织物的总称，凡画在丝织物上的绘画，概称"帛画"，发现最早的《人物夔凤图》和《人物御龙图》，分别是 1949 年和 1973 年在长沙出土的战国楚墓帛画。另外，1972 年和 1973 年在长沙马王堆一号和三号汉墓出土的五幅西汉帛画，色彩丰富，画面情节更加复杂生动。壁画是指画在墙面上的绘画，按其用途和绘制地点，可分为殿堂壁画、寺观壁画、石窟壁画和墓室壁画。秦、汉时宫殿中的壁画，除了历史和神话题材以外，还有当代的人物肖像，如麒麟阁和云台的功臣图。汉代能保存至今的主要是墓室壁画，发现的地区有：河南洛阳和密县、河北望都和安平、山东梁山、山西平陆、辽宁辽阳和金县、甘肃酒泉、内蒙古和林格尔及托克托等地。石窟寺的开凿是随着佛教传入而在中国兴盛起来的，窟中除了石雕或泥塑造像以外，还有大量的壁画。甘肃敦煌莫高窟始凿于 366 年（符秦建元二年）或更早，之后一直到元代继续建造，现存洞窟 570 余个，壁画约 6 万平方米。

　　春秋战国时期，从出土的帛画、壁画、漆画，以及数量众多的青铜器物上的平雕装饰画来看，绘画艺术有了长足进展，而且形式呈多样化。在汉代，绘画题材比较广泛，表现手法也很丰富。无论是帛画、漆画还是壁画，气魄都深沉宏大，使人感到了国富民强的底蕴。汉代以前，画家的名字很少被史籍记载下来，这是因为画家是地位低下的工匠。随着绘画在人们社会生活中越来越重要，逐渐就有身份地位较高的人，甚至帝王参与到绘画者的行列中来。著名画家有曹不兴、卫协、顾恺之、陆探微、张僧繇、杨子华、曹仲达等，其中顾恺之是我国绘画史上第一个有画迹可考的画家。传世的顾恺之作品有《女史箴图》、《洛神赋图》、《列女仁智图》，他同时还是绘画理论家，著作有《论画》、《魏晋胜流画赞》、《画云台山记》，并提出了"以形写神"的观点。到了六朝，涌现出大批专业画家，从内容到形式进行了多方面的探索。这时期，顾恺之与另两名画家张僧繇、陆探微并称为"六朝三杰"。

隋唐时，仅文人士大夫画家就有 200 多人，他们主要创作人物画的作品，如阎本立的《历代帝王图》和《步辇图》、周昉的《簪花仕女图》和《纨扇仕女图》。王维开始尝试用水墨画山水，清淡自然，是水墨山水画派的奠基者。盛唐画圣吴道子"未弱冠已穷丹青之妙"，曾在长安、洛阳一带寺庙中绘制壁画 300 余幅。他创作壁画时，"长安市肆老幼士庶竞至，观者如堵"，所画《地狱变相图》，"使观者腋汗毛耸，不寒而栗，因之迁害远罪者众"。苏轼认为："诗至杜子美（甫），文至韩退之（愈），书至颜鲁公（真卿），画至吴道子，而古今之变，天下之能事毕矣。"

在五代两宋时期，绘画得到了进一步发展，画院兴盛，文人画兴起。文人画是相对于当时工匠（职业画家）画而言的，参与者多为文人士大夫，他们逐渐形成一种新画风，其中山水画、花鸟画的成就突出。画家们开始放弃唐人那种金碧辉煌、满壁风动的艺术效果，崇尚"刻画"的画风，追求清新的美感。如李公麟的《牧放图》，气象雄伟；苏轼善画枯木竹石，有作品《枯木怪石图》存世；米芾精于鉴藏古书画和善于书法，在绘画上根据江南烟云风雨变化的特点，用水墨大笔触的方法来表现。到宋徽宗、宋高宗时，画院更加兴盛，并有一整套制度。画院同科举考试一样，进行开科取士，摘古人诗句分为佛道、人物、山水、鸟兽、花竹、屋木 6 科。考取后按出身分为"士流"与"杂流"，授以不同等级职称，有画学生、供奉、祗侯、待诏、艺学、画学正等名目；再通过考核，予以提升。宋徽宗赵佶是出色的画家，善画花鸟和山水，有作品《四禽图》、《雪江归棹图》、《柳鸦图》、《祥龙石图》、《腊梅山禽图》、《芙蓉锦鸡图》、《听琴图》等，画法工细，设色浓丽，技巧精熟。他还擅长书法，创有"瘦金体"。张择端和王希孟是徽宗时期宫廷画院里的画家，分别以创作了《清明上河图》和

《千里江山图》而成为画史上不朽的画家。《清明上河图》全画分为三段：首段为市郊农村风光；中段以"虹桥"为中心，画出汴河及两岸车船运输、手工业和商业的繁忙景象；后段是城门内外纵横交错的街道，商店鳞次栉比，车马往来熙攘。作者以写实的手法、高超的技巧，再现了北宋都市社会生活的各个方面。

文人画在元代被推上了高峰，画家们多以枯笔翰墨作画，形成了黄公望的苍凉、吴镇的旷逸、倪云林的天真幽淡、王冕的孤傲倔强等风格。赵孟頫诗文书画全能，他的绘画实践，是在打着复古旗帜下的革新。到明代，画家中虽有浙派、吴派之分，但大多追随南宋画的工整纤巧。倒是徐渭、陈道复等在花卉上有所开拓，陈洪绶与崔子思对版画描图的发展也作出了一定贡献。董其昌虽然官运亨通，但大部分时间在家中度过，有较多的空闲从事书画创作，以及观摩、收集、鉴赏古书画，成为著名的画家、藏书家和鉴赏家。有清一代，名画家辈出。其中，石涛于粗豪中见功力；八大山人笔墨简括，形象夸张；郑板桥的墨竹劲节凌霄；黄慎的人物笔墨如飞，富于流动……他们的画风，为多我国近代画家所师承。

中国古代书画同源，书法也被称为"无声之音，无形之像"的"心画"。汉文作为书写艺术，可溯源到文字创始。最初飞文字书写出于实用，当书写达到优美境地，能以净化了的线条美来展现种种曲直运动和空间构造，表达种种形体姿态、情感意识和气势力量，能使观赏者一见而兴起审美感情，便形成了中国特有的线条艺术——书法。由于书法有极高的艺术表现力和极大的艺术概括性，因而被称为中国文化中"最高的艺术"。

古往今来，汉字是先民在劳动中创造的，最初以图画记事的形式出现，经过几千年的发展，演变成了当今的汉字。之后，先人在沙地上书写他们认为漂亮的汉字，这便是最早的书法。又因祖先发明了用毛笔书写，用墨块、墨汁做颜料，便产生了书法。

书写的工具如笔、墨、纸、砚，被称为文房四宝。书法的用笔，包括执笔、运笔、点画、结构、布局(分布、行次、章法)等。例如，执笔指实掌虚，五指齐力；运笔中锋铺毫；点画意到笔随，润峭相同；结构以字立形，相安呼应；分布错综复杂，疏密得宜，虚实相生，全章贯气；款识字古款今，字大款小，宁高勿低等。书写形式分为"软笔书法"、"硬笔书法"，也有用手指书写的，其中指书的书写规律与毛笔的书写规律基本相通。中国书法有五种主要书体，即楷书体(包含魏碑、正楷)，草书体(包含章草、小草、狂草)，隶书体(包含古隶、今隶)，篆书体(包含大篆、小篆)，行书体(包含行楷、行草)。另外，有蒙古文书法、阿拉伯文书法，而日本书道与汉字书法大同小异。从书体和章法上看，在传统书法基础上，融诗书画为一体，力求形式和内容统一，使作品成为"意美、音美、形美"的三美佳作。在日本，不少书家摒弃文字的语言性，树立文字的"形象性"，以用笔的轻重和徐疾、笔锋的开合及落笔位置的变化，写出各种形象的文字。

中国历代的书法家，以王羲之、欧阳询、颜真卿、柳公权、苏轼、黄庭坚、褚遂良、虞世南、李邕、张旭、怀素最出色。王羲之是东晋的书法家，被后人尊为"书圣"。代表作有：楷书《乐毅论》和《黄庭经》、草书《十七帖》、行书《姨母帖》和《快雪时晴帖》、行楷《兰亭序》等。欧阳询是潭州临湘(今湖南长沙)人，被称为唐人楷书第一，存世的楷书有《九成宫醴泉铭》、《皇甫诞碑》、《化度寺碑》，楷书有《兰亭记》，行书有《行书千字文》，后人以其书于平正中见险绝，最易初学，称为"欧体"。颜真卿和柳公权并称"颜筋柳骨"：颜体楷书的代表作《颜氏家庙碑》，书法筋力丰厚；柳体楷书的代表作是《金刚经刻石》、《李晟碑》和《玄秘塔碑》。宋代苏轼的诗、词、赋、散文均成就极高，且善书法和绘画，是中国文学艺术史上罕见的全才，其散文与欧阳修并称欧苏，诗与黄庭坚并称苏黄，词与辛弃疾并称苏辛，书法名列"苏、黄(庭坚)、米(芾)、蔡(襄)"北宋四大书法家之首,画则开创了湖州画派。四人都善行书,不同的是:苏胜在趣,黄胜在韵,米胜在姿,蔡胜在度。元朝书坛的核心人物是赵孟頫,所创立的楷书"赵体"与唐楷之欧体、颜体、柳体并称四体,成为后代规摹的主要书体。明人的书法秀媚有余而古朴不足,直到明中叶的祝允明、文征明才使书法呈现中兴气象。晚明著名的书法家有傅山和董其昌,各具特色,独领风骚。清代则以题画书法最负盛名,号称"扬州八怪"的一批书法家"以古为新",复活篆隶,且参入画法。其中,尤以郑燮(又名郑板桥)以篆隶之笔渗入楷书、行草,另创新体。近代以来,有三位书法家最为驰名,即毛泽东、郭沫若和舒同。毛泽东的书法受怀素狂草和北碑书体的影响,大度开张而富于浪漫气质与领袖风。郭沫若以行草为胜,是典型的文人才子书法。舒同的书法出自颜真卿和何绍基,雄健豪放,于1981年任中国书法家协会首任主席。

　　篆刻是用篆书刻印的艺术,有大篆和小篆之分。大篆字体古朴,小篆是在大篆的基础上由李斯整理,成为秦朝的标准文字,李斯因此被奉为小篆(又称秦篆)之祖。广义的书法把篆刻包括在内,不同的是,它不用毛笔书写,而用刀刻线条。依据现存的古代印章实物和文献资料分析,篆刻艺术产生于春秋战国。秦汉以前的篆刻印章重在实用上,未成为一种供人欣赏的艺术品。隋唐一般是治官印,官印气势虽不够雄壮,但线条柔和均匀。五代的徐铉、徐锴兄弟主要治私印,开了宋、元朱文篆印的先河。篆刻所用的材料,除了铜、玉之外,又增加了象牙、犀角之类。到明清时代,能书善画的文人开创了具有高度艺术价值的流派印章。明朝的篆刻家主要有:流派印章史上开门祖师文彭(文征明的长子),刀法简洁、章法平正;敢于创新的何震(明嘉靖时人),能书善画;具有汉印风格的程邃和李东阳,法古开新。清朝的篆刻家主要有:清初的林皋,乾隆时期的"浙派"篆刻风格创立者丁敬和"皖派"篆刻家邓石如，以及晚清的印坛名手吴熙载、钱松、赵之谦、吴昌硕、黄士陵等。

雕塑又称雕刻，是雕、刻、塑三种造型艺术的总称。古代雕塑题材主要是陵墓雕塑、宗教雕塑和劳动生活及民俗雕塑。艺术门类有圆雕、浮雕、纪念性雕塑、案头雕塑、建筑及器物装饰雕塑；雕塑材料除了青铜、石、砖、泥、陶之外，还有玉雕、牙雕、木雕、竹雕等。雕塑是从实用艺术中分化出来的，原始社会的绘画与雕刻都是对物质产品本身加以美化，而岩洞中的动物画，则是从物质世界到艺术世界的过渡。陕西何家湾和辽宁凌源、建平等地发现的5000—6000年前新石器时代的石刻、骨雕、人像和女神彩塑头像，反映了人类对自然力及动物的崇拜和认识人本身、认识世界的过程。商周时期的雕塑作品以青铜器铸造为主，青铜器上的纹案，主要有动物纹、几何纹。商代青铜礼器造型奇特，充满威严而神秘，崇高而怪异的美感。秦始皇陵兵马俑再现了2000多年前帝国大军的威势，其人物、战马都与真实的一样大小，毫无夸张之处，以体量的巨大、数量的众多、形象的真实，产生着震撼人心的艺术魅力。西汉名将霍去病墓前的大型动物石刻，手法简练概括，于浑厚中显示着雄强的力之美，尤以《马踏匈奴》使人体验到古代雕塑艺术的写意传神。《昭陵六骏》是唐太宗陵墓前的浮雕，与兵马俑一脉相承，体现了中国古代雕塑的现实手法。

随着佛教盛行，佛像雕塑成为魏晋南北朝时期雕塑艺术的主流，著名的云冈、敦煌、龙门、麦积山四大石窟，均开凿于这个时代。一般而言，北魏时期的造像在形式风格上受印度或西域式样的影响，庄严浑朴，于静穆中显示着佛的伟力。世俗题材的增多和写实风格的发展，是宋、辽、金时期雕塑艺术的主要特点。山西晋祠、山东长清灵岩寺、江苏直保圣寺的彩绘塑像，都生动传神地表现了世人情态。辽代大同下华严寺的菩萨造像，体态优美，神情含蓄，衣饰华美，大有唐塑遗风。

　　古代日本的绘画艺术，从中国画中吸取了营养，加上日本画师不断地推陈出新，主要形成了两种绘画技法：一种是代表日本古代绘画技法的"大和绘"，另一种是代表日本近代绘画技法的"浮世绘"。

　　大和绘又称"倭绘"，是具有日本古代民族特色的绘画样式。大和绘相对于古代传至日本的中国绘画，即日本人所称"唐绘"而言。它始于平安时代（794—1185），一直延续至19世纪，为现代日本画的前身。它以日本的风俗、景物为题材，画风清丽，对后世日本绘画产生了重要影响。现存的大和绘作品，主要有《源氏物语绘卷》、《洛中洛外屏风绘》、《信贵山缘起绘卷》和《扇画写经》。其中，《源氏物语绘卷》是大和绘的代表作，反映了日本绘画接受唐代绘画风格的深刻影响，以及从"唐绘"到"大和绘"的传承脉络。

　　浮世绘产生于德川时代（也称江户时代，1603—1867年），是一种民间绘画形式。"浮世"即现世，也就是现实生活。所以，这种绘画的题材大都是民间风俗、优俳、武士、游女、风景等，带有浓郁的日本民族风格。它有多种表现方式，如墨折绘、丹绘、红折绘、锦绘等。其特征是：色彩明艳、线条简练。浮世绘对19世纪末的欧洲绘画产生过巨大影响，一些西方大师如塞尚、凡高、高更、雷诺阿、马蒂斯等，都接受过浮世绘的影响。浮世绘在日本风行了200多年，产生过三四十个流派，其中铃木春信、西山佑信、喜多川歌磨、葛饰北斋、安滕广重等，堪称日本绘画界的一代宗师。

　　明治维新以后，由于引进了西方版画，开辟了纯日本式版画的新天地。在日本流行起来近代西洋画（油画、铅笔画等），逐渐占居主流，与浮世绘形成了两者并存的局面。

三、音乐与舞蹈艺术

1. 欧洲的音乐艺术

音乐是一种声音的艺术，古代社会缺乏对音乐记载的符号，我们推测在古埃及、古希腊、古巴比伦出现过很高的音乐艺术，毕竟这些音乐未被固定下来。例如，我们可从古希腊的竖琴上推测其音乐水平，因为女诗人萨福在诗中多次吟到竖琴之音如何激起她的爱意。从戏剧艺术上也可想象出音乐的成就，如古希腊喜剧、悲剧和萨提洛斯剧，都有音乐相伴。现在发掘出的古希腊舞蹈浮雕——"围着柱的三个舞女"，表明音乐的存在。柏拉图在《文艺对话集》里一再强调：这一时期的音乐是"靡靡之音"、"丧人心志"，证明了其音乐是娱乐听众的，带有强烈的观赏性。

古代社会的音乐，可归纳为祭神音乐、劳动音乐和艺术性音乐三类。宗教是社会生活的重要内容，祭神音乐在古代的埃及、希腊、巴比伦、玛雅、印度都有。古希腊人祭祀葡萄酒神、古埃及人祭祀太阳神，都有音乐相伴。古代社会的劳动大都是集体性的，音乐号子、集体唱歌可以激起劳动热情。艺术性的音乐是职业艺术家的创造，在小亚细亚和希腊，出现了一些行吟诗人。他们超越了宗教和世俗劳动的内容，在吟唱人间美好情感、咏叹历史大事时，伴奏的乐器便是竖琴和长笛。

随着阶级的出现，宫廷音乐应运而生。宫廷音乐带有强烈的贵族气息，歌舞升平，歌功颂德。例如，中古时代的拜占庭音乐、路易十四时代的法兰西音乐，都带有浓郁的宫廷气息。与此同时，欧洲音乐逐渐形成了作曲、器乐和歌剧等若干乐派，如14—16世纪盛行的尼德兰乐派，便是文艺复兴时代重要的作曲学派，弥撒曲、经文歌等宗教乐曲是他们创作的主要形式。稍后的威尼

斯乐派，则属于器乐乐派和歌剧乐派。器乐乐派于 1530—1620
年形成，活动中心在马库斯教堂，在表演时用管风琴伴奏。歌剧
乐派出现于 17 世纪，著名的有那不勒斯歌剧乐派。1637 年建的
威尼斯歌剧院成为欧洲歌剧的中心，随即传遍了德国、奥地利、
英国、法国的宫廷。歌剧大多为正歌剧，取材于神话传说和历史
故事；创作题材多趋向平庸和程式化，并且有重音乐、轻戏剧的
倾向。它不采用合唱，也不采用芭蕾场面，表演与小型乐队伴奏
均居于从属地位。它高度发扬独唱技术，侧重于抒情，形成了美
声唱法，其奠基人是普罗文察莱。在演出过程中，歌剧以豪华的
场面、离奇的特技和歌手卖弄技巧的独唱吸引观众；歌手为了自
我表现，可对所唱的咏叹调作种种即兴加花和发挥。

　　18 世纪中叶，欧洲音乐的重心由意大利转向德国、奥地利，
并使欧洲音乐达到有史以来的最高成就。曼海姆乐派是器乐发展
中的一个重要阶段，它由在德国曼海姆宫廷乐队中供职的一批乐
师组成，该派的最大贡献在于交响乐写作手法和管弦乐队演奏风
格上的创新。受曼海姆乐派影响而声誉鹊起的是维也纳古典乐
派，形成于 18 世纪后期至 19 世纪初。在创作上，它力求挣脱封
建贵族的思想束缚，着力反映新兴市民阶层的精神追求，艺术形
式严谨。它善于运用清晰的音乐语言和富于戏剧性的对比和冲
突，增强音乐的表现力。促使这一时期音乐艺术繁荣的外部原
因，是启蒙运动和资产阶级民主意识的崛起，使音乐逐渐走出了
宫廷和教堂的狭小范围，活跃在社会的每一个角落。世俗性、群
众性的音乐剧和歌舞，在英国、德国、法国、奥地利得到很大发
展，舞曲、小夜曲、浪漫曲等音乐形式相当活跃，尤其是作为与
宫廷音乐相对立的喜歌剧得到了极大发展。法国上演了卢梭的
《乡村卜师》，此剧取材于农村生活，插有抒情歌曲和白话形式，
这一音乐形式为正统音乐界认可。

　　这一时期杰出的音乐大师海顿、莫扎特和贝多芬的创作，渗

透了时代的强音。海顿出身于奥地利的贫苦车匠家庭，8 岁起进入教堂唱诗班做歌童，从 1761 年起任匈牙利埃斯台哈奇公爵宫廷乐师约 30 年。他受新兴市民阶层的影响，创作了《伦敦交响曲》12 部，以及清唱剧《创世纪》和《四季》。海顿最早确立近代弦乐四重奏和交响曲的形式，废除通奏低音。其作品有交响曲《告别》、《惊愕》、《时钟》等 100 余部，以及大量弦乐四重奏和钢琴奏鸣曲。莫扎特（1756—1791）是奥地利的音乐神童，自幼从父习曲奏琴，并在西欧各国巡回演出。他曾任萨尔斯堡大主教的宫廷乐师，早期作品带有宫廷艺术印记。他不满大主教的限制而辞职，因生活贫困，晚年参加了共济会。代表作有：反贵族倾向的意大利式歌剧《费加罗的婚姻》和《唐璜》、憧憬超阶级理想社会的德国式歌剧《魔笛》。在音乐史上，他奠定了近代协奏曲形式，丰富了交响曲的表现力，尤以降 E 大调、G 小调、C 大调三部交响曲著名。贝多芬（1770—1827）出生于德国，自幼从父学习音乐，1792 年起定居在维也纳，以教学、演出及创作为生。他为法国大革命所吸引，很多作品反映了反封建、争民主的热情；他晚年失聪，作品中流露出消极隐退的情绪。在欧洲音乐史上，贝多芬开浪漫主义先河。他是维也纳古典乐派的代表性人物，在创作手法上运用和声使奏鸣曲发展成戏剧性结构。主要作品有：交响曲九部（其中以第三《英雄》、第五《命运》、第六《田园》、第九《合唱》最著名），歌剧《菲岱里奥》，悲剧《哀格蒙特》中的配乐和钢琴奏鸣曲 32 首（其中以《悲怆》、《热情》最著名）、钢琴协奏曲 5 部、小提琴协奏曲 1 部、弦乐四重奏 16 部。

　　法国大革命对古典的乐曲产生了极大的冲击，使得其中一些优秀的音乐大师日趋浪漫，追求音乐艺术内容的平民化和民主化，形式上更为自由，造就了欧洲音乐界的新浪潮。

　　浪漫主义音乐有三个代表人物：门德尔松、舒曼和肖邦。门德尔松是犹太哲学家摩西斯门德尔的孙子，天赋极高，1829 年的伦敦音乐会使他驰名世界。他先后担任杜塞尔多夫和莱比锡音乐会的指挥，并且是莱比锡音乐学院的创始人。他的作品旋律流畅，如《七小调小提琴奏曲》、钢琴曲集《无词歌》，特别是五部交响曲之三《苏格兰》、之四《意大利》和七部乐队序曲中的《芬格尔洞》序曲最著名。他为莎士比亚喜剧《仲夏夜之梦》所写的序曲和插曲，充满了古典浪漫主义的味道。舒曼是德国著名作曲家、评论家，于1834年创办《音乐新报》，对保守的学院派和庸俗的市侩艺术给予抨击。主要作品有歌颂拿破仑的《两个近卫兵》、《拿起武器》、《黑、红、金》、《自由之歌》，交响曲四部中的《春》和《莱茵河》，以及《曼弗雷德》的序曲和插曲、《a小调钢琴协奏曲》等。肖邦（1810—1849）是波兰籍作曲家、钢琴家，出生于教师家庭，毕业于华沙音乐学院。由于祖国被沙俄奴役，他流亡到巴黎，不少作品反映了对民族独立的期望和忧国伤时的悲愤心情。肖邦在音乐语言的运用上富有独创性，广泛地采用玛祖卡、波洛涅兹等民间舞曲体裁并赋予新意；在器乐中用叙事曲体裁，将前奏曲、诙谐曲发展成独立的钢琴曲，使练习曲的技术性与艺术性紧密结合，对其后的西洋音乐（特别是钢琴创作）有深远影响。他的作品繁多，有钢琴协奏曲两部、钢琴奏鸣曲三部，以及圆舞曲、练习曲、前奏曲、夜曲、即兴曲、诙谐曲、叙事曲等大量钢琴独奏曲和歌曲。肖邦的浪漫主义风格丰富多彩。

　　从19世纪下半叶直至20世纪，肖邦的模仿者、追随者大量存在，斯拉夫民族的因素成为欧洲音乐的主流，其杰出代表是强力集团。强力集团或称"巴拉基列夫小组"或者"新俄罗斯乐派"，是1857年兴起于彼得堡的俄国音乐创作团体，主要成员有拉基列夫、穆索尔斯基、里姆斯基—科萨柯夫、鲍罗廷、居伊。强力集团在思想上受车尔尼雪夫斯基的革命民主主义思想影响，创作中坚持现实主义，反对对西欧音乐的盲目崇拜。强力集团的创作多取材于俄国历史、人民生活、民间传说和文学名著，并大胆地吸收和运用了民歌。

浪漫主义音乐泛及全欧，终于疲惫地融入到另一种思潮之中，诞生了三位对未来音乐走向有重要影响的音乐家：帕辽兹、李斯特和瓦格纳。柏辽兹使浪漫主义音乐发生蜕变，于1830年创作了《幻想交响曲》（副标题《一个艺术家生涯中的插曲》）。他还创作了《希腊革命康塔塔》，以及为1830年七月革命烈士碑揭幕而作的《葬礼与凯旋交响曲》。李斯特是匈牙利作曲家、钢琴家和指挥家，七月革命以后常与浪漫主义诗人、艺术家交往，深受圣西门空想社会主义的影响。他的创作贴近现实，如1834年创作的钢琴曲《里昂》，以里昂纺织工人的口号"不是工作以生，就是战斗而死"为主题，对起义抱着深切同情。1848年革命失败后，他笃信天主教，创办了布达佩斯音乐学院，主要作品有：交响诗《塔索》、《匈牙利》、《前奏曲》等13首，交响曲《但丁神曲》和《浮士德》，钢琴曲《匈牙利狂想曲》19首。瓦格纳受费尔巴哈、巴格宁的影响，参加过革命，后又信奉叔本华、尼采的哲学，在音乐创作之中贯穿了这一信仰。1872年，瓦格纳在路德维希二世的支持下改革歌剧，在巴伐利亚的拜雷特自建剧院，演出歌剧《尼伯龙根指环》和《帕里发尔》。他的歌剧题材来自戏剧和史诗，刻意宣传宗教神秘和超人思想。1865年上演的《特里斯坦与依索尔德》，歌颂了死亡与黑暗。他竭力主张歌剧应以神话为题材，将音乐、歌词和舞蹈综合成一个整体，交响乐是戏剧表现的主要手段，扩大了和声的表现领域。

19世纪下半期是欧洲音乐史上极富活力的时期，其活力在于传统的西欧音乐与斯拉夫民族音乐、与西欧自身的民间音乐、与哲学和宗教因素融为一体，形成了一种全新的格局。其中，对传统音乐潮流的反叛、对民族主义特质的强调最明显。其间，勃拉姆斯、比才、威尔第、柴柯夫斯基、施特劳斯等各领风骚。

进入20世纪以后，欧洲音乐在文化价值观念悲观主义阴郁气氛的影响下，产生了现代音乐十大派别，即：印象主义的开创者是法国作曲家德彪西，其作品以诗和自然景物为题材，刻意表现感觉世界中的主观印象，代表作有《大海》。原始主义的创始人是俄国人斯特拉文斯基，崇尚抽象的"绝对音乐"，采用各种古老的形式与风格，代表作有《俄狄浦斯王》。表现主义的开创者是奥地利人勋伯格，认为大、小调体系都已过时，用调性限制写不出好作品来，并首创"十二音体系"的无调性音乐，代表作有《变形之夜》。神秘主义的创始人是俄国作曲家斯克里亚宾，自制神秘音阶与和声体系，大量地使用变音表现哲学命题，代表作有《极乐之诗》。微分主义的开创者是捷克作曲家哈巴，潜心研究微分音作曲法，提倡用 1/4 音或 1/6 音，在一个八度内划出三四十个音，认为这样能突破陈规，代表作有《愿您的天国降临》。真实主义的创始人是意大利人普契尼，作品取材于日常生活，描写小市民悲欢离合的爱情故事，代表作有《来自西部的女郎》。自然主义的开创者是德国人施特劳斯，作品色彩富丽，规模宏大，有时将一些琐碎现象作为主题歌颂，代表作有《家庭交响曲》。序列主义的创始人是奥地利人韦勃恩，醉心于数字冥想和形式主义音响的排列，乐曲篇幅奇短，代表作有《乐队曲五首》。击乐器主义的开创者是法国人瓦列兹，喜欢以"密度"作为音乐构思的起点，不从和声、旋律、曲式出发，率先使用钢琴与打击乐，电子琴与打击乐的结合，代表作有《赤道》。新即物主义的创始人是德国作曲家兴德米特，反对古典和浪漫主义的传统法规，强调音乐的实用性，提倡"线形对位"，代表作有《画家马蒂斯》。

2. 中国的音乐艺术

中国音乐历史悠久，由云南元谋发现的古猿人化石可知，大约在 100 万年以前，当先民开始制造原始工具和进行集体劳动时，音乐便在他们的劳动节奏和呼喊中萌发了。

古代文献中关于远古音乐的传说，大致可分为两类：一类是以某某氏为名的古乐，如朱襄氏之乐、阴康氏之乐、葛天氏之乐、伊耆氏之乐等；另一类是被尊为古代帝王的黄帝、颛顼、帝喾、帝尧、帝舜和夏禹时代的古乐。前者主要是处于氏族部落阶段的产物，后者属于部落联盟和向阶级社会过渡阶段的产物。音乐舞蹈是从劳动中产生的，据《尚书·尧典》记载："予击石拊石，百兽率舞。"就是先民们敲击石头，模仿兽类的形态跳舞，表达狩猎成功的喜悦，石头成了人类最早的打击乐器。葛天氏之乐是"三人操牛尾，投足以歌八阕"(《吕氏春秋》)，即舞者拿着牛尾巴，边舞边唱。所唱的 8 首歌，有《遂草木》、《奋五谷》、《总禽兽之极》等，表现了人们盼望农牧业获得好收成的心愿。阴康氏之乐是在洪水为患，水道雍塞，"民气郁阏而滞著，筋骨瑟缩不达"(《吕氏春秋》)的情况下，用来作为"宣导"的一种乐舞。朱襄氏之乐则是在干旱为灾时，"作为五弦瑟，以来阴气"(《吕氏春秋》)，即用来招致"阴气"的一种音乐。伊耆氏之乐所唱歌词"土反其宅，水归其壑，昆虫毋作，草木归其泽"(《礼记·郊特牲》)之无异于咒语，则明显地反映出这些音乐和巫术的联系。

在远古音乐的传说中，提到了鼓、磬、钟、箫、管、篪、笙、琴、瑟等原始乐器。在古文化遗址中，我们相继发现了一些新石器时代的乐器，如浙江余姚县河姆渡出土的距今 7000 年的骨哨、西安半坡村出土的距今 6700 年的陶埙、陕西长安县龙山文化遗址出土的陶钟等，可作物证。我国曾在河南舞阳贾湖的遗址中发现 6 支竖吹骨笛，除吹孔外，已有 7 个音孔，能吹出与音阶大致相同的音列。经用碳 14 测定，距今约 8000 年。从现已出土的原始乐器的年代来看，这些骨笛在世界上是最早的。原始乐舞在人类生活中不可缺少：例如氏族部落生活中的图腾崇拜、祭祀典礼、耕狩渔猎、部落战争等，无不与原始乐舞有密切关系。夏、商、周三代，礼乐活动更是与礼仪制度一道，构成了华夏民族与相应的伦理道德规范。夏代的代表性乐舞《大夏》，以歌颂夏禹治水的业绩为内容，由9个段落组成，演出时用伴奏。据说这个乐舞在周代还在演出，由八列（八佾）头戴皮帽、下着白裙、裸露上身的演员表演。一些原始时代的古乐如黄帝的《云门》、帝尧的《咸池》（或说是黄帝时乐）、帝舜的《韶》，在周代还作为宫廷雅乐的"六代之乐"在演出。

春秋时期，打击乐器的构造已相当复杂，见于文字记载的乐器达70余种，其中见于《诗经》的有29种。随着乐器品种的增加，按乐器的制作材料和构造不同而分为"八音"，即金、石、土、革、丝、木、匏、竹八大类。1978年从湖北随县曾侯乙墓出土的铜制编钟，距今2400多年。这套编钟重2500公斤，由65件青铜铸造（包括镈钟1件、钮钟19件、甬钟45件），每个钟都可发相距为小三度或大三度的两个音。它制作精良，配件齐全，音色优美，分三层悬挂在遍饰彩绘花纹的桐木钟架上，是我国迄今发现的最华丽的编钟，也是迄今为止世界上最古老、保存最完好的大型乐器。在周代的礼乐制度中，对各种礼仪中音乐的应用，按不同等级有严格规定。如钟、磬类编悬乐器有"王宫悬，诸侯轩悬，卿大夫判悬，士特悬"（《周礼·春官·大司乐》）的规定，即王列四面，诸侯三面，卿大夫两面，士一面；舞队的行列，"天子用八，诸侯六，大夫四，士二"（《左传·隐公五年》），即分别用八佾、六佾、四佾、二佾；乐曲的应用也有明确规定，如《雍》只能在天子祭祀撤除祭品之时使用（《论语·八佾》），《三夏》是"天子享元侯之乐"，《文王》是"两君相见之乐"（《左传·襄公四年》）。如果违反这些规定，便是"僭越"或"非礼"。

春秋战国以后，音乐逐渐摆脱了对祭祀典礼的依附，由宫廷普及到民间。音乐可以是单独的乐曲，也可以与舞蹈、诗歌相结合，构成了各阶层世俗生活的重要内容。也出现了一批与旧时宫廷乐师截然不同的音乐家，如著名的伯牙、孟尝君的门客雍门周等。秦代开始设宫廷音乐机构——"乐府",是中央集权国家为实现其对音乐文化的控制而设置的机构。到汉武帝时,乐府里集中了1000多个来自全国各地区、各民族的优秀音乐家,广泛地采集民间音乐和域外音乐,并在这基础上进行程度不同的改编创作。这些新作的运用,使汉代的宫廷音乐呈现出与旧时奴隶主宫廷雅乐迥然不同的面貌。所谓"皆以郑声施于朝廷","常御及郊庙皆非雅声"(《汉书·礼乐志》),说明当时的宫廷音乐深受民间音乐的影响。到后来,乐府音乐中几乎囊括了当时所有的音乐表演形式,如相和歌、鼓吹乐、郊祀歌、舞乐百戏及夷俗音乐。鼓吹乐源出于北部边境的少数民族,引入汉代宫廷之后,主要用于朝会、庆典和军营,颇似今日的军乐队,多少带有仪仗的性质。相和歌主要用于娱乐和欣赏,其中最能反映当时艺术水平的是相和大曲。这是一种有器乐、歌唱与舞蹈相配合的大型演出形式,和奴隶社会的宫廷乐舞在艺术上没有明显差别,而内容与风格却有明显不同。

在秦、汉、魏、晋、南北朝的数百年间,随着民族的大融合,传统音乐中融进了大量外族外域音乐,促进了音乐的繁荣。隋唐兴起的燕乐,是汇集在宫廷里俗乐的总称。它包括汉族和少数民族的音乐,甚至域外的音乐。从隋初的七部乐到唐贞观时的十部乐,包括了燕乐、清商乐、西凉乐、高昌乐、龟兹乐、疏勒乐、康国乐、安国乐、天竺乐和高丽乐。不入十部者有扶南、百济、突厥、新罗、倭国、南诏、骠国和属于鼓吹乐系统的鲜卑、吐谷浑、部落稽等多种伎乐。其中,燕乐大曲无论是音乐的主题结构或者节奏的发展层次,都较以前的相和大曲和清乐大曲更细致,更复杂多变,其结构也庞大得多。以著名的《霓裳羽衣曲》为例,全曲共有36段,包括"散序"6段,为器乐的演奏;"中序"18段,是慢板的抒情歌舞;"舞遍"12段,是节奏急促的快速舞蹈,有器乐伴奏。此时乐器的品种已达到300余种,如琵琶、筚篥、箜篌、腰鼓、笛子、胡笳、羯鼓等乐器从西域传入，使隋、唐乐队的乐器配置更加丰富。据音乐史记载，在盛唐时期，朝廷设立了庞大的音乐机构——大乐署、鼓吹署、教坊和梨园，统领各色音乐，总人数达数万人。开元年间，优秀乐器演奏家灿若群星，如筚篥和羯鼓的演奏家李龟年、琵琶的演奏家贺怀智和裴兴奴、笛子的演奏家李谟、箜篌的演奏家张野狐等，在当时都极负盛名。唐玄宗李隆基亲操乐器，杨贵妃舞之，一派歌舞升平景象。盛唐之音融贯中西，旁征博采，呈现出盛世繁荣。

宋、元时期，乐器和器乐又有新的发展，尤其是擦弦乐器的发展具有重要意义，稽琴、马尾胡琴(二胡)等被普遍运用。多种乐器合成，出现了"细乐"、"清乐"、"小乐器"、"鼓板"等合奏形式。到南宋时，涌现了汴梁、江浙、江西等不同的琴派，以及郭沔、毛敏仲等优秀的乐器表演艺术家。与说唱音乐与曲子有较多联系，主要是鼓子词和诸宫调。鼓子词的音乐比较简单，用一首曲子反复咏唱，中间插入散文讲说故事。诸宫调也叫"诸般宫调"，其音乐结构是：用同一宫调的若干首曲子联成一个套数，把不同宫调的若干套数或单曲连接起来，用以说唱长篇故事。由金章宗时董解元作词的《西厢记诸宫调》，是现存最完整的一部诸宫调作品，它的全部歌曲(包括重复的)共有长短套数 188 个、曲调 444 个，其音乐之丰富可以想见。诸宫调的形成和发展，为戏曲音乐准备了重要的条件。新兴的戏曲，在北方有杂剧，在南方有南戏。杂剧继承唐代歌舞戏和参军戏的传统，到元代达到鼎盛时期。宋杂剧(金代称"院本")的演出，由"艳段"、"正杂剧"、"散段" 3 部分组成，艳段演的是"寻常熟事"，散段属于滑稽戏，只有正杂剧才是戏曲，音乐多用曲子和歌舞大曲的曲调。杂剧音乐通称"北曲"，主要特点是用七声音阶，字多调促，风格劲遒。南戏是北宋时在浙江永嘉(今温州)地区形成起来的，也称"永嘉杂剧"。南戏剧本没有折数限制，音乐没有宫调的束缚，各种角色都能唱，还有对唱、齐唱等形式。南戏音乐通称"南曲"，主要特点是用五声音阶，字少调缓，风格柔婉。

明、清时期，作为一种声腔或剧种的"昆山腔"（亦称"昆曲"），并非它的所有音乐皆为昆山一地的产物。相反，绝大部分是经过长期积累的南北曲曲调，只是在昆曲中经过不同程度的处理。明末清初兴起的多种戏曲声腔中，影响最大的当推"梆子腔"和"皮黄腔"。梆子腔起源于陕西一带，故又称"秦腔"。皮黄腔是"西皮"、"二黄"两腔的合称，二黄是在安徽、湖北一带形成的新声腔，西皮则是梆子腔流入湖北后逐渐演变而成的。18世纪末，徽班艺人首先把二黄带进北京；19世纪初汉班艺人相继入京，他们大多数以唱西皮著称。在北京的徽汉艺人的合班演出，逐渐形成了以皮黄腔为主要声腔的新剧种——京剧。随着各民族文化的进一步交融，与欧亚各国文化的交往，外来器乐不断地传入，乐器数目已超过400种，基本上接近于现代乐器的结构和规模。乐器的制作也越来越精良、精美和精巧，为器乐艺术的发展和繁荣提供了良好的物质条件。由于宫廷音乐的僵化和停滞，世俗音乐得到蓬勃发展。古琴与琵琶艺术推陈出新，超越前代，达到了古代音乐史上的高峰。演奏古琴与琵琶的名曲有：《阳关三叠》、《高山流水》、《十面埋伏》、《梅花三弄》等。

3. 欧美的舞蹈艺术

舞蹈是三度空间中以身体为语言，作"心智交流"现象的人体运动表达艺术，一般有音乐伴奏，以有节奏的动作为主要表现手段。据艺术史学家的考证，人类最早产生的艺术就是舞蹈。有的学者认为，舞蹈是人用有节奏的动作对各种野兽动作和习性的模仿，有些舞蹈还是对一些自然景物动态形象的模仿，如柳枝的摇曳、海浪的翻滚、风的飘荡旋转等。

如果遵循西方艺术史的踪迹探源，不免要涉及古希腊的成就，荷马在他的著名诗章中便描述了舞蹈场面。舞蹈常常出现在婚礼、收获和祭礼的场面，如在《伊里昂记》里，诗人就描述了人们伴着七弦琴起舞的场面。在祭祀希腊众神的舞蹈之中，女演员舞姿庄重、表情肃穆。在为酒神狄奥尼修斯奉献贡品时，舞蹈又变为汹涌狂放，像在宣泄着人们的热情。雅典人注重舞蹈的审美功能，除了将舞蹈作为一种艺术形式来理解，还相信舞蹈可以使人身心和谐；斯巴达人则要求孩子们从小操练舞蹈，在长笛伴奏下认真地演练战斗动作。

舞蹈模仿自然，来源于对自然形体动作的模仿，又在其中宣泄自身的情感，古代的希伯来人就以舞蹈来表达他们的喜悦之情。《圣经》中记载：当以色列人逃出埃及之后，摩西的姐姐米利安率领妇女兴奋起舞，以示庆祝；当人们把上帝的约柜抬出来时，大卫王还和众人一起"作乐起舞"。以后，当基督教在东方兴起之时，信奉者在神父的率领下载歌载舞。进入中世纪之后，舞蹈在基督教的桎梏之下被严格禁止。因为基督教文化是绝对禁止肉体展示的，不管是艺术性的，还是色情的。教堂内不许跳舞已在欧赛路宗教会议上形成了决议，许多教士还禁止在自己的教区跳舞，如《巴黎圣母院》描述的禁止吉普赛女郎跳舞。神学大师直言不讳："舞蹈的步伐是一步步走向地狱的底层。"

但是，在人们的日常生活中，自娱性和礼俗性的民间通俗舞蹈却大为盛行。随着贵族社交圈子的形成，上层人物之间流行的交际性舞蹈也逐渐形成。贵族们在沙龙和宫廷里的舞蹈非常典雅，形式与服饰都有严格规定。贵族们以此作为有修养的标志，凭能歌善舞跻身上流社会。不管是民间流行的通俗舞蹈，还是贵族社会盛行的高雅舞蹈，均未达到艺术理想的境界，却孕育了日后一种西方舞蹈经典的形式——芭蕾。"芭蕾"在拉丁文中原意是"跳跃"之意，如果将芭蕾作为西方舞蹈的经典，那么"跳跃"就是西方人对舞蹈的理解。

芭蕾产生于文艺复兴时期意大利文化名城佛罗伦萨，在铺张而丰盛的晚宴上，舞蹈穿插其中。舞蹈表现的内容往往是古希腊和罗马的神话，神话人物常常象征着待者们正好送上的酒和菜。例如，餐桌摆海味水产菜肴时，海神和虾兵便粉墨登场；端水果上桌时，水果之神正好出现……这时的舞蹈，被称为"晚宴芭蕾"。这种芭蕾很快作为一种时髦被许多国家的王宫所接受，摇身成为宫廷芭蕾。宫廷舞蹈可以分为低舞和高舞，即地面舞与离地舞。低舞要求舞者双脚不离开地面，显得文雅庄重；高舞包括双脚离地的跳步舞与双脚并跑步，显得活跃奔放，这就是后来芭蕾舞的基本技艺。

西方第一部芭蕾舞剧《皇后的喜剧芭蕾》诞生在 1581 年，在法国亨利三世的宫廷枫丹白露演出，主持人是王后凯瑟琳·德·梅迪奇。在这部舞剧中，作者波若叶糅合了《圣经》里的传说、希腊和罗马的神话，由专职官吏谱写音乐与歌曲、创作诗歌、制作豪华布景，演出时间达六个小时。波若叶在此之前还创作了一部《波兰人芭蕾》，远不如《皇后的喜剧芭蕾》这样夺目。对芭蕾舞蹈贡献最大的还是法兰西的"太阳王"路易十四，他热衷于舞蹈，建立了欧洲第一所皇家舞蹈学院，从此经过专业训练的舞蹈演员开始出现。担任院长的意大利艺术家吕利将戏剧、歌剧和舞蹈结合起来，融诗体对白、歌唱和芭蕾于一体，开始使芭蕾由宫廷走向社会，成为一种剧场艺术。与此同时，芭蕾的动作姿势也逐渐形成规则，四肢、躯体和头部动作的基本样式被规定下来，近代芭蕾的雏形形成了。

由于受法兰西文化的影响，芭蕾这一古典舞蹈艺术形式逐渐在欧洲流传。芭蕾被灌注了强烈的戏剧意味，要求舞蹈者举手投足之际都要叙述故事。艺术家们开始抛开烦琐的叙事程序，借助简单的故事情节，充分发挥舞蹈的表现性特征。进行改革的重要人物是诗人戈蒂诶，他摒弃了对白和歌唱，完成了音乐与舞蹈的统一，保证芭蕾在戏剧世界找到自我生存之地。玛丽·塔里奥妮是对芭蕾作出了巨大贡献的舞蹈家，她在表演时披上白色薄纱裙，采用足尖技术，舞台上微光闪烁，迷离扑朔，宛如仙境的艺术效果。到了19世纪三四十年代，芭蕾在西欧处于激烈的社会矛盾之中走向衰落，却在俄罗斯重获了生命力，并形成了俄罗斯民族的芭蕾流派，彼季帕、佳杰列夫和米哈伊尔·福金是其中的代表。在他们手里，浪漫主义芭蕾的风格更为严整，结构日趋定型，使舞蹈姿势建立在自然表现的规律之上。

　　舞蹈按表现形式来区分，有独舞、双人舞、三人舞、群舞、组舞、歌舞、歌舞剧、舞剧等。独舞由一个人完成一个主题，用来抒发人物的思想感情和揭示人物的内心世界。双人舞由两个人共同完成一个主题，用来展现人物的关系和交流人物的思想感情。三人舞由三个人合作表演，表现人物之间的戏剧矛盾和冲突群舞。凡四人以上的舞蹈均可称为群舞，通过舞蹈队形、画面的更迭、变化不同幅度的舞蹈姿态，塑造群体的形象。组舞由若干段舞蹈组成比较大型的舞蹈作品，其中各个舞蹈有相对的独立性，又统一在共同的主题和完整的艺术构思之中。歌舞是一种歌唱和舞蹈相结合的艺术表演形式，其特点是载歌载舞，既长于抒情，又善于叙事，能表现人物复杂、细腻的思想感情和广泛的生活内容。歌舞剧是一种以歌唱和舞蹈为主要艺术表现手段，来展现戏剧性内容的综合表演形式。舞剧以舞蹈为主要艺术表现手段，并综合了音乐和舞台美术（服装、布景、灯光、道具），表现一定的戏剧内容。

　　在19世纪末20世纪初，现代派舞蹈应运而生。它突破了传统僵化的程式，是资产阶级个性解放的产物。舞蹈艺术家、理论家给新型舞蹈总结出了一整套体系，使舞蹈技巧训练有了坚实的基础。例如，舞蹈理论家鲁道尔夫·拉班提出过四大运动因素和八大动作元素，试图在建立舞蹈体系的同时，给人体动作以某种寓意。现代派舞蹈具有以下特征：一是认为美是一个相对的概念，来自各种源泉（希腊、东方和非洲）的总和，侧重于对当代的艺术感受。二是认为真诚表现是美的第一要义。三是现代舞属于一种内在冲动的表现，其程式取决于创造的需要，允许根据表现的需要来决定表现的形式。四是逻辑系统建立在节奏片断之上，强调力度节奏，也受音乐节奏支配；在没有音乐伴奏时，力度节奏非常突出。

现代派舞蹈的先驱，是美国的邓肯、丹尼斯、萧恩夫妇和德国的魏格曼。邓肯立足于卢梭的人本主义和自然主义观念，用音乐唤起灵感来创作、表演舞蹈，开拓了抒情舞蹈的广阔领域，她的主要成就是向当时朦胧的舞蹈界投下一道曙光，即舞蹈首先是一种强有力的和情绪饱满的舞台艺术，一种从芭蕾的僵硬形式下获得自由解放的新舞蹈形式。以后大半个世纪的现代舞蹈家，皆奉邓肯为其精神领袖。成为现代舞蹈奠基人的是玛莎·格兰厄姆、多丽丝·韩芙莉、查尔斯·怀德曼，他们置观众的喜闻乐见于不顾，摒弃抒情的曲线美，要求体态高度紧张与松弛，给观众以一种尖锐冲撞的节奏。玛莎·格兰厄姆以无情揭露人类心灵的内在本性，作为自己的主题；多丽丝·韩芙莉以人道主义精神，批判社会性现实，高扬人类的向上精神；查尔斯·怀德曼则用喜剧舞蹈的机智与幽默，讽刺社会弱点和个人瑕疵。到了 20 世纪 60 年代，现代舞从美国回流到欧洲，创造了现代芭蕾。霍塞·林蒙、安娜·索柯罗、保宁·康奈尔等人认为，芭蕾并不那样可怕，可以帮助自己使技巧更为完美，发展轻快、柔和、带抒情意味的动作。由此，扩大和延伸了表现的新领域，先后出现了拉丁舞风格的舞蹈，如曼波舞、恰恰舞、桑巴舞等，在摩登舞类中有华尔兹、探戈舞、狐步舞、快步舞等，以及青年人喜欢的方克、街舞等。

4. 中国的舞蹈艺术

　　一部音乐的发展史，同时也就是一部舞蹈的演变史。在我国的神话中，传说盘古开天地时，就有了《长鼓舞》；女娲创造人类时，就创作了《充乐》舞。神话传说虽不足为信，却表达了一个观点："自从有了人类，就有了艺术。"

　　早期音乐与舞蹈是结合在一起的，可以在古书中得到证明。如《吕氏春秋·古乐篇》曰："昔葛天氏之乐，三人操牛尾，投足以歌八阕。"投足是一种舞蹈姿势，三个人手里拿着牛尾巴，投足而歌，一群人敲击石制的劳动工具作为乐器，模仿野兽的姿态跳舞，借助声音和动作来抒发情感。由于音乐和舞蹈都偏重于抒情，具有鲜明的节奏旋律，人们又把舞蹈叫做无声的音乐。古代的舞蹈除了与劳动相结合，与祭祀活动也分不开（称作"跳神"）。在殷商的甲骨文中，"舞"和"巫"是一个字，巫师就是职业的音乐家和舞蹈家，"巫以歌舞为职，以乐神人者也"。

　　舞蹈产生之初，随意性很强。在尔后的发展过程中，舞蹈动作不断地被加工、提炼和美化，那些经过筛选而被认为具有表现力的动作逐渐趋于定型，成了程式化的动作。程式化动作一旦具有某种表义性，便称为"舞蹈语汇"。舞蹈动作经过规范化而形成严谨的程式，这是舞蹈走向成熟的标志。古代舞蹈的程式化动作有"探海"、"射燕"、"卧鱼"、"飞脚"、"旋子"等，对观众建立起了一种约定俗成的默契关系，完全能够理解这些动作表达的意思。舞蹈的程式化体系并不是凝固不变的，当原有的动作程式不足以反映日新月异的现实生活时，新的动作就会应运而生，经过加工、提炼之后，被原有的舞蹈程式所吸收，"舞蹈语汇"也就更加丰富起来。舞蹈动作程式化体系就在这种新旧程式长消交融的过程中，不间断地发展和演变着，既保持了自身相对的稳定性，又显示出了它的灵活性和开放性。

周代的宫廷舞蹈称之为雅舞，亦称"雅乐"。雅舞从文武两个方面塑造帝王形象，歌颂本朝的文治武功，被儒家奉为乐舞的最高典范。汉代宫廷乐舞吸取了民间乐舞的营养，有了很大的发展。汉武帝专门设立了官署乐府机构，艺人有800人之多，相传舞者赵飞燕身轻如燕，能作"掌上舞"。唐代表演《秦王破阵乐》，有数百人上场，气势雄伟。唐玄宗不但亲自创作了《霓裳羽衣曲》，还挑选了300余人习教于梨园，排练歌舞。白居易有诗写照："千歌万舞不可数，就中最爱霓裳舞。"《剑器》是唐代流传比较广泛的女子戏装独舞，杜甫的《观公孙大娘弟子舞剑器行》记述了他观看舞蹈的感受："昔有佳人公孙氏，一舞剑器动四方。观者如山色沮丧，天地为之久低昂。霍如羿射九日落，矫如群帝骖龙翔。来如雷霆收震怒，罢如江海凝清光……"元朝以后，宫廷的歌舞演出已无昔日辉煌，逐渐让位于来自民间的戏曲了。

关于戏曲的起源，历来有不同说法：宋人洪迈、明人胡应麟认为源于俳优，近人王国维在《宋元戏曲考》中认为萌芽于巫觋。其实，戏曲作为一门综合性艺术，源头显然不只一个。它综合了歌舞艺术、讲唱艺术、表演艺术而逐渐形成，才塑造了丰富的舞台戏曲形象。"曲"者，乐曲之谓，强调的是音乐因素。戏与曲结合，说明戏剧遵从音乐的节奏，伴随一定的旋律，讲究唱念做打。其中唱居第一位，是戏曲表演的主要形式，说明无论演员的唱还是剧作家笔下的唱词，都以"曲子"为依据。

中国戏曲虽然可上溯到原始歌舞，但成熟的戏曲却形成于宋以后。温州杂剧是在宋杂剧和村坊小曲的基础上发展起来的，又称"南戏"，最早的剧目有《张协状元》、《赵贞女蔡二郎》、《王魁》等。元末，南戏开始具有高度艺术水平。南戏又称"传奇"，在南方有广泛影响。北杂剧又叫元杂剧，是在宋金杂剧，特别是金院本的基础上形成的新剧种。元杂剧虽晚于南戏，但成就比南戏高，其间名家辈出，佳作如云，不但造就了中国戏曲史上的第一个高峰，而且在世界戏曲史上占有辉煌的一页。元杂剧的发展可分两个阶段：从金末到大德末年的 70 余年为前期，其间以北方作家为主，活动中心在大都，亦称大都时期；此后 60 余年为后期，活动中心南移到杭州，故称杭州时期。前期是元杂剧的昌盛时期，关汉卿、王实甫、马致远、康进之、白朴、纪君祥等著名作家，以质朴刚健的语言塑造了许多个性鲜明的人物。他们的作品具有深刻的思想内容和浓郁的生活气息，在艺术上也具有极高的造诣。后期由于科举的恢复，文人地位开始改善，致力于创作的作家大为减少，主要有郑光祖、宫天挺、沈和甫等人。此后，元杂剧逐渐被南戏所压倒，到明代，南戏就风靡全国了。

元杂剧的结构非常严格，通常为四折一楔子（折是元杂剧的一个组织单位，一折就是与一套曲子相适应的一个较大的剧情段落。楔子表示对戏剧情节的一个补充，一般放在剧首，相当于序幕，也可放在两折之间，相当于过场）。一本四折即一个剧本采用不同宫调的四套曲子和穿插其间的科白，构成剧情发展的四个明显段落，每套曲子又是由同一宫调的不同曲牌联缀而成。宫调的作用在于确定主音和限定管色高低，不同的宫调可以表达不同的情绪。除曲子外，科白是杂剧的重要组成部分。白指人物的说白部分，古代戏曲以唱为主，白为宾，故称"宾白"。元杂剧的宾白形式多样，有独白、对白、分白、带白、旁白等。科，也叫科泛，是通过演员的身段动作和舞台效果的提示，虚拟化地表现生活。此外，在每本杂剧的结尾处，一般有两句以上的对句作为全剧的收场语，叫题目或正名，它是主体之外的附加成分，起着揭示全剧思想内容的作用。

元杂剧初步形成的角色体制，以正旦和正末为主。在旦、末、净、杂四大行中，元杂剧尚无"丑"。旦扮演剧中的女角，除主角正旦之外，还有副旦、老旦、花旦、外旦等；末演剧中的男角，有正末、副末、冲末、小末等；净也演剧中的男角，而且多为喜剧角色或反面人物。其他一般群众演员，如卜儿（老妇人）、孛老（老头儿）、俫儿（小孩）、孤（官员）、邦老（强盗）等，一概称之为"杂"。以上角色，只有正末和正旦可以主唱，其余角色只有科白，没有唱词。根据不同角色的身份，剧中人物的脸谱化妆和服饰穿戴也逐渐完善。

　　元杂剧作家约200人，作品500余种，今存的作品不到三分之一。关汉卿的作品约60余种，现存18种，被辑为《关汉卿戏曲集》，尤以《窦娥冤》刻画的善良而坚强的普通妇女形象最为突出。此剧暴露了元代社会的黑暗及人民的反抗，早在100多年前就被译为法文和日文。关汉卿以其不朽的艺术创作，被推为元杂剧艺术的奠基者。王实甫创作杂剧14种，今存《西厢记》、《丽春堂》、《破窑记》三种。最能体现他创作风格的是《西厢记》，此剧在不足3000字的《董西厢》的基础上扩充而成，含14种宫调，193个长短套曲，近5万字。在他笔下，崔莺莺、张君瑞的爱情故事从思想内容到艺术形式都趋于完美，剧中表达的"愿天下有情人都成眷属"的理想，赢得了人们的喜爱。马致远著有杂剧15种，今存7种，根据汉代"昭君和番"故事改编的《汉宫秋》最著名。白朴有杂剧作品16种，今存《唐明皇秋夜梧桐雨》和《裴少俊墙头马上》两种，都是根据白居易叙事诗改编而成的。由于元杂剧作家来自社会各个阶层，他们的创作不但取材广泛，而且思想倾向是健康、积极的。

　　戏曲发展到明代，在体制、风格上更加完备。传奇成为戏曲的通称，演出传奇的声腔剧种非常繁荣。明传奇区别于元杂剧的地方有：杂剧一本四折，传奇多少不论；杂剧多用北曲，传奇主要用南曲；杂剧一人主唱，传奇中每个角色都可以唱；杂剧角色主要分旦、末、净、杂四大行，传奇有生、旦、外、贴、丑、净、末七大行。传奇题材更广阔，情节更曲折，篇幅更宏大。南曲流传到各地之后，与各地的语言和民间曲调结合，形成了不同的地方声腔，其中主要是昆山腔、余姚腔、海盐腔、弋阳腔，并逐渐取代了杂剧，成为明代剧坛的主流。明传奇由于逐渐脱离现实，有贵族化的倾向，在内容上赶不上元杂剧的强烈斗争性和深刻社会意义，艺术成就也逊于元杂剧。

　　明嘉靖年间，魏良辅改进昆腔(昆腔是元末明初流行于昆山一带的地方声腔)，用昆腔曲调创作了《浣纱记》，使之成为古代戏曲史上完整的舞台艺术形式。此后，昆腔压倒了余姚、海盐二腔，取代北曲，又将弋阳腔排挤出城市。从明末到清初，形成了昆腔占领城市、弋阳腔占领农村的局面。明代后期是传奇创作的繁荣时期，形成了强调格律的吴江派、重视内容辞采的临川派。吴江派以沈璟为代表，主张"合律依腔"、"僻好本色"，强调场上之曲，反对案头之曲。沈璟的传奇有 17 种，今存《红蕖记》、《博笑记》等七种。临川派以汤显祖(1550—1616)为代表，偏重于文学性，要求格律服从文辞和内容。他的"临川四梦"：《牡丹亭》、《紫钗记》、《南柯记》、《邯郸记》，每部作品都有一个梦作剧中的关键情节。

　　在清初，剧种已异彩纷呈。然而士大夫们的眼中，仍以昆腔为雅音，视昆曲为正统，根据昆腔编写新戏、翻改旧戏形成了一种风气。康熙年间，剧坛上先后出现了洪昇和孔尚任两位杰出的戏剧家，他们创作的《长生殿》与《桃花扇》轰动了剧坛，时有"南洪北孔"之称。其中，《长生殿》是将白居易的《长恨歌》中所表达的安禄山之乱及唐玄宗与杨贵妃的爱情故事写入剧本。《桃花扇》则以明亡混乱之际的南京为主要舞台，描写文人侯方域与名妓李香君的爱情故事。两台戏剧的规模都很宏大，剧情分两条线索发展，抒情沁人心脾，场景历历在目，有很强的表现力。

　　乾隆年间，昆曲进入宫廷，形式日益僵化。流行于民间的弋阳腔在流传的过程中，结合各地的语言和民间曲调，形成了各种地方剧种，如秦腔、襄阳调、二簧调、弦索调、罗罗腔等，形成所谓"雅部"（昆曲）和"花部"（地方剧）对立的局面。戏曲地方化使各种花部声腔技艺相互交融，剧种更加丰富和成熟，逐渐打破了昆曲的正统地位。乾隆五十五年（1790），继三庆徽班落脚京城后（班址位于韩家台胡同内），又有四喜、启秀、霓翠、春台、和春、三和、嵩祝、金钰、大景和等班在京城大栅栏落脚。其中以三庆、四喜、和春、春台四家名声最盛，故有"四大徽班"之称。徽班吸收了京腔（又叫北京乱弹）、昆曲、秦腔等剧种的营养，逐渐形成了与北京地方语言和风俗习惯相结合的皮簧戏（因徽剧与汉剧同台演出，二簧与西皮结合，故称皮簧戏），又称京剧。

京剧是一种具有高度艺术水平的新型剧种，是中国的"国粹"。唱念做打是京剧表演的四种艺术手段，也是京剧表演的四项基本功。"唱"指歌唱，"念"指具有音乐性的念白，二者相辅相成，构成京剧表演艺术中的"歌"；"做"指舞蹈化的形体动作（亦称"身段"），"打"指武打和翻跌的技艺，二者相互结合，构成京剧表演艺术中的"舞"。京剧有"国剧"之称，它的出现，成为中国戏剧发展史上的一个重要里程碑，标志着中国民族戏曲日臻完美，带动了各地方戏的普遍繁荣。

此外，在当时各地的剧种中，还广泛流传着以"南昆、北弋、东柳、西梆"为代表的四大声腔，雅俗共赏。

第八章　制　度

　　制度是要求大家共同遵守的办事规程或行动准则，也指法令、礼俗等规范或一定的规格。它由社会认可的非正式约束、国家规定的正式约束和实施机制三个部分构成，用于调节人与人之间的社会关系。但从制度的来源考察，大约有两种来源：一是习俗，一是特定时期政治、经济等条件的特定需要而强制形成的。前一个来源造就了古代社会的宗教、习俗准则、图腾与禁忌；后一个来源造就了近代社会各种特定的典章或制度文化，如政治制度、法律制度、经济制度等，从而构成了近代社会与古代社会的区别。

一、古代和近代西方的政治制度

1. 古代欧洲和中东的政治制度

　　对中国人来说，古代的西方除了传统意义的欧洲以外，还包括近东和中东地区。古代的制度文化与宗教仪式、图腾崇拜相关，构成了最初人类的行为思想准则。例如，古代许多民族在进行宗教祭祀之前，都要沐浴更衣，不饮酒、不吃荤，以示诚敬。阿拉伯民族将这一习俗引入伊斯兰教之中，称为斋戒，成为教民必须遵守的"五功"之一。这一制度被《古兰经》固定下来，任何阿拉伯人都不得违犯。

　　政治制度源于特定时期统治阶级的需要。历史上最早、最先进的希腊奴隶制，就建立在统治者特殊需要的基础上。古希腊并不限于今天称为希腊半岛的这块地方，是指以爱琴海为中心的广大地区，包括希腊半岛、爱琴海诸岛屿、克里特岛和小亚细亚半岛的西部海岸。这个古代希腊城邦和希腊文明的发源地，成为后来整个西方文明的摇篮，也是东西方文化的融汇交接处。由于希腊各地政治、经济和风俗的差异，酝酿出西方最早的"城邦奴隶主民主制"。它是在推翻先民时期的僭主之后，在奴隶主阶层、贵族阶层以及自由民之间妥协而成的一种民主政体。奴隶主民主制中引入了选举、竞争等手段，执政者（包括文官和将军）均由选举推出或废除。当时许多哲学家都认为，人们由分散居住，过渡到聚集在城市中，建立政权，这既是历史发展的自然结果，也是人的政治意志选择的结果。

在商业贸易上，雅典的经济传统是平等竞争，在政治制度上则表现为尊重对手。希腊有文字记载的历史是从《荷马史诗》开始的，反映了公元前11世纪至公元前9世纪氏族社会向阶级社会转变过程中的许多史实。由于史诗讴歌和塑造了众多的英雄人物，因而被描述为"英雄时代"。雅典在这个时期出现了四个由希腊人组成的部落，部落内部各形成了一套公共权力制度，如议事会、人民大会、巴赛勒斯等政权机关。议事会是常设的权力机构，最初由氏族的首领们组成，后来则由氏族成员选举产生的一部分代表组成，这些人后来逐步成为氏族中的贵族。出现城邦制国家，议事会变成了元老院。人民大会有两种形式：一种是议事会开会时，人民——氏族成年男女自发地聚集在议事会周围，用欢呼和叫喊来影响议事会；另一种是由议事会召集的人民大会，讨论和解决各种有关本氏族部落的重大问题。除了妇女以外，每一个男子均有发言权。人民大会拥有最高权力，决议由举手或欢呼通过。巴赛勒斯即军事首领，他由氏族成员选举产生，是战争中的统帅，还拥有祭祀、审判、行政的权力。他虽然手握兵权，但不是君主，那时也没有君主。《荷马史诗》中所描述的"英雄时代"，国家尚未建立，而私有制和阶级的分化却已出现。开始出现了贵族的宫廷，贵族过着豪华生活，部落对部落的战争开始蜕变为掠夺家畜、奴隶和财富。

公元前8世纪至公元前6世纪是希腊国家形成的时期，希腊人在爱琴海、黑海、地中海沿岸和近海的众多岛屿上建立了100多个国家。这些国家以城市为单位，一个城市连同附近的农村，便是一个国家，所以这些国家便被称为城邦(polis)。在希腊众多的城邦中，最著名的要数雅典和斯巴达，这是两个政治制度并不完全相同的国家。

雅典国家是在对氏族制度的一系列改革中建立起来的，最早的改革可追溯到氏族社会末期的提秀斯改革。随着贵族特权的法定化和贵族势力的不断增长，原先由氏族成员选举产生的巴赛勒斯和长老议事会逐渐发生了重大变化。公元前7世纪，巴赛勒斯这一由氏族成员选举产生的军事领袖，终于被贵族推举为国家官吏——执政官(nrchon)。执政官起初只一人，为终身制，后改为十年应改选；此后，执政官由一人逐渐增至九人，其中一人为首席执政官，任期由十年改为一年。原先的氏族长老会议由贵族的代表机关元老院所代替，任期届满后的执政官都进入元老院。公元前6世纪，经过梭伦改革和克里斯梯尼改革，雅典国家组织取代氏族组织的过程基本完成，国家机构有执政官、贵族议会和公民大会。在梭伦担任首席执政官时，政治和经济上实行了一系列顺应历史潮流的变法，对旧的氏族政治、血缘关系进行了沉重打击。梭伦的改革没有使平民和贵族双方都满意，因为他在经济上袒护平民，在政治上仍然偏向贵族。两派对其立法的不同解释发生了激烈争论，使梭伦在各种攻击和诽谤中离开了雅典。梭伦的改革为雅典温和派的民主体制奠定了基础，在民众和官吏中树立了法制观念，并培养了公民参政的习惯和意识。随后，雅典进入"僭主统治时期"。第一个僭主庇西特拉图继续了梭伦的政治制度，发展了雅典的经济和文化事业。他的继任者骄奢日甚，破坏了梭伦的立法，终于被雅典公民所推翻。平民领袖克里斯提尼当选为首席执政官，他进一步实行改革，清除了氏族制的残余，削弱了贵族势力，使民主政治进一步完善。雅典这种政治制度，近世被法国大革命中的雅各宾党人、英国资产阶级的清教革命家所效仿。

斯巴达的国家政治制度是另一种模式，包含了君主制、寡头制和原始民主制等各种因素。据普鲁塔克的《来库古传》描述，这种机构由国王、长老会议、公民大会和检察官构成。其中，国王有两个，分别来自两个竞争的王室家族，其权利受法律和王室的限制，主要职能是处理宗教和军事上的事务。战时，一个在国内坐镇，另一个领军作战；平时，主要是主持国家祭祀和处理家族事务。长老会议是国家的最高权力机关，由 28 名年龄在 60 岁以上的长老加两名国王组成，采取终身制。长老会议讨论和决定一切国家大事，只是在认为有必要时才交公民大会表决。长老会议还掌握了司法权，审理一切案件。公民大会由 30 岁以上的公民组成，名义上是国家的权威机构，却只有一种功能，即以喝彩的方式批准已制定的决议，或者在长老会议所喜欢的两种主张中选择一种。检察官共五人，最初仅仅起监督、审理的作用，后来也加强和扩大了自己的权力。

不管是雅典式的民主制，还是斯巴达式的独裁制，都表现为两种特征，即都含有民主会议的形式，又都走向了独裁或寡头政治，这是由古代社会人类生存环境的特殊条件所决定的。这两种特征，又分别积淀在古罗马帝国的政治制度中。在经历了英法等国的资产阶级革命之后，这种政治制度已被近现代欧美等西方国家所继承。

近东、中东、远东是西方人的地理概念，人们把处在两河流域的巴比伦尼亚和古埃及王国称作中东。中东最早的政治制度遗迹，我们从巴比伦王国的汉谟拉比法典中可以看到。这两个古代王国保留了较多的氏族制残余和原始民主制，其首领主要管理神庙事务（体现了阿拉伯民族的宗教性）。首领是主神神庙的最高祭司，还支配着国家的财产和经济生活。到了后来，虽然这些国家也有长老会议，但长老会议仅仅是政治制度中的形式。古巴比伦王国政治制度的核心，是形成了较为完备的中央集权制。在古埃及王国的政治制度史上，也以中央集权的政治制度为显著特色。如果说有区别，只不过在某段时间里是宗教首领主宰世俗首领，而在另一段时期则相反。在其他的东方国家，例如古印度，则处于宗教的绝对统治之下，神权高于王权，僧侣高于贵族，并以此为原则建立了奴隶主专制的权威。

公元 1 世纪以后，一个新的因素进入了欧洲的政治制度，这就是新诞生的基督教。它迅速地成为影响、操纵，最后主宰欧洲政治的绝对力量，以致在了解古罗马帝国的历史时，不能回避这一事实。在罗马帝国后期，基督教的教派之一天主教成为统治阶级思想的代表，从皇帝君士坦提努斯一世执政的时代起（306—337 年），天主教就开始成为罗马帝国的国教。在天主教成为国教以后，主教成为教区的首领。他掌握着教区审判权和教会财产支配权，过着与最富裕的奴隶主相比毫无逊色的奢侈生活。

到了公元 5 世纪，随着奴隶们反对罗马统治者的斗争激化，罗马帝国各行省中的许多主教便转而与日耳曼人结盟，设法使日耳曼人皈依基督，并且宣扬"罗马帝国由于不信上帝，将受到应有的惩罚。日耳曼人比罗马人纯洁，而且道德高尚，他们定会战胜罗马"。宗教造成了世俗政权的分裂，使完整的帝国政治制度名存实亡。从上可知，古代西方除了少数几个政权以外，基本上没有能够使欧洲统一。而且就那几个政权而言，无论是所存在时间还是繁荣程度都不能和中国相比。可是，用今天的眼光来看西方的政治制度及其方式，比起中国的封建专制要民主一些。

2. 近代欧洲的政治制度

西欧封建制国家产生以后，随着经济发展和阶级斗争形式的变化，封建国家体制也在不断地发生变化。西欧封建国家的发展变化，大致可以分为四个时期：封建制国家的形成时期(5—9世纪)；封建国家的完善和巩固时期(9—12世纪)；封建等级代表君主政体时期(13—15世纪)；封建君主专制时期(16—17、18世纪)。

公元476年，日耳曼人组成的罗马军团首领奥多亚克废黜了西罗马帝国的最后一个皇帝罗慕洛斯·奥古斯图斯。日耳曼人在侵入罗马并建立自己的国家时，带来了一种新的生产关系，即把没收来的土地分封给自己的亲兵、将领，乃至主教。在这些土地上进行耕种的已经不是奴隶而是农奴，他们有自己的生产工具和剩余产品，因而有一定的生产积极性。日耳曼人仍然保留了许多原始民主的习惯，他们在进入罗马帝国之后便直接由原始社会向封建社会过渡，于是形成了一种氏族民主制与封建贵族制相结合的政治体制——封建贵族民主制。

封建贵族民主制的特点是：第一，君主在名义上是国家元首，实际上只能在自己的直辖领地上行使主权。领主名义上隶属于国王，实际上都是独立的，他们在自己的世袭领地内拥有立法、司法、行政及宣战、媾和等权力。第二，君主只和自己直接册封的封建领主有臣属关系，与分封的下属陪臣没有直接的臣属关系。君主与陪臣的关系由册封时的誓约来确定，陪臣在誓约中承诺，发生战争时对国王尽一定的军事义务。第三，君主受贵族和教会的种种约束、限制和监督，如宣战、媾和以及王国的一切重大事情要由贵族和主教参加的会议决定。在中世纪，贵族和教会是长期能够与国王抗衡的势力，每个贵族都是自己领地上军事、政治、经济的最高主宰，形成了国中有国、大小贵族割据的状况。

　　在罗马帝国末期，许多地区主教向日耳曼人靠拢。日耳曼人便将夺得的地产赠给教会。教会保留了以罗马教皇为中心的教阶体制，教皇之下为红衣主教、大主教、主教、修道院长、神甫、修士。主教各有自己的教区，所有教民均应将自己收入的 1/10 交给教会，称之为"什一税"。教区主教享有豁免权，并须将教区的一部分收入上缴教皇。从 8 世纪起，西欧各国君主由教皇加冕已成惯例，教皇俨然凌驾于国王之上。中世纪的欧洲四分五裂，而教会在宗教改革之前，却始终是高度统一的。

　　在公元 3 世纪，罗马帝国的人把居住于莱茵河下游的许多日耳曼部落统称为法兰克人。法兰克人的名字始见于罗马文献，今德国就有法兰克福这个城市。到公元 4—5 世纪，随着罗马帝国衰微，法兰克人乘机侵入高卢地区。克洛维(466—511)担任首领时，法兰克成为统一的国家。法兰克人在征服罗马之后，社会开始了封建化的过程。这个过程经历了约 500 年的时间，直至公元 9 世纪才完成。所谓封建化的过程，是指自由农民逐渐农奴化的过程。由于封建贵族连年不断的战争、对农民的强取豪夺和各种苛重捐税，以及强制性的军事服役和各种徭役，迫使自由农民投靠教会或附近势力较大的封建领主，并把自己的土地交给他们，请求他们进行保护。这种请求一般要签订保护文书，称为"委身契"。农民每年须向封建领主交纳一定收成，有的还必须承认自己是领主的奴仆，随时听从调遣。公元7—8 世纪，克洛维所建立的王朝被称为墨洛温王朝，王室将大量的土地赐予自己的侍从、官吏和教会，这种土地是世袭的。查理·马德担任官相以后，把世袭领地改变为"采邑"，即王室把土地赐予他人，受赐者必须率领他的军队替王室作战，如果拒绝承担军事义务，采邑将被收回。采邑是连同土地上的农民一同赐予的，采邑制进一步加强了农民对领主的依附关系。

伴随采邑的出现，还出现了欧洲的封建骑士制度，接受采邑恩赐的低级陪臣，都逐渐成为可以不事生产，专事战争的骑士。他们是贵族的底层，只忠于自己的封君，受封君所驱使，为封君卖命。这种封建骑士制度，成为欧洲长期封建战争的一个重要原因。采邑制度的进一步发展，出现了封建领主的豁免权，凡享有豁免权的地区，国王不再派遣官吏去执行有关行政、司法、警务、监督等事务，由享有豁免权的领主全权处理。豁免权的普遍授予，也是欧洲农奴化过程加速的原因之一。

日耳曼族在征服了罗马广大地区的基础上建立的法兰克王国，是欧洲最早的强大封建王国，它经历了一个由不完备到逐渐完备的过程。由氏族军事首领演变而来的法兰克王国的国王，一开始便是世袭的，拥有广泛的权力，即立法权、最高司法权、任命国家官吏的权力和行政管理权。根据 843 年的凡尔登和约，法兰克王国划分为三个国家，大体奠定了后来的意、德、法三国版图的基础。法兰西是在法兰克王国西部地区建立的，相对欧洲其他国家具有更多的典型性。恩格斯说："法国在中世纪是封建制度的中心，从文艺复兴时代起是统一的等级君主制的典型国家，它在大革命中粉碎了封建制度，建立了纯粹的资产阶级统治，这种统治所具有的典型性是欧洲任何其他国家所没有的。"

在法兰西王国时期，比较规范化的封建等级制度逐步形成。国王把土地封赐给公爵和伯爵，同时还封赐给大主教、主教和大修道院长，他们承认国王是自己的封君，他们则是国王的陪臣；男爵和子爵从公爵与伯爵那里得到封地，公爵与伯爵则是他们的封君，他们是公爵与伯爵的陪臣；子爵和男爵把土地封赐给骑士，骑士则成为男爵和子爵的封臣。他们被称为封建贵族，过着不劳而获的奢侈生活，社会的全部负担都压在了广大农奴的肩上。在封建主内部，陪臣对封君所承担的义务是多种多样的。法兰西的农奴对封建主有三项依附关系，即人格依附、土地依附和司法依附。在政治上，法兰西基本上是仿照法兰克的国家模式建立了自己的体制，国王之下设有宰相、掌玺大臣和财务大臣。早期由于王权衰弱，国王在实行一切重大措施之前，必须召开"库里亚"大会（即封建主代表大会）进行讨论。库里亚大会不仅享有决定国家一切重大事务的权力，而且有权罢免国王和选举新的国王。自887年加洛林王朝的最后一个国王胖子查理被废黜以后，直到13世纪，历届国王必须经库里亚大会的选举才被认可。13世纪以后，随着王权的加强，王位的世袭制才被固定下来。

中世纪的欧洲，政教是统一的。教会不直接掌握军队，不直接进行国家管理，在经济上和政治上却拥有相当大的权力，其中最重要的是司法权力。每个主教都任命了一名法官，负责审理辖区内的宗教诉讼案件，由他主持的法庭被称为"宗教法庭"。宗教法庭可以审理神父、教士、修道士等神职人员和一切信徒，凡涉及圣礼、结婚、离婚、丧葬、遗嘱及有关公民身份的事务，都由宗教法庭审理。在刑事方面，凡属异端邪说、破坏誓约、伤害风化、星期日工作、不遵守斋戒及发放高利贷等，也由宗教法庭审理。宗教法庭没有武力执行自己的判决，可以请求官方援助，由官方代它执行死刑，这种做法被称为"假俗人之手"。

1302年法国首次召开三级会议，标志着等级代表君主制政体的建立。三级会议主要是讨论国家的财政和税收问题，表决时每个等级不论人数多少，均只有一票。参加会议的三个等级不断出现意见分歧，由于僧侣和贵族站在一边，第三等级的代表人数虽多，但表决时只能得到一票。尽管如此，三级会议的召开，等级代表君主政体的确立，在法国国家政治制度史上仍是一个重要阶段，表明市民等级已经成为一种重要的社会力量，这种形式对协调国王、僧侣、贵族和市民之间的利益有着重要作用。各省也纷纷召开三级会议，一些省的三级会议实际上成为了该省的最高立法机构。1453年百年战争结束，王权得到极大加强，三级会议的作用渐被削弱，法国进入了君主专制时期。

法国的三级会议与英国的议会有许多差异，英国的议会从一开始便能与王权抗衡，基本上定期召开。法国的三级会议只是一个"临时性"机构，由国王随意召开和停开，国王并没有使三级会议制度化，大部分代表由国王邀请。从路易十一到亨利二世的 90 年间(1468—1558 年)，三级会议只召开过 6 次，路易十四以后基本上停止召开。法兰西君主专制政体的特点是，国王直接控制着国家机器的主要支柱——军队，并享有立法、行政、司法的绝对权力。到路易十四时代，王权发展到了顶峰。

中世纪末期，大部分欧洲国家相继从封建领主制向两个方向过渡：一是向君主专制制度过渡；二是向有限君主制过渡，而前者是大部分国家(如英国、法国、西班牙、俄罗斯)所走的道路。在公元 450 年前后，居住在易北河、莱茵河和威悉河下游的盎格鲁人、撒克逊人、朱特人先后入侵不列颠岛，于 6 世纪形成了七个封建王国。在 9 世纪，出现了一种由国王不定期召集的贤士会，参加会议的有主教、修道院长、亲王、郡长和贵族。贤士会拥有最高司法权，税收、外交、防务、分封等重要事务也在贤士会上讨论，特别是王位的继承人须经贤士会认可。829 年，威塞克斯国王爱格伯当政时期，盎格鲁、撒克逊和朱特人的所有王国合并成为一个国家，这个国家被称为英格兰。

1066 年，英国被来自法兰西诺曼底的封建主威廉公爵所征服。在威廉公爵的儿子亨利一世统治时期，对英国管理起巨大作用的是常设的王室会议，参加王室会议的除了某些大封建主以外，还有国家的高级官吏，首先是法官和管理国库税收的官员。亨利二世统治时期，对国家体制进行了许多重大改革，其主要内容为：一是把王室法院划分为三个法院，即王座法院(负责审理重大刑事案件)；民事法院(负责审理重大民事案件)；棋盘法院(又称国库法院，负责审理有关财政方面的重大案件)。二是建立巡回法官制度，巡回法官由国王选派贵族或亲信担任，他们还代表国王对地方行政进行一般的监督。三是规定了新的诉讼程序，无论骑士、市民或其他自由民均可直接向王室法院起诉，从而缩小了封建领主法院的司法权力。四是废除了神明裁判，并按照诺曼底人的习惯，建立了陪审制度。经过亨利二世的改革，王权进一步加强，英国政治上的中央集权化得到巩固。爱德华三世为了加强对地方的控制，于1360年建立了治安法官制度，陪审制度也演变为检察制度。

随着国会制度的建立，英国开始建立了地方自治制度。英国议会具有下列特点：(1)国会分为两院，一院称为贵族院，或称上院；另一院称为平民院，或称下院。14世纪中叶以前，英国议会没有两院的划分，直到16世纪才有上院这一名称。(2)征收赋税是英国议会讨论的主要内容。(3)议会制度确立以后，下院享有"请愿权"(请愿分个人请愿和公共请愿两种)。从亨利七世起，议案制开始取代请愿制，成为立法的起点。(4)起初议会是不定期的，由国王召集。关于下院议员的选举制度，直到15世纪才明确下来。国会在取得立法权之后，逐步取得了对国王官吏的监督权。君主专制的基础是等级制，政治上呈现着君主→贵族→第三等级(工商业主、手工业者、农民等)的宝塔形分布。

由封建君主制向有限君主制过渡，比较典型的国家有瑞典、丹麦、挪威、芬兰和荷兰，这些国家相继完成了由专制制度向议会制度的和平过渡。北欧四国在克服君主专制过程中，瑞典走在前列。瑞典国王卡尔十一世利用各阶层对贵族的不满和要求收回贵族土地的呼声，迫使贵族交回了过去国王封赐给他们的土地。他大权独揽，既不接受宪法和法律的约束，也不接受参政会的约束，并迫使由贵族、教士、自由民和农民代表组成的四等级代表会议发表效忠声明。卡尔十一世去世后，他的儿子卡尔十二世在对外扩张战争中被击毙，瑞典贵族乘机夺回权力，于1720年拥立新国王，迫使他接受参政会提出的宪法。宪法规定，由贵族、教士、自由民和农民代表组成的等级会议是国家的最高权力机关，握有立法权、制定税收权和官吏任命权；参政会与国王分享国家的行政权力，是等级会议的执行机关，对等级会议负责，而不是对国王负责；在国王与参政会意见分歧时，采用投票表决的方式解决，参政会成员每人只有一票，国王则有两票。未经等级会议同意，国王不得征税，不得宣战。1738 年，议会中出现政党的雏形——"礼帽党"，代表工业主、商人为主体的市民基层，在等级会议中对贵族发起攻击，要求实行重商主义政策，发展国内和国际贸易。至 1809 年，卡尔十三世在瑞典人民的强烈要求下颁布了一部君主立宪宪法性文件，即《政府组织法》。该法按照孟德斯鸠的三权分立说，对国王、等级会议的职权做了新规定。宪法和法律高于国王的原则在瑞典得到了确立，瑞典开始成为一个君主立宪制的国家。1865 年，瑞典仿效英国的模式，建立了两院制议会。之后，议会内的政党开始相继产生。1920 年后，社会民主党开始成为瑞典执政党，其创建人布兰亭亦多次出任首相，瑞典步入了政党政治时期。

转向议会政治的现象，在英国和荷兰、比利时、卢森堡等"低地国家"，几乎同时出现。1581 年，尼德兰成立了由七省组成的"联省共和国"，七省中以荷兰省经济最为发达，为共和国提供了57% 的财政收入，因此联省共和国也被称为荷兰共和国。联省共和国是一个邦联制国家，每个省都有自己的省议会。在各省议会的基础上产生联省议会，这就是共和国的最高权力机关。联省议员由各省选举 40 名左右的代表组成，而每一个省不论代表多少，都只有一票表决权。若各省有分歧，协调后还不能取得一致，则执政官行使最高裁决权。由于各省在利益上有分歧和矛盾，很少达成一致，执政官行使自己权力的机会便很多。联省共和国还设立了一个政务院，作为最高行政机关，由各省选派的 12 名代表组成，主要负责军队和财政的管理。1795 年，荷兰的自由主义者组建了一支军队，协同法国军队推翻了联省共和国奥兰治家族的统治。掌握政权的自由主义者试图把法国的自由、平等和博爱的理想移植到荷兰，甚至想把法国的政治体制也移植到荷兰。1813年，荷兰人推翻法国在荷兰的统治，重新立国，于 1815 年建立尼德兰王国，由奥兰治·威廉亲王掌握整个尼德兰的主权。1848年，自由主义者起草了一部新宪法，这部宪法标志着尼德兰从君主制向君主立宪制过渡。该宪法确立了尼德兰的议会两院制和大臣对议会负责的原则，规定议会由两院组成，第一院的议员由各省议会选举产生，第二院的议员由公民直接选举产生。两院均有立法权，但有关国家财政预算的问题要先交第二院审议。1879年，尼德兰出现了第一个政党——反对派革命党。1887 年，宪法得到进一步的修改，扩大了选民的范围。1894 年，社会民主党建立，并成为主要的政治力量。

19 世纪以后，几乎所有的西欧国家都进入了有限君主制时期。当然，有的国家是和平渐进的，有的国家则依靠了暴力。法国就是后者的代表，而俄罗斯则将这一进程推迟到 20 世纪初。

二、中国封建社会的政治制度

1. 中国封建社会的行政区划

政区(行政区域)是国家为进行分级管理而划分的地方，它的出现是以国家的建立为前提的，但并不是说国家建立以后就必定要划分行政区域。秦以前的诸侯国非大一统，也非地方行政单位，笼统称九州，即秦之雍州、晋之益州、卫之并州、燕之幽州、赵之冀州、郑之兖州、宋之豫州、齐之青州、鲁之徐州、楚之荆州、吴越之扬州。秦朝建立了中央集权制的政权，此后 2000 多年的行政区划经历了三个阶段。

第一阶段：秦汉至南北朝的 800 年为州郡时期（前 400 年为郡县两级，后 400 年为州郡县三级）。

秦朝推行的郡县制是后世封建王朝地方行政制度的基础，但各朝各代地方行政区划的名称与级数有区别。秦朝至东汉前期，实行郡、县二级制。郡的长官是"守"（汉景帝改称"太守"），总揽一郡大权，其下设郡尉，辅佐郡守，兼管军事，另设郡监，掌监察。县是地方基层政权，万户以上的县设县令，不满万户的县设县长。县令或县长是一县的最高长官，级别不高，被戏称"七品芝麻官"，但作用重要，被誉为"衣食父母官"。县令或县长之下设县丞，协办县政，并兼管司法，另设县尉，掌治安和征召军队。郡守、县令或县长一律由中央任命，不再世袭；定期向中央领取俸禄，不再享有封邑；贯彻执行中央政令，不能自行其是。县以下基层组织依次是乡、亭、里、什、伍。乡官有三老（掌教化）、啬夫（掌狱讼、赋税）等。亭有亭长，掌捕贼，西汉开国皇帝刘邦就担任过泗水（在今江苏沛县东）的亭长。西汉时期，地方行政单位还有"国"。宗室、大功臣封为王国，与郡同级；功劳小者封为侯国，与县同级。王国官职仿照中央设置，著名文学家贾谊就担任过长沙王的太傅，长沙马王堆汉墓就是轪侯利苍及其家属的墓地。

东汉后期至魏晋南北朝，实行州、郡、县三级制。州的长官叫"刺史"（或"牧"），如刘备是徐州牧，吕布是兖州牧，袁绍是冀州牧。魏晋南北朝时期割据分裂，地方行政管理非常混乱，最突出的特点是军事与行政混淆不清、军人干政。刺史往往由都督（军事职务）兼任，加将军称号，赐给符节，并允许成立军府，自置僚属，权势很大。

第二阶段：隋唐至宋代的 700 年为道路时期（隋废郡，唐在州上设道，宋改道为路），下设州（府）、县。

　　隋朝实行州、县二级制。唐朝前期实行州、县二级制，中后期形成了道、州、县三级制。"道"惯称"藩镇"，原是中央派驻地方的监察机构，"安史之乱"前后发展成为最高一级地方行政区划。"道"的机构有两套：一套是军事系统，长官叫节度使；另一套是行政系统，长官叫观察使。拥有实权的是节度使，集军权、行政权、财政权、监察权于一身。例如，安禄山曾兼任平卢（治今辽宁朝阳）、范阳（治今北京）与河东（治今山西太原）三镇节度使，加御史大夫，又兼河北道采访处置使。节度使自行任命各种幕府人员，如判官、掌书记等。唐朝中后期的地方行政同样存在军事与行政混而为一、军人干政的弊端，这是导致唐朝中后期割据分裂、军阀混战的重要原因。

　　宋朝改道为路，实行路、州、县三级制。每路设置四个机构，各置长官，分别是：经略安抚司（称为帅司）负责军事与民政，长官为经略安抚使，著名政治家与文学家范仲淹就担任过陕西路经略副使，主持对西夏的抵抗战争。转运司（称漕司）负责钱粮征收与转运，长官叫转运使。提点刑狱司（称宪司），负责司法、刑狱与监察，长官叫提点刑狱使。提举常平司（称仓司）负责常平仓、义仓及贷放钱粮、盐茶专卖，长官叫提举常平使。四司互不统属，各自统属于中央政府的相应主管衙门。宋朝的府、军、监，或与州同级，或与县同级，其长官依次叫做知州、知府、知军、知监、知县，都由中央派文臣担任。知州、知府、知军与知监之下，都设"通判"一职，各种文件须由通判与长官联署才能生效。宋朝统治者过于强化中央集权，加强了对地方的控制，造成相互推诿、相互掣肘、官员太多、效率低下的弊病，这是导致宋朝积贫积弱局面的重要原因。

　　第三阶段：元朝至今的700年为行省时期，下设府（州）、县（卫）。

　　元朝实行省、路、州、县四级制。另有府，与州同级。省与路之间还有"道",基本上是监察区。省的出现是元朝地方行政制度的巨大变化,沿用至今。省或行省是"行中书省"的简称,本意为代表中书省(元朝中央最高行政机关)管理地方政务。首都大都(今北京)附近的河北、山西、山东由中书省直接管辖(称为"腹里"),其他地区划分为10个行省:岭北、辽阳、河南、陕西、四川、甘肃、云南、江浙、江西、湖广。最北面的是岭北省,其治所在和林(今蒙古国首都乌兰巴托西南)。行省的职官仿照中央的中书省对口设置,有丞相(不常设)、平章政事等,例如,云南行省第一任长官是回回人(今维吾尔人前身)赛典赤·赡思丁。元朝的"路"有185个,长官称为总管或都总管。州的长官称州尹(小州叫知州),府的长官叫府尹(或知府),县的长官叫县尹。路、州、府、县除设上述长官之外,还设达鲁花赤(蒙古语,意为镇守者),主要由蒙古人担任,是该行政区划真正的掌权者。为加强对藏族地区的管理,元朝在中央设置了宣政院,在今西藏地区设置了宣慰使司都元帅府。

明朝实行布政司、府、县三级制,另有州,或与府同级,或与县同级。府、州、县的长官分别叫知府、知州、知县。"布政司"的全称是承宣布政使司,代表中央宣布执行政令,由元朝的行省改名而来,习惯上仍称作行省。明朝有13个布政司,即山东、山西、河南、陕西、四川、江西、湖广、浙江、福建、广东、广西、云南、贵州,另首都北京地区(包括今河北)称北直隶,旧都南京地区(包括今安徽)称南直隶,与布政司同级。布政司的职官有左、右布政使(从二品),俗称藩司,主管民政与财政;另有提刑按察使(正三品),简称按察司,主管司法和监察;还有都指挥使(正二品),简称都司,主管军事。此三者通称为"三司",是平行关系,分权鼎立,便于强化中央权威。明朝中期以后,出现了新的职官——总督或巡抚,由皇帝派遣朝廷大员临时赴地方督办大事、要事和急事。例如,历史上有名的清官海瑞曾任应天(今南京)巡抚,专司疏浚吴淞江、推行新法之责。在少数民族地区,明朝设置了奴儿干(今黑龙江江口特林)都指挥使司、乌斯藏都指挥使司。

清朝实行省、道、府、县四级制。另有州、厅(在少数民族地区设置),或与府同级,或与县同级。省由明朝的布政使司改名而来,康熙时全国有18个省,光绪时有23个省(与今天省名基本相同)。各省仍设布政使,掌一省民政、财政,仍设按察使,掌监察。同明朝不一样的是,总督、巡抚由临时性钦差演变成固定的职官,成为代表中央节制地方官的封疆大员。总督辖区不一,少者一省,多者三省。清朝中期以后,共设八总督,即直隶、两江、闽浙、湖广、陕甘、四川、两广、云贵。另设巡抚12名,各分治一省。总督偏重于军政,称为"制军"、"制台",巡抚偏重于民政,称为"抚台"。两江总督曾国藩、直隶总督李鸿章、陕甘总督左宗棠等,是晚清著名的总督。总督与巡抚自己聘请各种幕僚担任辅佐,还设有一种与历朝不同的高官"将军",由满族人担任。省下是道,长官称为"道台"或"道员",多兼兵备衔。

2. 中国封建社会的文官制度

中国是世界上悠久的文明古国,在其漫长的发展历程中,逐步形成了一整套规范严密的文官管理制度。这些制度不仅使古老的中华帝国运转有序,也对当时的许多国家乃至西方近代文官制度的形成产生了重要影响。

中国古代官员的官职代表其职守权限,品秩表示其等级高低。周代的品秩制度是"九命制",即以九个等级来确定诸侯百官的品级地位。秦汉实行粟石品级制,俸禄是官员的经济报酬,按等级发给。魏晋时期则采用品、石、班、命等划分官等的方法,并逐渐形成了九品十八级官制。隋朝官分九品,每品又分正、从两级,共有十八级。此外,还有封爵制度,如《周礼·王制》记载

"王者之制爵禄，公、侯、伯、子、男凡五等"，秦国商鞅制定了二十等军功爵制。秦汉虽然承袭了二十等军功爵制，但有所变化。唐代实行五等九级爵制，五等仍然是公、侯、伯、子、男。明代皇室封亲王、郡王两种爵号，功臣封爵分公、侯、男三种。清代功臣封爵，分为二十七等。

等级森严是阶级社会的特点，古代文官制度形成了有区别的官品、官爵、官阶、官勋制度。"品"是表示官员地位高低的标志，起源于魏晋南北朝，发展于唐、宋，定形于元、明、清。以清朝为例，官员分成九品，每品又分正、从，共有 18 个等级。例如，内阁大学士为正一品，六部尚书为从一品，总督为从一品，巡抚为正二品，布政使为从二品，知府为从四品，知县为正七品。九品以上的官是"入流"的"流内官"，九品以下的无官品（如典史、驿丞）是"未入流"的"流外官"。"流外官"只能算吏，"流内官"才是官。一至三品为上品，四至五品为中品，六至九品为下品。上品官由皇帝任命，中品官由宰相决定再报皇帝批准，下品官由吏部（武职由兵部）选授。官品不同，服饰的图案、色彩也不相同。

俸禄是官员的经济报酬，按其等级发给。《周礼·王制》云："任官，然后爵之；位定，然后禄之。"从西周到隋都是实行以实物为主的俸禄制度。秦以前的官吏俸禄主要是封地和禄田。两汉时期以粮食为主，俸额以斛为单位，按月发给。唐代官员俸禄由岁禄、月俸、职田构成，实行实物、货币和土地并行的俸禄制度。宋代官员待遇优厚，俸禄以货币为主，官员除了月给俸钱之外，还有禄粟、职田等实物和土地报酬，以及"衣粮钱"、"餐钱"、"给券"、"茶汤钱"等津贴。明代官员俸禄是以米为单位，折成钞、钱、布、银等形式发给百官。清代官员的俸禄以银为主，银米兼支。

古代的文官制度是指官员的设置、选拔、任用、考核、官品、退休、监察等制度。在奴隶社会中，国家形式是以王为首的奴隶主贵族政体。中央官制是：商、周设三公（太师、太傅、太保）、六卿（太宰、太宗、太史、太祝、太士、太卜，分管行政、宗庙、文史、祭祀、占卦、神事）、五官（司徒、司马、司空、司士、司寇，分管土地、军赋、工程、爵禄、刑罚）。王是最大的奴隶主，是国家的最高统治者，全国的土地、奴隶及平民都属王所有，即所谓"普天之下，莫非王土；率土之滨，莫非王臣"。王把一部分土地、奴隶及平民分给同姓或异姓的贵族，封他们为诸侯。诸侯是受封区的统治者，须服从王命，对王承担徭赋义务。在诸侯封地内，也建立了一套掌握政治、经济和军事权力的官吏机构，成为具有一定独立性的地方政权。诸侯又把土地、奴隶及平民封给奴隶主贵族卿、大夫，卿、大夫是其封地内的统治者。有的卿、大夫担任着王国或诸侯国的重要官职，辅佐王和诸侯进行统治。

秦始皇统一中国后，建立起中央集权的统一官制。随着封建性加强，官僚制必然补充宗法制。中国文官制度确立于秦汉，形成以宗法制为基础、官僚制为骨架、君权至上为核心的专制结构。以后历朝虽有变革，但大体以秦汉官制为基础。秦朝与汉朝的中央机构实行三公九卿制，秦朝的三公（即丞相、御史大夫、太尉）是中央最高军政长官，西汉末年改丞相为大司徒，改御史大夫为大司空，改太尉为大司马，合称"三公"。汉代"三公"的职权已被削弱，后世"三公"更变成优礼大臣的荣誉官衔。九卿是秦汉时期中央行政机关的长官，分别是太常（管祭祀）、郎中令（管侍从）、卫尉（管征兵）、太仆（管车马）、廷尉（管司法）、宗正（管皇族事务）、鸿胪（管接待）、司农（管赋税）、少府（管国库）。与秦朝相比，汉朝九卿变化较大的只有少府，特别是少府中的尚书一官因侍从皇帝、掌管文书而日显重要，到东汉时，尚书台发展成为拥有实权的中央行政机关。魏晋南北朝时，正式形成尚书省，与中书省、门下省合称"三省"。

隋唐时期，中央机构实行三省六部制，标志古代官制进入成熟阶段。尚书省的主官叫尚书令，副职叫尚书仆射；中书省的主官叫中书令，副职叫中书侍郎；门下省的主官叫侍中，副职叫门下侍郎。"三省"权力的运作程序是，中书省先决策，草拟诏令，然后交与门下省审议，纠正违失，再交付尚书省具体执行。"三省"各司其职，既相联系，又相牵制，既提高了行政效能，更加强了皇帝的权力。"六部"是指尚书省设置的六个办事机构，各部正副长官称尚书、侍郎，其职责分别是：吏部管人事任免、考核；户部管户口、财税；礼部管礼仪、教育；兵部管军队、车马；刑部管刑法、狱讼；工部管工程、水利，"六部"机构及其官职一直沿用到清代。各部设司，如吏部设吏部司、主爵司、司勋司与考功司，各司正副长官称郎中、员外郎。此外，还设有大理寺、太常寺、光禄寺、鸿胪寺、太仆寺等"五寺"，以及国子监、钦天监和上林苑，作为国家的职能部门或技术部门。

宋朝中央机构所起的变化，是形成了二府三司制。"二府"是指"中书门下"（或"政事堂"）与枢密院，分别掌管行政与军事大权。"三司"是指盐铁、户部与度支三个机构，掌管国家财政大权，其长官称为三司使。元朝设中书省主管行政，设枢密院主管军事。明清废宰相，中央机构的新变化是出现了内阁和军机处。皇帝直辖六部，大学士们成为内阁和军机处的行政长官（即没有实权的集体宰相）。

自秦至清，我国封建机构与职官制度的发展始终贯穿一条线索，就是逐步削弱大臣（尤其是宰相）的权力，不断增强皇帝的权力。秦朝的丞相位高名重，谓之"一人之下，万人之上"。从西汉武帝开始，宰相渐被疏远，皇帝身边的近臣渐受器重。三省的出现，内阁的产生，军机处的形成，无一不是这种趋势发展的结果。例如，军机处原本是雍正帝时为了办理军务而设置的临时机构，由于它有利于皇帝专权，便被皇帝抓住不放，赋予它愈来愈多、愈来愈大的职权，乾隆帝晚年终于成为凌驾于内阁之上的最高国家机关。军机处的职官有军机大臣、军机章京，直接由皇帝从大臣中挑选亲信兼任，也可以随时命令他们离开军机处。他们的工作由皇帝临时交办，毫无自主性，只是承旨办事。

综观各国，监察官的设置始于中国。据甲骨卜辞记载，商代已有御史一职。战国时期，御史便有监察职能。秦汉时期，御史大夫的职掌为"典正法度，以职相参，总领百官，上下相监临"，主要负责监察。汉武帝将全国分为十三个监察区，各设刺史一人，以六条问事，监察地方官员。唐代中央设御史台，下属台院、殿院、察院，专司监理。宋代除了设置御史台来"纠察官邪，肃正纲纪"，还设有谏院，谏官和御史可"风闻弹奏"。明代改御史台为都察院，设十三道监察御史，定期到地方巡回监察，称为"巡按御史"，又新设六科给事中对中央六部对口监督。清代将六科给事中合并于都察院，与御史合称"科道"，专司监察。

秦划全国为36郡(后增至40余郡)，每郡统辖若干县，是郡县二级制。地方的职官，郡置"守"，为行政长官；下置"尉"，佐守掌郡之军事；又置监御史，掌郡之监察。"守、尉、监"实行行政、军事、监察分权，相互牵制。县分二等，大县置令，小县置"长"，为县一级行政长官。下设"尉"，掌县之治安，又设"丞"，执掌仓储、刑狱和文书。郡县的行政长官，均由皇帝直接任免。汉初沿秦制，唯改郡守为太守，郡尉为都尉，诸侯王国的官制与中央官制相仿。汉武帝时，划全国为13个州，每州设刺史一人，奉帝命巡察诸郡、国。东汉末年，为镇压农民起义，改刺史为州牧，掌一州之军政大权。州、郡、县三级的地方官吏体制，一直延续到魏晋南北朝。隋末废州留郡，唐又改郡为州，加上县一级，都是两级制，一直延续到宋朝。此外，宋设监察区，称为"路"。路设都转运使、提点刑狱、提举某路常平公事等官，负责一路的吏治、民刑案件及财政事务；又设经略安抚使或安抚使，掌一路的地方军事，通常以本路的知州或知府充任。

元代中央与地方的划分比较复杂，县上有州，州上有道，道上有行中书省。行中书省为中央中书省派出的机构，权力很大。这样，元代的地方官制就形成省、道、州、县四级制。明初改元代"行中书省"为"承宣布政使司"（仍称"省"），长官为布政使，掌民政和财政。此外，省一级地方官署还有提刑按察使司、都指挥使司，分掌一省之刑狱和军事，与承宣布政使司合称"三司"。其下设府或直隶州，长官为知府或知州；府之下是县或散州，长官为知县或知州。清代的府、州、县制与明代略同，唯在少数民族聚居的地区设"厅"，厅的行政级别与州相似。府以上的道依然保存，并成为一级行政机构，道员也成为专设的官职，俗称"道台"。省级则由总督或巡抚综理军民要政，成为固定的"封疆大吏"。布政使名义虽然保留，但已成为总督或巡抚的属员，专管税收、民政，称为"藩台"；又设按察使管一省之司法，称为"臬台"。巡抚辖一省，总督辖一省或二、三省。府的长官称知府，县的长官称知县，厅的长官称同知或通判。

在中国古代分散的小农经济状态下，官吏的职责十分简单。各级官员最基本的职能为兴教化、倡礼仪、维持治安和催粮征税。官本位是古代官制文化的核心，官吏不仅拥有权力，还拥有财富、声誉和各种特权；做官首先是一种身份等级，其次才是一种职业。关于行政技术的问题，官吏更多地倚重于幕僚和胥吏，且中国古代基层社会由地方乡绅自治，极少需要朝廷的行政权力干预，因而官吏不需要具备整合、调控、管理社会的专门知识。

3. 中国封建社会的选官和任官制度

古代选官，春秋战国是招聘、养士和军功制度，汉代是察举、征辟制度，即三公九卿、地方郡守等高级官员定期或不定期地向朝廷举荐各种人才。举荐的科目很多，有"贤良方正"（品德优良，行为端正）、"能言极谏"（敢于批评建议）、"秀才"（才能出众，东汉光武帝刘秀改称"茂才"）、"孝廉"（孝敬父母，办事廉正）等。举荐的对象主要是地方官吏和各级学校的学生。地方上负责举荐的是当地的实力派，到东汉后期，往往是当地的大族大姓，他们的"评论"成为举荐的依据。例如，东汉末年的许劭以品评人物著名，他给曹操的评论是："清平之奸贼，乱世之枭雄"（《后汉书·许劭传》）。曹操获此评判，十分高兴。他进入仕途正是由"年二十，举孝廉，为郎"开始的。被举荐者一般要经过皇帝的亲自考核，然后按等级高低授官。皇帝亲自考核的方法有"对策"和"射策"两种，"对策"要求应考者按同一题目作答，"射策"类似于抽签考试。例如，提出"罢黜百家，独尊儒术"的董仲舒，在西汉武帝时以"贤良文学"被举荐到中央，对策时以著名的"天人三策"受到汉武帝赏识，遂被任命为江都王相。到东汉后期，随着中央政治的腐败和地方家族势力的壮大，这种选官制度走向了反面，举者徇私舞弊、结党营私，被举者趋炎附势、沽名钓誉。民间出现了入木三分的民谣："举秀才，不知书；察孝廉，父别居；寒素清白浊如泥，高第良将怯如鸡。"（《抱朴子·析篇·审举》）

　　为了弥补察举制的缺陷，三国时魏文帝实行九品中正制，即在各州、各郡设立"大中正"和"中正"。他们由来自该州、该郡的中央官员兼任，负责了解同籍人士的情况，对其德才写出评语，并参考其家世，评定等第，分为三类九等（上上、上中、上下、中上、中中、中下、下上、下中、下下，总称"九品"）。评定材料交中央人事部门——司徒府，作为选用官吏的主要依据。大中正或中正官每月对乡籍人士进行一次小评，每三年进行一次大评。九品中正制的基本精神依旧是推荐人才，但它有专门的官员负责人才推荐工作，对被推荐者的德行考察更全面，评判的等级更具体，因而便于人事部门依等授职。九品中正制是一项制度化的推荐人才工作，在实施初期取得了成效。然而，随着世家大族势力的膨胀，后来也走向反面，"大中正"或"中正"被世家大族垄断，评判的标准往往以门第为主，加之许多中正官自身品德恶劣，因而形成了"上品无寒门，下品无势族"（《晋书·刘毅传》）的局面。

隋开皇七年（公元587年），隋文帝废除九品中正制，规定采用考试方法选拔官吏，并于开皇八年设立"志行修谨"（有德）和"清平干济"（有才）两科，以选拔人才。大业三年（公元607年），其儿子炀帝杨广予以继承，在诸多科目中首创"进士科"，以考试策问取仕。科举制是一项以分科考试选拔人才的教育制度与政治制度，其基本精神是通过考试，公开、公平地选取人才。考试制度日益严密和完备，评卷必须"糊名"，以示公正。考试合格被录取称为"及第"、"擢第"、"登第"、"登科"，考不上就叫"落第"。进士及第就叫"进士第"，新科进士互称"同年"，他们都是主考官的"门生"。科举制的设立，为知识分子作为官僚的后备军得到统治者的许可。学校与科举紧密地结合起来，进学成了科举的必由之路。

唐代的考试方式主要分作两类：一是常科，二是制科。"常科"就是每年举行的考试，设立的科目不下几十种，常见的有秀才、进士、明经、明法、明算、明书、明字、史科等，而以应考明经、进士两科的人数最多，明经科主要考儒家经典，进士科主要考诗赋和政论。明经科的考中率为十分之一、二，进士科为百分之一、二，因此流行一句谚语："三十老明经，五十少进士。"（《唐摭言》卷1《散序进士》）进士科难度虽大，却是做高官的晋身之阶，最受考生重视，报考的人数最多。考中者仕途较快，唐朝的宰相大都由进士出身，被称为"登龙门"，因而录取最严。"制科"是皇帝临时设立的科目，也叫"特科"，其内容也相当庞杂，是朝廷特选人才的一种办法。考取之后，还要通过吏部面试，合格者才能授官。从考生的来源看，唐代的科举制分为"生徒法"（从各级官学学生中选拔成绩优良者，送入京师受试）、"贡举法"（非官学学生，先试于州县，及格后再送至京师复试）、"制举法"（临时性的特种考试，以待非常之才，试于殿廷）。另有"武举"，是唐朝女皇帝武则天创设的。武举考试在外场比试武功，在内场加试文章。

宋朝对科举制进行了重大改革，一是扩大了录取名额；二是殿试成为制度，是最高一级的考试；三是改革了考试内容，王安石变法时以考经义为主。未取得功名之人，无论年龄大小，统称"童生"，故有"七十老童生"之说，"童生"不能参加科举，只有通过县里的考试、取得了秀才资格之后，才能参加州府设立的乡试。科举考试分三级：乡试每三年在各省省城举行，考试内容主要为经义，出题限于五经四书，文体多为八股，考中者称"举人"，第一名称"解元"；会试于次年春在礼部举行，主要考诏诰律令，考中者称"贡士"，第一名称"会元"；殿试由皇帝在殿廷亲自主考，主要考经史时务策，考中者称"进士"，考上"进士"者由朝廷依等授官。南宋以后，第一名称"状元"，第二名称"榜眼"，第三名称"探花"。乡试、会试、殿试三场考试均为第一名，称"三元及第"。

明清时期科举制的最大变化，是考试内容和形式的变化。明代在开国之初，不曾开科取士。洪武三年（1370年）正式建立科举制，规定以八股文取士。所谓八股文，亦称时文、制义或制艺，它是明清科举考试制度所规定的文体，每篇都由破题、承题、起讲、入手、起股、中股、后股、束股八部分组成。破题用两句说破题目要义，承题是承接破题的意义而加以阐明。起讲为议论的开始。入手为起讲后入手之处。从起股到束股才是正式议论，以中股为全篇重心。在这四段中，都有两股排比对偶的文字，故称八股文。八股文这种死板的考试形式，将曾经在历史上起过进步作用的科举制引入了死胡同。科举考试的内容以《四书》、《五经》

为主，而《四书》、《五经》又以《四书大全》、《五经大全》作为科举取士的唯一教本。不许自由发挥，只能"代圣贤立言"，严重束缚了士人的思想。

科举制以考试替代推荐来选拔人才，显然要客观公正许多，自然有其进步之处。科举制不看出身重学识，为知识分子入仕敞开了大门，使中小地主阶级乃至平民百姓也有脱颖而出的机会，从而为统治阶级笼络了人才。唐朝官吏绝大多数是科举出身，如白居易、柳宗元、韩愈等人都是进士。此后直至清光绪三十一年（1905 年），科举制在中国沿用了 1300 多年。遗憾的是，这样一项好端端的制度也在实施的过程中日渐走向反面，考试偏重经籍文辞，忽略德行才能，束缚了知识分子思想的自由发展；把受教育与仕途利禄直接挂钩，考试合格者不乏思想僵化、毫无能力的庸才和利禄之徒；学校教育和社会教育变成科举的附庸。

在古代选官任官制度中，还有一种"前人栽树，后人乘凉"的做法。唐朝将汉代的"任子"发展为恩荫制。到了宋朝，恩荫制泛滥，成为宋朝最大的任官来源，不但荫及子孙，而且宗人、外戚、门生都可因荫得官。大官僚退休或死亡时，更可荫若干人，真可谓"一人得道，鸡犬升天"！

古代任官实行回避制度，开始于东汉后期，推广于唐、宋，严密于明、清，包括亲族回避、地区回避与职务回避三种。亲族回避，就是规定有嫡系亲属关系及母家、妻家近亲关系者，不能在同一个官衙任职，或不能在同一个地区的不同官衙任主要官职，中央高官的亲属不能在京城及其附近地区任府县官。地区回避，就是规定本地人不得在本地做官。职务回避，是对以上两种回避的一种补充，例如，中央的监察御史不能监察其籍贯之省，也不能受理有关该省的案件，地方总督与巡抚的子弟不能在中央担任御史。

考核奖惩制度由来已久，传说在尧舜时代就已实行"三载考绩，三考黜陟"。西周时期对官员的考核，主要采取"巡狩"和"述职"两种方法。战国至隋，考课奖惩官吏的主要形式是"上计"，即岁末年终下级官员向上级官员汇报一年的工作情况。隋唐时期，吏部专设考功司负责官员考核。唐代官员考核的标准是"四善"和"二十七最"，"四善"即"一曰德义有闻，二曰清慎明著，三曰公平可称，四曰恪勤匪懈"；"二十七最"规定了不同行政责任的工作准则。明代文官考核有考满和考察两种形式：考满是对官员任职以来情况的全面考察，考察结果分称职、平常和不称职；考察又称"大计"，项目有贪、酷、浮躁、不及、老、病、罢、不谨。清代考核京官为"京察"，考核外官为"大计"。考核中纠以六法，即不谨、疲软者革职；浮躁、不才者降调；年老、有疾者休致。清代官员的赏罚也是等级分明，如升赏有即升、推升、议叙、加俸、加顶带、荫子侄、入旗、图形紫光阁等；降罚有罚俸、降级留任、降级调用、革职留任、革职、撤祠、赐恶名、赐死等。

官员因年龄、身体等原因，可辞去官职。"七十而致仕"，是指官员的退休年龄一般为 70 岁，退休后依据其在职时的官品可享受若干待遇。自两汉起，官吏可每隔五日休假一天；自隋唐起，官吏有例假、节假、事故假、婚丧假、病假等；明代规定官员的病假不得超过三个月，探亲假为两个月，"丁忧"（父母死亡）最长可请假三年。

三、现代社会的政治制度和国际组织

1. 现代社会的政治制度

不管是在东方的日本，还是在西方的英国、法国、德国或美国，工业革命中生产力的进步，极大地改革了人与人之间的关系，改变了各个阶级对传统政治制度的态度，也导致了政治制度的变革，现代几种主要的政治制度都是在这一时期被确立下来的。

英国近现代的政治制度是中世纪政治制度的延伸和发展，资产阶级革命所变革的并不是中世纪政治体制的结构和框架，只是变革了中世纪遗留下来的政治体制中的阶级构成。1640 年，英国资产阶级发动了革命，中间经历了 48 年革命与反革命、复辟与反复辟的斗争，直到 1688 年的"光荣革命"胜利之后，资产阶级的君主立宪体制才得以确立。英国资产阶级革命的胜利，使资产阶级成为了统治阶级，国王由实权变为虚位，逐渐成为形式上的、礼节性的、象征性的国家元首。封建贵族虽然退到了历史舞台的后面，但中世纪政治体制的框架、立法、行政、司法的基本体制仍被保留下来。随着时间的推移和社会的发展，部分内容也在不断变革，使之更加适合英国政治经济和社会发展的需要。

英国的宪政体制是西方民主政体的胚胎，其议会制度被各国政治家们青睐。英国宪政体制的一个重要特点是：从来没有一部正规宪法，只有一些带有宪法性质的文件。这些文件虽然不具备基本法的效力，但与一般法律的效力等同。它们没有特殊的制定和修改程序，由议会按照一般的立法程序制定和修改。在成文的具有宪法性质的文件中，并没有规定国家基本制度，也没有明确国家各组成部分的相互关系和各自权限。有关国家的基本制度、国家机关职权和部门之间的关系，大部分是根据历史形成的习惯和惯例确定的，少部分则根据以往法官的判例来确定，这些习惯、惯例和判例均具有法律效力。英国这类具有宪法性质的文件被称为"柔性宪法"或"不成文宪法"，而美、法等国的宪法则被称为"刚性宪法"。英国宪政体制的另一个重要特点是：不成文的习惯法或惯例，在政治生活中比成文的法律或具有宪法性质的文件更起作用。虽然有众多的习惯和惯例，但人们总是自觉地遵守它们。最熟悉的例子就是，国王必须根据内阁的建议履行自己的职务，内阁在失去下院多数议员信任时必须提出辞呈或解散议会。
这些都没有成文的法律作出规定，而人们却严格地执行。

在资产阶级革命胜利之后，英国议会制的民主化经过了近
300 年的时间才得以确立。它是工商界资产阶级联合普通民众特
别是工人阶级，与土地贵族、大资产阶级进行长期斗争的结果。
19 世纪前期和中期，在经历了 1832 年和 1867 年的两次议会改革
之后，选民的范围不断扩大，小资产阶级和工人中的上层人物获
得了选举权，议会中的两大政党——保守党和自由党逐渐成熟。
特别是责任内阁制的形成，使两党轮流任职成为一条政治原则。
内阁制早在查理二世时代就已出现，并为后来的历任国王遵循。
乔治三世执政时，又确立了由下院多数党领袖出任"首相"的制
度。到了 19 世纪中期，内阁制进一步发展为责任内阁。1884 年
及 1885 年，自由党提出并进行了新的议会改革，使部分农业工人
得到选举权，实行一个选区一名议员的制度，接近平均代表制的
产生。后来的改革，又使长期以来无选举权的妇女得到了选举
权。在此情况下，两大政党通过争取选民支持而成为议会多数
党，轮流执政的制度较前更加完备。从 19 世纪后半期到 20 世纪
初，刚刚步入正轨的两党制又出现重大变化，即自由党的衰落和
工党的崛起。1924 年，工党在大选中获胜，麦克唐纳组建了第一
届工党政府，使工党走上了执政党的地位。自由党虽然还有一定
的力量，但每况愈下，无力问鼎执政大权。不过，成立于 1988 年
的自由民主党在逐步崛起，使得英国政坛的力量再次出现分化整
合，呈现出工党、保守党和自由民主党三足鼎立的局面。

英国现代政治制度可以表述为：选民通过普选选举议会，议
会多数党或若干党派联合组成政府。政府对议会负责，首相由多
数党的首领担任，他可根据党派原则挑选内阁，内阁指导政府各
部的工作。国王（女王）虽属世袭，却只是名义上的元首，其职务
仅仅是礼仪性的，不具备行政职能。国家设有上议院和下议院：

上议院由贵族担任，不经选举，而且是终身制，也不具有立法和决策权，只充当最高上诉法庭的角色；下议院由各党派选举产生，拥有立法权，可以选出或推翻首相和内阁。地方的政府和议院，也是直接选举产生的。

法国的资产阶级革命自 1789 年爆发，经过了 80 多年的复辟与反复辟、前进与后退的斗争，经过了从君主立宪制到共和制与帝制的多次反复，直到 1875 年才确立了共和政体。法国在颁布了作为根本大法的《人权宣言》之后，共诞生了 14 部宪法，而且各自立法的原则不同。除了《人权宣言》之外，在上述宪法中的 1793 年宪法、1875 年宪法、1946 年宪法与 1958 年宪法，是确立共和政体的重要文献。法国在第三和第四共和国时期，与英国一样同属议会制国家。如果说英国的议会制给英国带来的是政治稳定，那么法国的议会制却给法国带来了社会动荡。究其原因，就在于英国的议会制是以两大政党轮流执政为基础的，英国由议会中的多数党组阁，政府有议会中的多数党支持，因此有相对的稳定性、独立性和主动性。而法国在第三共和国时期就已形成 10 多个党派，宪法虽然赋予总统较大的权力，但由于政府经常是多党派联合，党派之间在许多重大问题上的主张并未达成一致，导致党派之间不断分裂和重新组合，政府不能获得稳定多数的支持，经常面临改组的威胁。现在指导法国政治生活的是戴高乐于 1958 年制定的第五共和国宪法，这部宪法的主要特点，就是扩大总统和行政权力，重新调整总统、政府和议会的关系。

法国的议会制度与英国十分相似，分为直接选举产生的国民议会（相当于下院）和间接选举产生的参议院（相当于上院）。后者几乎无足轻重，前者是主要的立法机关，不但能够用多数票迫使总理辞职，而且对政府活动有约束权。法国实行的是"半议会制、半总统制"的混合政体，其特点是总统成为国家权力的中心，政府的地位大大提高，议会的作用明显下降。总统是全体选民直接选举的，直接掌握行政权，可以任命内阁各部的首长，通过他们领导各部工作，甚至可以在总理和两院议长的同意下解散议会。

在法国，国家性质的转变是通过资产阶级革命打碎旧的国家机器完成的；而在普鲁士，则是通过改革使社会性质发生转变，然后再影响到国家性质的转变。1919 年初，德国境内的各邦国以民主选举的方式选出代表，在魏玛举行国民议会，制定了宪法。代表中占 4/5 多数的是三个反对君主立宪制的政党——社会民主党、中央党和德国民主党，它们决定建立一个议会制的民主共和国。1919 年 8 月，魏玛宪法经总统签署之后生效，这是近代以来在欧美主要资产阶级国家中产生最晚的一部宪法，得以在形式上把欧美各国宪法的精华融为一体，成为一部具有民主特色的宪法。

在第二次世界大战以后，德意志联邦共和国议会于 1949 年 5月通过了《基本法》。《基本法》的制定吸取了美国和英、法等国政治制度中的一些优点，总结了魏玛宪法的某些教训。《基本法》具有以下特点：(1)突出了对人权的保护；(2)实行联邦与各州的分权体制，给予各州较多的自治权力；(3)削减总统权力，把实权总统变为虚位元首；(4)对政党的作用做了规定；(5)增加了禁止侵略战争的条款。根据联邦德国的《基本法》，西德实行三权分立的议会制，议会由众议院和参议院组成。由于总统虚位，总理成为最高行政长官，可以选定内阁、指导各部。1967 年制定的《关于政党的法律(政党法)》对政党的性质、任务、组织、参加议会竞选、经费、法律地位等问题做了规定，为政党制度的运作奠定了法律基础，并由此逐步形成了"两大党对峙、三个党均势"的二元性多党体制。与英、法两国的不同之处在于：联邦德国虽然也设上院(联邦参议院)和下院(联邦议院)，但二者都有立法权，总理由议会里的多数党或各党派联合推选产生，政府向议会负责。参议院和议院均由各州政府派代表组成，而各州政府也是通过普选产生的。1990年东德和西德统一后，组成主权、独立、统一的德意志联邦共和国，定都柏林，宪法仍沿用原联邦德国的《基本法》、《政党法》和《选举法》，政党格局没有发生根本性的变化。

西欧以上三个主要资本主义国家的政治制度，都建立在普选权的基础上。其权力结构向下，如果没有选民的同意，国家机器就不能运转。美国的政治制度虽然在其建立的背景下与欧洲有一定的渊源，但带有自己的鲜明色彩。

美国宪法规定，政府有三个职权不同的机构，即立法、执法和司法机构，称为"三权分立"。立法机构是国会，由参议院（上院）和众议院（下院）组成，职责是制定法律。参议院由来自每个州的两名参议员组成，任期六年，每两年改选1/3；众议院由435名议员组成，众议员是在各州划定的选区中产生的，根据人口数决定议员人数，其职责是保护所在选区人民的利益。总统是最高行政长官，职责是保证所有法律都得到执行。他可以任命内阁的11位部长，任命大使、领事以及联邦法院的法官。副总统也由选举产生，其职责是主持参议院，一旦总统死亡、辞职或失去工作能力，由他接替总统。司法机构由各级联邦法院组成，它们包括：实施审判的联邦地方法院、联邦上诉法院和联邦最高法院。值得一提的是，20世纪以来，美国总统几乎都由共和党和民主党产生，可说是两党轮流执政。总统和副总统每四年选举一次，在夏季由各党推选候选人，年底在全国进行普选。

仿效西方的日本，可以说是东方民主制的缩影。根据1889年颁布的宪法，日本首次开创议会制度，其名称为"帝国议会"。帝国议会由贵族院和众议院两院组成，众议院议员由选举产生，规定年满25岁以上、交纳直接税15元以上的男子才有选举权。当时的议会权力极小，法律经过议会讨论通过后并不能成立，还必须经过枢密院(根据宪法设立的天皇咨询机构)的审议以及天皇的批准才能生效。天皇还可以不经议会的参与,以敕令、紧急敕令及其他方式任意制定法律,议会无权干预。内阁不从议会中产生,而是直接受命于天皇,因此内阁仅对天皇负责,不对议会负责。另外,国家预算提案权属于内阁,而不属于议会,议会只能审议内阁提出的政府预算案。天皇批准的特别经费和皇室经济开支,议会也无权过问。在第二次世界大战以后,日本接受了美国为其制定的宪法,虽然保留了天皇制,但仅仅将他视为民族和国家统一的象征。国家的最高行政权力属于首相,以及他任命的内阁。长期以来,议会中的多数党是自由民主党,因而都由该党出任政府首相。进入新世纪以来,日本议会选举出现了自民党席位下降的趋势。2009 年 8 月的第 45 届众议院选举结果,在野党民主党获得众议院全部 480 个议席中 308 席,由其总裁鸠山由纪夫出任首相。

　　综上所述,各国的政治制度与本国的历史发展密切相关。德国哲学家黑格尔揭示过一个极其重要的道理,指出国家制度是各国历史发展的产物,它的产生并不以人们的主观意志为转移,必须适合于本民族"理念"的发展。因此,每个民族都有着自身特点的政治制度,要想把某一民族的国家政治制度强加给另一个民族,往往是徒劳无益的。拿破仑想把法国的政治制度搬到西班牙,结果把事情搞得"够糟"。拿破仑也试图把法国中央集权的政治体制强加给瑞士,建立了一个"海尔维第"共和国,结果引发了抵制"海尔维第"督政府的起义。在历史发展的过程中,各国都在相互学习和借鉴他国政治制度中的某些做法,吸收他国政治制度中的某些优点。而这种吸收、学习和借鉴,只有基于本民族自身的认识,并结合本民族自身的特点才能成功。这种成功的范例,如二战后建立的德意志联邦共和国体制,既总结了自己的许多历史教训,又吸收了其他一些国家政治制度的优点。

2. 现代重要的国际组织和协定

第二次世界大战以后，由于政治、经济、军事等情况的变化，国际性的组织，各方面的协定和盟约层出不穷，在相当大的程度上影响了世界政治格局。

最重要的国际性的组织是联合国。1945 年 10 月 24 日联合国宣告成立，这一天被定为联合国日。《联合国宪章》规定了联合国的宗旨：维持国际和平及安全，制止侵略行为，发展国际间以尊重人民平等权利及自决原则为根据的友好关系，促成国际合作。为了实现联合国的宗旨，还规定了以下原则：各国主权平等，各国以和平方法解决国际争端，会员国不得使用威胁或武力侵犯他国的领土完整或政治独立，联合国不得干预在本质上属于任何国家国内管辖的事件。申请加入联合国的国家，须经安理会的推荐，并由大会的 2/3 多数票通过。联合国现有六个主要机构，即联合国大会、安全理事会、经济和社会理事会、托管理事会、国际法院和秘书处。联合国首脑为秘书长，总部设在美国纽约，在瑞士日内瓦设有办事处。安理会的常任理事国是美国、英国、法国、俄罗斯和中国，还有 10 个非常任理事国。

教育、科学及文化组织（UNESCO）是属于联合国的一个专门机构，有会员国 188 个，准会员 5 个（1999 年 11 月）。第二次世界大战刚刚结束，根据盟国教育部长会议的提议，在伦敦举行了旨在成立一个教育及文化组织的联合国会议。约 40 个国家的代表出席。1945 年 11 月 16 日在伦敦通过了《联合国教育、科学及文化组织法》，1946 年 11 月 4 日在巴黎正式成立，简称"教科文组织"。其宗旨是通过教育、科学和文化促进各国间合作，对和平和安全作出贡献。大会为该组织最高权力机构，每两年开会一次，决定该组织的政策、计划和预算。执行局为大会闭幕期间的管理和监督机构；秘书处负责执行日常工作，由执行局建议，经大会任命总干事领导秘书处的工作。中国是联合国教科文组织创始国之一，1971年恢复合法地位。1979年2月，中国联合国教科文组织全国委员会正式成立。中国自1972年首次出席大会即当选为执行局委员，此后一直连任这一职务。

世界卫生组织（简称"世卫组织"，World Health Organization，WHO）是联合国下属的一个专门机构，其前身可以追溯到1907年成立于巴黎的国际公共卫生局和1920年成立于日内瓦的国际联盟卫生组织。第二次世界大战之后，经联合国经社理事会决定，64个国家的代表于1946年7月在纽约举行了一次国际卫生会议，签署了《世界卫生组织组织法》。1948年4月7日，该法得到26个联合国会员国的批准之后生效，世界卫生组织即宣告成立，总部设在瑞士的日内瓦。该组织给健康下的定义为"身体、精神及社会生活中的完美状态"，其宗旨是使世界人民获得尽可能高水平的健康。主要职能包括：促进流行病和地方病的防治；提供和改进公共卫生、疾病医疗和有关事项的教学与训练；推动确定生物制品的国际标准。目前共有193个成员国，现任总干事为香港人陈冯富珍。中国是世卫组织的创始国之一，1945年在旧金山召开的联合国成立大会通过的"联合国宪章"，只字未提卫生工作，中国代表团团长宋子文的秘书施思明注意到这个细节，与巴西代表苏札提交了"建立一个国际性卫生组织的宣言"，为创建世界卫生组织奠定了基础。1972年5月10日，第25届世界卫生大会通过决议，恢复了中国在世界卫生组织的合法席位。此后，中国出席该组织历届大会和地区委员会的会议，均被选为执委会委员。

关税与贸易总协定是一个国际性的多边协定，简称关贸总协定。它以1947年4月在瑞士日内瓦通过的《国际贸易组织日内瓦宪章草案》为基础，为便于讨论战后各国间的关税减让而批定的。"关贸总协定"共有三部分34个条款，由参加会议的23个国家签字通过，于 1948 年 1 月 1 日开始临时适用。此后，关贸总协定的有效期一再延长，并为适应情况的不断变化，多次加以修订，于是便成为确立各国共同遵守的贸易准则，协调国际贸易与各国经济政策的唯一的多边国际协定。其宗旨是：通过大幅度地削减关税和其他贸易障碍，取消国际贸易中的歧视待遇，达到提高生活水平，保证充分就业，保证实际收入和有效需求的巨大持续增长，扩大世界资源的充分利用以及发展商品生产与交换。它的最高权力机构是缔约国大会，一般每年举行一次，大会闭幕期间的日常工作由理事会负责。缔约国推选一名总干事掌管日常事务，通过秘书处处理有关问题。

1994 年 4 月 15 日，在摩洛哥的马拉喀什市举行了关贸总协定乌拉圭回合部长会议，决定成立更具全球性的世界贸易组织（World Trade Organization，WTO），简称"世贸组织"，以取代成立于 1947 年的关贸总协定（GATT）。世贸组织是一个独立于联合国的永久性国际组织，1995 年 1 月 1 日正式开始运作，负责管理世界经济和贸易秩序，总部设在瑞士的日内瓦。世贸组织是具有法人地位的国际组织，在调解成员争端方面具有更高的权威性。与关贸总协定相比，世贸组织涵盖货物贸易、服务贸易以及知识产权贸易，而关贸总协定只适用于商品货物贸易。世贸组织的主要职能是：组织实施各项贸易协定；为各成员提供多边贸易谈判场所，并为多边谈判结果提供框架；解决成员间发生的贸易争端；对各成员的贸易政策与法规进行定期审议；协调与国际货币基金组织、世界银行的关系，提供技术支持和培训。世贸组织的宗旨是：提高生活水平，保证充分就业和大幅度、稳步提高实际收入和有效需求；扩大货物和服务的生产与贸易；坚持走可持续发展之路，各成员应促进对世界资源的最优利用、保护和维护环境，并以符合不同经济发展水平下各成员需要的方式，加强或采取相应的措施；积极努力确保发展中国家，尤其是最不发达国家在国际贸易增长中获得与其经济发展水平相适应的份额和利益。2006年11月7日，世界贸易组织总理事会在日内瓦召开特别会议，接纳越南为该组织成员，正式成员便增加到150个。

　　国际货币基金组织（International Monetary Fund，IMF）于1945年12月27日成立，其总部设在华盛顿。它与世界银行并列为世界两大金融机构之一，其职责是监察货币汇率和各国贸易情况、提供技术和资金协助，确保全球金融制度运作正常。我们常听到的"特别提款权"，就是该组织于1969年创设的。世界银行（World Bank，WBG）成立于1945年12月27日，1946年6月开始营业，其总部设在华盛顿。凡是参加世界银行的国家，必须首先是国际货币基金组织的会员国。今天世界银行的主要帮助对象是发展中国家，帮助它们建设教育、农业和工业设施。它向成员国提供优惠贷款，同时世界银行向受贷国提出一定的要求，比如减少贪污或建立民主等。

　　第二次世界大战之后，由于民族独立运动兴起，第三世界国家发起不结盟运动。不结盟运动（Non-Aligned Movement）是一个松散的国际组织，正式组织名称是"不结盟国家和政府首脑会议"，简称"不结盟国家会议"。"不结盟"一词最早可追溯到1954年印度总理尼赫鲁在斯里兰卡发表的一场演说，尼赫鲁将一年前中国总理周恩来为处理中印两国政治分歧所提出的和平共处五项原则（即"互相尊重主权和领土完整、互不侵犯、互不干涉内政、平等互利和和平共处"）作为"不结盟运动"的基础。之后在1955年举行的万隆会议上，与会的29个第三世界国家的领导人向世界表明自己不愿意卷入美国和苏联之间的冷战，而将反对殖民主义、争取民族独立自主、消除贫穷和经济发展作为自己的目标，万隆会议是不结盟运动发展的重要里程碑。

　　不结盟运动正式成立于1961年9月，在南斯拉夫总统铁托的努力下，与印度总统尼赫鲁、埃及总统纳赛尔共同磋商之后，经埃及、南斯拉夫、印度、印度尼西亚、阿富汗五国倡议而成立。不结盟运动的宗旨是：奉行独立、自主、和平、不结盟的原则，支持各国人民争取和维护民族独立、捍卫国家主权以及发展民族经济和民族文化的斗争，坚持反对帝国主义、新老殖民主义、种族主义和一切形式的霸权主义，强调发展中国家加强团结，争取建立国际经济新秩序。目前有118个成员国、16个观察员国家和9个观察员组织，包括了近2/3的联合国会员国，绝大部分是亚洲、非洲和拉丁美洲的发展中国家，人口总和占世界人口的55%左右，在国际社会具有广泛的代表性。其成员国奉行独立自主、不与美苏两个超级大国中的任何一个结盟的外交政策。不结盟运动定期举行首脑会议，目前已经举办了14次。1992年9月，中国成为其观察员国。不结盟运动的发展面临着许多困难和问题，如外部势力的干扰、内部的矛盾和纠纷、许多成员国存在严重的经济困难。

　　第二次世界大战之后，由美国和西欧主要的资本主义国家发起，成立了北大西洋公约组织（North Atlantic Treaty Organization，NATO），简称北约。1949年4月4日，美国与加拿大、英国、法国、比利时、荷兰、卢森堡、丹麦、挪威、冰岛、葡萄牙、意大利12国在华盛顿签订了《北大西洋公约》，标志着北约的成立。北约成立的目的，是与以苏联为首的东欧集团国相抗衡，若某成员国一旦受到攻击，其他成员国可以及时作出反应，联合进行反击。北约《宣言》宣布：成员国必须保持团结在一起的联系，它们的共同防务是统一和不可分割的。及至苏联解体，华沙公约组织宣告解散，希腊、土耳其、德国以及一些东欧国家相继加入，北约遂成地区性防卫协作组织。北约总部原设伦敦，后迁到布鲁塞尔。北约的最高决策机构是北约理事会，由成员国国家元首及政府首脑、外长、国防部长组成。一般每年举行两次会议，休会期间由常设理事会处理日常事务。组织机构主要有防务计划委员会、军事委员会、国际秘书处和核计划小组，欧洲盟军最高司令历来由美国将领担任。北约就重大国际问题进行磋商合作，协调立场，加强集体防务，每年举行各种联合军事演习。北约拥有大量核武器和常规部队，是西方的重要军事力量。这是资本主义阵营在军事上实现战略同盟的标志，是马歇尔计划的发展，使美国得以控制欧洲的防务体系。

1951 年 4 月，法国、西德、意大利、比利时、荷兰、卢森堡六国根据"舒曼计划"，在巴黎签订为期 50 年的"欧洲煤钢联营条约"，决定建立煤钢共同市场，标志着欧洲共同体雏形的形成。1957 年 3 月，上述六国在罗马签订"欧洲经济共同体"与"欧洲原子能联营"两个条约。1967 年 7 月，以上三个机构联合为单一的执行机构——欧洲共同体。随后，英国、爱尔兰、丹麦、希腊、葡萄牙和西班牙相继加入。该组织设立的机构有：部长理事会、执行委员会、欧洲议会和欧洲法院。1991 年 12 月，在荷兰的马斯特里赫特举行第 46 届欧共体首脑会议，签订了"欧洲经济与货币联盟和政治联盟公约"，简称"马约"）。这个条约对欧共体的发展方向提出了全面的构想和目标。在政治方面，条约规定西欧联盟属于欧洲政治联盟的一部分，应当执行共同防务的方针。1993 年 11 月 1 日，"马约"正式生效。欧共体更名为欧洲联盟(European Union, EU)，简称欧盟，总部设在比利时首都布鲁塞尔。1995 年，奥地利、瑞典和芬兰加入，使欧盟成员国扩大到 15 个。欧盟成立以后，经济快速发展，经济增速每年达 3%，经济总量从 1993 年起翻了一番，现在达到 15 万亿美元，人均国内生产总值接近 3 万美元。

2002 年 11 月 18 日，欧盟 15 国外长会议决定邀请塞浦路斯、匈牙利、捷克、爱沙尼亚、拉脱维亚、立陶宛、马耳他、波兰、斯洛伐克和斯洛文尼亚 10 个中东欧国家入盟。2003 年 4 月 16 日，在希腊首都雅典举行的欧盟首脑会议上，上述 10 国正式签署入盟协议。2007年1月，罗马尼亚和保加利亚两国加入欧盟。欧盟经历了6次扩大，成为一个涵盖27国约5亿人的当今世界上经济实力最强、一体化程度最高的国家联合体。2003年7月，欧盟制宪筹备委员会全体会议就盟旗、盟歌、铭言与庆典日等问题达成了一致。根据宪法草案：欧盟的盟旗仍为现行的蓝底和12颗黄星图案（这12颗星不代表12国，而是代表圣母玛利亚的守护），盟歌为贝多芬第九交响曲中的《欢乐颂》，铭言为"多元一体"，5月9日为"欧洲日"。欧元从1999年1月1日起在奥地利、比利时、法国、德国、芬兰、荷兰、卢森堡、爱尔兰、意大利、葡萄牙和西班牙11个国家开始使用，并于2002年1月1日取代上述11国的货币，现在欧元区成员国增加到18个。

东南亚国家联盟（Association of Southeast Asian Nations, ASEAN），简称"东盟"，是东南亚的区域性合作组织，于1967年8月在曼谷的发起国有印度尼西亚、菲律宾、新加坡、马来西亚和泰国，发表了《东南亚国家联盟成立宣言》（即《曼谷宣言》）。该组织主张区域合作，作为一个中立地区，努力获取不受外部强国任何形式干涉的和平、自由和尊重。联盟的组织机构，除每年召开部长会议外，在印度尼西亚首都雅加达设有常设委员会和秘书处。此后，文莱、越南、老挝、缅甸、柬埔寨等国陆续加入，总面积446万平方公里，人口5.6亿。2006年7月，东帝汶提出申请加入东盟，巴布亚新几内亚成为东盟观察员。2007年8月8日，为庆祝东盟成立40周年，特定当天为东盟日。11月20日，东盟十国元首在新加坡签署《东盟宪章》。"10+3"是指东盟10国和中日韩3国合作机制的简称，中国于1996年成为东盟的全面对话伙伴。

上海合作组织（Shanghai Cooperation Organization, SCO），简称上合组织，前身是"上海五国"会晤机制。1996年4月，中国、俄罗斯联邦、哈萨克斯坦、吉尔吉斯斯坦、塔吉克斯坦五国元首在上海举行首次会晤，从此会晤机制定期举行。2001 年 6 月，乌兹别克斯坦以完全平等的身份加入"上海五国"，6 国元首共同签署《上海合作组织成立宣言》。上海合作组织成员国面积 3018 万平方公里，占亚欧大陆面积的 3/5；人口 15 亿，占世界人口的 1/4。各成员国将严格遵循《联合国宪章》的宗旨与原则，相互尊重独立、主权和领土完整，互不干涉内政，互不使用或威胁使用武力，平等互利，通过相互协商解决所有问题，不谋求在相毗邻地区的单方面军事优势。在进程中，形成了以"互信、互利、平等、协商、尊重多样文明、谋求共同发展"为基本内容的"上海精神"。此外，上海合作组织的观察员国家有：蒙古国、伊朗、巴基斯坦和印度，对话伙伴国有：白俄罗斯和斯里兰卡。

1963 年 5 月 22—26 日，31 个非洲独立国家在埃塞俄比亚首都亚的斯亚贝巴举行首脑会议，通过了《非洲统一组织宪章》，决定成立非洲统一组织（在 2001 年改名为"非洲联盟"）。宗旨是促进非洲国家的统一与团结，协调并加强非洲国家之间政治、外交、经济、文教、卫生、科技、防务和安全等方面的合作，努力改善非洲各国人民的生活，保卫各国的主权、领土完整与独立，从非洲根除一切形式的殖民主义。现在有成员国 53 个，确定 5 月 25 日为"非洲解放日"。

在拉丁美洲的地区组织则有加勒比共同体，是根据《查瓜拉马斯条约》于 1973 年 8 月 1 日正式建立的。1994 年 7 月 24 日，加勒比地区 25 个国家和 12 个未独立地区的总统、政府首脑或外长在哥伦比亚的卡塔赫纳签署了加勒比国家联盟成立纪要，成立加勒比国家联盟，其核心仍然是加勒比共同体。这是政府间的协调、协商和合作机构，主要目的是加强各成员国在政治、经济、文化、科学和社会领域的合作，促进经济和社会发展，维护本地区在国际经济贸易组织中的利益，实现地区经济一体化，最终建立一个广大的自由贸易区。

国际原子能机构（International Atomic Energy Agency，IAEA）是一个同联合国建立关系，并由世界各国政府在原子能领域进行科学技术合作的机构。总部设在奥地利的维也纳，组织机构包括大会、理事会和秘书处。1954年12月，第九届联合国大会通过决议，要求成立一个专门致力于和平利用原子能的国际机构。1956年10月，来自世界82个国家的代表举行会议，通过了旨在保障监督和和平利用核能的国际原子能机构规约。1957年7月，规约正式生效。同年10月，国际原子能机构召开首次全体会议，宣布机构正式成立。它是国际原子能领域的政府间科学技术合作组织，同时兼管地区原子安全及测量检查，并由世界各国政府在原子能领域进行科学技术合作的机构。

1960年9月，伊朗、伊拉克、科威特、沙特阿拉伯、委内瑞拉等石油生产国为了反对国际石油垄断资本的掠夺和剥削，维护自己的民族利益，它们的首脑在巴格达举行石油生产会议，决定成立"石油输出国组织"（Organization of Petroleum Exporting Countries，OPEC，简称"欧佩克"），以协调成员国的石油政策，采取集体态度和行动，同外国垄断资本进行谈判和斗争。随着成员的增加，欧佩克发展成为亚洲、非洲和拉丁美洲一些主要石油生产国的国际性石油组织。目前的成员国在上述五国之外，增加了阿尔及利亚、厄瓜多尔、加蓬、印尼、利比亚、尼日利亚、卡塔尔和阿拉伯联合酋长国。该组织的总部设在奥地利的维也纳，最高权力机构是欧佩克组织会议，由成员国的石油部长组成。

国际奥林匹克委员会（International Olympic Committee）在1894年成立后，总部设在巴黎。1914年第一次世界大战爆发，为了避免战火的洗劫，1915年将总部迁入有"国际文化城"之称的瑞士洛桑。根据现代奥林匹克运动创始人顾拜旦的理想，恢复奥林匹克运动的目的，在于增强各国运动员之间的友谊与团结，促进世界和平以及各国人民之间的相互了解，发展世界体育运动。

因而，这是一个不以营利为目的、具有法律地位和永久继承权的法人团体。奥林匹克的口号是："更快，更高，更强。"《奥林匹克宪章》写道，它在全世界的范围内领导奥林匹克运动健康地发展；鼓励组织和发展体育运动和体育比赛；保证奥运会的正常举行；鼓励青年参加体育活动并从中受到教育，为建立一个和平和更加美好的世界而做贡献。目前，已获得国际奥委会承认的组织有：国家或地区奥委会205个、被列为奥运会比赛的国际单项体育联合会35个、其他国际单项体育联合会28个。

第九章　民　俗

"上之推行为风，下之仿效为俗。"民俗即民间风俗，指一个国家或民族相沿积久而形成的风尚、礼节和习惯，生动地体现了该地域居民的生活习惯、行为方式、伦理观念、心理结构等方面的传统，构成了民众生活的主流倾向。它起源于人类社会群体生活的需要，在特定的民族、时代和地域中不断形成、扩大和演变，为民众的日常生活服务。它是人类文化的组成部分，与上层建筑的文化意识，与政治、经济、法律、宗教等发生密切联系。不同民俗的民族产生不同的观念形态，从而形成了文化的地域性或民族性特征。

一、古代和近代的外国民俗

1. 欧美的民俗风情与禁忌

法国是个十分讲究礼仪的国家，欧美流行的许多礼仪都源自法国。在社交场合，熟人见面贴面颊两三下，对有一定社会地位的人则施吻手礼，并处处体现"女士优先"的原则。法国时装选料丰富，设计大胆，制作技术高超，每年的"巴黎时装博览会"一直引领世界潮流。名牌有吉莱热、巴朗夏卡、吉旺熙、夏奈尔、迪奥、卡丹和圣洛朗。巴黎有2000家时装店，老板们的口号是："时装不卖第二件。"法国人很少请人到家中做客，若被请到别人家中，不可早到，也不要用餐巾擦拭餐具，这样做是对主妇的侮辱。忌讳打听个人隐私，也不要在不适当的时间里打电话，以免影响别人休息。大多数法国人信仰天主教，忌讳13和星期五，反感向妇女赠送香水及初次见面就送礼，送礼讲究包装。鲜花虽受欢迎，但不送红玫瑰(情人的礼物)、黄色的花(表示不忠诚)和菊花(葬礼用花)，并视康乃馨、杜鹃花与核桃为不祥之物。忌送刀剑或刀叉餐具，意味着双方割断关系。

　　法国大菜讲究色、香、味，更注重营养。许多国家的炸虾球、红烧鲑鱼、花生肉丁、蚝皮炸鸡都来自法国菜谱，英国的餐厅里也时兴用法文书写菜单。法国人爱吃猪、牛、羊的肥嫩肉，以及鸡、鱼、虾、鸡蛋、各种烧卤肠、新鲜蔬菜和菠萝，尤其爱吃蜗牛和青蛙腿，最名贵的菜是鹅肝，进餐时冷盘上的食物习惯切块吃。晚宴上喝啤酒、牛奶、红茶等饮料，饭后要喝咖啡，吃水果和雪糕。法国奶酪的品种很多，戴高乐说过："一年365天，我们法国就有365种奶酪。"法国的酿酒业发达，葡萄酒、香槟和白兰地誉满全球，年产各种葡萄酒约600万吨，平均每人120公斤。波尔多是世界上最大的美酒之乡，盛产红葡萄酒。"人头马"产自法国西部夏朗德葡萄种植区。法国人嗜酒，每个成年人年消费量为30公升，酒店遍布街巷，直至穷乡僻壤。

　　西班牙人喜欢舞蹈、音乐、喝酒，重视艺术与文化的保存，对足球、登山、旅游及自行车等户外运动情有独钟。西班牙的斗牛和探戈舞闻名于世，其中斗牛可谓"国粹"，在史前岩洞里就有类似的壁画。最初人们杀牛是为了祭神，后来逐渐变成一种娱乐。在公元13世纪阿方索十世统治时期，斗牛被载入史册。16世纪后半期，斗牛进入宫廷。到17世纪，菲利普五世是法国路易十四的孙子，他很难理解西班牙人的斗牛癖好，便竭力反对，于是斗牛回到民间，遂成一种大众体育项目和民间习俗。法国人被驱走后，西班牙国王斐迪南七世在塞维利亚建立了第一所斗牛士学校，斗牛从此成为一种职业。西班牙共有斗牛场400余处，每年从3月19日"巴伦西亚的火节"开始，到10月12日"沙拉哥沙的比拉尔祭"结束，要举行 5000 场次，而 6 月至 9 月之间是旺季。由于斗牛是一项危险的活动，斗牛士经常受重伤，甚至丧生，近年来不断有人呼吁立法，废止这种"野蛮"活动。

西班牙盛产蔬菜、水果、海鲜及牛羊肉，特产有奶酪、海鲜饭、炸鱿鱼圈、烤羊肉和羊腿、烧牛排和牛尾。海边的巴斯克和加利西亚，以海鲜和海味著称；在内陆则以肉类烧烤为主，安达卢西亚生产的火腿每公斤 100~200 美元。西班牙有上乘的饮食原料和民间烹调艺术，加上职业烹调大师，使其烹调声誉在欧洲排第一位。生火腿、肉肠、鸡蛋土豆煎饼并称三大风味小吃，水果和甜食的花样之多不亚于菜肴。菜肴的做法讲究，主食以面食为主，也吃米饭和酸辣食品，不吃过分油腻和咸味太重的菜。赴家宴向主人送礼，一般送红酒、巧克力、工艺品，不送鲜花、衣服和化妆品，尤其忌讳被视为死亡象征的大丽花和菊花。他们无主动敬烟习惯，却允许向别人索烟。

荷兰人喜爱的郁金香，是航海者 1550 年从土耳其携带回国的，种植的品种达 2700 个，郁金香遂成国花，谁轻视它等于冒犯上帝。与荷兰人相处，不要提及纳粹或者在亚洲受日本人迫害的事，也忌讳别人对妇女拍照。他们不喜欢交叉握手，认为是不吉利的行为。走升降扶梯时，男性在前，女性在后；爬楼梯时，女性在前，男性在后。荷兰被称为"奶酪王国"，奶酪制作始于 9 世纪的弗里斯兰省，为莎琳马格宫廷专用。荷兰奶酪的保藏性能好，可以通过陆路运送德国，甚至运到波罗的海和地中海沿岸。最具盛名的是车轮般大小的黄波奶酪，约占荷兰奶酪产量的 50%，表面覆有一层标明口味的薄蜡。红波奶酪是球形的奶酪，约占荷兰奶酪产量的 27%。牛奶是其日常生活中必不可少的饮料，喝奶犹如中国喝茶一般。荷兰人倒咖啡很讲究，只能倒到杯子的 2/3 处，倒满是失礼的行为。

荷兰人的早、午两餐简单，除面包、火腿、香肠、果酱之外，再喝些牛奶或咖啡。晚餐是正餐，第一道上汤，用粟米粉调成稀糊；第二道是蔬菜，烧时不加油盐调料，吃时浇上奶油、肉汁。第三道上肉，用奶油在平底锅煎牛排，取出时放精盐、胡椒粉、番茄酱调味。"国菜"由胡萝卜、土豆和洋葱混合烹调。荷兰人对中餐感兴趣，中国菜馆之多居欧洲首位。各处餐厅都制作煎饼，用玉米面、黍粉、黑麦粉、燕麦粉、精粉和杂粮粉混合，加入牛奶、鸡蛋、果汁和肉汁，用文火烙两三分钟，成型后蒸六七分钟，最后放到平底锅烙一下。乌普蓝小镇是荷兰煎饼的发源地，镇里一家古朴的煎饼店有几百年历史。该店有70多种煎饼，端出来像生日蛋糕。其实煎饼很薄，上面堆着肉和蔬菜，如火腿煎饼、茄瓜煎饼、托里煎饼、沙拉煎饼、塔芭煎饼。"海鲜大全煎饼"上堆着一层层生猛海鲜，浇有紫红色汤汁，还盖着几片绿色蔬菜。吃煎饼不能一层层平着吃，要纵向吃。

英国人名字在前，姓在后，妇女婚后从丈夫的姓。丈夫偕妻子参加社交活动，习惯将妻子介绍来宾。老人不喜欢别人称自己老，走路时不必搀扶他们。英国人时间观念强，习惯按规矩办事。在众人面前，忌交头接耳。聊天时保持1米的距离，忌问婚姻、收入、职业、年龄等私事。英国人不喜欢孔雀和大象，忌送百合花；忌讳3、5、13等数字，饭店不设13号房间，电梯没有13层，星期五也是不吉利的日子。英国人不喜欢讨价还价，认为很丢面子。中上层人士过惯了舒适生活，养成一种绅士或淑女风度。他们着装，男要肩平，女要束腰，衣服平整，裤线笔挺。尽管衣着讲究，但十分节俭，一套衣服要穿十年八年。西服是国服，在重要场合男士穿燕尾服，女士穿晚礼服。现在的年轻人，喜欢穿夹克、牛仔服等简单舒服的休闲装。在苏格兰，有穿格裙的吹笛人、穿格裙的酒吧招待、穿格裙的居家男人……如果没有穿格裙的男人，苏格兰就变了味道。至今站在爱丁堡城堡门口守卫的士兵，依然身着传统的裙式军服。

英国人喜爱的烹饪方式有：烩、烧烤、煎和油炸，对牛肉特别偏好。炸鱼薯条、土司面包夹烤牛排、约克布丁（一种用面粉、蛋和牛奶调制经过烘烤的面糊）和苏格兰熏鲑鱼，在街道边的店铺随处可买。一份炸鱼薯条约三四英镑，配有番茄酱、醋等佐料。多数店铺不设座位，客人买后带走。英国家庭一日三餐加茶点（上午茶和下午茶）都很简单，早餐通常是麦片粥冲牛奶，涂黄油的烤面包片，熏咸肉或煎香肠、鸡蛋。午餐在工作地点附近买一份三明治，就一杯咖啡，打发了事。晚餐是一天中的正餐，食物丰盛一些，主菜有烤鸡肉、烤牛肉或烤鱼。蔬菜一般不再加工，装在盘里，浇上从超市买回的调料便食用。晚餐饮酒往往是苦啤酒、黑啤酒和白兰地，烈酒中的苏格兰威士忌最正宗。英国的饭菜虽然简单，吃饭的规矩却比较复杂，最主要的是坐直，与别人少交谈。汤匙放在汤盆的托碟上，咖啡匙放在茶托上，不能把盆底剩的汤喝光。不论喝汤还是吃食物，尽量别弄出声响，不能在别人面前打饱嗝。餐后，客人要坐上一两个小时，然后才向主人道别。

意大利是一个天主教势力很大的国家，婚礼一般在教堂举行。埋葬方式多为土葬，葬在大型公墓内。女士在社交场合处于优先地位，宴会上只有女士动刀叉进食，男士方可用餐；进出电梯时，也要让女士先行。称呼女性可由戒指判断，"太太"只用于称呼已婚妇女，对未婚妇女无论年龄大小一律称"小姐"。忌讳交叉握手，不能在众人面前耳语，更不能用手指着他人说话。异性之间交谈，眼睛不能老盯着对方；在路上与妇女交谈应边走边谈，不能停下站着说话；与妇女同座不要吸烟；同妇女打招呼，男方应起立，女的可以坐着回答。

意大利人平时衣着随便，上班时却注重打扮。有的饭店规定穿西装必须系领带，即便是在夏天也不准穿衬衫入席。意大利以貌取人，在正式场合得衣着整齐得体，若衣着光鲜，得到的服务就好。他们喜爱听音乐和看歌剧，男士到歌剧院要穿晚礼服或穿西装打领带，不能发出怪声或大声评论，对演员的演出应报以热烈掌声。意大利人热情好客，赴家宴必携带礼物，礼不在贵重，要讲究包装，主人会当面打开礼物表示赞赏。送鲜花时除 13 朵以外，要送单数，不能送菊花。意大利菜的特点是味醇、香浓，烹饪技艺可与法国媲美。面食则在法国之上，如源于那不勒斯的比萨饼、通心粉等。精美可口的面食、奶酪、火腿和葡萄酒，使意大利成为各国美食家的天堂。意大利人喜欢喝酒，饭前要喝开胃酒，主食搭配葡萄酒，饭后饮少量加了冰块的烈性酒。每人年均喝葡萄酒达 120 升，居世界第一位。上餐馆吃饭有共同摊钱买单的习惯，除非对方声明由他请客。

德国人讲究秩序，对工作一丝不苟，思考问题深刻敏锐。在社交场合举止庄重，注重礼节的形式，一般行握手礼，与亲友相见才拥抱。对刚相识者不直呼其名，乐于称呼对方的头衔，却不喜欢听恭维话。德国人时间观念很强，一旦约定时间，迟到或过早抵达都视为不懂礼貌。往往把皱眉头等漫不经心的动作，视为对客人的不尊重。饮食结构比较简单，主食是面包、土豆、奶酪、黄油、香肠，配以牛奶和水果。他们吃土豆简直不厌其烦，不用刀子切割，而以刀叉的背面压碎再吃。喜喝葡萄酒和啤酒，啤酒在德国有"液体面包"之称。不喜欢过辣的食品，忌吃狗肉。德国人是名副其实的"大块吃肉、大口喝酒"的民族——对猪肉和啤酒的消耗量大，每人每年的猪肉消耗量为 65 公斤，居世界首位。由于偏好猪肉，许多德国名菜都是猪肉制品，最有名的是红肠、香肠和火腿。他们制造的香肠种类起码有 1500 多种以上，有名的"黑森林火腿"销往世界各地，可以切得跟纸一样薄，味道奇香。德国的国菜就是在酸卷心菜上铺满各式香肠及火腿，有时用猪的后腿代替香肠和火腿。

奥地利人喜欢艺术、酷爱音乐，重视礼节，即使对陌生人也打招呼。出外听音乐、看歌剧，人们都着深色装，以示庄重，首都维也纳有音乐王朝的气氛。如果奥地利人的名片上印着几个头衔，务必问清楚哪一个最重要，以免称呼有误。与奥地利人通信更要小心，必须正确无误地冠上他们的重要头衔，有人的姓名中夹有"VON"，表明他的家庭史上有贵族。在奥地利参加私人宴请，客人需带礼品，却忌送红玫瑰（表示爱恋之情）、红康乃馨（五朔节专用）或成双数的花朵（被认为是坏运气）。绿色令人喜爱，包括许多服饰品也使用绿色。切忌把奥地利人叫作德国人。奥地利人不喜欢别人打听自己的隐私，交谈时不要涉及金钱、宗教、政治等话题。餐馆以鸽子作为星级标志，画的鸽子越多，餐馆越高级，最高为四星级。奥地利人的饮食以面粉、玉米和马铃薯为主，口味偏重咸、辣、甜味。不喜欢在新年期间食用虾类，因为虾会倒着行走，吃了虾象征新的一年生意不兴隆。

俄罗斯人在交际时，"先生"、"同志"、"公民"三种称呼并存。通常称呼老年人、陌生人和领导人为"您"，而"你"则是熟人之间的称呼。男人弯腰吻妇女的左手背，以表尊重；长辈吻晚辈的面颊3次，通常从左到右再到左，以表疼爱；妇女之间拥抱亲吻，而男人之间只拥抱。俄国有尊重妇女的社会风气，女士优先显示了绅士风度。男士吸烟要征得女士的同意，让烟时不能递一支，要递一整盒，相互点烟时不能一火点三支烟。公共场合谈话低声细语，不喧哗妨碍他人。与人交谈不打断别人的讲话，不宜问长问短，听对方讲话不能左顾右盼或做小动作。在任何情况下都不能问妇女的年龄，切不可谈论胖瘦，特别是对妇女，觉得这是在形容她们长得臃肿丑陋。熟人见面不用左手握手问好，学生考试不用左手抽签。俄罗斯人迎接贵宾，在铺着白色绣花面巾的托盘上放一个又大又圆的面包，再放一小纸包盐，认为这是最高的敬意。到别人家中做客，要准时不要早到，进屋后先向女主人问好，再向男主人和其他人问好。俄罗斯人把镜子看成神圣之物，不可打碎；如果打碎了杯、碟、盘，则意味着富贵和幸福，在喜筵和寿筵的场合，他们还特意打碎某些器皿表示庆贺。俄罗斯人视"葵花"为国花，讨厌"13"这个数字，忌讳 13 个人相聚，而认为"7"意味着幸福和成功；还认为黑色不吉祥，不喜欢黑猫；对兔子的印象很坏，认为兔子是一种怯弱的动物。

美国人着装随便，不但讲究社交礼仪，而且无奇不有。有人故意标新立异，竞尚新奇，许多老人的衣服比年轻人艳丽。如果参加宴会、集会和其他社交活动，一定要根据请柬上的要求选择服装，以免失礼。他们一般不在称呼中冠以"先生"、"小姐"、"太太"，喜欢直呼姓名。除非对法官、军官、医生、教授和高级宗教人士，在称呼中很少使用头衔（如局长、经理、校长等）。交谈中不喜欢涉及个人私生活的话题，也不要打听对方所买、所穿、所用物品的价格，更不要询问女士的体重、年龄。在称呼年长者时千万不要加上"老"字，忌"13"，门牌没有 13 号，楼房没有第 13 层，宴会上不能 13 个人同桌，更不能上 13 道菜。星期五被认为是不吉利的日子，黑猫被看成是不吉利的动物；打破镜子，会认为招致大病或死亡。美国清教徒尊重上帝，连"混蛋"、"该死"之类的词也被看成对上帝不恭。美国人的饮食习惯五花八门，用餐一般不在精美细致上下工夫，讲求效率和方便。

加拿大人重实惠，自由观念较强，行动比较随便，不太注重礼节。他们在生活起居方面比较讲究，住房要求整洁舒适、卫生设备齐全。不管公事还是私事，甚至去朋友家串门都要预约，不速之客是不受欢迎的。在上班、去教堂、赴宴、观看表演等公共场所，男子基本穿西装，女子一般穿裙服。男子在非正式场合的穿着比较随便，夹克、圆领衫、便装裤随处可见。加拿大人朴实随和，易于接近，熟人见面直呼其名，握手拥抱。由于受宗教的影响较大，英裔主要信奉基督教的新教，法裔主要信奉罗马天主教。他们忌讳"13"这个数，喜欢过圣诞节，火鸡和丁香是节日不可缺少的菜肴，节日活动的内容与欧洲国家相似。凡是关系到圣人、圣事，不能直呼其名，不能说失礼的话。在家里不能吹口哨，尽量不要在梯子下面走，不要把玻璃制品打碎，不要把盐弄洒。送礼不送白色的百合花，这是追悼会使用的。

　　墨西哥是美洲文明古国，城市居民的衣着虽已欧化，仍可看到传统文化的痕迹。农村男子平时穿衣襟上绣有花纹的白衬衣，下穿白色或米色长裤，头戴草帽，脖系红绸印花领巾（有时系于腰间），脚踏牛皮凉鞋。妇女则穿色调鲜艳的绣花长裙和衬衣，图案和款式变化多样。以玉米饼、玉米粥、玉米汤为主食，因为玉米是墨西哥先民印第安人培育出来的。有一种叫"达玛雷斯"的食品，外面用香蕉叶或玉米叶包裹，里面的馅是玉米面拌肉块加香料和辣椒，形状与做法像中国的粽子，煮熟后甜、辣、香味兼备。还有类似春卷的"达科"，是把肉馅放在玉米薄饼中卷好后用奶油煎炸，高档的"达科"以蝗虫作馅；"蓬索"是用玉米粒加鱼、肉熬成的鲜汤，面包、饼干、冰激凌、糖、酒也用玉米制成。国宴是一盘盘玉米美食：如鸡肉卷是玉米面饼卷鸡肉；托尔蒂亚是将玉米面放在平底锅上烤出的薄饼；克萨迪拉斯是用油炸玉米饼加奶酪或南瓜花做的，形状类似中国的饺子。除了玉米，墨西哥人喜爱吃辣椒，把西红柿、香菜、洋葱和辣椒切成碎块，卷在玉米饼里吃，甚至在吃水果时也撒上辣椒粉。"莫莱"调味酱以玉米加肉末及各种香料制成，有增进食欲的功效。

　　巴西的绝大多数人信奉天主教，教会对离婚者嗤之以鼻，不准离异者参加圣礼。巴西人一生只能离一次婚，如双方坚持离婚，得等法庭判决三年后生效。土著印第安人接待客人有一种特殊的礼仪——沐浴礼，邀请客人到河里洗澡，洗澡的次数越多表示对客人越尊敬。巴西男子平时喜欢穿短袖和衬衫，在社交场合穿西装；女子则穿色彩艳丽的裙装。饮食随民族的习惯和居住地的不同而各异，圣保罗的居民以意大利风味居多，南部的圣塔卡林纳人以德国风味为主。巴西人以大米为主食，喜欢在油炒饭上撒马铃薯粉和蕃芋粉，伴花菜豆一起食用。国菜是烤牛肉，也是民间最受欢迎的一道菜。上国菜之前，先上若干道小菜，或烤香肠、烤鸡心、烤鸡腿、烤猪脊、烤猪排。烤牛肉不加调料，只在牛肉表面撒点食盐，烤后表层油脂渗出，外面焦黄，里面鲜嫩。烤牛肉依其部位有大腿、前臀尖、后臀尖、牛峰、牛排、里脊等10多道，道道色泽不同，香味各异。

阿根廷人在日常交往中所采用的礼仪与欧美其他国家大体上相同，以受西班牙影响为最。探戈是阿根廷的国舞。作为探戈的发源地，阿根廷的探戈舞蹈风格含蓄、洒脱，加上深沉、忧伤、惆怅的曲调，将南美风情的典雅与浪漫表现得淋漓尽致。正如斗牛代表了西班牙一样，探戈是阿根廷的代名词。为了弘扬民族文化，阿根廷政府规定电台、电视台必须用一定的时间播放探戈舞曲。在休闲的日子里，阿根廷人钟爱牛仔裤、网球鞋和T恤衫。烤牛肉是阿根廷的名菜和家常菜，阿根廷人喜食牛肉，年人均消费量达50多公斤。居民不仅家家设有烤炉，而且郊游时也携带原料到郊外烧烤。烤牛肉鲜嫩可口，食用时伴以各种色拉酱和红葡萄酒。人们喜欢的饮料有红茶、咖啡，有一种名为"马黛茶"的饮料最具阿根廷特色。

2. 亚太和非洲的民俗风情

日本的民俗先后受到中国和西方的影响，经过吸收并蓄，形成了自己的特色。日本人注重礼节，等级观念很强，严格区分长幼尊卑。见面时行鞠躬礼持续2~3秒钟，年轻人要等长辈抬头之后才能抬头。与日本人相约千万别迟到，勿忘携带礼物。日本人崇尚白色，视为纯洁的象征；喜欢黄色，认为能给人安全与温暖；不喜欢紫色，视之悲伤的颜色；忌讳绿色，认定是不祥之兆；忌讳荷花，看成丧花；探视病人时，不能送仙客来、山茶花或淡黄色、白色的花。日本人不接受有菊花图案的礼物，因为它是皇室家族的标志，喜欢的图案是松、竹、梅、鸭子、乌龟和鹤，表示吉祥和长寿。忌讳3人一起"合影"，认为中间被左右两人夹着，有不幸预兆。梳子或手绢不能作为礼品，因为梳子的发音与"苦死"的发音相同，而手绢意味着分离与忧伤；不能给新婚夫妇送易碎的物品，认为象征着不吉利。忌讳"4"，因为与"死"的发音相同；特别忌讳"9"，也不喜欢"13"。偏爱"7"，因为传说太阳、月亮、火星、金星、水星、木星、土星这7颗行星能够给人间带来温暖、光明与生命。

生鲜海味是每个日本家庭的普通菜肴，从早晨的小菜到晚餐的主食，餐餐离不开海产品。鱼的吃法有生、熟、干、腌几种。生鱼片是"国菜"（发音"沙西米"），用鲣鱼、鲷鱼、鲈鱼或金枪鱼制作，请客以招待鱼片为最高礼节。中国菜讲究"色、香、味"，日本菜讲究"色、形、味"。寿司是小摊上的"小吃"，即日式"快餐"，现在也进入了高档饭馆。寿司的种类很多。除了比较高级的寿司以外，普通家庭外出郊游或上班时自制饭团子，有什锦饭团、油炸豆腐饭卷、茶巾鲔等。饭团子是将白米饭捏成三角形，外面包一层烤紫菜，吃时不用加热。

韩国与朝鲜都注重礼节，尊敬长者、孝顺父母、尊重老师是社会风俗。长者进屋时大家要起立，与长者谈话要摘去墨镜，早晨起床和饭后都要向父母问安，乘车要给老年人让位。父母外出回来，子女要去迎接。吃饭时先为长辈盛饭上菜，老人动筷后其他人才能吃。晚辈、下级走路遇到长辈或上级，应鞠躬、问候，站在一旁让路。人们在上下班时必互致问候，用语有严格区别；对师长和有身份的人，递接物品要用双手并躬身。未经许可，年轻人不得在长者面前吸烟。聚会时送客人某些礼物，客人应备礼物回敬，绝不可当着客人的面打开礼品。与人交谈时可询问个人情况，回避国内政治或与男主人妻子相关的话题。男女生肖相克的不能结婚，婚礼不能在单日举行。忌讳"4"字，因为与"死"同音。医院里没有第4层和4号房；军队里没有4师；给人斟酒不能连斟4杯，点烟不能连点4人，尤其是逢年过节、红白喜事、见面或离别时都不能说不吉利的话。

　　朝鲜半岛的民众自古以来就把米饭当主食，菜肴以炖煮和烤制为主，基本上不炒菜。普遍爱吃凉拌菜和泡菜；泡菜味觉凉辣，不油腻。爱吃辣椒，家常菜里几乎全放辣椒。喜欢吃面条、牛肉、鸡肉和狗肉，不喜欢吃馒头、羊肉和鸭肉。还爱吃生拌鱼肉和鱼虾酱，生拌鱼肉是把生肉、生鱼切成片，加上佐料和切成丝的萝卜、梨等，再浇上醋或辣酱拌成。汤也是用餐时必不可少的，通常用蔬菜、山菜、肉类、大酱、咸盐、味素等烹调而成。平时一日四餐，分别安排在早晨、中午、傍晚、夜晚。就餐用勺和筷子，使用饭碗有讲究，分男用、女用和儿童用。他们十分注意节俭，无论是自己食用还是招待客人，尽量把饭菜吃光。

　　印度人的社交礼仪较特殊，见面问候采取合掌（空手无物时）或举手（执有物品时）的方式，口称"那摩斯卡拉"，意为"敬礼"。敬礼的高低颇有讲究，对长辈宜高，对幼辈宜低，对同辈宜平。敬礼、递茶、拿物件忌用左手，也不用双手，因印度人上厕所用左手拭便，认为左手不洁。隆重礼节要吻足摸脚、头面顶礼，一般用于正式场合。两人一起交谈，如果表示同意对方的意见，头即向右方摇。印度人尊猴子和牛为神，千万不可当着印度人的面说牛和猴子的坏话，否则会招来"亵渎神明"之责。路上驾车不要撞到牛，应避免以牛为摄影对象，更不能佩戴牛制品进庙宇。人们时常见到牛在大街上横冲直撞，随意啃咬摊位上的水果或蔬菜，摊位主人不但不阻拦，反而受宠若惊。一些富人常在家门口摆上牛爱吃的东西，作为对"神牛"的贡品。还有不少人崇拜蛇，传说印度教中的湿婆神是由蛇来保护的。

　　佛教徒和印度教徒都是素食主义者，形成印度饮食文化的基本特色。由于一半以上的国民吃素，印度开了许多素食饭店。西方企业家为了适应印度人，有专供素食的比萨饼店，麦当劳供应的夹层食品也是蔬菜。肯德基在印度办不下去，只好撤走。由于受宗教禁忌的影响，抽烟喝酒不流行，野味无人敢问津，香辣咖喱唱主角。加上许多团体极力倡导素食，社会上出现了一种现象：越有地位、越有文化的人越吃素。印度人做菜用咖喱粉调味，咖喱粉是用胡椒、姜黄、茴香等20多种调料配制。印度饮食文化可以称为咖喱文化，几乎每道菜都用咖喱粉，如咖喱鸡、咖喱鱼、咖喱土豆、咖喱菜花、咖喱汤……每个餐馆都飘着咖喱味。咖喱饭可以素食，也可以荤食。主食有米饭和饼，却没有面条、饺子、包子、馒头、烧卖供应。印度人吃饭前先洗澡，进餐时忌讳两人同时夹一盘菜。多数印度人用右手抓饭吃，受过西方教育的人在公开场合用刀或勺子吃饭。

泰国人十分注重礼节，见面时口称"刷瓦里卡"，双手合十。对长辈合于前额，对平辈举至鼻下，对小辈至胸部即可，握手礼只在政府官员与知识分子中流行。泰国人的坐姿很讲究，两手掌相叠，放于腿上，上身微躬。若有尊者或达官贵人在座，小辈的上身还要下躬，使两肘放在大腿上，两手掌相叠于膝盖稍上处。泰国人认为左手不净，因而递物品用右手。脚掌也被认为不干净，入坐时应避免将脚掌朝别人。同别人谈话不要将双手插在口袋内，这是对人不尊重。泰国人的日常生活与宗教息息相关，国内有95%的人是小乘佛教的教徒。不能讲对佛祖和国王不敬的话，亵渎佛像和王室要受惩罚。绝对不可爬佛像拍照，也不允许穿背心短裤进庙宇；进庙宇要脱鞋，不可踩踏门槛。遇见托钵化缘的和尚不能送现金，这是破坏僧侣戒律的行为。僧侣恪遵小乘佛教教义，禁止接触女性或被女性触摸。女士若想将东西奉给僧侣，宜托男士转交。泰国人重视头部，抚摸任何人的头或头发都是不礼貌的行为，男人更不愿意妇女碰他们的头，这个习惯对儿童亦如此。泰国人睡觉时头部不能朝西，因为日落西方象征死亡，只有人死后才将尸体头部朝西停放。

　　泰国是一个临海的热带国家，海鲜、水果、蔬菜极其丰富。饮食文化分为四个区域：以清迈为中心的北部是古都所在地，传统主食以米浆制成米糕，菜肴则以具有中国西南部风味的腌生猪肉或咖喱、沙拉为主要特色。东北部邻近高棉，是泰国环境最原始、也较穷困的偏僻地区，菜肴以口味浓郁且辛辣闻名，如"泰北辣肉"（Laab）便是一道很有名的美食。以曼谷为中心的中央平原，传统主食是炒饭与各类米制品，加上当地的海鲜、肉类以及各种水果、蔬菜，使曼谷成为泰国的美食之都。泰国有名的调味品"鱼露"和"虾酱"，都是中央平原的特产。南部由于回教徒、印度和南洋的移民居多，常使用辣椒、咖喱、椰奶、椰糖及椰肉做烹调菜，口味很重。也由于南部拥有丰富的海鲜资源，菜肴多为咖喱烹海鲜。泰国人喜欢喝冰茶，口味以酸、辣、甜为主。不吃完整的鸡和鱼，要将其切碎，再进行料理。正餐以米饭为主食，佐以咖喱料理，或一份汤、一份沙拉（生菜类）。无论饭菜是否丰富，必有餐汤，与我国的粤菜风格相似。餐后上时令水果，或面粉、鸡蛋、椰奶、棕榈糖做成的甜点。泰国菜色彩鲜艳，红绿相间，辣中带酸，招牌菜有：冬阴功（酸辣海鲜汤）、椰汁嫩鸡汤、咖喱鱼饼、绿咖喱鸡肉、炭烧蟹虾、猪颈肉、芒果香饭等。

　　马来西亚人的见面礼很奇特，先摩擦对方手心，然后双掌合十，摸一下心窝。对女士不可先伸手要求握手，也不可随便用食指指人，最好以拇指代替。忌用手触摸头部和背部（阿訇除外），否则将意味着厄运来临。同马来人握手、打招呼或递送证件、馈赠礼品，都不可用左手，他们认为左手不洁（如厕后水洗屁股）。男女着装差别甚微，平时男子穿"卡因"——一种从肩到足的纱笼，由一块布缝合两边即成，不用时扎起一头就成为布袋。上衣叫"巴汝"，没有衣领，宽大凉爽，适合在热带气候穿。马来人信仰伊斯兰教，虽然一夫多妻、子女众多，但阖家和睦。进入马来人的住宅或清真寺，必须脱鞋并取下太阳眼镜。马来人禁酒，常饮咖啡、红茶，也爱嚼槟榔。饮食习惯以大米为主，不吃猪肉、死物或动物血液，爱吃带辣的菜，尤其是咖喱牛肉。他们重视饭前洗手，要用水洗，不愿用湿毛巾干擦，还喜欢在餐桌上放"水盂"，供用餐过程中随时浸涮手指。习惯用右手抓饭进食，只有在宴会上或在高级餐馆才使用刀叉和匙。

新加坡人待人接物总是笑容可掬，讲究礼貌。新加坡有90%的华人，其风俗习惯与广东人相近，相见时相互作揖；结婚要选黄道吉日，送红包；新娘穿代表喜庆的红色衣服，尽可能多邀请亲朋好友出席仪式；出殡选不犯凶神恶煞的时间。新加坡人视数字4、7、13、37为消极数字，尤其忌讳"7"。新加坡人尊重穆斯林，绝大多数新加坡人忌讳猪的图案和猪制品，不饮烈酒，也不随便触摸别人的头部。新加坡人的衣着打扮与我国南方的一些地区相似，女士往往是洁白的上衣罩着薄薄的裙子，轻盈飘逸，颇为大方。文职人员衣着较为规范，一般是白衬衫打领带、西装裤，由于气候炎热，一般不穿西装上衣。

菲律宾受美国的影响较大，喜欢模仿美国人的生活方式，爱说英语，聊天时应避免谈政治问题，忌讳"13"和星期五。菲律宾人的家庭观念很强，谈家庭问题受欢迎。见面时一般是握手，男性间有时以拍肩膀表示亲热。崇尚茉莉花，将其视为忠诚或友谊的象征，常把花环挂到贵宾的脖子上。菲律宾人多数信仰穆斯林。主食是大米以及玉米、薯粉，伴以蔬菜和水果。按照伊斯兰教教规，他们不吃猪肉，不喝烈酒，也不喝牛奶。他们的烹调很简单，小鱼、薯苗、豆苗等，用盐水煮熟后即可当菜。肉和鱼类很少煎炒，多用火直接烤熟吃，喜欢使用有刺激性的调味品。辣椒每顿必不可少，十分流行嚼烟叶和槟榔。农民喜欢吃椰子汁煮木薯、椰子汁煮饭，在煮饭前舂米，米饭放在瓦罐或竹筒里煮，用手抓饭进食。名菜有烤乳猪、烤猪腿、巴鲁特(孵化到一半的熟鸡蛋)、阿恰拉(炒番木瓜)、鲁必亚(烧煮虾、鸡肉和猪肉)、阿道包(焖鸡肉或猪肉)、香蕉心炒牛肚等,常用香醋、糖、辣椒等调味。

印度尼西亚人敬蛇如敬神,认为蛇是善良、智慧、德行的象征。在巴厘岛,专门建造了一个像庙宇的蛇舍,养着一条大蛇。蛇舍前设有香案,供人祈祷。蛇舍后面的洞里养着大量蝙蝠,供蛇吞食。被印尼人邀去做客,最好给主人选一束鲜花,并用右手递接东西。除伊斯兰教的一般禁忌外,在印尼女子怀孕时丈夫不能宰鸡,否则婴儿的脖子上会有刀痕。孕妇和丈夫不得在门槛楼梯边停留,不许伸手进洞掏取东西,否则孕妇会难产。孕妇不能触摸猴子,否则胎儿会像猴子。妇女分娩时要搬进临时搭盖的棚子里去住,由巫婆或别的女子照料,丈夫和所有男子不能靠近。少数民族认为照相或闪光灯是摄人灵魂的器具,拍照前必须征得同意。除了上等人每日三餐吃西餐以外,多数人只在早上吃西餐、喝鲜橘汁。印尼人的正餐吃脆、酥、香、酸、甜的食物,尤其喜欢吃咖喱、胡椒和辣椒,进餐时爱喝冷开水,或吃甜点心,喝咖啡、可可和红茶。辣椒酱是用红辣椒剁成泥,把虾酱烤干后放在辣椒泥里,加糖、盐、洋葱、西红柿等捣成茸状。菜肴制作方法有炸、烤、煮、爆、炒几种,常吃牛、羊、虾、鸡、鸭及动物内脏、新鲜蔬菜,家常菜有炸肠、烤鸡胗肝、炸牛肚、清炖鸡、炒虾、煎牛脑、炸羊排、土豆丸子、炒豆芽和茄子汤,还喜欢把苦瓜煮熟后蘸辣酱油吃。许多人信仰伊斯兰教,忌吃猪肉,不吃海参、鱼肚和带骨刺的鱼,不喝烈酒或根本不喝酒。

蒙古人生活在草原上,崇尚礼节,待客真诚。在社交场合一般握手,但在迎接贵宾时要献上丝制的哈达及一碗鲜奶,以表达自己的敬意。若客人来访,主人会在帐篷门口恭迎。他们喜欢拿出心爱的鼻烟壶让客人闻,此时客人最好真心地闻,要盖好壶口递还。蒙古人善饮酒，所饮的多是白酒和啤酒，有的地区也饮奶酒和马奶酒。还有饮奶茶的习惯，每天早上第一件事就是煮奶茶。忌讳吃猪肉及鸭、鹅的内脏，忌食海味、鱼虾及鸡。厌恶他人靠在自己的帐篷上，忌讳他人指点自己的头部。男女老幼一年四季均穿蒙古袍（即长袍），依季节的变化，春秋为夹袍，冬季是棉袍和皮袍，夏季则穿单袍。帽子是蒙古人神圣不可侵犯的头饰，不可随处乱扔或玩弄帽子。帽子突然从头上掉地，也被看做不吉利。男袍宽大，忌讳穿长袍不束腰带，系腰对男子来说是权威的象征；女袍紧身，显示女子的身材，多红、粉、绿色，已婚妇女戴"顾姑帽"或包头巾，脚踏皮靴或布靴。

伊拉克是个伊斯兰国家，但比伊朗要开放一些。对三种色彩约定俗成，即客运行业采用红色，办丧事用黑色，警车则用灰色作代表。绿色为阿拉伯人所喜爱，国旗的橄榄绿在商业上被禁止使用。禁忌以猪、熊猫、六角星做图案，忌用左手给人传递东西，忌食猪肉，忌用猪皮做的物件。要求女性从肩膀到膝盖不能裸露。商务活动应穿保守式样的西装，访问大公司或政府机关先预约，主人不能按时到达也是常事。和其他的中东国家相似，每次拜会总要喝两杯土耳其咖啡、甜茶或饮料。不要赞美别人的东西，在别人看来，赞美含有"我想要"的意思，尤其不要称赞对方的妻子漂亮。与别人说话时不能交叉双手，他们最讨厌这种姿势。人们喜爱吃烤鲜鱼，习惯喝牛奶，往往把牛奶与羊奶混合起来喝，认为这才是上等饮料。也习惯喝红茶，巴格达的大街小巷都有茶馆。

以色列深受犹太教的影响，日常生活的很多方面都留有宗教痕迹。它也是一个移民国家，来自世界各地的移民为以色列带来了多样化风俗。以色列人穿着随便，基本不穿西服。男人不剃胡须和毛发，即使理发也不剃光头。犹太人行"割礼"，举止有度，初次见面以握手为礼，若是关系甚好而且双方都是男子的话，可以拥抱和贴面。他们对在别人面前不停地跺脚、用力吹吸气甚为不满，视为不礼貌。星期六是犹太人的安息日，这一天不工作、不做生意、不娱乐，只能读圣经、唱诗、祷告和休息。犹太律法禁止人们吃猪肉和甲壳类动物，凡勒死或没有放过血的动物也不吃，更不喝动物血。犹太人的主食是饼，用小麦或大麦面制成。吃饼不用刀切，只用手掰，唯恐用刀割断了自己的生命线。早餐比较丰盛，以午餐为主餐，晚餐只吃清淡食物。他们禁食猪肉、贝类、无鳞鱼，对其他肉制品和奶制品也不能同时食用。喜欢喝啤酒、果汁、可口可乐等饮料，不饮白酒。

　　澳大利亚的白种人占99%，绝大多数为英国血统。这样的人口结构，自然形成了接近英国传统的习俗，如姓名称谓是名在前、姓在后。婚礼在教堂举行，妇女结婚前用自己的姓名，婚后用自己的名、丈夫的姓。交谈时不要涉及金钱、婚姻、年龄、职业、宗教等私事；穿着有"白领阶层"和"蓝领阶层"之分；吃东西如果响声大、有刀叉碰撞声或边吃边讲话，都被认为失礼。澳大利亚现有土著居民25万，大多生活在政府划定的保护区内。他们居住在用树枝和泥土搭成的窝棚里，围一块布或用袋鼠皮蔽体。喜欢纹身，多为粗线条，有的像雨点，有的似波纹。平时在颊、肩和胸部涂上黄白颜色，节庆仪式或节日歌舞时彩绘全身。在狂欢舞会上，人们头戴五彩装饰，身画彩纹，围着篝火跳集体舞，舞蹈动作多反映狩猎生活。土著人的婚俗五花八门，各部落中流行对偶婚、群婚或婚外制。澳大利亚的饮食文化以英格兰、爱尔兰为主，20世纪50年代随着大量欧洲移民的拥入，带来了饮食文化的多样化。由于肉、蛋、禽、海鲜、蔬菜和四季水果应有尽有，他们注重菜品的质量，偏爱煎、炒、炸等烹调方法，喜欢吃火腿、炸大虾、煎牛里脊、番茄牛肉、烤鸭、脆皮鸡、糖醋鱼，以及豆芽菜、西红柿、黄瓜和菜花。他们不吃辣味，也不喜欢吃酸味，常用的调料品是味精、酱、姜和胡椒粉；喜欢喝啤酒和葡萄酒，爱喝红茶和香片花茶，对咖啡很感兴趣。

新西兰的移民分别来自欧洲或亚洲，均遵守各自国家传统的风俗习惯，生活节奏比较缓慢，人民生活很悠闲。新西兰人性格拘谨，即使观看电影也男女分场。对酒类限制很严，经特许售酒的餐馆也只售葡萄酒。在售烈酒的餐馆，客人必须买一份正餐，才准许喝一杯。啤酒的销售量却相当大，平均每人每年要喝110公升啤酒。毛利人善舞，哪怕住在城市里也仍然沿袭土著人的风俗习惯。他们非常尊重长者，极其重视民族的传家宝（如权杖、绿色项链），深信其中藏有先辈的灵气。他们接待客人的最高礼仪是碰鼻子，按其风俗，碰鼻子的时间越长，礼遇就越高。给别人拍照，特别是给毛利人拍照，一定要事先征求同意。

埃及人的生活习俗融合了古法老遗俗和伊斯兰教规，习惯用右手就餐，忌用左手与他人接触或给别人递送食物。埃及人忌讳针，不可说女人"瘦得像针似的"。忌蓝色和黄色，遇丧事穿黄衣服，对绘有星星、猪、狗、猫以及熊猫图案的衣服也不穿。埃及人在工作中对小费极为重视，作为日常收入的重要来源。不给埃及人小费，往往举步维艰。交谈应注意：一是男士不要主动找妇女攀谈；二是切勿夸妇女身材窈窕，因为埃及人以体态丰腴为美；三是不要称道别人家中的物品，会被理解为索要；四是不要讨论宗教纠纷、中东政局以及男女关系。埃及人喜欢吃糖果，甜食"巴斯布萨"是面粉经过油炒加调料淋糖水制成的。正式用餐时，遵守伊斯兰饮食习惯，不吃猪、狗肉，也忌谈猪、狗。不吃虾、蟹等海味、动物内脏（肝除外）、鳝鱼、甲鱼等怪状的鱼，串烤全羊是他们的佳肴。常吃的蔬菜有西红柿、豌豆、黄瓜和土豆，口味要求清淡、甜、香、不油腻。主食为发面饼，中间很薄，相传这种大饼已有数千年的历史。一种加油做成的米饭，也是埃及人的主食。副食一般有鱼、鸡肉、羊肉和牛肉，以及一种奶酪似的东西，有咸有甜，还有臭的。一种类似泡菜的咸菜，是用柠檬腌制的。一般不喝酒，饮品是加糖的红茶。用餐时忌讳交谈，否则被认为亵渎神灵。

尼日利亚是非洲人口最多的国家，在 2000 年前就有比较发达的文化，因而被称为"黑非洲的文化摇篮"。尼日利亚的礼节有南北两种方式：北方主要居住豪萨—富拉尼族人，女人见到男人要行半跪半蹲礼。人们见面要在对方右手上轻弹几下，初次见面须先用自己的左手握住右手，然后才用右手与对方握手。南方主要居住约鲁巴族和伊博族人，对长者或尊贵客人行半蹲礼，对酋长和大官行跪地礼。当地人都是赤脚拖鞋，不穿鞋袜。男子一般穿长袖衬衣和瘦腿裤，外罩白布大宽袍，头戴白色无沿圆帽。未婚少女的裙装由两块花布构成，一块裹住上身当上衣，另一块系在腰间做裙子；已婚妇女用三块花布，其中两块与未婚少女一样，第三块披在肩上。老妇在发髻上扎三叶棕榈条，已婚妇女梳成鱼形，少女梳成蛇形，寡妇梳成圆顶。当地婚俗为一妻多夫，父母只操办首场婚事。新娘可随时与其他男子恋爱或私奔，女子私奔的次数不限，与所有丈夫都合法。尼日利亚人的主食是玉米、小米、大米、面粉、豆类和木薯，五色饭的做法是将玉米面（黄色）、木薯粉（浅灰色）、豆类面（咖啡色）、西红柿（粉红色）和蔬菜（绿色）加水加盐混合，烹制成糕状或糊状。副食有牛、羊、鸡肉、鱼虾、鸡蛋以及各种蔬菜和水果，饮料有咖啡、可可和茶，还喜欢喝粥汤。有身份的人吃饭用刀叉，平民用手抓饭。全家用餐时一分为三，即男人、妇女、孩子分开坐。尼日利亚穆斯林自己不饮酒，却有招待客人饮酒的习惯。招待客人的名贵菜是烤全羊，但多数家庭只请客人吃烤羊肉串、炸鸡、熏鱼、生拌青菜、西红柿辣肉汤。

南非受到种族、宗教、习俗的制约，黑人和白人所遵从的社交礼仪不同。信仰基督教的南非人，忌讳数字 13 和星期五。跟南非人交谈，有四个话题不宜涉及：不要为白人评功摆好；不要评论不同黑人部族或派别之间的矛盾；不要非议黑人的古老习惯；不要为对方生了男孩表示祝贺。城市居民的穿着打扮已经西化，而黑人通常还有穿本民族服装的习惯。白人的社交礼仪特别是英国式社交礼仪，在当地广泛流行。平日以吃西餐为主，经常吃牛肉、鸡肉、鸡蛋和面包，爱喝咖啡与红茶。不同的黑人部族虽然有不同的风俗习惯，但都敬仰自己的祖先，特别忌讳外人对自己的祖先言行失敬。黑人喜欢吃牛肉、羊肉，主食是玉米、薯类、豆类。在黑人家做客，主人一般会送上刚挤出的牛奶或羊奶，有时是自制的啤酒，客人一定要多喝，最好一饮而尽。非洲人普遍认为照相机镜头对准某物，某物的"精气"就被吸收殆尽。此事非同小可，对人、房屋、家畜一律不准拍摄。

二、各国的重要节日

1. 国际社会的纪念日

在日常生活中，人们往往为了纪念某些重大的历史事件、某位有影响的人物而设立了节日。在国际社会的纪念性节日中，比较重要的有：三月八日国际劳动妇女节、五月一日国际劳动节、六月一日国际儿童节、五月第二个星期天的母亲节、六月的第三个星期日的父亲节等。另外，还有一些地方性节日，如情人节（圣瓦伦泰节）、愚人节、哥伦布节等。

情人节（即圣瓦伦泰节）。传说罗马教徒瓦伦泰在公元270年2月14日为一对情人举行婚礼而殉难，天主教会将这一天定为桀日。在许多地方，年轻人在每年的2月14日将绘有红心、象征爱情的图画，或写有爱情诗、嘲弄异性的玩笑卡片（卡片称为"瓦伦泰"）赠给对象。这一风俗沿袭下来之后，自然产生了情人节这一寄托青年男女美好梦想的节日。每年的农历七月初七日是中国的七夕节，也叫"中国情人节"。

母亲节。作为一个感谢母亲的节日，最早出现在古希腊，时间是每年的一月八日。而在中国、美国、加拿大和一些其他国家，则是每年5月的第二个星期天（另外一些国家的日期并不一样）。母亲们在这一天通常会收到礼物，康乃馨被视为献给母亲的花。我国的母亲花是萱草花，又叫忘忧草，因为母亲住的屋子又叫萱堂，以萱草花代替母爱。

父亲节。起源于20世纪初的美国，子女佩戴红玫瑰表示对健在父亲的爱戴，佩戴白玫瑰表示对已故父亲的悼念。每个国家的父亲节日期都不尽相同，我国台湾地区的父亲节是每年的8月8日。现在，世界上有52个国家和地区在每年6月的第三个星期日进行，我国亦如此。举行的庆祝方式，大部分与赠送礼物、家族聚餐或活动有关。

国际儿童节。它的设立与发生在二战期间一次屠杀事件有关：1942年6月1日，德国法西斯枪杀了捷克利迪策村16岁以上的男性公民140余人和全部婴儿，并把妇女和90名儿童押往集中营。1949年11月，国际民主妇女联合会在莫斯科举行理事会议。为了保障各国儿童的生存权、保健权和受教育权，为了改善儿童生活，会议决定以利迪策村屠杀的时间为国际儿童节，尤其是社会主义国家坚持下来。在欧美国家，儿童节的日期各不相同。1954年12月14日，联合国教科文组织定11月20日为世界儿童节。

教师节。尊师重教是中国的优良传统，早在公元前11世纪的西周时期就提出了"弟子事师，敬同于父"。1939年，国民政府教育部决定以中国教育家孔子的诞辰8月27日（农历孔子生日）为教师节。1985年1月21日，第六届全国人大常委会第九次会议作出决议，将每年的9月10日定为中华人民共和国的教师节。另外，为纪念国际劳工组织和联合国教科文组织于1966年共同颁布了《关于教师地位的建议案》，联合国教科文组织于 1994 年将每年的 10 月 5 日定为世界教师节。

国际老年人日。人口老龄化问题引起了国际社会的高度关注，联合国和包括中国、日本、瑞典、法国在内的许多国家，组建了较为完善的老龄科研组织和机构，从自然科学和社会科学两个方面加强对老龄问题的综合研究。1990 年第 45 届联合国大会通过决议，决定从 1991 年开始，将每年的 10 月 1 日定为"国际老年人日"。

国际劳动节。这是全世界劳动者的节日，起源于英国传统的"五月节"（亦称"春祭"）。这一天，英国人不论男女，手牵手，伴随音乐，前往郊外的树林里采集鲜花和嫩叶，还在交叉路口竖起黄、黑条纹相间的"五月柱"，柱子上装饰着彩色飘带和白底红十字的圣乔治旗，并选出最美的姑娘为五月女王。1886 年 5 月 1 日，美国芝加哥的工人举行了旨在争取八小时工作制的总罢工。1889 年 7 月，由恩格斯领导的第二国际在巴黎举行代表大会，决定 1890 年 5 月 1 日全世界的劳动者将举行盛大游行，并决定把 5 月 1 日这一天定为国际劳动节。欧美各城市的工人纷纷响应，将"五一节"作为自己的节日加以庆祝。

国际劳动妇女节。它起源于美国，美国各州的妇女从 1869 年起就走上社会舞台，举行妇女节的庆祝活动。1909 年 3 月 8 日，美国芝加哥妇女举行了争取"男女平等"游行集会。1910 年，在哥本哈根召开的国际第二次社会主义者妇女大会上，由德国社会主义者、著名妇女活动家克拉拉·蔡特金女士提议，将 3 月 8 日定为国际妇女节，并提出了"同工同酬"、"七小时工作制"、"充分保护母亲的福利"、"免费供养和教育工人子女"等口号。随之，这一节日在德国、奥地利、丹麦、瑞典等国蓬勃开展。联合国从 1975 年国际妇女年开始庆祝国际妇女节，确认了普通妇女争取平等参与社会的传统。

国际消费者权益日。1962 年 3 月 15 日，美国时任总统约翰·肯尼迪在国会发表《关于保护消费者利益的总统特别咨文》，首次提出了消费者的"四项权利"：有权获得安全保障；有权获得正确资料；有权自由决定选择；有权提出消费意见。这四项权利逐渐为各国消费者组织所确认，并作为基本的工作目标。1983 年，国际消费者联盟确定每年的 3 月 15 日为"国际消费者权益日"。选择这一天是为了扩大消费者权益保护的宣传，使之在世界范围内得到重视，促进各国和地区消费者组织之间的合作与交往，更好地保护消费者权益。

愚人节。又叫万愚节，源于古代欧洲的习俗。人们发现许多民族都有相似的节日，而且几乎都在四月。如法国，蠢人被称为"四月之鱼"（青花鱼），据说，这种鱼在四月份最易上钩。传说印度春分时节举行佛教说法，到 3 月 31 日结束，那些好不容易坚定了信念的人，如果一夜不眠，就会复归自我，便将 4 月 1 日作为愚人节，毫无用意地捉弄别人，以此取乐。明治末期，愚人节传入日本，在昭和时期得到普及。后来，每年 4 月 1 日这一天，可以开各种轻松的玩笑，用来撒谎、捉弄人。

世界红十字日。第一次世界大战之后，捷克斯洛伐克红十字会倡议每年举行为期 3 天的"红十字休战日"活动。1921 年在瑞士日内瓦召开的第十届国际红十字大会上，通过了一项决议，向各国红十字会推荐捷克斯洛伐克的做法。在 1948 年召开的国际红十字会第二十届理事会上，正式确定以红十字会创始人亨利·杜南的生日——5 月 8 日作为世界红十字日，以表示红十字运动的国际性以及人道工作不分种族、宗教及政治见解的特性。

国际护士节。为纪念现代护理学科的创始人弗劳伦斯·南丁格尔，在 1912 年召开的国际护士理事会上，将南丁格尔的诞生日——5 月 12 日定为国际护士节，旨在激励广大护理工作者以"爱心、耐心、细心、责任心"对待每一位病人。它最初称"医院日"或"南丁格尔日",设立国际护士节的基本宗旨是倡导、继承和弘扬南丁格尔不畏艰险、甘于奉献、救死扶伤、勇于献身的人道主义精神。

国际家庭日。家庭是社会的基本细胞,而目前全世界家庭数目急增,已达10亿多个,家庭规模却日趋缩小;人们的家庭观念也在发生变化,离婚率普遍上升;人口老化问题日益严重,全世界65岁以上老人达3.5亿。为此,第44届联合国大会通过一项决议,宣布1994年为国际家庭年,1993年纽约特别会议提出从1994年起每年5月15日定为国际家庭日,以此提高各国政府和公众对家庭问题的认识,促进家庭的和睦、幸福和进步。

世界环境日。1972年6月5日在瑞典首都斯德哥尔摩召开了《联合国人类环境会议》,会议通过了《人类环境宣言》,并提出将每年的6月5日定为世界环境日。同年10月,第27届联合国大会通过决议接受了该项建议。它的确立,既反映了各国人民对环境问题的认识和态度,又表达了我们人类对美好环境的向往和追求。

世界人口日。1987年7月11日,地球人口达到50亿。为纪念这一特殊的日子,1990年联合国根据其开发计划署理事会第36届会议的建议,决定将每年7月11日定为世界人口日。今天,地球人口已经达到70亿,应进一步唤起人们对人口问题的关注。

国际和平日。2001年9月7日,联合国大会通过55/282号决议,决定自2002年起,将每年的9月21日定为国际和平日。决议中提到:"宣布此后,国际和平日应成为全球停火和非暴力日,并邀请所有国家和人民在这一天停止敌对行动。"决议还邀请所有会员国、联合国系统各组织、区域组织和非政府组织以及个人,以各种适当方式(包括教育和公众宣传)庆祝国际和平日,并同联合国合作,实现全球停火。

世界旅游日。每年的9月27日,是由世界旅游组织(WTO)

确定的旅游工作者和旅游者的节日。创立"世界旅游日"的目的，在于给旅游宣传提供一个机会，引起人们对旅游的重视，促进各国在旅游领域的合作。

哥伦布节。每年的 10 月 12 日，在欧美许多地方都要举行庆祝活动，纪念意大利人克利斯托弗·哥伦布在 1492 年的这一天发现了美洲新大陆，揭开了世界近代史的新篇章。哥伦布在获得西班牙女王的资助后，驾船远帆，抵达巴哈马群岛中的夸纳西尼，并命名其为"圣萨尔瓦多"（意为"神圣的救世主"）。随后，他又发现了古巴、海地，开辟了新的殖民地。

2. 欧美各国的重要节日

法国以宗教节日为主，如复活节、诸圣节、圣灵降临节、耶稣升天节、圣母升天节等，其中圣诞节是一年中最重要的节日。此外，还有元旦、国庆节、停战节等主要节日。

（1）狂欢节：复活节前 41 天（一般在 2 月下旬）。根据基督教教义，过了这一天，大斋期就开始了，要抓紧时间享受欢乐。节日举办游艺活动和文体表演，最受欢迎的是化装游行。法国的尼斯与意大利海滨城市维亚雷，并称为欧洲狂欢节的两大中心。

（2）国庆节：又称巴黎节或共和节，以巴黎人民攻占巴士底狱的 7 月 14 日为争取解放的纪念日，并确立这一天为国庆节。根据 1880 年 7 月 7 日的法律，马赛曲成为国歌。全国放假一天，在巴黎香榭丽舍大街上举行大规模阅兵式。

（3）停战节：11 月 11 日，是第一次世界大战的停战纪念日。这天原来也属于全国性假日，在吉斯卡尔·德斯坦任总统执政时期取消了。但是，有不少单位尤其是学校，仍然坚持在这一天放假。

（4）圣诞节：相传上帝之子耶稣生于 12 月 25 日，基督教徒将这一天定为圣诞节，到教堂参加子时弥撒。法国规定从 12 月

25 日起放假两天,加上周末及随之而至的元旦,假期可达 10 天。工厂停工、学校停课,亲友互赠贺卡和礼品,合家团圆吃圣诞晚宴。

意大利全年有大约三分之一的日子属节日,包括宗教节、国家纪念日和民间传统节日。节庆的方式,主要是游行、音乐、美食、饮酒和狂欢。比较著名的节日有:

(1)罗马生日。4 月 21 日,是庆祝罗马建城(公元前 753 年)的纪念日。这一天,罗马所有的古代遗址和运营的博物馆,都免费开放。

(2)国庆节:6 月 2 日。1946 年的这一天,意大利举行全国公民投票,决定废除君主制,建立共和国。于是,国家便立法定此日为国庆节。

(3)八月节:也称夏假,是仅次于圣诞节的重要节日。可追溯到 2000 年前,罗马皇帝奥古斯都定 8 月 1 日为节日,让人们尽情地欢乐,享受生活。到 17 世纪末,改为 8 月 15 日,让人们避过一年中最热的时候。这一天全国放假,人们纷纷前往海滨、山区和乡村游玩。

(4)威尼斯船节:每年 9 月的第一个星期日。在这一天,运河两侧舟船云集,人山人海,赛船活动非常热闹。赛船的场面,不亚于中国的端午节。

英国的民间节日主要有元旦、耶稣受难日、复活节、五朔节、春假日、夏假日、圣诞节等。在威尔士和北爱尔兰,还分别有圣戴维节与圣帕特里克节。

(1)圣戴维节:每年 3 月 1 日,是威尔士的重要节日,公司、学校放假一天。按照基督教的说法,圣戴维是威尔士的"主保圣人",人们认为他特别照顾威尔士。这里所纪念的戴维,是公元 2 世纪到威尔士的传教士,并非《圣经》中的圣戴维。

(2)圣帕特里克节:每年 3 月 17 日,是北爱尔兰人纪念保护神圣帕特里克的节日。这一天，爱尔兰人要吃绿色蛋糕，穿绿色服装，进行化装游行。圣帕特里克是公元5世纪在英国西部生活的一个人物，16岁时被卖到爱尔兰为奴，后来逃到欧洲大陆，接受教育并成为传教士。他回到爱尔兰传教，在短短10年内兴建了这个岛屿的交通。

（3）五朔节：5月1日被定为五朔节，可追溯到古罗马，公元前1世纪传入英国。5月1日原是春末祭祀"花果女神"的日子，人们在这一天庆祝太阳普照大地，祈求风调雨顺、五谷丰登。现在每逢五朔节，孩子们围着"五月柱"欢跳，小伙子们跳莫里斯舞表达欢乐心情，姑娘们抬着花环游行，人们从少女中选出"五月皇后"为她举行加冕仪式。

此外，英国还有8天的所谓"银行假日"，这是全国性的假日，并不限于银行业。这是一年中最受欢迎的节日，因正值学校放假，许多家庭可以去海边或乡村游玩。

德国是个宗教色彩浓厚的国家，复活节、圣诞节、感恩节是最隆重的节日。此外，一些能为德国带来国际声誉的节日也非常热闹，如狂欢节、慕尼黑啤酒节、文化节等。

（1）狂欢节：每年从11月11日11时起，从科隆到康斯坦茨间的许多德国城市就进入了狂欢季节，持续三个月之久，直到第二年复活节前41天为止。在科隆、杜塞尔多夫、美茵茨这三个城市，有热闹的化装大游行和广场舞会，选出狂欢节的"王子"和"公主"。

（2）慕尼黑啤酒节：起源于1810年，为庆贺巴伐利亚储君卢德亲王与黛丽丝公主结婚而举行的庆祝活动，现已成为德国最负盛名的节日。在每年9月第三周至10月第二周，来自世界各地的游客在啤酒厂搭建的帐篷里痛饮啤酒，要消耗100万升以上。

（3）斯图加特感恩节：又称人民节，是仅次于慕尼黑啤酒节的一个盛大节日。每年都有500万人至斯图加特市参加，时间大致在每年 9 月底、10 月初。由于通宵达旦地进行，许多游客在天黑之后才赶到广场，最热闹的时候在夜里 11 时以后出现。

西班牙的节日众多，除了全国性的节日以外，每个城镇都有自己的守护神节。节日期间举行露天音乐会、化装游行、歌舞表演、施放烟火、斗牛等活动，全民出动，尽情狂欢。

(1)三王节：在每年 1 月 6 日，这一天也是儿童节日。前一天夜里各城市举行盛大彩车游行，第二天早晨父母给孩子赠送礼品，晚上亲友团聚，分食"三王面包圈"。它起源于基督教《圣经》，传说圣婴耶稣诞生后，受东方三王的朝拜并献礼。

(2)奔牛节：每年从 7 月 7 日开始，为期一周，在西班牙东北部纳瓦拉省省会潘普洛纳市举行。数万名来自世界各地的奔牛爱好者，在人与牛之间奔跑的危险游戏中享受欢乐与刺激。它的正式名称叫"圣费尔明节"，圣费尔明是潘普洛纳市的保护神。

(3)番茄节：每年 8 月最后一个星期三，在西班牙巴伦西亚地区的布尼奥尔小镇举行，上演"番茄大战"。它的来历有这样一个传说：1945 年的这天，一个小乐队在镇上吹喇叭，一伙年轻人突发奇想，抓起西红柿向喇叭筒里扔，于是发生了混战。

(4)西班牙——美洲日：10 月 12 日是国庆日，也叫哥伦布节，是西班牙人纪念哥伦布 1492 年发现美洲大陆的日子。史载，这一天哥伦布的船队登上了巴哈马群岛中的华特林岛。

俄罗斯的重要节日有：

(1)洗礼节：每年 1 月 19 日，人们除了去教堂祈祷以外，还要到河里破冰取"圣水"。这一天往往是基督教的入教仪式，新生儿在受洗之后命名。

(2)谢肉节：2 月底至 3 月初，又称"送冬节"，是俄罗斯古老的农业节日。远在中世纪，人们认为太阳神雅利拉战胜了严寒和黑夜，迎来了春天。迎春送冬的仪式：用煎烤薄饼(象征太阳)祭祀太阳神，祈求来年收成好。夜晚点篝火，烧掉用稻草扎的寒冬女王模拟像。东正教成为俄罗斯国教以后，教会把送冬节纳入宗教活动，称"谢肉节"，节期7天，节后持续7周是斋期。节期家家煎烤薄饼，大摆酒宴，访亲探友，以弥补斋期的苦行僧生活。

（3）胜利节：5月9日是原苏联庆祝卫国战争胜利的纪念日，即第二次世界大战打败德国法西斯的纪念日。俄罗斯独立之后保留了这个节日，改称胜利节。每年这一天，莫斯科都要举行隆重的集会和阅兵式。国家领导人前往红场的无名烈士墓敬献花圈，进行哀悼。各英雄城市鸣放礼炮，纪念死难者。夜晚燃放焰火，庆祝反法西斯战争取得伟大胜利。

（4）和谐和解日：11月7日是苏联的国庆节，也是十月社会主义革命的纪念日，现在作为传统节日依然保留下来。虽然取消了政府有组织的庆典和娱乐活动，但是许多政治组织、群众团体依然自发地举行各种庆典活动，甚至游行。

美国的节日分为两类：一类是政治性节日，如独立日、国旗日、华盛顿诞辰纪念日、林肯诞辰纪念日、阵亡将士纪念日等；另一类是宗教性节日，如复活节、情人节、万圣节、愚人节、感恩节、圣诞节等。在美国的节日中，最重要的是感恩节和圣诞节。

（1）阵亡将士纪念日：时间原为5月30日，但在1971年以后，为保证联邦雇员都能享有这一休息日，许多州将它改在5月的最后一个星期一。它起源于纪念南北战争双方的死难者，第一次世界大战之后改为祭奠所有的战争死难者。民间逐渐将其演变为祭扫日，家家在这一天祭奠逝去的亲人，同我国的清明节十分相似。

（2）独立节：7月4日是美国独立的纪念日，也是美利坚合众国的国庆日。1776年，在经过长期战争赶走了英国统治者之后，北美13个殖民地的代表组成大陆会议，通过了《独立宣言》。每逢这一天，要举行阅兵式和升旗仪式，电视台和广播电台播送《独立宣言》。

（3）感恩节：是美国独创的古老节日，也是美国人合家欢聚的节日。时间是每年11月份的最后一个星期四，每逢这一天，人们上街举行化装游行、音乐或戏剧表演、体育或劳动比赛。家庭团聚，欢度节日，传统食品是火鸡、红莓苔子果酱、甜山芋、玉米汁、南瓜饼等。

（4）圣诞节：5月25日是美国最大、最热闹的节日，尤其是在圣诞夜，美国人通宵达旦地庆祝。最典型的装饰是圣诞树，人们会在小杉树或小松树上挂满礼物和彩灯，树顶再装一颗大星。这些装饰是有象征意义的，彩灯象征耶稣给世界带来了光明。

加拿大的节日十分丰富，既有全国性节日和地区性的节日，也有西方国家共同的节日。全国性的主要节日有元旦、加拿大日、劳动日、冬季狂欢节和枫糖节。

（1）元旦：加拿大人从除夕开始庆祝，持续到新年来临。新年当天的主要活动，是把被加拿大人看做吉祥象征的白雪堆在住房周围，筑成雪墙，以阻挡妖怪的入侵。

（2）冬季狂欢节：每年2月上旬至中旬举行，为期10天，是魁北克省居民最盛大的节日。狂欢节庆祝活动规模盛大，内容奇特丰富，具有浓郁的法兰西色彩。

（3）枫糖节：每年3月是具有加拿大民族传统的节日，人们采集糖枫叶，熬制枫糖浆。生产枫糖的农场披上节日盛装，向国内外游人开放。周末，一些农场还免费供人品尝枫糖糕和太妃糖。人们热情地为来宾们表演各种民间歌舞，请游客欣赏繁茂、美丽的枫树林。

墨西哥是美洲文明古国，孕育了玛雅、阿滋特克、托尔特克、奥尔梅加、特奥蒂华坎等古代印第安文化。其重要节日有：

（1）圣船节：地区性的民间宗教节日，主要流行于纳亚里特州的斯卡尔蒂坦岛。每年6月29日，当地渔民要举行象征性的"圣徒"划船比赛。晚上，人们为取得竞赛胜利的船举行庆祝会，宣布为挂着圣彼得像和圣保罗像的"圣船"。

（3）亡灵节：每年从 10 月 31 日起，是墨西哥的"亡灵节"（也叫"死人节"）。按照民间风俗，11 月 1 日是"幼灵"节；2 日是"成灵"节。人们在墓地通往村镇的路上撒黄色花瓣，让亡灵循着芬芳的小路归来。夜里，家门口挂南瓜灯笼，为亡灵回家引路。

（2）瓜达卢佩圣母节：每年 12 月 12 日，天主教会在特佩亚克山下的大教堂举行宗教仪式，数百万信徒扶老携幼、长途跋涉，赶来参拜瓜达卢佩圣母像。境内各地教堂，印第安教徒还要表演传统的民族舞蹈，按自己的方式祭祀圣母，庆祝活动持续一个月左右。

（4）客店节和圣诞节：每年的 12 月 16—25 日，客店节是圣诞节的一部分。传说"圣灵怀胎"的贞女玛利亚随父到祖籍登记户口，因城中客店客满，只好在客店的马棚中生下耶稣。在圣诞节前夜（12 月 24 日），各家都摆经过装饰的圣诞树，并模拟耶稣降生的场面。

巴西的节日很多，有宗教性的，也有非宗教性的，有些节日同葡萄牙人、非洲人、土著印第安人等民族的历史渊源和宗教习俗，有着千丝万缕的联系。

（1）狂欢节：这是巴西最广泛的民间节日，与天主教大斋期以前的谢肉节联系在一起，每年 2 月中旬或下旬举行，持续 3 天。节日期间，各地到处张灯结彩，男女老少披红挂绿。在城里，除了医院、药店和酒吧照常营业以外，机关、商店关门，工厂停工，学校放假。人们载歌载舞，游行队伍川流不息，非常热闹。

（2）海神节：每年 2 月 2 日举行，是一个供敬海神、祈祷家人平安的节日，至今已有 200 多年的历史。海神名叫伊曼雅，被认为是鱼类和一切同水有关物种的母亲。她原是西非人崇拜的偶像，当 16 世纪非洲奴隶被贩卖到巴西时，因饱受磨难和死亡的威胁，只好祈求伊曼雅保护。到达巴西的幸存者十分感激海神，认为生命是她恩赐的。

(3)圣灵节:起源于葡萄牙的一种民间节日,类似欧洲的万圣节,被称为"死人之日"或"鬼节"。1819 年首次在巴西举行,每年的 6 月初开始,历时 10 天。

(4)敬牛节:巴西东北部的传统节日,每年 6 月下旬举行。庆祝活动以游行演出为主,节目内容多是通过牛的遭遇来抒发对当今社会的爱与恨,表达人们敬牛、爱牛的风俗。

阿根廷作为移民国家,由于独特的历史文化际遇,节日更加名目繁多,不但有欧洲移民带来的节日,如圣诞节、复活节、圣母受胎日等,以及一些具有政治内容的节日,如五月革命节、独立节、国旗日、马尔维纳斯日、哥伦布日(又名种族日),而且有许多与当地社会经济生活密切相关的节日。这些阿根廷人在数百年的曲折发展中形成的具有自己民族特征的节日,才是这个国家最有特色、最具魅力的精华之所在。

3. 亚太和非洲的主要节日

日本的许多节日受中国影响,依照各地神社(庙宇)的祭祀活动而沿袭下来。因此,日本称节日为"祭",其主要节日有:

(1)元旦:在前一天,人们便打扫庭院,在门口挂稻草绳、插松枝,摆上松、竹、梅等盆景,以示吉祥。全家人在一起吃年糕、守夜,等待除夕 108 下钟声响过,迎接新年到来。1 月 1 日早晨,全家人出来挂国旗,朝拜日出,到寺庙神社参神拜祖。

(2)樱花节:3 月 15 日—4 月 5 日。此时,日本各地的樱花盛开,人们纷纷出来赏花游玩。日本的樱花节活动,类似中国的"踏青"。

(3)端午节:5 月 5 日,又称儿童节,是男孩子的节日。这一天,家家户户的屋顶上悬挂自制大鲤鱼(俗称"鲤帜"),檐下插菖蒲叶,吃柏叶饼或粽子。

（4）七夕节：日本旧历七月七日举行，现在越来越多的人改在 8 月 7 日。人们在院子里供玉米和茄子，将彩纸编织的纸船、纸马、纸鹤等挂在树上，将写有歌词、心愿的五彩诗笺系在竹竿上，祈求自己的愿望得以实现，类似中国的情人节。

（5）七五三节：11 月 15 日是三岁和五岁男孩、五岁和七岁女孩参拜神社的日子，全家吃红豆米饭和带头尾的鳊，父母到商店里买千岁糖给孩子，据说此种糖果为孩子带来长寿。按照传统，孩子们穿和服，在父母的陪同下参拜神社，祈求神灵的保佑。

朝鲜与韩国同为半岛上的朝鲜族人，其节庆活动与日本一样，深受中国文化的影响。主要是四大传统节日：春节、元宵节、端午节、中秋节。

（1）春节：农历正月初一，人们在早晨穿最好的衣服举行祭祖仪式，晚辈向长辈拜年，接受长辈给的压岁钱。在辞旧迎新的时刻，全家人围坐在一起吃年糕汤，吃完就算长了一岁。人们见面的寒暄问候是"新年多福"，家有丧事或服孝三年者不拜年。

（2）元宵节：农历正月十五日，也称上元节或元夕节。人们吃药膳、五谷饭、陈茶饭，还要吃花生、栗子、核桃、松子等坚果，饮明耳酒，没有中国人吃元宵的习惯。举行放风筝、拔河、踩铜桥、跳园舞等民俗活动，有驱逐妖魔鬼怪和害虫之意。

（3）端午节：农历五月五日，又称重阳节、端阳节、天中节。人们吃用艾叶做的像车轮一样大的饼——艾糕，没有中国人吃粽子的习惯。举行打秋千、摔跤、拔河、跳假面舞等娱乐活动，还有祭山神、祭酒神、演巫术、伐神木等祭祀活动，一起祈福祛邪。

（4）中秋节：农历八月十五日，也叫秋夕节或感恩节。全国放五天假，人们赶回家中，阖家团圆，除了孝敬长辈、敬献祖先之外，还要扫墓，祭奠亲人。

此外，朝鲜的"五一"劳动节、韩国的"八一五"光复日、双方的国庆节也是重大节日。

印度在众多的节日之中，最重要的是洒红节（公历2、3月间）、灯节（公历10、11月间）和十胜节（公历9、10月间，连续庆祝10天），这三大节日实际上是印度教的节日。除此之外，重要节日还有：

（1）新年：1月1日，把家里清扫干净，出外参加舞会、吃自助餐。有些地区，人们以禁食一天来迎接新年。在过年的前5天，各地要演印度史诗《罗摩衍那》，扮演史诗中英雄的人要与纸扎巨人"作战"，用点着火的箭射它。

（2）罗里节：1月15日，也称马卡·桑克兰梯节。这天预示着众神的苏醒，人们除了祭拜太阳神之外，还要去恒河口朝圣，或者举行放风筝等活动。

（3）巴珊特·潘察米节：1月24日，这是春之节，人们穿着专门为过节而染黄的衣服，高高兴兴地放风筝，同时祭拜知识与艺术女神萨拉瓦蒂。

（4）霍利节：这是印度教的四大节日之一，于每年2月底或3月初的某一天举行，即印历十二月的月圆之日。人们会把装满颜料水的气球扔到路人的头上，或用盛满染料的水枪射向过路人。夜晚，有些地方还燃起篝火，人们载歌载舞，尽情欢乐。

（5）纳加潘察米节：8月19日，又叫蛇节。在印度教里，动物的灵性总是与主要的印度教神明紧密相通的，毒蛇纳都的神像，既是湿婆又是毗湿奴的标志。每逢此节，没有人下田干活以免惊扰蛇神，农妇们都要献上牛奶、鲜花和朱砂。

泰国节日很多，通常有年节、宗教性节日、生产性节日、国家纪念日和其他节日。

年节除了元旦以外，春节是泰国华人过的，宋干节是泰国的传统节日，俗称"泼水节"。泼水节源于印度婆罗门教风俗的旧历新年，节日在每年4月13—15日，第3天是高潮。善男信女手持鲜花、食物去寺庙聆听祝福，接受桃花瓣香水淋洒，出来后互相泼水祝福。

宗教性节日有万佛节、佛诞节、三宝节。万佛节在每年的阴历三月十五，如逢闰年，改为阴历四月十五，自1913年起将此日作为官方例假之一。佛诞节为阴历六月十五，也称吠舍法节，上座部佛教认为释迦牟尼的"诞生"、"成道"和"涅槃"都在阴历六月十五日。"三宝"即佛、法、僧，三宝节为泰国佛教的重要节日，在每年的阴历八月十五日。

生产性节日有春耕节、水灯节等。水灯节在每年的阴历十二月十五（望日），源于佛教徒以点灯表示敬奉伫立天上的佛骨塔，后演变为在河里放水灯。现在每当这一天的夜幕降临时，湄南河两岸成千上万的民众用芭蕉叶或芭蕉树皮做成的水灯放进河里，祈求风调雨顺。

国家纪念日以王朝活动居多，如阴历五月五日的泰国国王登基日，公历8月12日的王后寿辰，阴历十二月十日的宪法纪念日等，比其他节日更隆重。

马来西亚的节日和庆典约有上百个，其中政府规定的节假日约十个左右，这些节日反映了这个多民族国家的多元宗教、文化和风俗习惯。

（1）大宝森节：1月下旬到2月初，是印度教徒为印度神穆卢干王举行的奉献礼。每个信徒都带着枷锁踏上272层台阶，登上吉隆坡的黑风洞，忏悔求恕。

（2）圣纪年：伊斯兰教历三月十二日，是先王穆罕默德诞辰日。这一天，吉隆坡数十万伊斯兰教徒在元首的率领下，前往清真寺举行隆重的祷告仪式，然后游行庆祝。

（3）卫塞节：公元前624年4月15日，佛祖释迦牟尼生于尼泊尔的兰毗尼。这一天清晨，马来西亚的佛教徒竞相焚香膜拜，人人食素食，家家点油灯，所以又叫"灯节"。

（4）花卉节：在7月举行，历时一周。吉隆坡将成为美丽的花园城市，各公园、酒店、购物中心纷纷配合，举行形形色色的活动，如寻花赛、花展等，将门面打扮得花枝招展。

（5）开斋节：马来人的新年，全国最重要的节日。每逢伊斯兰教历九月，全国的信徒都在白天斋戒禁食。斋月后第一天就是开斋节，穆斯林们清晨进教堂举行祷告仪式，之后互相祝贺。节日里，人们从四面八方赶回家，同亲人团聚，还要进行慈善捐赠活动。

印度尼西亚有千岛之国的美誉，"印度"一词在梵文中意为"海"，"尼西亚"在希腊语中意为"岛屿"，印度尼西亚一名就是"海"和"岛"的合称。其重要节日有：

（1）加龙岸节：是巴厘岛上盛大的节日，时间为2月初，为期10天。节日期间人们通宵达旦，尽情欢乐，并用糕点和牲畜祭神，还要祭拜米仓、土地和墓地。

（2）开斋节：公历2、3月间，法定只放假一天，实际上要放假三天以上。外出工作的人都要赶在开斋节前返回家里与亲人团聚，各清真寺整夜念长经。开斋节那天，家家户户打扫干净，门前挂着嫩椰叶，人们身着盛装互相拜访，有的机关团体还搞团拜。

（3）宁静日（Nyepi Day）：3月16日，巴厘岛印度教徒以一种无声的形式庆祝新年，象征着人类被创造出来以前宇宙的状态，一般仪式要持续四天。

（4）猴节：每年的6月7日，印尼加里曼岛北部山区的农民全家到山里去，请来乐队进山为猴子演奏乐曲，并将准备好的糖果、饼干等食物撒在猴子栖息的地方。

以色列的节假日具有强烈的犹太属性，一方面表现所有节日都与犹太民族的命运相关，如哈努卡节和普珥节是纪念犹太民族免于灭亡，并最终战胜敌人；另一方面表现所有节日都有强烈的宗教色彩，没有一个节日是纯粹的世俗节日。

（1）犹太新年：犹太新年为犹太历（太阴历）一年的开始，是犹太人最重要的节日之一，全国放假两天。人们在新年期间要吃蘸了蜜的苹果，预示在新的一年甜甜美美。

（2）赎罪日：时间在犹太新年过后的第十天，犹太人设此节日是为了向上帝忏悔，请求宽恕和希望开始新生活。在赎罪日期间，要禁食一天，并在教堂祷告、思过。

（3）逾越节：时间在犹太历正月十四日，又称无酵节、巴斯卦节。在犹太人的新年期间，禁止出售和食用发酵食品，只能吃羊肉和无酵薄饼，以纪念犹太人离开埃及时因时间紧迫而吃不上发酵饼的日子，回顾整个民族摆脱奴役和获得解放的历史。

（4）五旬节：逾越节首日后第49天，是纪念摩西获得"十戒"的日子。人们用鲜花将家中装饰一新，节日的前一天晚上要吃丰盛的饭菜，喝牛奶和奶酪，并诵读"十戒"。

（5）住棚节：在公历9、10月间，为期7天或9天。此节正赶在收获季节，也称收获节或收藏节。家家户户搭草棚是节日期间的主要特征，为了纪念先祖们在旷野漂流受苦40年，追思上帝对犹太民族在旷野游荡时期的庇护。

澳大利亚的法定节假日很多，主要的节日有：

（1）国庆日：1月27日，为纪念白人进入澳大利亚的建国纪念日（1788年，菲力浦船长宣布澳大利亚为英国领地）。在一些州，也以接近周末的周一、周五作为国庆假。

（2）恩沙克日——澳大利亚军人节：4月25日，为纪念在一战中被英国借派的澳大利亚新西兰联合军团，在土耳其卡利波里半岛的决死登陆而设立。

（3）赛马节：11月4日，闻名世界的墨尔本杯赛马大奖赛的举行日。墨尔本市将这一天列为公休日，届时，全国其他地区也停止工作，观看赛马。

（4）圣诞节：12月25日，正值盛夏的澳大利亚沉浸在欢庆的热潮之中。亲朋好友互赠圣诞卡,表示祝贺。圣诞前夜,父母把为孩子购买的礼物放入特制的袜子里,当做圣诞老人赠送的礼物。圣餐十分丰富,有传统的火鸡、布丁,也有海鲜、烤肉。

埃及人创立了许多喜庆的节日,其中有两个别具一格的节日是:奥皮特节和河谷欢宴节。此外,还有独立日、穆罕默德诞辰日、穆罕默德升天日、人民抵抗纪念日、胜利日等。

(1)新年:埃及人在公元前40年就能观察星象,发现天狼星和太阳一同升起,尼罗河水随之上涨。埃及把尼罗河涨水的这一天作为新年,称作"涨水新年"。埃及的克鲁特人迎接新年,在门口放一张桌子,碟子里盛大豆、扁豆、紫苜蓿、小麦等,象征五谷丰登。

(2)闻风节:每年4月间天气转暖,人们纷纷外出踏青、游玩、野餐,享受清风拂面的气息,其乐融融。该节始于公元前3000年,传说是慈善神战胜凶恶神的日子。虽然经过约5000年的演变,但人们在节日里祈祝人间祥和、太平和春光永驻的习俗,历久不衰。

(3)河谷欢宴节:每年的5月末或6月,人们聚集尼罗河西岸——底比斯城的公共墓地、皇室陵墓以及祭堂,举行丰富多彩的游行活动。每个家庭都设有祭堂,向亲人表达哀思,向众神表达敬畏,以及表达自己对来世的关注。

(4)奥比特节:公元前1340年10月,尼罗河的泛滥期刚过去,人们抬着阿蒙神像,随法老进行游行,从卡纳克神庙一直走到底比斯南岸的卢克索神庙,成为该节的来历。此后,人们在游行之后便向神问卜,并享受神庙的赠品。

尼日利亚是一个多部族国家,有300多个部族。其风俗习惯、节日之多,数不胜数。

(1)伊古埃节:这是约鲁巴族除旧迎新、祈求和平繁荣的节日,有十项内容。精彩的第三天模仿战争场面,来纪念第一代贝宁王奥巴打败酋长们的战争。青年们在最后一天凌晨用火把驱赶恶神,迎接新年来临。人们还到郊外采集树叶赠亲友,表示新年吉祥如意。

(2)阿贡捕鱼节:在离索拉托60英里的阿贡古镇,每年2月举行一次捕鱼节。男人和孩子们身背鱼篓下河,一些人划着独木舟、打着鼓,把鱼群驱赶到水浅的滩涂。捕鱼节期间,还有徒手抓鱼、打野鸭、游泳、潜水的比赛,河岸水里一片欢声笑语。

(3)奥孙节:每年8月29日开始,延续八天。奥孙是一条小河,发源于北部群山中。据说奥索格博王规定,每年祭河喂鱼就能给人带来好运,也可以使不孕的妇女怀孕。

(4)莱博库节:克里斯河州和阿夸伊博姆州等种木薯的地区,在播种季节庆祝七天:第一天,男人们送椰子酒和木薯到酋长家,点起火把宣布节日开始;第二天,男女跳埃考伊舞;第三天,情人互赠订婚礼品;第四天,男人们通过摔跤决出名次;第五天,男女跳埃凯来节舞;第六天,魔术比赛或互相谩骂;最后一天,老妇人拿葫芦洒药水,宣告节日结束。

(5)奥发拉节:尼日尔河下游的奥尼查地区是贝宁文化和伊博文化的汇合点,每年9月人们被鼓声叫醒,酋长们列队到达,然后随音乐跳舞。人们拥向神殿去看奥比,奥比先后出现三次,他右手拿剑,左手拿马尾做成的护身符,女人们唱起赞颂奥比的歌。

南非的年历上印着:法定的公共假日一年有12个,一些是基督教的传统节日,如耶稣受难日、天伦节和圣诞节;一些是国际性节日,如元旦和劳动节;也有南非自己的节日,全都带有种族斗争印记,如人权日、自由日、和解日等。此外,南非还有独立日、青年日、妇女日、遗产日等节日。各黑人部族也有自己的一些节日,但不放法定假。

(1)自由日:1994年4月27日,南非历史上第一部体现种族

平等的宪法开始生效。每年的这一天成为南非的国庆节，也称
"自由日"。

（2）喧闹艺术节：每年 9—10 月在约翰内斯堡举行，是南非
最大的民间节日。各部落的艺术家云集此地，展示具有丰富非洲
文化内涵的文艺节目，如土著音乐和舞蹈。

（3）求雨节：汶达部族人的节日，每年的 11 月在伯乐百都地
区举行。求雨仪式极为特别，全由"雨后"莫家姬一人主持，这在
父系氏族里极为少见。仪式当中伴有原始舞蹈，跳舞者全身赤
裸，身体和脸上涂有彩泥。男女进入成年的仪式，也在此时
进行。

（4）和解日：12 月 16 日，在南非原称"丁冈日"或"誓言日"，
纪念向北迁徙的南非布尔人（荷兰人后裔）在 1838 年打败祖鲁王
丁冈，夺取了内陆大片土地。1994 年新南非政府成立后，这一天
被改名为"和解日"，寓意是希望南非黑、白两大种族面向未来，
和平共处。

三、中国古代生活方式中的民俗

1. 饮食文化

一定民族的生活方式体现一定民族的民俗风情，二者紧密联
系。它包括人们的衣食住行、婚姻嫁娶、生老病死、丧葬祭祀、
姓氏谱系、礼仪交际、家庭生活、社会生活等内容，以及人们对
此的态度和所采取的形式。我国古代生活方式表现出来的特点：
一是受当时的生产力和消费水平的制约，二是与人们的地位及等
级相联系，三是受传统伦理道德观念的制约。古代的生活方式反
映在衣、食、住方面，表现为饮食文化、服饰文化、居室文化，构
成了中国传统文化的道道风景线。其中，古代饮食从原始食物以

及简单的烹调方式开始，逐渐发展到以食、茶、酒为主的食品加工、烹饪理论、品尝活动，构成了中华饮食文化的精髓。

在食文化方面：

火的运用是饮食习俗起源的关键，汉字中的"炙"字就是用火烤肉的图景。从此，先民们告别了"茹毛饮血"的自然饮食状态，进化到以"炮生为食"的调制饮食状态。熟食法最早是直接烧烤，这与原始狩猎密切相关。实践中发明了间接烧烤，即把食物放到烧热的石头上。在原始社会和奴隶社会的陶器、青铜器中，就有许多加热食物的炊具。如鼎是煮肉用的，相当于今天的锅；鬲是煮具；还有一种名叫甑的圆形陶器或青铜器，底部有一些透气的小孔，把它放在另一件煮食物的陶器上就可以蒸食物了。由于鼎、鬲、甑等烹饪器具的使用，中华大地5000年以来炊烟遍野、鼎香四溢。以火和炊具为基本条件，食物从烤到煮再到蒸，表明古人在饮食方面的进步，为后来的各式烹调方法打下了基础。

我国自殷周以来，就"五谷"（黍、稷、菽、麦、稻）皆备。其饮食结构，北方以小麦为主食，南方以大米为主食，都以肉、菜等为副食，尤以猪、狗、鸡等六畜入馔。古代主食以米粥、米饭最早，米糕稍晚。称厚粥为"饘"，薄粥为"酏"，蒸米为饭。饭有黄黍、白黍、黄粱、白粱、稷米、稻米六种，还能做出"羹饭"、"干饭"来。虽然有制作糕、饼的方法，但代表我国饮食特点的是烹制菜肴。菜肴古称肴馔、肴馐或肴核，肴是荤菜，主要指鱼肉类食品；馔也是食物；馐是美味食品；核是蔬菜果核食物。

烹调是烹制荤菜和素菜的总称，原料十分丰富。鱼肉类：肉有常见的猪、犬、牛、羊、鸡、鸭、鹅，还有鹿、兔、鸽、猴、龟、青蛙、熊、野猪、虎、豹等；鱼有鲤鱼、青鱼、草鱼、赤眼鳟、鲨鱼等，还有鲸鱼。吃野味的习俗源于狩猎，如广东吃蛇，辽宁吃蚕蛹，天津吃油炸蚂蚱。蛋乳类：由家野禽下的蛋，家畜挤出的奶，都是入菜的原料。油脂类：有植物种籽榨取的油脂，以及家畜、家禽和鱼类的脂肪。蔬菜类：见于《诗经》的蔬菜有几十种，如葫芦瓜、苦瓜、萝卜、荠菜、豌豆、韭菜、葱、蒜、莲藕、水芹、草菇、土菌等。瓜果类：有枣、栗、核桃、莲子、松子、榛子、椰子、槟榔，以及桃、李、梅、杏、梨、柿、苹果、葡萄、石榴、荔枝、枇杷、柑橘、菠萝、香蕉等干鲜果品。调味类：有盐、糖、醋、酱、姜、辣椒、芥末、胡椒、花椒、桂皮、茴香、紫苏等，米酒和某些中药也可做调味品。

烹饪是中国饮食文化中突出的艺术，多从色、香、味、形探讨菜肴的外部表现，对营养方面的考虑比西方要少些。中国菜肴以调和适度为佳，符合古代哲学崇尚中庸的思想。周代把切成厚块的肉称为"胾"，长条为"脯"，薄片或丝称为"脍"，切瘦肉"必绝其理"（逆纹切）。先秦时期确立了咸、苦、酸、辣、甜"五味调和"的调味理论，以及色、香、味、形俱佳的美食标准。菜肴除了讲究香脆、新鲜以外，还有甜咸、酸甜、酸辣、麻辣、怪味等复合味。烹调方法多样化，如《礼记·内则篇》记载了名菜——"八珍"之一的"炮豚"（炖乳猪或羊羔）的做法，要经过宰杀、净膛、酿肚、炮烧、挂糊、油炸、切件、慢炖8道工序。烹饪的关键在于掌握火候，周人已知"时疾（猛火）时徐（文火），去腥去臊除膻，必以其胜"。烹调方法多达几十种，《齐民要术》中有蒸、煮、炒、烹、煎、烤、酢、羹、酿、浇、炖、涮、拌等技艺的介绍。

古人日积月累，食谱繁多。周代的"八珍"是八种美味佳肴，这是祖先留下的古老食谱。长沙马王堆汉墓的简册记载着西汉菜肴近百种，唐代的《食谱》上记载着141种菜的烹调过程，吴自牧的《梦粱录》记载了南宋临安大饭店的菜单有335款，清代的《随园食单》记录的南北风味菜肴有326种。五代的《清异录》记载着唐代韦巨源（尚书令左仆射）宴请唐中宗的"烧尾宴"，菜单共58款，其中仅"光明虾炙（考鲜大虾）"、"升平炙（烤羊、鹿舌三百片）"、"生五盘"（羊、兔、牛、熊、鹿肉五拼盘）、"遍地锦装鳖"

（羊脂鸭卵烧甲鱼）等几个菜目，就集山珍海味之大成。其中两款点心很奇特，一是"二十四气馄饨"，即花形馅料各异的24种云吞；二是"素蒸音声部"，用带馅面人塑造了70个蓬莱仙女，各具姿态，栩栩如生，表现了唐代厨师的高超手艺。清代的"满汉全席"融宫廷满席与汉席精华于一体，共有名菜108道，面食44种，还有各种点心水果。山珍海味分三次享用，称"三撤席"，要吃一整天。满汉全席集名食佳肴之大成，是清代最高规格的宴席、中华烹饪文化的典范。

　　把食品做成各种不同的风味，与原料生产的地方特色、不同的调制方法有关。清代形成苏、粤、川、鲁四大烹饪流派：苏菜历史悠久，早在2000年前《史记》、《吴越春秋》中就有记载。现代苏菜狭义指以扬州为中心的淮扬菜，广义上包括江浙等东南沿海地区，其特点是喜用河鲜菜，讲究清淡酥香，如清蒸鲥鱼，点心小吃也相当精美。粤菜以广州、潮州、东江三种地方菜为主体构成，特点是以海鲜及野味为上馔，做法以蒸、炒、溜居多，讲究清淡生脆，粥品和点心十分丰富。南宋有人评价广东人"不问鸟兽虫蛇，无不食之"。粤菜中的"龙虎斗"是名菜，蛇餐在广东有2000年的历史。据《淮南子》记载："越人得蚺蛇，以为上肴。"川菜的发源地是巴蜀，特点是重油重味，讲究麻辣；善于运用普通材料制作美味菜肴和特色小吃，如宫爆鸡丁等。鲁菜的发源地是山东，用料高档、富高热量和高蛋白，善于以汤调味，鲜嫩味纯，有宫廷菜的余韵，著名的糖醋鱼便源于鲁菜。后来又有八大菜系之说，即在上述四大菜系的基础上，增加了闽、湘、徽、鄂（或浙）四大菜系。如福建名菜"佛跳墙"，把18种山珍海味放在一个坛子中用火煨制，打开坛盖即香气扑鼻。北京在宫廷菜的基础上，融合满、蒙、回、汉的菜肴精华，形成了新菜系。如北京烤鸭大约在150年以前从南菜中移入，酱爆菜是从山东菜中移入的。脆、酥、香、鲜是北京菜的风味，小吃如"爆羊肚儿"，大餐如"烤羊肉"、"涮羊肉"都是名菜，尤以烹调"全羊席"著名。

在茶文化方面：

"开门七件事，柴米油盐酱醋茶。"这句俗语，道出了茶在我国人民日常生活中的重要性。中国是茶叶的故乡，有"神农尝百草，日遇七十二毒，得茶而解"的古老传说。茶不仅清香味道，还能治病，清热解渴。据考证，最古老的野生茶树生长于我国西南地区，茶从药过渡到普通饮料大约在2000多年前的西汉。人们最初饮用野生茶，后来开始自己种植茶树。茶树适合在温暖潮湿的南方生长，南方人饮茶的风气浓厚。北方过去不产茶，北方人喝的茶都要从南方运来。现在我国有18个省（区）种植茶树，成为世界上最广阔的茶区。公元7世纪，茶艺传到日本、朝鲜，16世纪以后，又陆续传入欧洲、美洲和非洲。现在全世界有40多个国家和地区种植茶树，茶与咖啡、可可一起，并称为世界三大饮料。

中国地广人多，喝茶的习惯不同。人们积累了种茶、制茶、品茶的丰富经验，历代写出的茶书就有100多种。其中，唐代陆羽的《茶经》是世界上第一部茶书，人们称陆羽为"茶圣"。《茶经》介绍的饮茶方法有淹茶、煮茶两种：茶叶"乃斫、乃熬、乃炀、乃舂，贮之瓶缶之中，以汤沃焉，谓之淹茶；或用葱、姜、枣、橘皮、茱萸、薄荷等煮之百沸"。到了元代，人们喜欢泡茶饮用，里边不加配料。一般来说，北方人爱喝花茶，江苏、浙江一带的人爱喝绿茶，福建、广东一带的人爱喝乌龙茶，边疆各少数民族爱喝紧压茶。蒙古族人喝茶，要在水里放进奶和盐，成为奶茶。藏族人喝茶，喜欢加入酥油和盐，叫做酥油茶。

我国茶叶的种类很多，一般分为红茶、绿茶、乌龙茶、花茶和紧压茶五大类。红茶是一种经过充分发酵的茶叶，以安徽的祁门红茶最有名，茶叶耐泡，茶水红艳。绿茶是一种不经过发酵的茶叶，名茶有杭州西湖的龙井茶，苏州太湖的碧螺春、岳阳君山的毛尖，茶水翠绿，茶味清香。乌龙茶不需要充分发酵，是一种半发酵茶，以福建的武夷岩茶最有名气，乌龙茶干燥，好存放，以陈茶最好，这与其他茶叶以鲜嫩的新茶为最好不同。花茶是用红茶、绿茶或乌龙茶作原料，用各种香花熏制而成，如福建的茉莉花茶，有浓郁的茶味，又有鲜花的芳香。紧压茶是经过蒸馏，压制成各种形状的块茶，有砖形、圆饼形、碗形等，最好的要数云南的普洱茶、四川的沱茶和湖南的黑茶。

中国人饮茶一向讲究用水，如唐人饮茶除了选用好茶叶之外，还讲究好水、调味、汤候、精具。《茶经》中指出：煎茶用水，以"山水上，江水中，井水下"。张又新的《煎茶水记》专论茶与水之关系，将可用来煮茶的水分为二十品，以"庐山康王谷水帘水第一……雪水第二十。"龙井茶若以当地虎跑泉水冲泡，则香清味冽，号称"杭州双绝"。

有了好茶好水，还须配精致的茶具，才能满足人们品茗和审美的需求。西汉辞赋家王褒订立的《僮约》规定，家僮要"武阳买茶"，"烹茶尽具"，说明当时已讲究茶具。西晋杜育在《荈赋》中写的"茶理"是：名山长好茶、工勤采好茶、水优煮好茶、器佳衬好茶，说明茶具在茶文化中的位置不可或缺。《茶经》提到的茶具，有风炉、镁(同釜)、碾(碾茶用)、罗合(筛茶末用)、夹(炙烤茶饼用)、纸囊(储存炙后之茶用)、漉水吏(过滤水用)、瓢及熟盂、茶碗。陆羽对青瓷茶具极为推崇，在《茶经》中评价：青瓷茶具以越瓷为第一，如玉如冰，色青而茶色绿；鼎瓷(江苏宜兴鼎山镇产)为第二；婺瓷为第三；而邢瓷(河北内丘等地产)则类银、类雪，色白而茶色丹，不如青瓷。唐代的贵族多用金属茶具，民间喜用青、白釉陶瓷茶碗。晚唐诗人皮日休的《茶瓯》诗曰："邢客与越人，皆能造瓷器，圆似月魂堕，轻如云魄起。"到明清时代，又出现了茶壶、茶杯和茶盘。清代的茶具种类繁多，令人目不暇接，其中以景瓷、宜陶为贵。景德镇产的景瓷以胎极白、薄如蛋壳的珐琅彩瓷为最，仅供宫中享用；宜兴产的宜陶以"陈鸣远壶"、"杨彭年壶"和"曼生壶"，为世代珍藏品。

喝茶要慢慢地品尝茶水味道，这叫"品茗"。品茗作为一种高雅艺术，凝结着人们的审美情趣。大碗大口的喝法，只能解渴，得不到茶的本味。若要品出茶韵，必借助茶具。如乌龙茶具有四宝：玉书碨，容水四两的薄瓷扁壶；潮山烘炉，小白铁炭炉；孟臣罐，容水二两的宜兴紫砂壶；若深瓯，容水二三钱的景白小瓷杯。品茶的情景如清人袁枚所述："杯小如胡桃，壶小如香橼，每斟无一两，上口不忍遽咽，先嗅其香，再试其味，徐徐咀嚼而体贴之，果然清芬扑鼻，舌有余甘，一杯以后，再试一二杯，令人释燥平矜。"

写诗作画要有意境，文人写诗作画离不开茶，芳香的茶能使诗人和画家产生创作灵感。历代茶诗有几千首，如白居易的《睡后茶兴忆于扬州》："婆娑绿阴树，斑驳青苔地。此处置绳床，旁边洗茶器。白瓷瓯甚洁，红炉炭方炽。沫下曲尘香，花浮鱼眼沸。盛来有佳色，燕罢余芳气。"李群玉的《龙山人惠石廪方及团茶》："碾成黄金粉，轻嫩如松花。红炉炊霜枝，越瓯斟井华。滩声起鱼眼，满鼎漂清霞。"明代出现了一些著名的茶画，如文征明的《惠山茶会图》，生动地描绘了文人雅士在石泉荫亭举行佳茗会的场面；唐寅的《事茗图》，画的是人们悠然品茗的情景。这些诗画，皆与士大夫们的闲适生活相适应。

东晋已有用茶当饮料出售的记载。南北朝时，城镇出现茶寮。到唐代，出现"茶会"、"茶宴"等聚饮风气，顾况的《茶赋》就描绘了帝王茶宴之盛况。唐代开贡茶之先例，湖州紫笋、常州阳羡、信阳毛尖、龟山云雾、蒙顶茶都在贡茶之列。在贡茶产区常举行评定茶叶品质的茶宴，这种评茶方式为后世斗茶之始。宋代的斗茶，已逐渐演变成烹茶技术的全面较量，皇宫里常有斗茶活动。斗茶的风俗传入民间，演化为茶道。至清代，茶馆、茶肆遍布全国各地。乾隆年间，有南宁名馆"鸿福园"、"春和园"；光绪、同治年间，有广州名馆"陶陶居"、"莲香楼"、"多如楼"。也有许多低档茶馆，如"二厘馆"，客茶价仅二厘，同时供应廉价菜粉、松糕、大包，是下层人士光顾之处。

日日饮茶，闲暇品茶，客来敬茶，访友赠茶，是中国几千年来的风俗和习惯。

在酒文化方面：

中国人的饮品除了茶最普及以外，其次就是酒了。自然界的天然果酒是野生果实成熟之后，堆积在一起自然发酵而成。受天然果酒的启发，先民们用粮食发酵，经过压榨，造出了酒精浓度很低的粮食酒，味道清淡如水。在5000年以前的大汶口文化和龙山文化的遗址中，出土了不少造酒和饮酒的陶器。商周的甲骨文、金文中的"酒"字，以及大量的青铜酒器，表明了造酒业已十分发达。蒸馏器的出现，是酿酒史上重要的一页。酒经过加热蒸馏，水分减少，酒精度提高，成为白酒。白酒大约出现在宋代，至今只有800多年。从自然发酵法酿造人工果酒到低度粮食酒，再到经过蒸馏的白酒，这就是中国酒的发展历程。

酒类品种繁多，有黄酒、白酒、红酒。黄酒是古老的酒类，用糯米作原料，经过糖化、发酵、压榨而成。黄酒酿好后，要存放好多年才取出饮用，其色黄亮，香气浓郁，味道很好。它的酒精浓度比较低，一般在10～20度之间，属于低度粮食酒。黄酒的营养价值是各酒类中最高的，名酒有绍兴的加饭酒、花雕酒、状元红。白酒是我国最有代表性的酒类，以淀粉为原料，经过糖化、惊醒、蒸馏而成，属于高度粮食酒。白酒没有颜色，酒精浓度高，一般在40度以上，有的高达65度，可以点火燃烧，又叫"烧酒"。著名的白酒，有贵州的茅台酒、四川的泸州老窖和宜宾五粮液、山西的汾酒、湖南的酒鬼酒。红酒一般是果酒，著名的果酒是张裕葡萄酒。此外，还有从国外传入的香槟、啤酒等酒类新品种。

据各地名酒志的资料显示，名酒大多以民间酿造技术的高超而得名并传之千年。许多名酒的故乡是小村镇，如汾酒产于山西汾阳县城外 30 里的杏花村，古代称"汾清"。茅台酒在 16 世纪就天下驰名了，产自遵义附近赤水河畔的仁怀县茅台镇，最初出自三家小酒坊，即华茅、王茅、赖茅三家，该酒经九个月酿制，贮存三年出窖。五粮液源于古代的"春酒"。

古人对酒具很重视，有"非器无以饮酒，饮酒之器大小有度"的讲究。酒具就其用途，可分为贮酒器、盛酒器和饮酒器三类。贮酒器有瓮、坛、缸、罐、钵等；盛酒器有樽、彝、钟、盆、瓶、壶、铛、酒螺等；饮酒器有爵、卮、盂、瓯、杯、盏、升、斗、角、斛、勺、瓢、觚、觥、觞、碗等。新石器时代的龙山文化遗址，就出土了樽、壶等造型古朴的酒具。至商周青铜器鼎盛时期，青铜酒具随之问世。春秋时代，酒具发展到较高水平，如在酒壶上刻有龙凤等美丽图案的纹饰。汉代已有玻璃杯和海螺杯，特别是在豪族显宦的酒宴上，出现了金杯和银杯，甚至玉器夜光杯。唐宋以后各代的酒具，大多为陶瓷制成。

中国人有"以酒为礼"的习惯，请客时主人把酒杯斟得满满的。为了让别人多喝酒，酒宴上还常常做一些游戏，如对诗、猜谜语、划拳，输的人要喝酒，使酒宴上的气氛更加欢乐。自古以来，酒与诗有不解之缘，许多诗人畅饮之后，文思奔涌，对酒当歌。在我国的第一部诗歌总集《诗经》中，有许多由酒而生的诗篇，如《豳风·七月》写出了人们饮酒庆丰收的场景；《宾之初筵》更把宴饮至醉的场面描绘得淋漓尽致。三国时曹操的诗句"何以解忧，唯有杜康"，成为千古名句。东晋的陶渊明以酒为伴，佳作迭出。唐代诗人李白被冠以"酒圣"、"酒仙"，有人说从诗中能闻到酒香。杜甫现存的 1400 多首诗中，与酒有关的就有 300 多首。宋代文学家欧阳修自号"醉翁"，也见一斑。可见，酒成为诗歌乃至整个文学的创作源泉。

2. 服饰文化

服饰是人类独有的技巧，体现了人类的智慧和创造。人类最早制作衣服的原料，是与自然采集和狩猎联系在一起的。树叶、树皮、草葛和兽皮，都是制作衣服的原料。

人类懂得用植物纤维以及动物的毛（鸟羽、兽毛）制作衣服，是比较晚的事。在仰韶文化时期的河南三门峡庙底沟、西安半坡遗址中，发掘出土的陶器底部，都发现麻布痕迹。原始纺织的出现，从根本上改变了先民的衣着状况。我国很早就利用蚕丝纺织衣料，在浙江吴兴的钱山漾遗址中，出土了一批距今4700年前的丝带、丝帛等织物，是迄今所见到的年代最早的丝织品实物。在甲骨文中，已出现"桑"、"丝"、"蚕"、"帛"、"衣"、"裘"、"巾"、"系"等近百个文字，足见纺织、服饰在商代社会生活中的显著地位。

人类衣服最早的样式，难以找到确切的证据。根据太平洋诸岛上原始部落衣服的样式，大致可以推断，人类最早的衣服是以"围"、"披"、"套"等简单操作方法形成的。"围"是围腰带、围腰裙；"披"是遮背式的、搭肩式的斗篷；"套"是比较有创造性的古代衣服，是开洞套头的整片衣服。服饰文化除了服装之外，还包括发簪、项链、耳环、手镯、臂钏、戒指、胸针等饰品。

上古时代，男女服装的差别不是很大。直到中古，男女服装也不是严格分开的。唐宋以后，妇女着裙之风大盛，男子才以袍为常服，女以裙为常服。《释名》对"衣"的解释："衣，依也，人所依以蔽寒暑也"，指的是保护身体躯干部分的遮蔽物。在甲骨文、金文中的"衣"字为"众"，形如古代交领右衽式衣服。这是用文字显示的衣服的最早形态。古人将衣服的各个部件分类，上衣称为"衣"，保护上体部分；下衣称为"裳"，保护下体部分。古代的"裳"有"障蔽"之意,《仪礼·表服》记述其形:"裳,内削幅,幅三衲",是联成前后几幅布的大围裙,腰部折叠。下裳只从腰遮到膝部,从膝到胫下小腿部分又有一种叫做"邪幅"或"行滕"的裹腿。同时代还有一种叫做"襄绔"的衣物,在《左传》昭公二十五年有记载:呈双筒状,不连中裆,套在两腿上。以上从短衣、短裙到裹腿或套裤,便是殷周常见的服装,特点是以整幅布帛制作围缠形式。周代改革上衣下裳,联成一体为"深衣",形成周代便服,不分男女贵贱,纷纷采用。所有汉族人的服饰在其主流中拥有的共同特点,即以右衽、大袖、深衣为典型代表。

自服饰发展为成形的样式以来,人类一直按气候的冷暖配置衣物,于是产生了单、夹、棉、皮之别。据《论语》记载,殷周流行"表而出之"的习俗,"缁衣羊裘,素衣麑裘,黄衣狐裘",或穿"裼"。从个人生活的需要出发,有内衣、外衣、罩衣、便服、常服、劳作服、礼服之区分;从社会礼仪的需要出发,又有冠、婚、寿、丧及各种节日的专用服装。由于各民族在服饰上的审美标准有差异,形成了个性鲜明、绚丽多彩的民族服装。

古时的"首冠"、"足履",即今天的帽、鞋,都有其产生的渊源。最初没有帽子,只是将一块皮或布搭在头上或结在头上,又由于成人蓄发,才发展成"冠"。按《释名》的解释:"冠,贯也,所以贯韬发也。"最早也没有鞋袜,是用兽皮毛裹足,以御寒避伤,以后逐渐制成皮、麻、葛、草等鞋。最初在民间以麻鞋、草鞋最普遍,到殷周时代的穿着就十分广泛了。周代尚礼,行礼久站,足下不适,才创制出厚底的鞋。

首饰作为服饰整体的一部分,种类有发饰、颈饰、耳饰、手饰等,其制作工艺在夏商时代达到了一个新水平。殷商女子墓出土的 499 件骨笄和 28 件玉笄,展示了当时发饰的精美。笄为针状,秦汉以后称为簪,两股分叉状的称为钗。原始社会的首饰主要为骨制品和石制品,到商周时期就有铜、金、玉制品了。奴隶主把五光十色的玉石、玛瑙等联缀成串，挂于颈上；庶民百姓多用蚌、螺、蛤等制成颈饰，来表达对美的追求。耳饰又称瑱、珥、珰、耳环等，手饰分戴于手指的指环和戴于手腕的镯钏。

服装本无身份和地位，随着家族制度、社会制度的变化和阶级等级的分化，形成了不同地位、等级的人，穿戴也相应不同。在原始服饰文化中，可以区分部落酋长和普通成员。到了阶级社会，"锦衣"与"布衣"、"丝绸"与"葛麻"，更加鲜明地标志了等级贫富。有的虽然穿着质料相近，但在样式上同样可以分出地位的高低。在我国的传统服饰中，封建时代的等级制度在服制上有严格规定，在周代，上自天子、卿士，下至庶民百姓，服饰各有等别，不得僭越。周代王室的衣服，按男女之别、祭仪之差，把天子之服定为九种，即祭服六、常服三；王后之服定为六种，即祭服三，常服三（王后没有祭天地、山川、社稷这三种祭服）。王后的三件常服中，"纬衣"是黄色的，表示亲躬养蚕的意思；"展衣"是白色的，是天子宴客时出来见礼的服装；"缘衣"是黑色的，是深居闲处时的便服，取"至阴不动"、"太质无华"的含意。古代公卿、大夫、士的夫人，也是这样的穿法。

周代的服装制度，为历代统治阶级所推崇，并视为服制之源，效仿传承。官品不同，服饰的图案、色彩也不相同。唐代皇帝及群臣百官所服衣制，分为祭服、朝服、公服、常服。皇帝的常服承隋制着赤黄色，成为至尊之色。服黄有禁自唐代始，为皇家所专用。品色服从隋代始，经唐代更修而成定制，一般以紫、绯、绿、青四色别尊卑等级。唐高宗上元元年（674 年）规定官宦三品以上服紫色，四品服深绯色，五品服浅绯色，六品服深绿色，七品服浅绿色，八品服深青色，九品服浅青色。各朝各代，这些规定在封建社会中便相沿成俗了。

我国服饰的色彩，按季节的阴阳五行制定出五方正色，构成了服饰的底色，代代传袭。除了正色以外，又按相生相克的信仰，定出了间色，介于五色之间。大致来说，喜庆礼仪的服饰正色为红、黄，间色为浅绿、浅红；凶丧礼仪的服饰正色为白、黑，间色为灰白、深褐。有时，古代也以白色服饰为吉色。历史上各代服色不同，夏尚黑，商尚白，周尚赤；秦复夏制尚黑，汉复周制尚赤，到了唐代，服色尚黄，旗帜尚赤，宋沿袭；元尚黄，明改制取法周、汉，用唐、宋旗色为服色，尚赤，清又复黄。据《礼记》记载：汉代天子的袍服颜色是按季节变化的，即随五时行色，春服青色，夏服朱色，季夏服黄色，秋服白色，冬服黑色，群臣百官上朝皆服黑色。宫廷赏赐平民的服装，皆避正色。清代王室的服色，以黄色为贵色，赏赐"黄马褂"代表高贵。色彩所形成的民俗类型是多方面的，不同民族对色彩的看法各不相同，回族男子有戴白色帽的习俗，朝鲜族老年妇女有穿白衣裙的习俗。

清代入关后进行服饰改革，在样式上与明代全然不同，体现了特定历史条件下的政治斗争和民族矛盾。清代服饰的定制、规约、禁例之繁，为历代之最。衣式以袍服为主，穿于袍外的服装称为褂，皇帝、后妃、群臣百官皆将褂服作外服穿。补服也是褂式外服，故又称补褂。补褂的前胸后背织绣补子，文官绣禽，武官绣兽，基本参照明代服制。顶珠和翎枝是清代礼冠上独特的饰物，是区别尊卑等级的标志，故有以顶戴区别贵贱之说。文武一品官顶珠用红宝石，其下顺序为：珊瑚、蓝宝石、青金石、水晶、砗磲、素金等。翎枝分为花翎和蓝翎，花翎是孔雀翎，蓝翎是鹖羽所制。以三眼孔雀翎为最尊贵，唯皇族宗室贝子可戴。朝珠作为佩饰是清代服制的又一特色，由108颗圆珠串成，里面有4颗大珠，将串珠分成四份，象征四季。按服制规定，皇帝至文官五品以上，武官四品以上，妇女为皇后及五品以上受封号者，方可佩戴朝珠。清代汉族人的民间着装，贯穿着"男降女不降"、"老降少不降"、"生降死不降"的民族思想，妇女、小孩和死者，仍着明代的汉族服装。

　　清代女装保留了满汉两套体系，互相影响，各有借鉴。满族妇女的典型服装为旗袍，呈筒形轮廓，清初较为宽博，以后趋于合体，袖长至腕，袍长至足，袍身两侧常开衩，合领右衽，领高时有变化。满族妇女习惯在旗袍外加罩坎肩，坎肩的交襟处及边缘多镶绣边饰。旗袍后来演化成中国人最具特色的传统女装，有"国服"的美誉。旗女天足，喜穿花盆底鞋。这种鞋底为木质，源于满人"削木为履"的旧俗，鞋跟镶在脚心部位，低者一二寸，高者三四寸，外形似花盆，人立于上显得身材颀长优美。清代汉族妇女的装束，仍沿袭明代，一般为上着袄、衫，下着长裙。

　　当然，每一件服饰，都是各种要素综合性的反映。同时，又可将其归为实用的，或观赏的，或礼仪的，或信仰等范畴。总之，服饰在世世代代的民俗传承中，具有性别、年龄、职业、地位、用途、民族以及季节、质料、色彩等特征，展示了多彩多姿的民俗风貌。

3. 居住文化

　　中国古代居住文化给人们留下一个自然的生活住房的概念：青砖小瓦、土石为材，依势而建。这一时期的中国建筑形制，创造了比较丰富的居住习俗。古人的居住条件，首先是对自然物的利用，如利用树木枝叶架巢，即古代所说的"构木为巢"；或利用天然岩洞或树洞做掩蔽所。如北京周口店龙骨山岩洞的猿人，正是利用自然洞穴的实例。《庄子·盗跖》载："古者禽兽多而人民少，于是民皆巢居以避之。"《孟子·滕文公》载："下者为巢，上者为营窟"，便是最早的冬"窟"夏"庐"时代。"下者为巢"讲的是夏季在地势低洼潮湿的地方，人们在树上搭巢，可以通风凉快；所谓"窟"，是冬季在地势高、气候干燥的地方挖地穴为居，地穴上封盖，留有天窗和出入口，可以避风寒；"庐"，是以槿木为篱，做成圆庐形，扎草做门，用芦苇抹泥成屋盖，也是可以避风雨的住所。

当人类开始在夏季用树枝、树叶、树皮等编制遮蔽风雨的棚屋时,在冬季用泥土或树枝、茅草封盖地穴时,人类的居住生活便产生了。当人类有了创造居住条件的工具和方法后,就告别了与其他动物处于相近相似的生活阶段,由穴居野处发展到建造房屋住室,产生了人类特有的居住文化现象。据《考工记》记载,周朝已经设立管理建筑工程的官员,并且有计划地在正方形王城的中央,建造具有中轴线和左右对称的宫室庙宇、社稷坛。在有关"礼"的典籍中,可以反映出周代的居住状况。"匠人营国,方九里,旁三门,国中九经、九纬,经涂九轨,左祖右社,面朝后市",说明周代的城市发展和建筑形态与王权结合,已经形成一种规制。至此,中国古代住宅的等级也就出现端倪。

我国古代的住宅,大致有四种类型:

第一类:利用自然物进行加工,修造成固定的生活空间。这类居室沿袭古俗,由"窟"演变而来;由穴居上升为半穴居,即用挖掘窟穴的办法修造,其结构特点是利用地形、地势、地物等天然条件,修成"窑洞"、"地窖子",半坡遗址便是这种样式。有的运用挖掘技术建造拱形洞顶,室内是木架结构,依靠人工洞穴的天然撑力防止崩塌,这是晋北、陕北山区窑洞的形式。除了窑洞的前部有门窗以外,整个居宅的主体都是利用山地掘成的。在东北地区的"地窖子",采用掘地穴再连地洞的形式,或地穴加顶盖的形式;通常采用架檀木、盖柴席、顶上铺土的办法,冬季使用,临时防雪。另外,有一种利用树干为立柱,用树条搭架成临时"窝棚";这一类型居室的构造十分落后,大多因袭了原始居宅的古俗。

第二类:适应自然环境和生产、生活的需要,制造成移动居住空间。这种住宅经常拆卸迁移,处于游动状态,如我国游牧或游猎部落的帐篷。以畜牧生产为主的牧民,在定居以前赶着畜群逐水草而生，帐篷随时搬迁，固定时间不长，甚至有的部落把帐篷支在大幌车上组成牧营，移动生活。这种住宅，在《史记·天官》中称为"穹闾"，《匈奴传》里称为"穹庐"，《淮南子·齐俗训》称为"穹庐"，俗称"毡帐"、"旃帐"，现代多称"蒙古包"。这是一种内部撑以木架、木栅，外面包以毛毡，缚以毛绳的"庐"形住宅。鄂伦春族过去是北方的游牧民族，在定居以前也在移动住宅里生活，他们的住宅称"歇人柱"，俗称"撮罗子"。鄂伦春语称搭架杆子为"歇人"，家屋叫"柱"，是一种圆锥形的架棚，架杆支开后再加覆盖物。所覆盖的东西，依季节气候而变换。这种架棚式住宅，反映了鄂伦春族居住的民俗特征。

第三类：用竹木做成，一种两层楼式的简易生活空间。我国南方炎热多雨，常受虫蛇侵扰，于是先民在巢居的基础上发明了"干栏式"建筑。在浙江余姚的河姆渡、吴兴的钱三漾，江苏丹阳的香草河、吴县的草鞋山、吴江的梅堰等地，都发现了原始社会"干栏式"建筑的遗址。到六朝及唐宋时，西南地区的少数民族仍沿袭这种居屋。《魏书》载："西南僚人"亦"依树积木，以居其上，名曰干栏"。明朝田汝成在《炎缴纪闻》卷四写道："僮人居舍，茅而不涂，衡板为阁，上以栖人，下畜牛羊猪犬，谓之麻栏。"各地干栏的基本结构一致，装饰带有强烈的地方风格和民族色彩。现今的独龙族、侗族、土家族、拉祜族、傣族等民居建筑，均由此发展而来，土家族的吊脚楼和傣族的竹楼比较典型。

第四类：有天棚、地基和四壁，是一种"上栋下宇"式的固定生活空间。据《易经·系下》载："上古穴居而野处，后世圣人易之以宫室，上栋下宇，以待风雨，盖取诸大壮。"栋是屋的脊梁，承屋的顶盖使其向上；宇是屋的椽，垂屋的顶檐使之向下。坚木为柱，联柱支梁，梁上接檩，顺檩搭椽，加铺苇笆，涂泥茅草，成为我国独创的土木结构房屋。从人类居室发展阶段来看，住室从半穴居上升到地平面，或高出地平面，筑台为基，或打桩为基，无论在农业地区的沼地或山地都可建造。"上栋下宇"式的房屋是进入文明阶段的基本形态，殷周时代的房屋已属这种样式。周代出现了大屋顶房屋，有了瓦屋，房基升为高台，此时竞相筑台，已成风气。尤其在东周，斗拱技术发展，房屋造型更加先进。这类居室相沿至今，形成我国房屋构造的主要民俗传承。

住宅类型除上面列举的以外，还有青藏地区的碉房，新疆维吾尔族的内院拱廊式平顶建筑（阿以旺），东北林区的木楞房。总之，古代房屋在建造方面的特点是就地取材，在空间组合方面的特点是因地制宜，在建筑风格方面的特点是直率朴实。

附属于实用建筑之上的装饰性雕塑，称之为建筑雕塑。在战国时代，建筑雕塑已相当发达，从各地出土的板瓦、筒瓦、半瓦当、圆瓦当等建筑构件上看，多雕饰鸟兽图像，纹饰造形呈跃动姿势，有强烈的生动之感。秦汉建筑构件的雕饰更为出色，上面雕刻各种灵兽，常见的是象征东西南北四个方向的四灵兽，即青龙、白虎、朱雀和玄武。其中，朱雀被雕刻成长着翅膀、中央有圆形太阳的凤鸟形象。凤鸟依照瓦当的圆形进行设计，鸟身随圆面翘首扬翅，形成近乎圆形的图案，以一爪撑地、一爪抬起的姿势表现动态。秦砖汉瓦在历史上享有盛名，与建筑浑然一体，其雕饰功不可没。

古代住宅最能体现居住文化的，除了宫廷建筑以外，就是私家园林。据《西京杂记》记载，汉代富豪袁广汉在长安建造了我国最早的私家园林："茂陵富人袁广汉，藏镪巨万，家童八九百人，北邙山下筑园，东西四里，南北五里，激流水柱其内，构石为山，高十余丈，连延数里。养白鹦鹉、牦牛、青兕、奇禽怪兽委积其间，积沙为洲寓，积水为波澜。其中江鸥孕雏产鷇，延漫林池，奇树异草，靡不具植。屋皆徘徊连属，重阁修廊。"从这段文字看，汉代的地主、达官贵人对自己居住的园林和环境要素，已十分讲究。汉代的住宅在多样化方面，无疑将中国的居住条件推进了一大步。据发掘出的汉代居住遗址和文献资料记载，汉代出现了四合院，当时的住宅按房主的社会地位或财力，四合院有多重结构。四合院对后世建筑技术的积极影响是空前的，不但从汉代到清末的住宅样式大抵如此，而且其砖墙、木结构、屋檐结构都有诸多示范效应。

4. 传统节日

中国的传统节日多数源于农事活动，与岁时节令有关。此外，某些历史事件，对神灵、历史人物的祭祀，也是形成节日的重要因素。岁时节令和习俗世代传承的原因，并不是人们单纯追求节日的饮食，更重要的是民族传统和文化观念在起作用。例如，正月十五吃元宵，蕴涵着人们心理上祈望平安圆满；五月端午吃粽子，内涵着原始宗教的意义与缅怀屈原的爱国主义精神；清朝官服的衣袖做成马蹄形，包含着对草原游牧生活的回忆和愿为主子效犬马之劳的意识；傣族的竹楼既是生活住房的类型，又寄托着傣族人民对帮助该民族成长的功臣（传说是诸葛亮）的感激之情。

岁时源于古代历法，按气候的变化过程，以五天为"一候"，三候为"一气"，十二个月共分为"二十四节气"。"节"是对岁时的分节，把对岁时的渐变分成像竹节一样的间距。从小寒之日起，太阳黄经每增加30°（大约历时30天）便开始过十二个"节气"，即：小寒、立春、惊蛰、清明、立夏、芒种、小暑、立秋、白露、寒露、立冬、大雪。从冬至之日起，太阳黄经每增加30°（大约历时30天）便开始过十二个"中气"，即冬至、大寒、雨水、春分、谷雨、小满、夏至、大暑、处暑、秋分、霜降、小雪。"中气""节气"相交相同，构成了现在的"二十四节气"。在二十四节气中最早形成的重要节日有八个，可简称为四立、二分、二至，即：立春、立夏、立秋、立冬、春分、夏至、秋分、冬至八节，标志着阴阳四时始末的时令。农历的二十四个节气，既标志四季交替的段落，又具民间风俗。例如立春节至，农家开始了农耕早期准备，俗曰"打春"，北方农家是日都做春饼、吃萝卜过节。由一年四季，十二个月，二十四节气，七十二候，三百六十天，构成了岁时节令的计算基础。以后发展起来的民俗传统节日，便在这种岁时节令中占居了突出位置。

与此并行的是，以"月"的朔望圆缺为记来定节日。朔为各月之初一，又称"元日"，正月朔日，谓之元旦，旧历新年之始。《玉烛宝典》载："正月为端月，其一日为元日，亦云上日，亦云正朝，亦云三元，亦云三朔。"所谓三元，指岁之元、月之元、时之元。一元之始的正月元旦是古俗中大庆大祭的节日，延续至今。望为月圆，是各月之十五。古代有"三元"之说，即天官、地官、水官。天官赐福，该神为正月十五日生，是为"上元"；地官赦罪，该神为七月十五日生，是为"中元"；水官解厄，该神为十月十五日生，是为"下元"，都发展成节日。上元节为一年的第一个望日，大庆大祭，是夕发展成为元宵节；中元节七月十五，原是一年分成两半后作为下半年第一个望日定为节令的，当佛教盛行后，大约从6世纪起，形成了重大节日，我国俗称"鬼节"，佛教称"盂兰盆会"，进行求佛超度死去亡人的活动。八月望日为八月十五中秋节，也在发展中形成了一个重大节日。

除了初一、十五为节以外，古代又以甲子干支排列时，将许多"日"上升为节。例如，几个重复月日数字的，都先后成为节日，即正月正、二月二、三月三、重五、六月六、七月七、重九，计七个重日为节。三月三原为"上巳"日，是指农历三月上旬巳日，在秦汉以前上巳日就有节日活动。以郑国为例，在溱水洧水之上举行招魂续魄之礼，浴于水滨举行祓除的祭祀，是古人春季驱邪祛瘟的卫生保健习俗。以后，道教流行，传说西王母是三月初三诞辰，王母摆蟠桃盛会宴请诸路神仙，各路神仙赶来为她庆寿。所以，道教于三月初三举行盛典庆祝，与民间上巳日传统活动汇合。在西南少数民族中，三月三也成为壮族、彝族、布依族的传统节日，伴随着各有特色的民族习俗，形成了与汉族相异的三月三节。

节日的由来与发展十分复杂，往往与农事、宗教、祭祀、追念等习俗相渗透，糅为一体。我国的传统节日较多，从内容上考察，传统节日可以分为农事节日、祭祀节日、纪念节日、庆贺节日、社交游乐节日等。其中，既有单一性的节日，更多综合性的节日。节日民俗带有浓烈的民间文化色彩，是一种综合性的社会文化现象，诸如政治、经济、生产、生活（衣食住行）、宗教信仰、文化艺术、社会交往、民族心理等，皆在节日民俗中有综合性的反映。在我国现代生活中，重要的节日习俗有：

春节。正月初一即农历新年，是民间最古老最隆重的节日，俗称"过年"。古代没有"春节"这个词，称作"元旦"。1911年辛亥革命之后，中国采用公历（阳历）纪年，以公历1月1日为元旦，就把处在"立春"节气前后的农历新年改称春节。春节始于商代的腊祭，是一种庆丰收、答谢天地神和祖先的祭礼活动，在农历十二月（称"腊月"）进行。新年活动从腊月二十三"祭灶"（俗称"过小年"）开始，到正月十五元宵节止。北方流传着这样一首民谣，说腊月"二十三，糖瓜粘；二十四，扫房日；二十五，磨豆腐；二十六，燉大肉；二十七，宰公鸡；二十八，白面发；二十九，贴门口（贴春联）；三十晚上熬一宿，大年初一拜亲友。"春节前一天晚上叫"除夕"，含除旧布新之意，全家人团聚吃年夜饭。很多人不睡觉等候新年到来，这种习俗叫"守岁"，孩子们会得到长辈的压岁钱。除夕零点，人们放鞭炮、吃饺子，这是取"更岁交子"之意，"交子"是旧年子时与新年子时相交的时刻，"饺子"的名称由此而来。到子时，城乡鞭炮齐鸣，烟花腾飞，巨大的声浪震耳欲聋，是为了驱散邪魔，祈求全年吉祥。1983年以来，家家户户在除夕夜看电视春节文艺联欢晚会。从初一至初五，大部分商家停业。初五凌晨燃放鞭炮，崩走穷鬼，迎来财神。人们穿上新衣，晚辈给长辈拜年，长辈在家接待宾客，说一些"恭喜发财"之类的吉利话。近年来，出现了集体"团拜"活动，越来越多的人喜欢电话、短信拜年。春节期间，秧歌、舞龙、舞狮、高跷、花鼓、花灯、旱船等民间游艺活动，营造了全面喜庆气氛。

元宵节。农历正月十五日为一年的第一个望日，古代称"上元节"，"宵"是夜晚的意思，于是就有了"元宵节"之称。元宵节早在西汉时期就有，据说是为了求得蚕丝丰收而祭祀"地神"的。元宵节赏灯始于东汉明帝时期，明帝提倡佛教，他听说佛教有正月十五日僧人观舍利子、点灯敬佛的做法，就命令这一天夜晚在皇宫和寺庙点灯敬佛，从此元宵节就有了赏灯的活动。到了唐宋时期，赏灯活动更加兴盛。明代要连续赏灯10天，这是中国最长的灯节。清代赏灯活动虽然只有3天，但规模很大，盛况空前。自古至今，每到元宵节的晚上，人们纷纷走上街头赏花灯、猜灯谜、放焰火、放鞭炮，尽情地欢乐。街上的彩灯有宫灯、走马灯、花卉灯、飞禽走兽灯、历史人物灯、神话故事灯……争奇斗艳；东北等寒冷地区有冰灯，近年来每逢元宵节都要举行冰灯制作比赛。在元宵节，中国很多地方有舞龙、耍狮子、踩高跷、跑旱船、扭秧歌等娱乐活动，还有吃元宵（又叫汤圆）的习俗，意在祝全家团圆和谐，并借此表达在新的一年中康乐幸福的心愿。

清明节。是我国农历二十四节气之一，在每年公历4月4日或5日，古代又称三月节。最早是农事重要节日，按《月令七十二候集解》："物至此时，皆以洁齐而清明矣。"在我国，这个节气是最好的耕种时令。江南浸种耕田，植树造林，北方农谚"清明忙种麦，谷雨种大田"，表明进入农事大忙阶段，桑农也于清明节进入养蚕季节。这个节日在发展中，很早便与前一二日的寒食节汇合。寒食节本是古代禁火忌日，与晋文公重耳悼念介之推的传说相附会，后与祭奠祖先亡灵的扫墓（俗称"上坟"）结合。清明时节，春暖花开，青草萌出，人们喜欢去郊外游玩，观赏春天的风景，古时叫"踏青"。清明节已由单纯的农事节日，发展成为与寒食节的禁忌、祭祀、扫墓，以及郊游踏青相汇合的节日。

端午节。每年农历五月初五，俗称"五月节"。在使用干支纪岁时，古代有"值五日午"之俗，凡逢五之日都称午，那么五月初五为"重午"，俗称"午日"或"端午日"。端午节记载为祭屈原，为屈原招魂。相传屈原于农历五月初五投汨罗江后，沿江渔民驾着小舟，争先恐后去营救，始终未寻到屈原的踪迹。人们为了不让鱼虾伤害其身体，纷纷将饭食投入江中，因而端午节有竞龙舟和吃粽子的习俗。从大量的民俗文献及地方志记述中看到，这个节日是避兵鬼、止病瘟的驱邪禳灾节日，它的主要活动几乎都是围绕禳毒祛瘟进行的。如采菖蒲、艾叶、蟾酥，涂雄黄，制雄黄酒、朱砂酒，系五色线，采草药，张挂符印及钟馗图像等。端午节是我国民俗节日中的大节，有龙舟竞渡等大型竞赛活动。

中元节。农历七月十五日原是一年分成两分，后来作为下半年第一个望日定为节令的。从佛教盛的六世纪起，由目莲僧救母的传说形成了超度亡魂的大祭礼，佛教称"盂兰盆会"，俗称"鬼节"。这天僧侣在寺庙里举行水陆道场、诵经法会、放灯等仪式，施斋众人。在旧时，中元节与上元节形成了一年两度春秋相对应的大节日。按元代周密的《乾淳岁时记》所述，"七月十五日道家谓之中元节，各有斋醮等会，僧寺则于此日作盂兰盆斋，而人家亦以此日祀先"。到现代，民间虽不再举行大型宗教法会，却保留了祭祖扫墓的旧俗。

中秋节。由于农历八月十五日居秋季正中（七、八、九月为秋季，一般分为孟秋、仲秋、季秋）而得名，又叫"仲秋节"，民间俗称八月节。在古代，中秋节与春节、端午节被并列为三大节日。据古书记载，周代就有拜月活动，这种活动实际上是一种祈求农业丰收的仪式。后来，皇帝也在这月亮最圆最亮的时候祭月拜月，表达五谷丰登、人寿年丰的美好愿望。中秋节的祭祀内容以拜月为主，俗称"男不拜月，女不祭灶"，故中秋节拜月由妇女主持，把秋季丰收的鲜果和象征圆月的月饼作为主要供品，同时兼有祭神祭祖及祝福全家团圆的内容。"月到中秋分外明"，这一夜的月亮最圆最亮，月色也最好，因此在祭月的同时也就产生了赏月的风俗。中秋节吃月饼的风俗早在唐代就有，到了明代和清代就遍及全国了。人们在中秋节祝福全家团圆，故中秋节又有"团圆节"之称。

重阳节。从西周初年起，人们就认为"九"为"阳"数，《周易》即以阳爻为九。"九"在古数中既为"阳数"又是"极数"，是信仰中最崇拜的神秘数字。九月九日两个九相重，故称重阳，重阳节始于东汉。南朝的吴均《续齐谐记》记载：费长房对桓景说："九月九日，汝家当有灾，宜急去，令家人各作绛囊，盛茱萸以系臂，登高饮菊花酒，此祸可除。"于是，桓景按照费长房的嘱咐，率全家登山冈。傍晚归家，见鸡犬牛羊皆死。后来人们为了避祸，每到九月九日即离家登山，逐渐形成了登高望远的习俗。晋朝周处的《风土记》谓："以重阳相会，登山饮菊花酒，谓之登高会，又云茱萸会。"茱萸本是香气浓烈的植物，桓景用茱萸装进绛袋佩戴，原本为了祛邪避灾，到唐代变成插在头上的装饰品了。重阳时节，天朗气清，叶红菊黄，正是登高望远、饱览秋色的时节，和清明节"踏青"春游同样富有诗意。南朝梁宗懔在《荆楚岁时记》中写道："九月九日佩茱萸，食蓬耳，饮菊花酒，令人长寿。"茱萸味辛苦，可以除风散寒、止疼；菊花有浓厚的香气，能够祛风明目解毒，泡酒可活血理气。现在，国家规定九月九日为老人节，含祝老人长寿之义。

以上节日主要流行于汉族地区，此外在我国还有一些宗教节日和少数民族的节日，例如：

腊八节。原在冬至后三戌,后变为腊月初八,俗称"腊八"。"腊八"早在秦汉便是重要的农猎祀日,每逢这一天还要进行隆重的家祭。共祭五祀:祭门神、祭户神、祭宅神、祭灶神、祭井神,同时要祭祖先。在北方农村,这一天要给水井供献腊八粥,以庆一年丰收。在旧习俗的演变中,腊八节被佛教渗入。传说中释迦牟尼在旧历十二月初八得道,成道之前有牧女向他进献乳糜,故这一天僧侣整日诵经,并用谷米与干果做粥供佛,叫做腊八粥。此后,腊八粥成为民间饮食,腊八节也由佛教的成道节转化成了综合性宗教节日。

泼水节。傣族人在送旧迎新年的时候,都要相互泼水,故俗称"泼水节"。泼水节在傣语中称"厚南",是从小乘佛教传统节日发展而来。傣族新年是按照傣历岁时,在公历4月中旬的三至五天内举行。头两日为辞旧活动,最后一日迎新。人们在沐浴更衣之后,拥入佛寺堆沙造塔、听经浴佛,然后看"高升"焰火、赛龙舟、表演歌舞。高潮时在迎新的泼水日,男女老少走上街头,相互泼水致贺祝福,意在消灾去病、祈求丰收。节日在圩集上赶集,买卖年货,场面十分热闹,成为傣族综合性的民族节日。

古尔邦节。古尔邦节在阿拉伯语中称作"尔德·古尔邦",也称"尔德·艾祖哈"。"尔德"的意思是节日,"古尔邦"和"艾祖哈"含有宰牲、献牲之意,因此这一节日被汉译为"宰牲节"。在我国新疆的维吾尔、哈萨克、柯尔克孜等民族中,将其音译为"库尔班节"。古尔邦节的时间定在伊斯兰教历的十二月十日,是我国回、维吾尔、哈萨克、乌孜别克、塔吉克、塔塔尔、柯尔克孜、撒拉、东乡、保安等少数民族共同的节日。过节前,家家户户打扫房舍,忙着精制糕点。节日清晨,穆斯林要沐浴馨香,严整衣冠,去清真寺参加会礼。无论是城市或农村的广场上,都要举行盛大的麦西来甫歌舞集会。广场四周另有一番景象:在色彩缤纷的伞棚、布棚、布帐、夹板房内,铺设着各式各样的木桌、板车、地毯、毛毯、方巾，上面备有花式繁多的食品小吃。哈萨克、柯尔克孜、塔吉克、乌孜别克等民族在节日期间，还要举行叼羊、赛马、摔跤等比赛活动。

中国各民族的传统节日，特别是汉民族的传统节日，不同于西方各国的传统节日，大多与宗教无关。一般来说，西方的节日重"神"，体现的多是"人与神"的关系；中国的节日重"人"重"事"，体现的多是"人与人"、"人与事"（如农事）的关系。腊八节的起源虽然与佛教有一定的关系，但当它成为中国民间传统节日之后，就没有宗教气氛了。

结束语：中西方文化的差异

　　中国文化从夏禹开始，迄今已有近 5000 年的历史。西方文化从克里特文化算起，至今也有 4500 多年的历史。虽然这两种文化都源远流长，但产生的渊源和基本模式却不同。

　　20 世纪上半叶德国有一位著名的哲学家雅斯贝尔斯，他在《历史的起源与目标》中提出一个很重要的"文化学"概念，叫"轴心时代"。他说，在公元前 600 年到公元之交的这几百年中，在三大文明地区——西方文明、印度文明、中国文明，不约而同地发生了一次重大精神变革。变革的结果，导致了三大世界宗教的产生。雅斯贝尔斯把儒家思想也称之为宗教，这个说法可能不妥。他认为，这个时代产生的"深呼吸"，一直到今天仍然是我们生活的重要精神资源。当时中国和西方一样，浓郁的迷信色彩是它们的共同特点。在经历了"轴心时代"以后，中西文化就向着两个完全不同的方向发展。

　　中国文化在"轴心时代"经历的重大变革，可以把它分为两次"深呼吸"：第一次从殷商时代尊神事鬼的巫觋精神转换到周代尊礼敬德的宗法意识，"巫"是"女巫"，"觋"是男巫，巫觋精神可以说是殷商时代的主流文化。第二次从周代尊礼敬德的宗法意识转换到春秋战国时期内在自觉的伦理意识，即转换为孟子所谓的"四端之心"。中国文化在秦汉以后，形成了以儒家思想为主导地位的伦理文化。而西方文化自西罗马帝国崩溃以后，就开始出现基督教文化。基督教文化构成了西方文化的主脉，就像儒家的伦理文化构成中国文化主脉一样。当然，这两种文化都有自己不断聚合、发展和壮大的过程。

　　先说中国文化，古人崇拜的对象很多，由于尊神事鬼，求神问卜盛行。孔子多次谈到，殷商时代的人把神鬼看得很高，而周人开始"敬鬼神而远之"了，态度发生了变化。因为周取代殷商的政权以后，不仅进行了政治上的转换，更重要的是进行了一场宗教革命，把殷商时代那种鬼神以及先祖崇拜转变为与人有种种宗法关系的崇拜。这种崇拜是一些外在的规范，而不是人格化的神。如果说殷商人崇拜的最高神是帝，那么周人崇拜的最高的神就是天。"天"最初在甲骨文里只是一个表示方位的词，画了一个小人，上边一个方块，表示很高。周代人把天和天命结合在一起，非常崇天、崇天命，使之成为一种高高在上的、威慑人的道德力量。由此，中国文化奠定了这样一个过程，只要由内向外去驰求，就可以"成己成物，内圣外王"。孟子的《离娄·下》说得清楚："天下之本在于国，国之本在于家，家之本在于身"，意思是一个人只需要修身养性就可以"齐家治国平天下"了。在开创了一个内敛过程之后，中国文化就专注于发掘人内心的道德良知，也就是专注于人的道德修养。几千年中国儒家文化基本上开创了一条道路，形成了中国文化的主体精神，这就是伦理精神。从内在到天命，一个人从道德修养开始便可三十而立，四十而不惑，五十知天命，六十而耳顺，到了七十便可随心所欲，不逾矩了，这是一个从内向外的发生过程。

　　中国自古以来有夏夷之分，几千年形成一个基本模式：以夏变夷——以华夏的文化来改变、同化蛮夷的文化。中国文化具有很强的同化异域文化的功能，不仅游牧民族和中原华夏政权之间的冲突如此，而且异域一些高级的宗教进入中原以后，也面临着同样的命运。例如，佛教在印度是不讲忠孝的，但中国儒家伦理始终以忠孝为最高理念，在这样的情况下，佛教必须吸收忠孝的内容。佛教最初入华的时候，便依托老子的名义，所谓老子西出阳关化胡佛，使中国人更容易接受。接着是援儒入佛，即把儒家的思想引入佛教的教理之中，在翻译佛经以及对佛学的一些义理进行诠释时，把佛陀比作老子、孔子或者周公，并把忠孝思想深深地楔入到佛教中。中国文化对佛教的改造很明显，因而具有很大的同化功能。

再说西方文化，西方在古代也发生了一次"深呼吸"，这个变化不是内敛，而是一个超越的过程：从希腊多神教和犹太教转换到基督教。希腊多神教充满了感性的、活泼的色彩，如我们喜爱的宙斯、阿波罗、阿佛洛狄忒、雅典娜等神跟人同形同性，既有人的形体，也有人的性情。在希腊之外的希伯来（即后来的以色列）地区，产生了一种比较原始的犹太教，这是一种律法主义的宗教。希腊民族是一个自由的民族，无忧无虑地生活在爱琴海畔，因此希腊的神都是一些欢快明朗的神。犹太民族从公元前14世纪起，先被埃及人统治，后来被亚述、巴比伦、赫梯、波斯、马其顿、罗马帝国、塞琉西王朝统治，因而产生了强烈的不幸意识。他们把这种不幸根源归结于自己的不洁，以及对上帝、对神的不虔诚，充满了罪孽意识。若要克服自己对神的不虔诚只有一个办法，就是严守各种外在律法。律法主义规定许多东西既不能吃也不能用，必须奉献给神，禁忌很多。在"轴心时代"，宗教发生了根本性变化，从自然崇拜、明朗欢快的希腊多神教，以及外在刻板的律法主义犹太教，转换到完全鄙视现实、崇尚天国的基督教。由于人们不再关心现实，不再关心肉体，不再关心物质生活，把眼光投向了天国，从而导致基督教文化有一种超越的浪漫精神。

西方也有很多传统，但基本模式完全不同。西方文化至少有三种模式，即希腊文化、罗马文化、基督教或日耳曼文化。希腊文化带有和谐的特点，表现了一种童年时代的文化。罗马文化一头扎进功利主义、物欲主义之中，却导致了世俗的发展、帝国的膨胀、法律的健全，以及财产法权关系的巩固。基督教时代出现了一个 180 度的转弯，把眼睛盯上虚无缥缈的"天国"，导致中世纪整个历史的人性异化，使大家把现实生活当成应被唾弃的、邪恶的、魔鬼的化身；又由于每个人都把眼睛盯在"天国"上，造成欧洲中世纪的经济落后和思想愚昧；当人们向往"天国"时，其实心里多多少少存在一些物欲邪念，这就发生了基督教内部一种可怕的现象——二元分裂，即崇高精神和卑污现实之间的一种分裂，必然导致基督教的虚伪。这些情况在卜伽丘的《十日谈》、拉伯雷的《巨人传》，以及其他文艺复兴时期大师们的著作中，人们都可以读到。到了近代，西方文化才出现整合，即把希腊的、罗马的、基督教的东西融合起来，既有希腊文化那种对人的尊重、对知识的追求，又有罗马文化那种对功利的向往、对世俗的热爱，同时也有基督教文化对现实的批判、对理想主义的向往。然而，西方文化与中国"以夏变夷"的做法完全不同，出现了一种融合更新的模式。中国以夏变夷的模式，导致自身的保守和稳定——一种政治和文化的超稳定结构，以及一种协调的现实精神。而西方融合更新的模式，由于不断地进行自我否定，使整个社会和历史文化不断地跨越式前进，在相互否定中也产生了一种超越的浪漫精神。

　　中西方文化除了产生的渊源和基本模式不同以外，在目的和功能上也有明显差异。

　　中国自古以来皇帝都要祭天、封禅、拜祖或祭孔，于是西方人觉得这是一种宗教。其实，儒家知识分子从一开始就十分清醒：传说周公旦作《周易》，其中有这句话："圣人以神道设教而天下归"，就是说天、神、鬼这些东西无非是为了教化。官方崇尚鬼神，说到底是为了劝善。官方不是为了信仰而讲道德，而是为了道德拉出一些鬼神来吓唬民众。可见，儒家知识分子基本上不信鬼神，即使他们说鬼神，也不过是说给民众听的，劝民众相信"善有善报，恶有恶报"，以为民众知道十八层地狱、上刀山下火海等恐怖，对人的道德行为具有警戒作用。所以，中国尽管有神道设教这种现象，但中国文化基本上属于无神论。

中国人的功夫表面上是正心诚意，实际上是修齐治平，这样讲并不矛盾。中国文化内敛的过程，是指经过先秦"百家争鸣"向汉代"独尊儒术"的转换过程。其文化精神形成以后，每个人只需从内心去发掘，从我做起，从日常事件和现实世界做起，进行道德修养。因此，中国人既然把眼光关注于内在的道德修养以及现实的经世致用，就无须顾及六合之外的鬼神。这样，在整个传统文化中，就不至于过分地由宗教信仰而走向迷狂。当然，封建社会也有很多糟粕和摧残人性的东西，主要是在宋明理学以后，"四维八德、三纲五常"这些东西把中国文化变成了外在的一种范式。所以，儒家知识分子总是"居庙堂之高则忧其民，处江湖之远则忧其君"，使得他们能够投身于现实社会，投身于实践活动。比起西方的中世纪，中国文化是辉煌繁盛的。正如梁漱溟在《东西文化及其哲学》中所说："中国人是随遇而安，得到一点快乐，就享受一点快乐，从来不像西方人那样，风驰电掣般地向前追逐。"中国文化尽管在中世纪即封建时代便辉煌繁盛，到了近代却开始衰弱，尤其是当西方迅速崛起的时候，中国文化就相形见绌了。可见，儒家文化或者中国文化的主体精神，既对封建文化的辉煌繁盛起到了促进作用，也要为中国文化在近代的落伍承担主要责任。

西方文化恰恰相反，走向了另一个维度。基督教导致人们对现世采取鄙夷态度，宗教迷狂到中世纪以后达到了无以复加的地步。然而，人毕竟有血肉之躯，虽然早期基督教徒能够洁身自好，但当基督教成为占统治地位的普遍意识形态时，要求所有的人都像早期圣徒们一样洁身自好是不可能做到的。法国作家雨果说："人有两只耳朵，一只耳朵听到上帝的声音，一只耳朵听到魔鬼的声音。"实际上，人是在上帝和魔鬼的声音之间撕扯。人一半有神性，一半有动物性，神性把人往上拽，动物性把人往下扯，人一生就在这个痛苦的过程中挣扎。双重撕扯之下的痛苦挣扎，最后只能导致一种结果，就是在中世纪的中后期，基督教走向堕落、腐化和虚伪，即卜伽丘在《十日谈》中写到的那些现象。

基督教本来是上帝引导人们灵魂上天堂的梯阶，结果却向人们敞开了通向地狱的大门。用 14 世纪文艺复兴大师彼得拉克的话来说："教会成为全世界的臭水沟，所有的污秽，所有肮脏的东西，无不出于罗马天主教。"既然基督教在理想和现实出现了明显的二元分裂，解决的办法只有一个：必须从根本上改变自身。这种改变有两条途径，第一条途径是抛弃那些虚无缥缈的崇高理想，实实在在地像正常人一样追逐物质生活。第二条途径就是真诚地信仰，不拘泥于外在的东西。对人的七情六欲，不应该漠视它，而应该正视它，尽可能地把纯正理想和道德生活结合起来，这条途径导致了宗教改革。人文主义和宗教改革，构成了西方文化从中世纪向近现代转换的一个重要文化枢纽。

对西方的崛起，宗教改革的作用比文艺复兴更加重要。追溯到 15 世纪这个被汤因比称为世界史上重要分水岭的时期，欧洲南部发生了一场文艺复兴运动，而欧洲北部发生了一场宗教改革运动，两者基本上以阿尔卑斯山为界。宗教改革产生了新的三大主流教派：第一个是德国的路德教，它反抗天主教的虚假形式，对天主教的道德堕落表示愤慨。路德教作为一种新教强调个人的精神自由，每个人都可以通过自己的方式与上帝交往，而不需要教士、教阶制度以及烦琐的仪式做中介。第二个是英国的安立甘教（又叫英国国教会或圣公会），它推动了英国政治民主化的潮流，使国王的权力高于上帝的权力，导致世俗国家的发展和民族国家的成长。民族国家是资本主义发展的前提，如果像中世纪那样，所有国家都在教皇的统治之下，资本主义是发展不起来的。第三个是瑞士和北欧的加尔文教，它为资本主义的经济发展提供了伦理精神。正如马克斯·韦伯在《新教伦理与资本主义精神》中所说，新教的这三大主流教派打破了天主教一统天下的格局，使得宗教成为个人的事情，每个人都可以用自己的方式与上帝沟通，尤其对西方的精神自由、民族国家的发展、资本主义经济的成长起到了至关重要的推动作用。资产阶级政权开始取代封建社会贵族的政权，然后导致了工业革命，一个崭新的西方工业文明开始崛起，并在不断地扩张和殖民化的过程中，把东方那些传统文明一个一个地从地图上抹掉。

中国文化虽然在中世纪非常繁荣，但随着西方文化的兴起，开始相形见绌。其结果使中国人开始反思，所得出的结论认为，中国落后的根本原因，既不在于器物，也不在于制度，而在于人的观念，即在于国民性。对国民性的改造，导致了近代蔚为壮观的"新文化运动"和"五四运动"。正当启蒙运动轰轰烈烈地开展时，由于中国殖民化程度在加深，虽然西方很多东西比中国先进，但中国人毕竟有自己的人格和国格，便以闭关自守的方式对待西方文化。改革开放以来，我们重新发现，中国要想复兴和强盛，必须广泛吸收西方的先进文化。经过最近这30年的思考，我们又得出一个结论：如果亦步亦趋地跟着西方文化的后头走，我们永远只能做跑龙套的角色。一个民族要想强盛，固然不可夜郎自大，也不可妄自菲薄，这两个极端都要避免。长期的文化反思，使我们终于悟出了一个道理，那就是未来中国文化的发展，必须首先以自己的传统文化作为根基，然后在这个基础上广泛地吸收西方各种先进文化，进行改造和创新。

综上所述，东西方文化传统由于所产生的时代背景、历史条件等因素不一样，其差异是非常明显的。主要表现在：

第一，语言符号不同。按照工具论的观点，语言符号是心智创造出来的文明载体，也是表情达意、制造文化产品的工具。东西方的语言形式有很大差别：西方语言为形态语，以形统意，用严密的形态变化来表现语言范畴和语义信息；汉语为非形态语，以意统形，通过语言环境和语言的内在关系来表现句子的词法、句法和语义信息，它以达意为主，追求语句各意群、成分相关联的连接与对应。西方语言为表音语言，它的词语有明显的重建性，词序、语式是不断变化的；汉语是表意语言或形象语言，有着相对的不变性，它的词序和语式也具有很强的稳固性。西方语言以轻重音、长短音作为区别词的语音形式；汉语以声调作为区别词的语音形式，声调变化不仅具有语义功能，更有语法形态上的功能。

第二，思维方式不同。注重思辨理性、实证和分析，是西方思维方式的一贯传统。西方人认为只有思辨理性的东西才是真实、完善和美好的，常把抽象的逻辑思维方式作为认识和把握事物的基本手段，并把"分析学"或"逻辑学"视为一切科学的工具；伴随着近代科学的兴起，逻辑思维和实证分析成为西方人思维方式的主要方法。与西方讲究分析、注重普遍、偏于抽象的思维方式不同，中国人更着重于从特殊、具体和直观的领悟中把握真理。直观的思维方式不是通过归纳推理、演绎推导，而是基于有限的事实、凭借已有的经验和知识，对客观事物的本质及其规律做出理解判断，它带有非同一般的逻辑性质。与此相联系，中国人认识世界的方式是"体知"而不是"认知"。

第三，民族性格不同。中华民族自古生息在东亚大陆上，东面是茫茫大海，西北面是一望无际的广大沙漠，西南面是高耸入云的青藏高原、云贵高原。这样的地理环境，决定了中国传统文化产生于一个半封闭的大陆环境中，是一种大陆型文化。其主体汉民族的性格注重群体意识，偏重道义，崇尚气节，贵和持中；西方诸民族被海洋分割，彼此长期交往，成就了典型的"海洋文化"，其民族性格则注重个体意识，偏重功利，求真务实，爱走极端。因此，中国人柔中寓刚，讲求中庸与和谐，以柔道取天下；

西方人是强权竞争，充满挑战和冒险的精神，以刚道取天下。

第四，宗教信仰不同。西方的宗教信仰是轻今世重来生，与这种人生观相联系，基督教颂扬怯懦自卑、自甘屈辱和顺从驯服的精神。对这种精神的颂扬，使教徒不敢反抗，而它所宣扬的"爱"，却更多地表现了自由平等的意识。中国的宗教信仰是重今世轻来世，虽然道教和佛教的理想人格都是做超尘绝俗、泯灭七情六欲的"超人"，追求人生的公平、和谐和快乐，但道教以现世的幸福和个人长生不老、成仙得道为目的，并在一定程度上鼓励人们向自然作斗争。佛教原是舶来品，为了在中国立足，被迫向以儒家思想为核心的本土文化靠拢。世俗化、人情化、伦理化的儒家（西方人称儒教），以维护既存秩序为己任，以约束个体为着眼点，它不仅重今世，而且积极入世，以立德、立言、立功为"三不朽"事业。因此，有人称儒教为宗教的道德，基督教为道德的宗教，是有一定道理的。

第五，观念文化不同。宇宙观是文化的核心，西方人的宇宙观是建立在主客二分和抽象逻辑基础之上的机械综合论宇宙观，而中国人自古代起就习惯于从总体上去认识事物，把世界看成本质上是一个不可分割的有机整体，并用这种观点去解释一切事物的现象，即"天人合一"的有机整体论宇宙观。中国人将天人相应的世界观、君民相维的政治观、上下相依的伦理观融为一体，以伦理道德为核心、以儒家思想为中心，是整个中国文化系统的共同特征。东西方的道德观念也是不同的，西方重契约，中国重人伦；西方重理智，中国重人情；西方伦理重竞争，中国伦理重中庸、和谐；西方伦理以人性恶为出发点，强调个体的道德教育，而中国伦理从人性善的观点出发，强调个体的道德修养。儒家尤其是这样，儒学以人伦关系为出发点，强调知行统一，即知识与道德相统一；强调教化作用，以惩恶扬善为宗旨；强调"忠孝"内容，处处充满了人文精神。

第六，制度文化不同。在中国，君主专制在商、周时代初露端倪，秦始皇统一中国后建立郡县制，打下了延续2000多年中央集权专制政体的基础。在西方，从古希腊、古罗马到近代国家的兴起，虽然存在过"神圣罗马帝国"，但绝大部分时间仅是一个"军事行政联合体"，算不上严格意义的中央集权制政体。中国没有发生类似欧洲罗马帝国崩溃、宗教改革、文艺复兴等导致政治结构大改组的历史事变，2000多年一贯制的中央集权君主制虽有更嬗，但没有从根本上动摇过。秦汉时期，专制主义中央集权形成，皇帝为国家元首，皇帝以下由三公九卿组成中央政府。魏晋南北朝和唐宋时期，君权明显加强，相权逐步削弱，三省六部制确立。元明清时期，朝廷严厉限制和防范地方割据，军权、政权、财权、司法权集于皇帝一身，专制主义达到极端。而近代的西方，却正在鼓吹"自由、平等、博爱"之声，并逐步建立起资产阶级的君主立宪或者民主共和制的国家。

第七，人性判断不同。人之初是一种混沌而未分化的人的品质，无论是中国人还是西方人，都生而具有一种发展的可能，或作恶，或行善。对于"人之初"，西方人认为性本恶，中国人认为性本善。对人性的基本判断，影响着文化的根本构造，西方是底线设计，由一套法律、制度规定所不允许做的，而中国则是顶端设计，修身养性，发展高尚的伦理道德。

对待中国文化传统，应采取批判地继承的态度，使分析、鉴别、取舍和改造相统一。

分析中国传统文化，要揭示其内在特点，弄清其本来面貌，找出其客观规律。在分析的基础上要进行鉴别，因为中国传统文化的特点和面貌，有其差异性和矛盾性、优点和缺点、精华和糟粕。鉴别就是评价，评价要有科学的评价标准，这个标准显然不能是"西方的异质文化"，而应是中国社会发展本身的客观需要。对中国传统文化的价值鉴别，一要看其在历史上是否有利于社会的发展；二要看其是否有利于当代中国社会主义现代化建设，这一点尤为重要。三是它作为一种文化定式，常具有超越时空的意义，这是评价中尤应注意的。只有搞清上述三个问题，才能科学区分精华和优点、糟粕和缺点，慎重地进行选择和取舍。

我们既要看到中国传统文化中的精华，又看到其中的糟粕。通过比较鉴别、分析综合，做到取其精华、去其糟粕，中西融化，沟通互补，以我为主，为我所用。我们的目的是为了把握民族文化的精神和特质，既要继承和吸收，又要改造和创新，而且重在创新，建设中国特色的社会主义先进文化。

要科学合理地改造中国传统文化，也需要系统地关涉改造的主体、对象和过程三个要素。其中，改造主体的理性自觉，可以科学合理地规范改造对象和过程，直接影响改造中国传统文化的水平和对其批判继承的程度。因为合理改造中国传统文化必须有科学的主体定位，明确改造主体自身应有的时空域限。作为改造主体的人，既是时代的，又是民族的，是时代主体与民族主体的统一。前者决定了改造中国传统文化的现代化立场，后者决定了改造中国传统文化的民族性立场，二者不可或缺。同时，需要改造的主体具有多维统一的思维理性。如果用单一或某一两种思维理性去思考中国传统文化，其结果会导致片面性。改造主体的多维理性，包括理论的、价值的、伦理的、工具的诸多方面，是多样性的统一。由对中国传统文化改造主体、对象的复杂性所决定，对中国传统文化进行价值塑造和意义发现也是一个无穷的过程，并对中国实现现代化具有积极和消极、正面和负面的双重作用，问题的关键是对这些价值进行具体分析。在这方面，我国近代特别是 20 世纪以来，具有非常值得总结的经验。我们必须从社会主义现代化的实践出发，把对待传统文化的批判和继承统一起来。这种统一就是辩证否定，即"扬弃"，它是否定和肯定、中断和连续的统一。

　　今天，我们对待中国传统文化既不能简单肯定，也不能简单否定。我们学习、鉴别和改造中国传统文化，具有重要的现实意义。将有助于进行爱国主义和基本国情的教育，推动祖国的和平统一，推动我国的现代化建设；将有助于振奋民族精神，增强民族自豪感，提高民族自尊心和自信心，反对民族虚无主义，提高对外来文化的消化能力，增强抵御殖民文化和各种腐朽思想侵袭的免疫力；将有助于立足本国，面向世界，"洋为中用，古为今用"，发展和繁荣社会主义新文化，使中国民族文化永远屹立于世界民族文化之林。

　　同样，对待西方文化也应该采取科学的态度，即吸收精华与抵制糟粕并举的态度。

　　今天，我们对待西方文化也不能简单肯定，更不能简单否定。由于西方资本主义浪潮席卷全球、世界统一的市场开始形成，打破了人类有史以来民族与民族之间、大陆与大陆之间相互隔绝的状态。目前，中国正在走向现代化，学习西方文化究竟有没有意义？有什么实际价值？这是一切企盼民族兴旺、国家富强的中国人都很关心的问题。西方文化同中国传统文化一样，也是人类文明的产物。

　　首先，应该大胆地吸收西方文化中的精华，为我所用。西方文化源于古希腊文明，延续到意大利文艺复兴之后，又经过在欧美几个世纪的长足发展，已成为当今世界的一种强势文化，特别是在科技文化、民主文化、工业文化、商业文化、管理文化等方面，明显地优于中国传统文化，这是我们不能否定的，我们应充分地吸收其精华。事实上，文化精华的吸收是相互的，西方人也在吸收中国对其有用的东西。例如，中国"器物文化"对西方的贡献，正如马克思所指出的："火药、罗盘、印刷术——这是预兆资产阶级社会到来的三项伟大发明。火药把骑士阶层炸得粉碎，罗盘打开了世界市场并建立了殖民地，而印刷术却变成新教工具，并且一般地说变成科学复兴手段，变成创造精神发展的必要前提的最大的推动力。"中国古代的官制体系完备，职责分明，权力有一定的制约，欧美各国对这种制度文化作了借鉴，认为是对世界政治体制和公务员制度最有价值的贡献。就在美国著名的哈佛大学周围，就有许多中国餐馆受到美国人的欢迎。可见，中华文明也有被美国人吸收的一面，我们还有什么理由不去大胆吸收西方文化中更多的精华，为现代化建设服务呢？

其次，在吸收西方文化精华的同时，也应注意抵制其糟粕。随着西方市场经济的高度发展，一切精神领域的东西都被市场化和商品化了。文化产品商业化在西方国家引起了深刻的文化危机和精神危机，已令人担忧；在发展中国家引起的文化"倾斜"与崇洋心理，造成严重的社会失序和文化依附。"由于美国今日仍创造着绝大多数国际消费信息，美国的文化产品已经'带着商品病毒''窒息人们良知'地覆盖了世界的各个部分。"为此，在我国转换社会主义经济体制、进入世界市场的过程中，必须抵制以美国为首的西方文化中的消极成分，以淡化西方文化消极成分的影响，遏制个人主义的恶性膨胀，保持自己民族文化的特色，使中国特色的文化在全球化与本土化之间保持合适的向度。

文化已成为影响21世纪国际关系的新因素，我们为什么要搞上海世博会？原因就是我们所生活的这个世界千差万别，各国的文化要相互交流，相互理解，要学会换位思考，要通过交流了解真相。要了解文化差异、接受文化差异，甚至欣赏文化差异。世界是复杂的，多元的，文化的差异使得人类社会如同自然界一样五彩斑斓。我们看世界的眼光也要辩证、多元，不能老是非黑即白，非对即错，更不能感情用事。进行跨文化的对话，可以消除相关各方的误解，促进中西方的交流和理解。

参考文献

1. 邱运华、马固钢：《中外文化概论》，岳麓书社 1994 年版。

2. 傅之悦、江国强、刘文荣：《中外文化概述》（上下册），重庆出版社 1999 年版。

3. 中国文化书院讲演录编委会：《中外文化比较研究》，北京三联书店 1988 年版。

4. 冯天瑜：《中国文化史》，上海人民出版社 1990 年版。

5. 张岱年、方克立：《中国文化概论》，北京师范大学出版社 2004 年版。

6. 曾长秋：《中国传统文化》，中南大学出版社 2004 年版。

7. 张岂之：《中国思想史》，生活·读书·新知三联书店 2002 年版。

8. 曾长秋、周含华：《中国思想史论纲》，中南大学出版社 2006 年版。

9. 袁行霈：《中国文学概论》，高等教育出版社 1997 年版。

10. 王宏建：《艺术概论》，文化艺术出版社 2000 年版。

11. 白钢：《中国政治制度史》，社会科学文献出版社 2007 年版。

12. 孙培青：《中国教育史》，华东师范大学出版社 1992 年版。

13. 陈荣富：《宗教礼仪与文化》，新华出版社 1992 年版。

14. 卿希泰：《中外宗教概论》，高等教育出版社 2002 年版。

15. 石应平：《中外民俗概论》，四川大学出版社 2002 年版。

16. 徐新：《西方文化史：从文明初始至启蒙运动》，北京大学出版社 2002 年版。

　　17. 徐新：《西方文化史续编：从美国革命至 20 世纪》，北京大学出版社 2002 年版。

　　18. 马啸原：《西方政治制度史》，高等教育出版社 2000 年版。

　　19. ［英］博伊德：《西方教育史》，人民教育出版社 1986 年版。

　　20. ［美］斯塔夫里阿诺斯：《全球通史：从史前史到 21 世纪》（上下），北京大学出版社 2006 年版。